戦場の中世史

RAPINE, ASSEDI, BATTAGLIE
LA GUERRA NEL MEDIOEVO

ALDO A. SETTIA
アルド・A・セッティア
白幡俊輔｜訳

戦場の中世史

中世ヨーロッパの戦争観

八坂書房

Aldo A. Settia:
Rapine, assedi, battaglie. La guerra nel Medioevo

戦場の中世史

目次

○本書は Aldo A. Settia, *RAPINE, ASSEDI, BATTAGLIE. La Guerra nel Medioevo*（Roma-Bari, 2002）の全訳である。

○原書に図版類はなく、掲載図版はすべて、日本語版刊行にあたって別に補ったものである。

○本文中、〔　〕内におさめた説明は訳者による補い（訳註）である。原著者の補足は（　）内として両者を区別した。

○訳註については他に、長文にわたる場合など、該当語の傍らに＊を付して欄外註としたところもある。

第Ⅰ章

略奪

1 兵士――楽しき略奪者

先史時代の人類にとって標準的な「略奪」とは、よその土地に侵入した武装集団がある一定の地域を素早く襲撃することであり、物品を盗み、それと同時にその地域の資源、たとえば畑に生えている作物などに損害を与えるという分かりやすい目的のもとで遂行された。「略奪」は徒歩の人間によって遂行される点で、騎馬部隊によって行われる「騎馬略奪行《レイド》」とは区別される。この騎馬略奪行は単なる略奪より高次元にある戦略的手段のひとつとされるが、実際には徒士《かち》による略奪と区別するのは簡単ではない。ともあれ、徒士の略奪であろうと騎馬略奪行であろうと、「ものを奪う」という行為は、自力で食料を確保しようとする原始的な補給兵站活動である一方、敵が粘り強く抵抗している場合に、特定の季節を狙って行われる組織的破壊行為でもあった。つまりどちらの略奪にしろ、中世に限らずあらゆる時代に絶えず行われてきた戦争のかたちだったといえる。(1)

古代の「民族大移動」をきっかけに誕生したヨーロッパ文明は、まさにこういった戦争や侵略を基礎としていた。そしてこの文明では、強奪とまともな軍事作戦の間に何の区別もなかったのである。異民族によって支配された当時のヨーロッパ地域は、湖水や森林で囲まれただけの狩場のようなものと考えられており、年若い略奪者が敵から奪える限りのものを奪うことだけを目的に徒党を組み、何年にもわたって荒らしまわっていた。彼らは財貨、武器や家畜、そして身代金をとるために多くの男女や子供を奪った。そして一連の略奪行が終了すると集団のボスが略奪品の分配を差配した。こうして戦争は、強奪品によって得られる利益の面でも加えられた損害の面でも、「定期的に行われる、きわめて突出した経済活動」となっていったのである。

このように純粋に経済的観点からみれば、戦争は単純に「非生産的」なものだとされるいわれはない。なぜなら戦争は「いわゆる〈敵〉の富と労働を、質と量の両面において可能な限り破壊する」目的のみで、「富と労働」を取り扱うわけではないからだ。むしろこうした「富と労働」を奪うのは、ある面では「豊かになる」ためなのである。「野蛮で原始的なヨーロッパ社会によって育まれた攻撃的な傾向」は、おそらくヨーロッパの経済力を発展させた「最も強力な推進力」のひとつに数えられるもので、まさに経済の推進力として、長期にわたって作用し続けたのだ。[2]

実際、中世を通じて長期間採用され、最も普及した戦争のやり方というのは、時間と空間を限定したうえで行われる、全面的な略奪襲撃と破壊であった。確かな史料で裏付けられる中世の戦いのうち、少なくとも八〇パーセントはこうした破壊と襲撃だと推計できることからも、いかにこれらが一般的で頻繁に行われていたか

略奪の光景——都市を破壊し、捕虜と家畜を連れ出す
13世紀の写本、ブリティッシュ・ライブラリー

が分かるだろう。戦争とは通常、動機はなんであれ武力を誇示する行為であり、そこで敵対者に屈服を強制するためならば、敵の生活手段を奪ってしまうというのは、平原での合戦に訴えるのと同じくらい有効である。つまり、略奪と破壊行為の中にあったのは計算高い戦術や戦略であり、同時に敵の戦意を阻喪させるという目的や、経済的利益を得たいという意図もあったといえよう。言いかえれば、中世における戦争のひな型は略奪品漁りに精を出していた原始的な段階のままだったのである。

そもそも軍事活動が、重要な政治的目標を達成するために行われることは疑いようもないが、そうであっても短期的な利益を稼ぐことが拒絶されていたわけではない。そのことはこれから示す事例で明確に裏付けられよう。数多の例のひとつではあるが、たとえば一一七六年五月二十九日、レニャーノで神聖ローマ皇帝フリードリヒ・バルバロッサ相手に完勝を果たしたミラノ人たちが、同盟諸国に送った報告はその一例である。

敵どもに対して我らが偉大なる勝利を収めたことを、貴殿らにお伝えする。打ち殺された者も溺死した者も数えきれず、我らは皇帝の盾、軍旗、十字架、そして槍を得た。また彼らの長持から多量の金銀を見つけており、我らが敵から得た戦利品は数え切れず、信じられないほどのものである。しかしながら、我らは教皇庁および他の諸都市とともに分かち合うことを望んでいるので、これら戦利品を我らだけのものとは考えていない。

報告はこのあと、負傷し勝者の手に落ちた無数の捕虜のうち、とくに身分の高い者たちについて言及している。御覧のとおり最初に述べられているのは、二〇年以上の激しい闘争のすえにイタリア半島における力関係を逆転させた、この勝利に対する意気揚々たる言葉でも政治的な重要性でもなく、敵から奪った物品の量、戦利品の質、そして捕虜の数なのである。

一般的に、地域の空間的広がりが小さかったことも、こうした戦争の原始的な特徴を存続させることになった。それはテオドロ・ディ・モンフェッラート〔モンフェッラート侯テオドロ一世パレオロゴ〕の例でもよく分かる。テオドロは一三二〇年代に領地を相続し、無慈悲で敵対的な初期のシニョーレ〔僭主〕たちに囲まれながら勢力を拡大した。彼は戦争とは主に三つの原因で起こると述べた。すなわち古くからの嫌悪感、君主や僭主たちの間で時折生じる「冒険心」、そして他人の領地を奪いたいという欲望である。第一の場合、「田園地帯に恐怖と混乱をもたらし、都市と村落に飢えと困窮をもたらす、略奪行為をともなう襲撃」によって戦われる。第二の場合はたいてい策略と裏切りによって戦われることになるが、第三の場合は全面的な戦争に突入する前に一連の略奪行が計画される。そこで優勢な領主はより弱い領主の地所・ブドウ畑・田畑を荒らし、村落や住居・粉ひき場に火をかけ、「果てしない荒廃《グアスト》作戦によって、人間の生活を養う手段を破壊」しようとするのだという。

そして戦争が第二段階に至った場合のみ、城攻めや合戦にふさわしい軍容が整えられ、防衛のためには敵の略奪襲撃を阻止できるだけの武装を与えられた国境守備隊が必要となり、防衛戦に続いて敵の略奪品を奪い返すための待ち伏せが計画される。また敵を抑止する目的で、敵と同じ戦術を用いた反撃が行われる。つまり「自分たちは無能ではなく、それどころか能力以上のことができることを示すため、いたるところに放火する」のである。このように火災や荒廃によって敵の軍隊を恐怖させ、他人の土地に手を出そうと考えるよりは、すでに持っている領地を守り、分をわきまえる方が得策だと思わせるのだ。

たしかに、このような略奪品を求めたり単純に荒廃させたりするような行為に、短期的な目的以上のものはなかったのだとしても、古代の略奪襲撃は、中世でも相変わらず戦争の最も普及したやり方であり続けた（もしくは繰り返しその地位に返り咲いた）と言うほかない。つまり傭兵に限らず、中世の兵士の闘争心を特に刺激したのは、略奪品で豊かになれるという見込みや身代金をとれる可能性というのが一般的であった。[3] 多くの場合、兵士を取り巻く環境も、戦士と略奪者の間に引かれたわずかな境界線を踏み越えることを容認し、あるいはそれを後押しした。こうして現実の戦争は、罪に問われることのない大規模な盗賊行為にきわめて類似したものとなりがちだった。

一二二〇年、カステレット・ドルバ（アレッサンドリア）で行われた有名な裁判で、判事はモンフェッラート侯の家臣とその弁護をする証人たちに、往来で物を奪ったというのは事実かどうか繰り返し尋ねた。彼らの証言は厳密かつはっきりと物事を弁別したものだった。ある証人は言った、「戦時ならばモンフェッラート侯とともに略奪を行うが、平時においては決してしない」と。すると別の者が遮った。「いや、戦時であっても閣下の戦争行為のためであり、閣下の傍らにいるのでなければ略奪しない」と。また別の者はこう答えた。「然り。戦争目的で閣下とともにあり、かつその戦争に閣下がアレッサンドリアとともに参戦されておられるなら略奪するが、平時にはしない」。つまり「私は領主の命令において、人から隠れてではなく、復讐のごとく往来で物を奪ったのである」。また別の証人は「私はモンフェッラート侯とともに、往来で堂々と物を盗んだ。だがそれ以外のことはしていない」と述べた。つまり重要なのは、平時において旅人からこっそりと物を盗むのと、戦時において指揮官の公認のもとで堂々と略奪するのは、まったく別物だということである。証言者の態度はそれを証明しようとするものであった。単純な盗みと戦争活動における略奪・徴発は厳密に区別されねばならなかったが、その区別が常に容易で明確だったわけではない。たとえば、一一六〇年十月にローディとパヴィーアを結ぶ街道の途中で逮捕されたバニャガッタという男の例をみてみよう。年代記作者オットーネ・モレーナが記すところでは、バニャガッタは大勢の仲間とともに昼も夜も森に姿を隠し、ドイツ人や皇帝党《ギベリン》に属する人間とみれば誰彼かまわず捕まえていた。皇帝側にとって、味方を多数を捕らえ殺害した大胆不敵な強盗だったのである。ミラノ人*にとっても彼は信用できない相手、つまりアウトローであったが、それでも戦場を限定して個人的な戦争を遂行するうえで政治的な制限も課していたのである。

ジャン・ド・ヴェネッテの作とされるフランスの年代記は、一三六〇年「グランデ・コンパニーア〔大傭兵団、大軍団」の襲来をこのように書き留めている。「この年、悪魔ベリアルの息子ども・悪党ども・様々な国から来た戦士どもが現れた。彼らは他者を攻撃するいかなる大義名分も権利もなく、ただ物を奪うというたぐいの純然たる悪行のみを行った」。この年代記作者が強調しているように「いかなる権利も有しない」傭兵団は、領民を保護すべき君主が無関心を決め込んでいる間、村落に住む人々を街道での強盗行為や身代金目当ての誘拐などで虐げた。さらにこの略奪者たちと戦うために派遣された王の兵士たちも、「村々からワインや食料を奪う他の兵士と同様の破壊行為を始めたので、農民たちは敵以上に彼らを恐れた」のだった。悪党に対する保護をもたらすべき兵士たちは、悪党側に加担した騎士と同じように旅人からの強盗行為に耽った。この点、同じ年代記の中で「武勇溢れる」将軍と称えられたベルトラン・ドゥ・ゲクラン元帥の命令で、マンテ市とミューラン市を占領した国王軍であっても何の違いもなかった。ようするに、解雇され自己の利益のみに従って行動する元兵士と、彼らと対決すべき規律ある兵士の間には何の違いもなかったのである。ただひとつの相違点は、暴力の行使を正当化する十分な「権利がある」かどうかであり、ジャン・ド・ヴェネッテが繰り返し強調するように「権利もなしに」暴力を振るうことは強盗の振る舞いであるが、彼もほのめかしているように、もし権利があったとしてもまったく正反対の振る舞いをするわけではなかったようだ。

略奪に耽る喜びに身分の上下や歩兵と騎士との違いはなかったし、「こうした快楽は、戦争に伴う一症例というより、原因そのものなのではないだろうか」と人々が自問自答し続けるほど、「戦争」という概念と解き難く結びついていたことは明らかである。西暦九九〇年ごろ、ランスの修道士リシェールによれば、ユーグ・カペーは

＊当時、ミラノを中心とした都市同盟、ロンバルディア同盟は、ドイツ皇帝フリードリヒ一世と抗争中であった。同盟側は皇帝への対抗上、ローマ教皇に支持を求めたため、教皇党《グエルフ》（教皇派）と呼ばれ、それに対して皇帝を支持する勢力は皇帝党《ギベリン》（皇帝派）と呼ばれた。同盟に参加したミラノ、ピアチェンツァ、ヴェネツィア、ヴェローナは教皇党、パヴィーアは皇帝党の都市であった。レニャーノの戦いで同盟側が勝利して皇帝の北イタリア支配の試みは一旦頓挫するが［一四頁参照］、以降もイタリアでは、十六世紀ごろまで教皇党／皇帝党の対立は続いた。

「簒奪者」下ロレーヌ公シャルルと戦ったとき、彼の軍隊を三つの梯団に分割した。第一の梯団がまず敵と交戦し、第二梯団はこれを適時支援するよう命じられたが、第三梯団は敗北した敵から略奪品を集める以外の任務は与えられなかったという(4)。戦利品なき勝利など想像もできなかったことをこれほど明瞭に示した例はないであろう。

　こうした時代には、ある種の誤解のせいで、軍隊とは川のごとく金貨の流れる黄金郷のようなものであると想像されたこともあったが、それが実態とかけ離れていたわけでもなかった。そうした想像がなされたのは、年代記作者たちが他のどんな気高い精神よりもまず、略奪の喜びと莫大な戦利品について熱心かつ貪欲に語ったせいでもある。その言葉の端々には戦争で稼いだ者への嫉妬さえうかがえる。ある詩人はエル・シッドの勝利による収穫を次のように歌っている。「数えきれないほどの金銀を搾り取り／そこで見つけた莫大な戦利品を携え／彼らキリスト教徒はみな十分に金持ちになった」。またトゥールーズ市の郊外で月明かりの下、戦利品を漁るフランス人たちの様子は、アルビジョワ十字軍に従軍したある詩人によっていとも自然に、次のように観察されてい

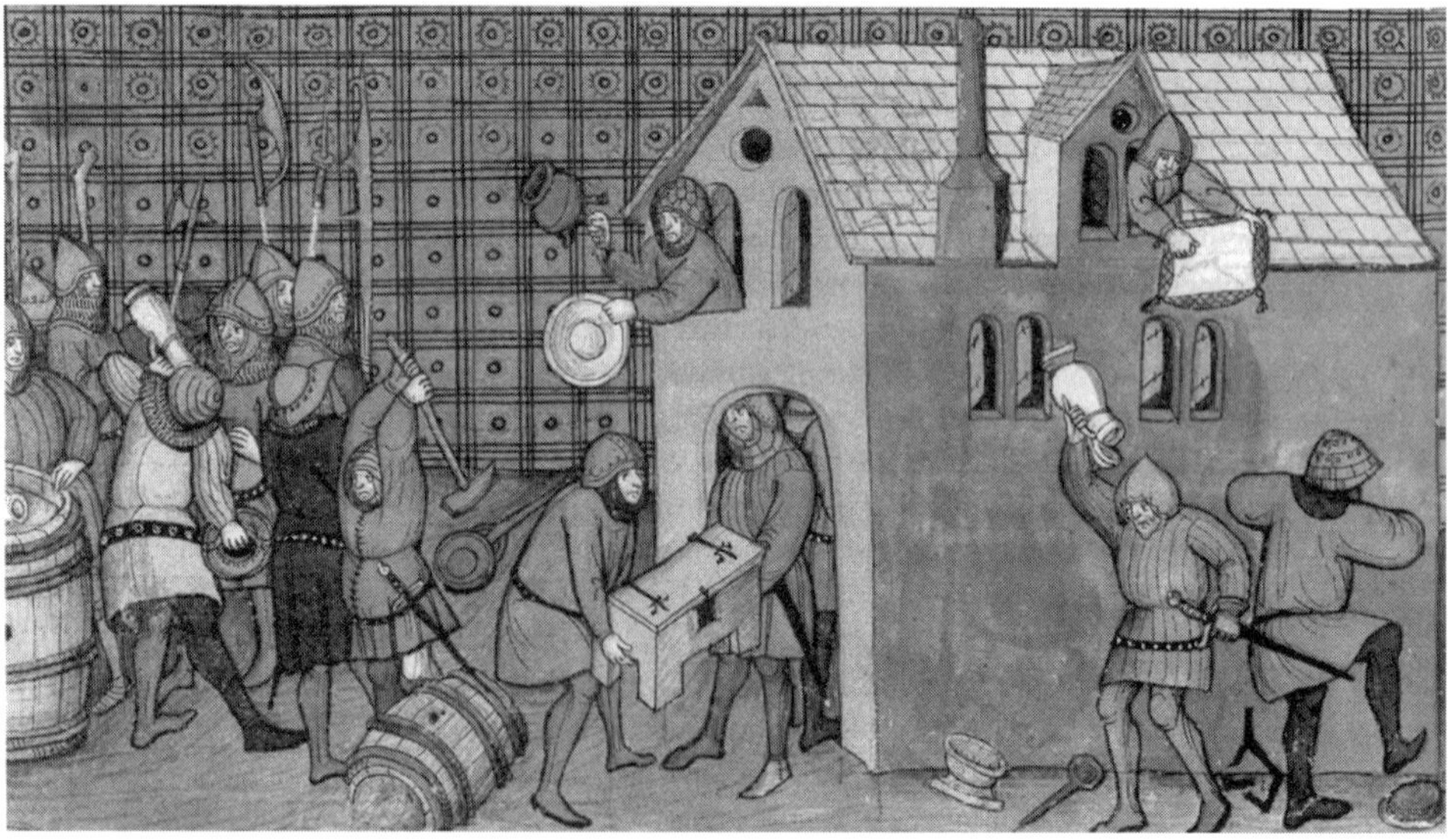

略奪品の運び出し
14世紀の写本、ブリティッシュ・ライブラリー

る。「ここでこれほど大きな富を得ることになろうとは誰も想像さえできなかった。彼らはその後死ぬまで裕福でいられるだろう」。一三二八年、パヴィーアの皇帝党は、アヴィニョンからピアチェンツァに傭兵の給料を運ぶ教皇の輸送隊とその護衛に待ち伏せを仕掛けた。この待ち伏せで襲撃者たちは多数の馬・ラバ・捕虜に加えて、三万フィオリーノ以上を得たという。年代記作者ピエトロ・アザリオは目をぎらつかせながら言う。「これまでロンバルディアで、かくも短い時間にこれほど莫大な戦利品が獲得され、分配されたことはない」。

一三三八年、ヴェネツィアに雇われたドイツ傭兵たちがアディジェ川の浅瀬を奇襲渡河した。川を越えた先の農村部には、ヴェローナに従属する農民が安全と信じて避難してきていた。結果、一三の農村が略奪され、年代記作者ヤコポ・ピアチェンティーノが満足そうに語るところでは、勝利した軍隊は略奪品として二〇〇〇頭の大型家畜と五〇〇〇頭の小型家畜、そして神の恵みを満載した六六〇台の荷車を伴って帰還したという。年代記作者ガレアッツォとバルトロメオ・ガタリは、一三八六年に傭兵隊長《コンドッティエレ》ファチノ・カーネが得た略奪品を記録している。それは「ドイツ人の二輪馬車一三七台」が積んでいた「アーモンド・胡椒・サフランその他香辛料と、金糸銀糸を使った織物、ビロード、サテン、絹といった莫大な商品、総計で八万ドゥカート」というものであった。そしてたった一度の略奪で「この地域ではこれまで得られたことがないほどの多量の戦利品」を手に入れ、これによって「皆が裕福になった……とりわけ隊長たちは得られたものにふさわしく豊かになった」。こうした略奪品を事細かに叙述する一様な態度からは「宮廷人が一瞬で貪欲さの虜になる」さまが見て取れる(5)。

自分に身近な時代の戦争を扱った騎士道文学の作者ベルトラン・ド・ボルンは、十二世紀終わりごろ次のように歌っている。「ラッパ、太鼓、大旗小旗に／隊の旗印、白や黒の軍馬／まもなくご覧いただけよう。／強欲者が財宝を摑み取る、楽しいときがやってくる。／街道には荷を運ぶ家畜たちが／無防備に列をなしている。／あるいは恐れを知らぬ市民たちや／フランスへ赴く商人たちも同様に。／だが儲けるのは大胆な略奪者だろう」。二世紀のちにも状況は同じだった。フロワサールは、フランスとイングランドの戦争で成り上がった、有名な傭兵上がりの山賊エメリゴ（メリゴ）・マルシェスに「なんと喜びに満ちた瞬間であろうか。略奪騎行にでかけ、野原で身なりの良い修道院長や坊主たちを、あるいは裕福な商人たちを、さもなくばモンペリエやナルボンヌ、リモージュ、ファンジョー、ベジェ、カルカッソンヌ、トゥールーズの荷を積んだラバの隊列を、ブリュッセルやモンヴィルの絹と金襴緞子の積み荷を、レンディやその他の大市から届いた毛皮を、ブリュージュの香辛料を、ダマスカスやアレクサンドリアからやってきた商品を見つけたときは！　これらすべてが我らの物となるか、我らの要求どおり身代金を払った。毎日毎日、新しい金が見つかった」と語らせている。

年代記作者ラモン・ムンタネーは教養人であると同時に、アラゴン王国のアルモガバルス〔十三世紀アラゴン王国に仕えた傭兵集団〕が東方遠征をした時期に強欲な主計官を務めたが、彼らがカリポリス〔トルコ・ガリポリ半島の都市〕を支配していたころのことを次のように記録している。「五年の間、我々は裕福にそして愉快に暮らした。我々は種をまくことも畑を耕すこともせず、ブドウを植えることもそれを摘み取ることもしなかった。それにもかかわらず、我々は毎年自分たちの喉を潤すに十分なほど大量のワインを徴収し、小麦・燕麦もまた同様であった。このようにして五年間、我々は〈口が求めるままに〉暮らしたのだ」。時代や身分に関係なく、こうした証言者たちは良心の呵責や後悔の念も持たずに、戦争とは何よりもまず愉快な生活と金儲けの機会であると考えていた。一四七六年、アントニオ・コルナッザーノは自らの経験に基づいて、『軍事論』の中でこう述べている。「略奪を許可してくれと申し立てる者どもには／それをためらわせるよう畏敬の念を思い起こさせよ。／実のところ、兵士たちが金と略奪を愛するぐらい、／名誉や忠義も追い求めてやまない／などと信じるのは利口なことではない」。[6]

それにしても、当初は「誇り高い戦士」に対して与えられた名称が、軽蔑的な意味を持ったり、さらには苛烈な暴力行為に手を染める者や一般的な犯罪者を指す言葉になっていくという意味論的現象が、軍事用語の分野では珍しくないことに驚かされる。すでに十二世紀には「スケラーノ（scherano, 整列した部隊）」という言葉は、軍の隊列《スキエラ》に加わった男たちではなく、不法な略奪者に軽蔑的に与えられる言葉であった。この言葉より早く同じ運命をたどったのは「ベッロヴィエーレ（berroviere）」である。これは初期の「勇敢な騎士」という意味から次第に「豪胆で欲深い斥候兵」へと変化し、最後には「ごろつき」という意味になった。同時に「マスナディエロ（masnadiero）」という言葉は、もともと「隊列・部隊《マスナダ》」の一角をなす兵士のことだったが、たちまち「追いはぎ」、「山賊団」の意味へと堕した。「ブリガンテ（brigante）」ももともとは何らかの「武装集団《ブリガータ》」に所属する人間のことだったが、あっという間に意味が変化し、最終的には「悪党」や「無法者」という意味が定着した。過去に他の例を求めても事態は好転しない。「ギリシャ人傭兵」を指す「ラトロ（latro）」という単語〔現代イタリア語の「泥棒《ラードロ》」の語源〕は、すでに古典期のラテン語において「略奪者」の意味であり、それ以外の意味はなくなっていた。[7]

　中世の戦争を論じるということは、他のなによりもまず略奪と破壊を伴う行動様式について、そしてそういった行動によってもたらされると人々が想定していた結果について考察するということである。すでに述べたとおり、急襲も略奪行も（この両者は分かちがたく結びついている）、ともに等しく「戦時下における」行動であると認識されていて、もしこうした行動を軍事作戦の一部というよりむしろ「連続する殺傷行為」にすぎない、とみなすとすれば、記録に残っている中世の戦争で本当の「戦争」といえるのはせいぜい二〇パーセントといったところだろう。とはいえ、「戦闘、殺戮、略奪そして誘拐が、長きにわたって歴史に生き生きとした刺激を与えてきた。暴力は常にわずかな痛みと共に過去を思い起こさせるが、実をいえば、それに金銭が伴わないことなど稀であった。とりわけ他者の財貨を奪い取ることなしに豊かになる可能性など何もないような停滞の時代には、略奪行為が猛威を振るう。この略奪を基盤とする経済の下では、金銭のやりとり自体が個々の事件のレベルで見えてくることはないのである」[8]。しかしながら、こうした状況は中世だけに見られるわけではない。

2 国境での略奪

メロヴィング期のガリア

紀元六世紀ごろの人、トゥールのグレゴリウスは、「敵民族に対する王の戦争」を正しく物語ることを意図して筆を執ったが、その記述からはメロヴィング期のガリア一帯で、国境を接する敵から財貨を奪うことを主目的とした国境地帯への襲撃、という形の限定戦争が頻繁に行われていたことが読みとれる。たとえば大西洋岸を海から襲ったデーン人たちは盗品と捕虜を船に満載して故郷へ帰って行ったし、ランゴバルド人やサクソン人は短期間しかイタリアに留まらなかったけれども、アルプス山脈の西側を横断し山積みの戦利品とともに去って行った。ブルトン人たちはレンヌやナント地方にたびたび侵入し、略奪品や鎖でつないだ捕虜を連れ去った。同じころ、バスク人や西ゴート人もフランス南部で同じことをしていた。国境外から行われた略奪行為はたいてい、戦利品の奪回や懲罰的報復を目的とする反撃をひきおこした。こうした反撃は略奪を目的とする単純な戦争形態がもたらす論理的帰結であった。たとえばメロヴィング家のテウデベルト一世は海戦でデーン人を敗走させ、かつて奪われたものを取り戻した。またブルトン人の侵入に対してベッポレヌス公は「ブルターニュの残された地域を鉄と炎で粉砕した」が、「それがさらなる怒りを招いた」。その様子はかつて西ゴート人がブルグンド人の侵略への報復として、アルル一帯を反撃ができなくなるほど破壊した事例に匹敵したという。

ランゴバルド人は、ガリアで行った遠征で五七〇人もの「略奪成金」を生み出し、これ以上たやすい成功をもたらす遠征計画は二度とないだろうと言われた。だがフランク人の断固たる反撃にあって、彼らはすべての略奪品と捕虜を放棄しなければイタリアに帰還することができなかった。その後フランク人たちはアディジェ渓谷まで入り込み、この限られた国境地帯を略奪し、略奪されたものを奪回するための反撃作戦を展開した。ランゴバルド人のひとりラギロは敵の手に渡ったノン渓谷の城を略奪したが、帰還の最中にトレントを略奪・破壊しにやってきたフランク人クラムニキスに追撃され殺された。しかしさらにトレント公エウィンがクラムニキスを追撃して殺し、「彼に奪われた略奪品をすべて取り返した」。

しかしながら、やがてフランク人が企図する戦争目的はより高度なものとなった。彼らは近隣の民族に対する覇権を確立しようとしていたのである。六世紀初頭、クローヴィス王はブルグンド人と戦っているときに、次のように助言された。「あなたは畑を荒らし、作物を奪い、ブドウ畑を破壊し、オリーブ畑を薙ぎ払い、彼らの領地の産物すべてを奪う。だがこのやり方では敵の軍隊を撃破することはできない。むしろ代官を派遣し、彼があなたに毎年年貢を納めるようにすべきである」。このようにして単純で純粋な略奪という段階は過ぎ去り、より高次の政治的目標へと置き換わった。だが略奪はなお、あらゆる戦争の抜きがたい構成要素として存続した。略奪は他民族へと向けられることもあったし、内戦で自国民に向けられることもあったが、ともかくガリアの国境一帯で存続し続けた。略奪の企図は、抗いがたい誘惑を伴っており、止むことはなかった。五三四年、オーヴェルニュ遠征についてテウデリク一世はこう言った。「我とともに来たれ。私はお前たちを金と銀で満ちた土地へと連れて行こう。お前たちの欲望を満たせるほどの金銀のある土地へ。そこでお前たちはあふれるほどの家畜の群れを、奴隷を、衣服を手に入れるだろう」。こうしてあっさりと従軍することを人々に納得させたのだった。また、将来の略奪の成果を分配するという約束は、同盟関係を強化した。たとえばクロタール王は、チューリンゲン人と対立していた兄のテウデリク一世の提示した「もし神がその御意志により勝利を授けて下さった場合は、戦利品の一部を受け取る」という条件で援軍を出すことに同意した。一方で略奪を行うという脅迫は、強力な威嚇効果を持っていた。五八四年にキルペリク一世が没すると、〔その兄〕グントラム王と〔甥の〕キルデベルト二世が対立を深めた。このときガラリクス公はキルデベルト二世の名において、ポワティエの住民に誰が彼らの王なのか思い知らせてやろうと考えた。そこで「もし貴様たちが抵抗するならば、我らはすでにそうし始めているように、すべてを粉砕するであろう」と宣言したのだった。そして現に「あらゆるものが炎に包まれ、略奪され、すべての人間が奴隷の身に落とされたのだ」。(9)

ビザンツ帝国キリキア地方

国境地帯への襲撃行動は、オリエント地域でも西ヨーロッパと同様、対立する国家の国境線沿いで一般的に行われた。八世紀から十世紀の間、キリキア地方はビザンツ帝国が勢力を維持するアナトリア半島とアラブ人の支配するシリアの緩衝地帯であった。この一帯はアラブの軍事的イニシアチブを通じて「開かれた〔自由に作戦行動がとれる〕」国境地帯とみなされており、初期の宗教的熱狂が失われると、軍事活動はビザンツ帝国領に略奪品を求めることだけを目的とした、定期的な襲撃行為へと堕した。ビザンツ側は、厳密な意味で略奪目的の侵攻はしなかったが、「国境線」を確立し勢力均衡を維持するための侵攻は行われた。その際彼らは後の皇帝ニケフォロス二世フォカスが採用し、軍学書『散兵戦術論』でも言及された戦術を用いた。

初期の侵攻は、アラブ側から選抜された少数の騎兵によって実行された。彼らは国境地帯のすぐ近くにある村落を直接襲った。より複雑な作戦では、歩兵隊と騎兵隊が一緒に出撃した。後者では奇襲効果を最大限利用するために攻撃目標を限定することなく襲撃し続け、その間に歩兵隊は野営地を設営し、襲撃隊が戻るまでこれを守備し、作戦を終えて撤退する際には戦利品の護衛も受け持った。しかしこうしたやり方よりも一般的な侵攻作戦は、より複雑で大規模なものだった。まず、兵力の約三分の二を騎兵で構成した十分に強力な歩・騎兵混成部隊が、何日もかけてビザンツ領へと浸透していく。行軍している間、彼らは夜ごと異なる場所で野営する。襲撃目標を与えられた騎兵は、略奪を行うために夕方野営地から出撃し、彼らが略奪している間、残りの部隊は彼らの帰還を待つ。そして略奪隊とともに自国領へと撤退する。この時期、文字どおりの意味で本物の軍事遠征と呼びうる大規模な武力行為は、企図された軍事作戦全体の四分の一程度であった。

こうした軍隊には、少なくとも作戦の一か月前から、遠近問わず様々な地方から抽出された兵力が召集された。作戦目標は、単純な略奪ではなく、むしろある地方全体の組織だった破壊であった。遠征軍の安全と補給の便を考えて、軍はおおむね二〇キロメートル移動するごとに野営地を設けるように言われていた。そして野営地を設けるごとに、その野営地の半径四キロから六キロメートルの範囲に小規模な襲撃部隊を放った。こうした小規模な襲撃は二日から三日かけて行われ、使用可能な戦力のうち半分から三分の二が投入された。一般的に襲撃の目標とされたのは家畜の群れであったが、『散兵戦術論』の著者が特筆しているように、アラブ人たちはどんなものであれ大量に手に入れるために、制圧した村々を「目の細かな櫛をかけるように」一軒一軒探索した。彼らは人間・馬・秘蔵されていた貨幣などすべてを手に入れた。その結果、村人たちが襲撃を察知したときでも、財貨を一時的に安全な教会の宝物庫へ避難させることなど滅多にできなかった。

こうした絶えざる脅威に対して、ビザンツ帝国の軍事組織はいかに対応したのだろうか？　通報者や密偵による情報網から敵の侵入が通達されるや否や、危険に晒されている村落を割り出し、人間と家畜を急いであらかじめ準備された避難所へと退避させるという防衛戦略が採られていた。次いでビザンツ軍部隊が動員され、彼らにはそれぞれ適切な任務が割り当てられた。騎兵部隊には進撃する敵に張り付いて追跡する任務が与えられ、兵力の有利と地の利を活かして昼も夜も絶えず任務を遂行した。とくに退却中の敵は、騎馬が疲れてきたり、大量の戦利品が行軍速度を遅らせたりする場合に〔キリキア西部に横たわる〕トロス山脈の山道を好んで使った。そんな場合はビザンツ軍が戦利品を奪回するのも容易だった。

ビザンツ側の貪欲さも決してアラブ側に劣るものではなかった。ビザンツ側もアラブ同様の戦術を採用し、限られた範囲で繰り返し戦利品を得ることを目的として、定期的にムスリムの支配地域へ侵入した。ビザンツ側もアラブ側も、敵が略奪品の重みに苦しみながら撤退しているときに攻撃を決行していたのは偶然ではない。〔略奪品の〕奪回はそのまま利益となったし、その際はまず輸送車両隊を目標とした。そうすれば牽引用の役畜と運搬中の荷物を同時に獲得できたからである。同様に人間そのものも売り飛ばされるか身代金と交換されるかしたが、非常によい値段がついたので、敵兵は殺すより捕らえる方が好まれた。こうした隣国同士の戦争の結果としての略奪はまったく合法な利得とされ、定期市と同じように季節ごとに行われ、流血は少ないものの耐え難い損害をもたらした(10)。

襲撃の第二波――ヴァイキング・サラセン・ハンガリー

ヨーロッパのキリスト教世界に対して八世紀から十一世紀の間に行われたノルマン人、サラセン人、そしてハンガリー(マジャール)人の略奪襲撃は、国境地帯での単純な略奪以上のものだった。たしかに、こうした民族の略奪活動は、一般的に征服目的や政治的支配を目指したものではなかったとされている一方で、戦争形態としてはより本物で戦争らしい、方法論的にも統率され、組織化されたものであったとみなすことができる。これらの民族による「ヨーロッパへの襲撃」はある意味、偽りの目的を持たない、略奪・強盗行為に特化した、純粋な形態の戦争と呼ぶにふさわしいものにみえる。

これ以前の時代のヴァイキングの略奪は、遠征の特徴をはっきりと示す事例を書き記した、様々な記録が残っている。ブリテン島ノーサンバランドの沿岸にあるリンディスファーン島に建っていた修道院は、西暦七九三年六月八日に予期せぬ海賊の襲撃を受けた。修道士と召使たちは瞬く間に殺され、あるいは鎖につながれた。家畜は殺され、修道院のすべての建物は隅々まで略奪されたあと破壊され、書物や修道院の備蓄、その他持ち去ることができない物品とともに火をかけられた。修道院の財宝と様々な身分の人間がヴァイキングの戦利品となり、船に乗せられて、焼け落ち廃墟と化した島から連れ去られてしまった。

こうした原始的な略奪のやり方は、次のように、徐々にその徹底さを増していった。かつては無防備な沿岸を略奪していたヴァイキングたちは、大西洋岸にある河口や入り江を巧みに利用して大河を遡行し、内陸に位置する豊かな都市や修道院を攻撃するようになった。ヴァイキングが内陸部に対する知識を深めた結果、襲撃は長期化し、活動範囲も広がった。さらに河口付近には戦利品を収蔵し、航海に適さない季節にはそこに退避できるような、安全な基地も作られるようになった。こうして海の男だった海賊たちは次第に、馬を使う略奪者たちよりも機動性と効率性に優れた、有能な戦士集団へと変貌した。彼らは言葉どおりの意味で真の「水陸両用作戦」を遂行し、敵対者のいかなる反撃を受けることもなく、長期間にわたって活動した。

西暦八四五年、デーン人の王ホリックの宮廷に仕えていたサクソン人の伯は、とある略奪遠征から帰還する際に次のように証言した。すなわち時期を逃さず危険を冒すという意気込みに従って行動すれば、フランスはまさに黄金郷のようなところであると、遠征の指揮官は王に対して示したのである。あそこは他より容易な目標であり、富と名声に満ちている、と。そういって彼はパリの市門のかんぬきと、サン・ジェルマン・デプレ修道院から奪ってきた梁材を戦利品として掲げたという。機動性と奇襲性を旨とするサクソンの海賊たちはしばしば思いもかけない時期――たとえば祝祭の日など――に出現した。そんなわけで犠牲となる人々の脳裏から彼らの脅威が消えることはなかった。放火やショックを引き起こす雄叫び、あるいは重要な人物の公開処刑といった恐慌を巻き起こす様々な手段は、パニックを誘発し、敵の士気を削ぐという面で大いに効果的であった。

ヴァイキング同様に海から行われたサラセン人の襲撃には、ある種の類似点が見られたが、同時に顕著な違いも存在した。留まるところを知らないイスラム勢力の拡張により、八世紀の初めにはイベリア半島の大部分に彼らの影響は及んでいた。続く時代には、ピレネー山脈の北側へ、まとまったかたちでの大規模な略奪襲撃が行われるようになった。しかしこれらはガリア地方に根を下ろすためのものではなかった。次いでイスラム教徒の攻撃性は襲撃の範囲を陸上から海上へと広げていった。この時点で襲撃はすでにアラブ系ではないイスラム教徒による行動となっていたので、「アラブ人」というより「サラセン人」と呼んだ方が適切であろう。アフリカ北部から、スペインから、シチリアから、そしてクレタ島から、少なくとも二世紀にわたって、彼らサラセン人は地中海沿岸に面したキリスト教徒の土地を狙い続けた。

イスラム勢力側が成功を収めた略奪の記録としては、西暦九三四年六月二十一日にジェノヴァに対して行われたものが現存している。この日、「信仰篤き提督」ヤクブ・イブン・イシャク・アル・タミーミは二〇隻からなる船団の指揮官として「ラム〔アラビア語で「ローマ人」〕の国」を目指し、「ジェノヴァと呼ばれる、しっかりと防備を固めた都市」の沖に錨を下した。戦闘のすえ城壁を乗り越え、彼らは町全体を制圧するまで通りで戦い続けた。

> イスラム教徒はキリスト教徒や多神教徒の戦士を殺し、彼らの子供を捕虜とした。亜麻布や荒い絹糸や亜麻紐のようなものまですべてを奪った。それからイスラム教徒は町と彼らの教会、宮殿、その他重すぎて持ち出せない品々のすべてに火をかけた。イスラム教徒の到着をかなり前から知らされていたローマ人たちは、戦いが起こっているあらゆる場所へと駆けつけようとした。だがアッラーはイスラム教徒に勝利を与え、ローマ人たちの多数を殺害させ給うた。ヤクブは戦利品を山と手に入れ、歓喜に満ちて凱旋を果たした。

このジェノヴァの場合のように、不意を突いて目標の近くに上陸し、略奪を数日間行って略奪品と共に船に戻るというやり方以外では、ヴァイキングが大西洋岸でよくやったように、サラセン人も海岸沿いの決まった場所に防備を固めた基地を建設した。この基地を拠点として、彼らは略奪済みであまり稼ぎが期待できない地域のさらに外側へと捜索範囲を広げ続けて、内陸に向かって組織的に略奪と襲撃を行った。こうして海を越えて現れたイスラムの襲撃者は山岳地帯でも活動するようになり、ついにはアルプス山脈の近くにまで到達し、そこにある裕福な修道院を略奪するようになった。

トリポリ陥落（1289年）にともなう
略奪の光景
14世紀の写本、ブリティッシュ・ライブラリー

九世紀末から十世紀の半ばまで活動した、ハンガリー人たちによって用いられた襲撃の方法は当然異なっていた。彼らはオリエント由来の騎馬民族の伝統を受け継ぎつつ、準備不足の西ヨーロッパの軍隊に対してより効果的で完成された襲撃法を作り上げた。それはすでにヴァイキングにも成功を収めていた方法だった。西ヨーロッパの軍隊に対してハンガリー人は弓で武装した軽装騎兵戦術を試した。こうした騎兵は日々の教練と規律に基づく団結力のおかげで、際立った作戦遂行力と機動性を誇っていた。彼らはいったん正面から敵と交戦し、それから逃走を装って、あらかじめ注意深く隠しておいた伏兵の方へと誘導した。それに比べると、彼らの略奪自体はまったく古典的なものだった。西暦九〇〇年二月、ヴェネト地方のラグーナ（干潟）のほとりにあったアルティヌム市の聖ステファノ会修道院長は、ヴェネツィアの統領《ドージェ》に向かってつい最近受けた襲撃についてこう訴えている。「我らの罪深さゆえに、残虐極まりないハンガリー人の男どもがイタリアに襲来し、我々の領土で数えきれない略奪・放火・殺人を犯した」と。彼の修道院の所有物も略奪され、小作人たちは殺されるか逃亡してしまった。

ハンガリー人もヴァイキングと同じように、彼らの容貌や雄叫びが巻き起こす恐慌や、放火による威嚇、容赦のない残虐行為を最大限利用して奇襲攻撃を行った。だが概して要塞化された拠点や都市を攻撃する場合に明らかだが、ハンガリー人たちの機動力こそが兵力をより過大に錯覚させ、犠牲者の恐怖を増大させ、抵抗能力を削ぐものであった。馬で移動するということは必然的に秣《まぐさ》が確保できることが条件であり、つまりは牧草の生育に適した季節にしか作戦が実行できないという制限を受けた。同じ理由で、幹線となる街道はヨーロッパの豊かな地域へと侵入するのを容易にしてくれるものであったけれども、一方でハンガリー人たちがそうした道から大きく外れることは困難だった。それゆえハンガリー人たちは、同時期のサラセン人とも一部重複する、ある特定の地域に対して襲撃を行った。だが固定化された基地に依拠したがゆえに、サラセン人の襲撃は限定された一帯のありとあらゆる資源を奪いつくすようなものであったが、ハンガリー人の略奪は、略奪が行われた期間の長さにおいても、略奪された空間の広がりにおいても、より被害が少ないものに終わった。(11)

スペイン――「熱い国境」

何世紀にもわたってイスラム教徒とキリスト教徒によって分断されていたという点で、イベリア半島の国境地帯は、キリキアのそれと同じような特徴を持っていた。イベリア半島の国境地帯では、まさに文字どおり「略奪」という政策手段によって得たイスラム教支配地域の財貨によって、キリスト教徒の支配地域は発展したのであった。歴史学的に再演された場《トポス》として、レコンキスタ期のスペインは西部開拓時代の北アメリカ「フロンティア」と同一視されることが特に多い。この対比はまったく根拠を欠くものではなく、どちらも経済と軍事がきわめて密接に結合した活動が行われた例なのである。現実のイベリア半島では、「戦争のために組織化された社会」と定義するのが適当なほど、軍事化の度合いが進行していた。もちろん、正確に言えばあらゆる中世ヨーロッパの社会で同じ軍事化の現象はみられたが、イベリア半島では本質は同じでも、その度合いが異なっていた。スペインではすべての自由民が歩兵ないし騎兵として軍事奉仕する義務を負い、公的権力の末端を受け持つ地域領主の命令によって、敵の攻撃への対応であれ、限定的な侵攻作戦であれ、いついかなる瞬間にでも動員された。

「スペイン国境地帯は〈熱い〉気質を持つ」と賢王アルフォンソは十三世紀の後半に書いている。だがそうした「気質」は十一世紀から十五世紀まで維持された。二つの支配領域を分ける線に沿って、戦争は「宗教的、あるいは政治的な動機を欠いたまま、熱意をもって行われた」。敵の支配地域へ侵入する遠征は、安定した占領やイスラム教徒の支配を目的とはしておらず、無力な民衆のいる方へと手を伸ばして、単に戦利品を求めることだけを目標としていた。キリスト教徒によるイスラム支配地域への遠征は、アナトリア半島のイスラム教徒がキリスト教徒に同様の行為を始める数世紀前から、詳細に記録されてきた。西暦一一三三年にアルフォンソ七世の軍隊がグアダルキビール川の対岸へと遠征した。『皇帝アルフォンソの年代記』によれば、「彼らはセビリアの近くで野営した。そして野営をしていた数日の間に、騎兵の大部隊――これを我々の言葉ではアルガラスと呼ぶのだが――これを使ってセビリア、コルドバ、カルモナの左右両岸を略奪していった」。王の部隊は一度渡河したあとは、野営地を安定的に確保し、そこに歩兵中心の守備隊を残し、その間騎兵部隊は周囲の土地を略奪し、略奪品をかき集めた。

十一世紀の終わりごろには同じような遠征が、名高き英雄エル・シッドによって遂行された。シッドは最初の略奪を行った夜に「馬に大麦を与えよ」と命じた。そして夜を徹して密かに行軍し、部下たちとあらかじめ打ち合わせておいたとおりカスティヨンの要塞化された村の前面に部隊を潜ませた。彼の部隊は「歩兵は連れず、武勇に優れた者たちと」三〇〇の騎兵とで編成されていた。信頼できる部下のひとりアルバル・ミナーヤが二〇〇名の騎士を率いて前衛《アルガラ》を務め、ヘナレス川を渡って「ヒタ、グアダラハラ、そしてアルカラ」へと前進した。彼らは「神とともにあらんことを。さらに閣下の前途に大いなる稼ぎのあらんことを」と期待を込めて言った。シッド自身は一〇〇騎を後衛《ザガ》として率い、明け方にカスティヨンへと押し入った。奇襲を受けた城壁外の住人は、家畜もろともシッドの手に落ちた。市門が一気に突破されると、守備兵たちは恐慌に陥って手に剣を持ったまま逃走し、シッドは彼ら以外のあらゆる抵抗を押しつぶした。村は「住人たちの金銀とともに」制圧されたので、信心深いキリスト教徒たちは急いでそれをかき集めた。

その間、二〇〇騎からなる前衛部隊は、自分たちを断固として攻撃してくるような者に遭遇することもなく、前述のとおりにアルカラへと到達して略奪を行い、大量の略奪品、すなわち「羊と乳牛の群れをまるごとと、数々の価値ある財貨」を持って川まで引き返した。二つの部隊の兵士全員が「集めた戦利品が山となって積み上がっている」カスティヨンの城壁前で合流し、ただちに参加した兵士全員でこれを分配しあった。しかし、そうして一か所にとどまっているのは危険なことだった。飲料水は不足しつつあり、ムスリムの王が軍を率いて襲ってくることもありえた。そこでシッドは捕虜にしたムーア人二〇〇人を解放し、全兵士に通り過ぎる土地で大量の戦利品を集めさせながら、朝が来る前にサラゴサ方面に向かって川を渡らせた。最終的にシッドたちはハロン川沿いの丘の防衛に適した場所に野営地を張り、さらなる勝利と略奪品を得るための戦いに備えた。

マヨルカでの戦いに向かうアルモガバルスの一団
14世紀頃の壁画、パラウ・レイアル・マジョール（バルセロナ）

この種の奇襲攻撃にはその土地や敵の状況についての十分な知識、それに加えて当然十分な情報収集活動や、迅速な作戦行動と素早い撤退、そして組織化・定型化が求められた。とくに奇襲攻撃が組織化されていたことは、スペイン語の様々な専門用語やそれに由来する単語にはっきりと痕跡をとどめている。たとえば「前衛《アルガラ》（algara）」は軽騎兵によって編成される略奪遠征隊のことで、作戦地域の広さによってその兵力は増減したものの、すでに見たように、略奪品の護衛任務を分担する「後衛《ザガ》（zaga）」と協同戦術を採った。「カヴァルガタ（cavalgata）」はアルガラと似た作戦だが、徒歩の兵士を組み込んだより複雑な軍の編制・配置が求められた。その他の戦利品を得ることを目的とする軍事作戦は、意味があいまいな様々な単語——たとえばコッレドゥーラ（corredura）、アザリア（azaria）、ラファーラ（rafala）、アルモファッラ（almofalla）など——で呼び分けられた。これらの単語がそれぞれ持っていた相違点はよく分かっていない[12]。

略奪行為が頻繁に遂行されたスペインの国境地帯は、アルモガバルスのような自由契約の傭兵軍団が誕生する原因を生み出した。アルモガバルスは十三世紀に初めてその名が歴史に現れるが、アラゴンとカタラーナの山岳地帯を出自とし、奇襲攻撃と略奪については比類なき集団であり、戦利品を求めてやむことはなかった。アルモガバルスの構成員たちはその軍装に関しては単純かつ不統一であった。革紐一本と放火の道具、手持ちの糧食として三日分のパンを入れた革袋を身に着け、粗末な生活にも慣れていたので、状況によっては野草のみでも生き抜く術を知っていた。武装として槍と大きなナイフ、投槍二本を携えたが、これらは乱戦で敵騎兵を殺害するのに適していた。「聞け！　聞け！　鉄が目覚めるぞ！」という彼らの雄叫びは敵を恐怖させるものだった。「略奪品に飢えた、勇敢な男たち」というのが彼らに対する『シチリア史』の作者ニッコロ・スペチャーレの評である。アルモガバルスたちは戦争だけでなく、それ以外の活動〔略奪〕でも名を馳せた。そしてその生まれ故郷では略奪品を得ることが難しくなってきたとなるや、彼らはよその土地——まずシチリアに、つぎに東地中海地域に——それを求めたのであった。(13)

ロベルト・イル・グイスカルドの「勝利の戦利品」

スペイン国境地帯と比較しうる事例となるのは、十一世紀後半の南イタリアであろう。当時ここはランゴバルド人とビザンツによって分断されており、そうした状況で名の知れたノルマン人の隊長たちが真っ先に富を築いた。モンテ・カッシーノのアマートの語るところによれば、一〇四六年にイタリアに現れたリッカルド・クァレルは、ジェンツァーノ・ディ・ルカーニアに根を下ろすや否や「次の日が来るのをまたず、到着した日の夜にはよその町へと侵入し、ジェンツァーノの都市民たちを満足させるに十分なほどの莫大な略奪品を馬に積んで帰ってきた」という。リッカルドは「略奪したものは惜しむことなく与え、その晩に残ったものだけを自分で取った。このやり方でこの地方全体を略奪してまわった」。そうしているうちに、多くの騎士が彼のもとに引きも切らず集まってきたという。

のちにイル・グイスカルド〔狡猾な人〕と呼ばれるようになるロベルトは、ビザンツ帝国領カラブリアの国境に位置する、クラーティ渓谷のスクリブラ城を占拠すると、「この土地が大変広く、豊かな都市、繁華な村々、多くの家畜がいる田畑を持つことを見て取った」。つまり一刻も早くそれらを掠め取るようにと略奪を促しているのだった。再びアマートの言を借りれば、ロベルトは「耕作用の牛、いい子を産んでくれそうな雌ロバ、よく肥えた豚一〇頭と羊三〇頭」を略奪し、「さらにパンとワイン、それに身代金を取れる人質」を捕らえたが「それで満足することはなかった」。彼は裏切り者のピエトロ・ディ・ビシニャーノを捕らえ、その解放と引き換えに二万金ソルドの支払いを受けた。ゴッフレード・マラテッラの年代記によれば、さらに家来の中にカラブリアの事情に通じたスラブ人が六〇人もいるのを知って、ロベルトは彼らに「略奪が可能で、ここから行ける場所を知っているならすべて教えるように」求めた。スラブ人たちは「高い山々に囲まれ、そこに至る道は無数の深い谷が切り立っている」が、莫大な略奪品があることで知られる土地を指し示した。だが「そこは大変な危険を冒さなければたどり着けない」と言った。

ロベルトたちはカラブリア人たちの祝祭日を選び、奇襲攻撃（これにロベルト自身が参加したかは分かっていない）は完全に成功した。略奪を受けた人々は略奪者を追跡したが、戦闘の末に撃退されてしまった。「この勝利の戦利品によって」ロベルトは「彼の部下の歩兵どもを騎士にしてやった」。このようにカラブリア人たちを絶え間ない侵略で苦しめることで、ロベルトはスクリブラ城を略奪品と捕虜から得た身代金で満たしていった。そして常にさらに大規模な略奪計画を企てていた。そうして数十年も経たないうちに、ロベルトはアンナ・コムネナによって、盗賊団の頭であり、旅人たちから奪った馬や武器、豊かな略奪品によって南ロンゴバルディアで一財産を築いた、と記録されるまでになったのである。[14]

都市政府《コムーネ》におけるスカラーニ（無法者）とグアルダーナ（騎馬による略奪）

数々の都市が群居していた北中部イタリアでも、国境地帯での略奪活動がよそより少ないということはなかった。彼らは平和が保たれているときは密かに、そして無数の都市間戦争では公然と、敵対行為を取り合ったのだ。一二二六年十二月二十六日、クレモーナの都市政府《コムーネ》*の大使たちは、ミラノの議会に対して重大な「窃盗、略奪、暴力が行われている」と抗議した。すなわち両都市は休戦中であるにもかかわらず、歩兵・騎兵・弓兵・弩《いしゆみ》兵で編成された正規軍が、武器を手に軍旗を掲げてフォルノーヴォに侵入しており、「この地は占領した」と宣言したうえ、村々に宿営地を設け、雄牛、雌牛、馬、ロバ、その他住人たちのあらゆる財貨を奪っている。また彼らは二人の男性を殴打し、ゆりかごに乳児を入れていた女性に怪我をさせた。それゆえ大使たちは要求する――フォルノーヴォの住民たちは何者をも攻撃していないにもかかわらず、「ロンバルディアのあらゆる正しき手続きと慣習に反して、邪悪な命令と手段でなされた」略奪は補償されねばならない、と。「あなた方は賢明な方々であり、このたび成されたことが恥ずべきことであり、ミラノ政府の名誉を汚すことはよくお判りでしょう」と付け加えることを大使たちは忘れなかった。だが、クレモーナ人たちが求めた正義がなされたかどうかは記録に残っていない。

ここで述べた事例は国境地帯で起こった単純な事件にすぎないが、こうした領土と領土の境界線における略奪はそこかしこで発生していたはずである。たとえばロランディーノ・ダ・パドヴァ**が語ったところによると、ヴィチェンツァ領の辺境にあったモンテガルダの住人たちは、しばしばパドヴァ領へと密かに侵入し、重大な損害を与えていた。外交ルートを通じた抗議は空しいことがはっきりしたので、被害を受けたパドヴァ人たちは一一八八年、軍事的にモンテガルダを占領した。ヴェネツィアとの国境地帯でも同じような事態が発生していたので、一二一五年パドヴァ政府はヴェネツィア領への侵攻作戦を計画した。トレヴィーゾ人たちも夜になるとパドヴァとの国境地帯にある農村を荒らしてまわっていたのだが、ここではパドヴァ人たちは直ちに報復に出ただけでは満足せず、敵であるトレヴィーゾを一年の間に二回、計画的に侵略し、彼らの財貨を略奪した。次第に激化していったこの対立は、ブレシャの司教が仲裁に入ることでようやく落ち着いたのである。

だが一二三一年の初めに、トレヴィーゾとパドヴァの国境地帯にて、トレヴィーゾ人たちはその地の領主に気づかれないように日中ノアーレ城の近くに兵を潜ませ、夜になってパドヴァの農村地帯を略奪したため、またもや軍事的報復が発生したのである。しかしながらこのトレヴィーゾ市民たちを、平時であるにもかかわらず、都市間の国境地帯で略奪を働いて生活している「犯罪者」として扱うのは正確には正しくない。当時戦争は平和より常態化しており、その際彼らは動員された軍隊の一部として平時と変わりなく略奪行為を継続したのである。ロンバルディアやトスカーナではこうした人々は、ノルマン人の侵入があった時代の初期から、紛争中の勢力が略奪作戦を遂行するための集団とみなされていた。史料の中では彼らは「無法者《スカラーニ》（scarani）」と呼ばれている。一一五九年クレーマの包囲戦では貧者や物乞いから成る大部隊までもが参加し、冷笑気味に「アルナルドの息子たち」と呼ばれていた。彼らは石礫と鎌で武装していたに過ぎなかったが、敵に恐怖を引き起こすような殺害手段に手慣れていた。十三世紀には戦争は長期化する傾向にあったため、戦闘が行われているあらゆる地域で、軍に食料を供給するためだけでなく、身代金や買戻し金を得るために捕虜や家畜を捕らえて生活する人間が増加した。

ヴェネト地方の各コムーネは、少なくとも言語の面では異なっていた。この地域では「無法者、大泥棒、盗賊」は〔ラテン語の〕「ザッフォーネース（zaffones）」という特別な呼称で呼ばれていた。よそのザッフォーネースたちに自らの領地を荒らされるのを防ぐか、攻撃作戦で全軍の先頭に配置する前衛部隊として手当たり次第に略奪させるため、ザッフォーネースを任務に就けることをためらうようなコムーネは存在しなかった。西暦一二五八年五月のある夜、パドヴァ領のヴィッラノーヴァが侵攻を受けて略奪された。この奇襲攻撃には「ベッロヴィエー

＊中世イタリアの自治都市。富と権力を蓄えた商人・職人・土地所有者などの都市住民が短期交代制のもと、行政や立法を担った。都市法を制定、官僚制を整備、さらに「コンタード」と呼ばれる周辺農村部を服属させるなど、十三世紀末ごろに全盛期を迎えるが、次第に特定の個人や一族が実権を握る「僭主制」に移行した。

＊＊パドヴァの公証人で『トレヴィーゾ侯年代記』を執筆（一二〇〇—一二七六）。

レ」すなわち「ごろつき兵士」たちや、捕虜を捕らえ戦利品を強奪する一〇〇人のザッフォーネースたちが参加していた。前述のロランディーノによれば、彼らは国境沿いを監視し「都市長官《ポデスタ》*の命令に従っていたが、同時に儲けを得るために」「莫大な利益が得られるほどの財産がそこにあると確信して、不正にも情け容赦なく行動を起こした」。同年パドヴァ政府はトレヴィーゾに対して行動を起こし、年代記の告げるところでは「一〇〇人の歩兵とザッフォーネース、イタリア語ではグアルダーナと言われる者たちが騎兵部隊の前方約一マイルに無秩序に展開し、必要以上にいきりたち」、恐れも知らぬ様子で町の外周の防備を打ち破って、これを破壊しつくした。[15]

「グアルダーナ（gualdana）」という言葉はもともとドイツ語で、九世紀にはすでに使われていたが、イタリアではどこの地方でも一般的に、秩序のない人間の集まり（すなわち「バンダ banda〔傭兵・強盗の一団〕」か「スキエラ schiera〔隊列・集団〕」、「レパルト reparto〔部隊〕」とみなされた集団）で、徒歩か騎馬かによらず、軍隊の前方へと展開するか、あるいはもっと単純に隊列を組まずに散開し、襲撃活動を行う者たちを意味したようである。彼らは通常、正規軍の軽騎兵が担うような作戦を行うとみなされており、十二世紀の北イタリアでは「スクディエレ〔盾持ち・従士〕」か、より時代が下ると「ベッロヴィエーレ」の部隊と共に作戦行動をとるものとみなされていたが、すでに述べたようにロランディーノ・ダ・パドヴァは彼らをひとまとめに「グアルダーナ」と考えており、彼らは規律のない「ザッフォーネース」であった。十三世紀から十四世紀のフィレンツェでは「グアルダーナ」は彼ら自身の軍旗の下に編成されたごろつき・略奪者の部隊であり、文字どおり敵地の「家々を焼き、奪う」という任務を負っていた。とはいえ一二六〇年の例では、グアルダーナと呼ばれてはいるが、コムーネの正規軍の一部を形成し、昼夜を問わず警士と同様の任務を果たす兵士もいた。

西暦一二四七年、皇帝フリードリヒ二世に与するパルマが包囲されたとき、皇帝軍の騎兵は朝になると都市の周辺に配置され、夕方までそこに待機して「皇帝側のグアルダーナを警護し続けた」。彼らグアルダーナは目に付くものはなんでも破壊し火をかけたが、皇帝直々の命令により、家屋を破壊したときは包囲軍の宿営施設を新しく作るために瓦やレンガを持ち去った。ヴェネツィア軍による同様の行動は、クレタ島の反乱に対して行われた。一〇人から三〇人の「グアルダーナトーレス」で編成されたグアルダーナは、あらかじめ決められた配分比率に従って、略奪をしたあとはその成果を隊長や城主と分け合った。こうした活動は、いわゆる「騎馬略奪」と同じ小規模な略奪作戦ではあるが、作戦に参加した者はその臨時収入を分かち合うという点で、騎馬略奪とは明確に区別されていた。[16]

ある時期の北中部イタリアにおいて、騎兵によってコムーネ間の国境地帯で繰り返された略奪の頻度は、にわかには信じがたいレベルであった。ジョヴァンニ・セルカンビによれば、一三九七年の四月から十月の間に、ルッカはピサの領土に対して少なくとも二五回の侵入を行い、その対応としてピサ人は、二月から十一月の間にルッカ領に対して二二回の作戦を行った。[17] イタリアにおけるグアルダーナと、スペインのアルガラを比較するのは適当ではないが、たしかに類似点は見いだせよう。こうした作戦は、百年戦争中のフランスで頻繁に行われた「略奪騎行《カヴァルカータ》」〔五七頁以下参照〕を思い起こさせるものである。

再びロランディーノ・ダ・パドヴァの記録に戻ると、西暦一二五九年六月にパドヴァの騎兵隊はヴィチェンツァに属する都市ティエーネへの侵攻作戦を行った。パドヴァ騎兵は「ザッフォーネースと呼ばれる、狡猾で貪欲な者たち」と共に行動し、事実ザッフォーネースは部隊の中でも特別な地位を得ていた。戦利品は莫大であったが、その大部分がザッフォーネースの取り分となるという決定に対し、人々は抗議した。ザッフォーネースたちはヴェネト地方のコムーネ間に存在する狭い国境地帯で勢力を増していったが、アラゴンのアルモガバルスたちとは「財貨に対する貪欲さ」以外の共通点はない。実際ザッフォーネースたちは傭兵とも戦闘員ともみなせない存在であったように思われる。彼らは略奪を通じて軍隊に仕える「ごろつき」、あるいは軍に参加した犯罪者で

＊十三世紀以降イタリア都市に普及した最高行政官。都市内の対立を調停するため、他国から招かれることもあった。

あり、社会全体を包む広範なシステムの中の最下層であった。つまり、領土全体を手に入れようと欲する有力領主層から、勇敢さの背後に強欲さを隠した傲慢な騎士たち、外国人やイタリア人傭兵たち、都市や農村出身の歩兵たちに至るまで、誰もが戦争という現実の中で臨時収入を求めていた。その中で他人の財貨に対して貪欲さを示すことを大っぴらに認められていたのは、ザッフォーネースたちだけだったのである。

3 「自然発生的」略奪

友軍による略奪

これまで述べてきたような状況ゆえに、中世の軍隊は略奪可能な場合にそれを拒絶する術を持たなかったと思われる。それは、軍が単に通過するだけであっても、その進路に当たった場所に敵味方を問わず重大な損害を与えるほどであった。西暦五〇七年クローヴィス王は西ゴート族に対して、ポワティエであれその他行軍予定路にあるどんな場所であれ、略奪しないよう要請しなくてはならなかった。彼は兵士たちが飼い葉と水を確保できるように手配し、それらを勝手に略奪した兵士たちを即決裁判で処刑した。クローヴィス王が見せたような規律を維持させる手腕は、全体としてみれば例外であった。たとえばネウストリア王キルペリク一世の娘リグントが西暦五八四年九月に西ゴート王家に輿入れする際、彼女の護衛を務めた小規模な軍隊ですら、前例もないほどの略奪をやってのけた。トゥールのグレゴリウスが伝えるところでは「彼らは貧者のあばら屋すら略奪し、ブドウ畑からは果実どころか折れた枝や根っこまで持ち去ったのちに破壊した。また羊を盗み、彼らのゆく道筋で目に入るものは何ひとつ見逃すことはなかった」。

西暦五九〇年、イタリア・ロンバルディア地方のアウドヴァルド公が遠征を行ったときは、シャンパーニュ地方の人々を軍に動員し、メッツへと姿を現した。そこで彼はその地域の人々から敵視されるほどの「かくも広範囲な略奪、多数の殺人と破壊を行った」。さらに同じ遠征に従軍した別部隊の指揮官たちも「敵に勝利を収めるよりも、そこに住んでいた人々と土地そのものに荒廃をもたらしたという点で、公に並ぶほどの略奪をやってのけた」。必然的に住民たちはしばしば反撃に転じた。五八五年、南フランスのコマンジュ地方に宿営したある軍隊は、周囲の一帯を徹底的に荒廃させた。しかし幾人かの兵士たちは「欲望の渇きに急き立てられるあまり」本隊から離れすぎてしまい、土地の住民に皆殺しにされたという[18]。

軍務奉仕を伴う封建契約では、原則として戦闘員への給養も義務とされていた。ところが、作戦中の部隊を維持するのに十分かつ継続的な補給を届けられるような兵站組織を欠いていることが多かったから、兵士への直接的な補給がなされないならば、より安易な補給手段として、民間人の犠牲によって必要を満たすことになりがちだった。厳密にいえば、生存のために必要不可欠な徴発と、財貨を奪うことを目的とした見境のない略奪は区別されるべきである。だが実際の行為の点ではたいてい両者を区別するのは不可能である。とりわけ正当な根拠なく、乱暴な手段によって何らかの財貨を獲得したとみなされるような場合は区別が難しい。「合法的な」補給品の要求は、敵も味方も区別しない純粋な略奪を可能とするように「軍隊の権利」を拡大解釈させていく原因であった。

農民たちに殺される騎士
15世紀の写本、パリ、国立図書館

老練な傭兵隊長《コンドッティエレ》オルソ・オルシーニは、一四七六年に執筆した論考『軍隊の管理と運営』の中で、給料の未払い・不十分な給養は「必ず兵士を無気力に落とし込む」ものだとみなし、そうした兵士はたいてい戦うことよりも「友軍の輸送車両から何か奪えないかと虎視眈々と待ち構え、あるいはもっとひどい悪行や欲にかられた振舞いを成す」と述べた。その十数年後にマキァヴェッリも同様のことを述べている。「いついかなる場合であっても補給・給養を可能にしておくことで、兵士たちが敵に対してやるような略奪・暴力・殺人が味方に向かうのを防ぐ」。もしそうした補給が不可能であれば責任者は罰せられるべきであり、さもなければ「貴君は盗みを働いた兵士を罰することができないであろう。もし貴君が兵士に給料を払わないなら、兵士が生きるために略奪するのは止むを得ないことだ」。[19]

だが略奪する意図がなくとも、単なる軍隊の通過でさえその一帯に甚大な被害を与える原因となるのは、たとえ軍には統率というものが必要で、それは実践しなくてはならないと分かっていても、それを行軍中の兵士に守らせることは非常に困難だったからに他ならない。たとえばよくあることだが、重装備を携えた軍隊は道路に大きな損傷を与え、行軍を容易にするために木々や家、壁を引き倒して前進するものである。さらに被害が大きくなるのは、軍隊がその地域にとどまった場合である。駐留した軍隊は、ただ居るというだけで兵士や軍馬・役畜を養う義務を負った地域全体の資源を枯渇させる危険があった。またきわめて稀な場合だが、軍が自らの膨大な人員を養うに足る十分な資金等を持っていても、兵士というのは自分たちが消費した物に対して金を払わない連中である、ということを考慮しなくてはならない。たとえ彼らが平時にあって出身地に駐屯していても、だ。たとえば一四八四年フランスの三部会〔身分制議会〕で、軍が駐屯している地域の議員は「騎士・兵士たちは物を買ったら支払うべきところを、支払わずに持って行ってしまう」と悲痛な抗議をあげている。[20]

一一五八年、オットーネ・モレーナの伝えるところによると、ミラノへ向かってブレシャ領を通過中だったボヘミアの軍隊は「いかなる被害も与えないほど秩序を保っていた」という。ただし、この年代記作者は「軍隊では時々起こることで、軍隊以外ではこうもやすやすと行われることではないが、盾持ちや従士たちが村人から食べ物を盗んでいった」とも付け加えている。だがこれにブレシャ人は激しく反発し、従士たちを死傷させ、彼らの馬を奪ってしまった。ボヘミア軍も報復し、十五日間にわたって村や城を攻撃し、住居に火をかけ、ブレシャ市の城壁近くまで押しかけて彼らから大量の財貨を略奪していった。この事件からはっきりと分かるとおり、行軍中の軍隊に対する給養を強制されることは、その地域の住民にとって重荷だった。住民を使役するのは明らかに正当な行為だと考えられていたから、ボヘミア軍によるこのような結末は容易に起こりうることであった。

過度な損害を引き起こすことなく軍隊を召集し、維持・統率する能力は、紛れもなく偉大な将帥となるのに欠かせない資質であった。すでに見てきたようにクローヴィス王はその能力を備えていたし、歴史家であるカイサレイアのプロコピオスは、［彼が秘書官を務めた東ローマ帝国の将軍］ベリサリウスを、配下の兵士たちに愛されたばかりか、きわめて珍しいことだが土地の住民からも愛された将軍として特筆している。「ベリサリウスが将軍である限りは、いかなる暴力行為も振るわれることがないよう気配りをしたので、大変尊敬された」。ベリサリウスの軍隊は手に入れたものに対しては常に適切な支払いを行い、麦が実る季節には「騎兵たちが麦を奪わないよう細心の注意が払われ、また同様に、騎兵たちは樹木に実った果実に触れる権利すらも与えられなかったのである」。

そうした行いについて比肩しうる人物としてよく言及されるのが征服王ウィリアムである。西暦一〇六五年、彼の軍隊がブルトン人と対決したとき、王は彼の配下に野営した土地の穀物や家畜に近づくことを許さなかった。ポワティエのギョームが記した事績録によると、その一年後にイングランド征服のための大遠征軍が召集されたとき、「王はいかなる略奪も防止するため、自らの出費で五万の騎兵を一か月にわたって養い」、その代わりどんな財貨も盗むことを許さなかった。こうして「一帯の住民たちは耕作地であれ未耕作地であれ、牛や羊を連れて何の心配もなく行き交い、また尊大な騎兵たちが畑に馬で乗り入れて踏み荒らすことも、あるいは秣の徴発隊が略奪することも許されていなかったので、穀物は誰の手も触れないまま刈り入れ人が鎌を入れるのを待っていた。

弱者も武器も持たぬ者も、騎兵の一隊を見かけても怖がることすらなく、朗らかに鼻歌を歌いながら国を旅することができた」。住民の権利は、遠征が勝利に終わって帰還する際にも同じように守られた。ウィリアム王は、戦利品を手に入れたいという衝動からドーヴァー城に火を放った従士たちを厳しく罰するように命じ、さらに損傷した城砦を再建するよう手配もしたのである。(21)

　このイングランド遠征と同じ年に、ミラノのエルレンバルドは、奪われた殉教者アリアルド*の遺体を取り返すために同郷の人々に武器を取って集まるよう呼び掛けた。アンドレア・ダ・ストゥルミによれば、エルレンバルドは配下の者たちに「略奪をしたり、貧しき者、罪なき者を傷つけてはならない。ただし我々が生きるために必要な物資を彼らが持っている場合は除く」と言ったという。これはつまり、未熟な補給兵站を運営するために非武装の者へ危害を加える、という粗暴な慣習を遠ざけようという意図があったことを示唆している。しかし平和と安全を求める近隣住民は、結局それがどんな軍隊であっても当然のように身を避けた。それ以前に現れた軍隊の振る舞いから、住民たちは負の経験を学んでいたからである。

　ある年代記によれば西暦一一〇〇年、ミラノ人やその他北イタリアの人々が、その後に生まれた多くの十字軍の東方遠征運動のように、バグダッドとホラーサーンのトルコ王国を征服すべく、エルレンバルドの下に寄せ集めの軍隊を結成した。彼らはコンスタンティノープルにいる皇帝から、もし彼らが必要な物資に対して適正な価格で支払い、土地を荒らさないのであればブルガリアを通過してよい、という許可を得ていた。だがあっという間にその約束と指揮官たちの命令は無視されてしまい、当然のことながら「ロンバルディア人」はブルガリア人たちから家畜や家禽を盗み始めた。年代記作者であるアーヘンのアルベルトは憤慨交じりに記しているが、こうしたカトリック教徒による悪事が、四旬節の断食の季節に行われたのであった。教会や説教者たちは不当にも高価な品々を略奪され、ある略奪者などは財産を守ろうとした女性の乳房を切り取ることまでした。(22)

　これは痛ましい略奪と暴力の物語であるが、どこか別の場所で、別の軍隊が行軍中に引き起こした事件と比べてより悲惨というわけではない。いやむしろ、それが武装した軍隊に限らず無数の人間で成り立った集団であればどこでも起こる「ちょっとした犯罪」よりも悲惨なわけでもなかった。ロンバルディア人がブルガリアでやった暴力行為は、それが必要な物資を求めて行われたという理由からではなく、武装した巡礼者というべき神聖な任務に身を捧げた人々によって成されたという理由ゆえに、より非難されるべきだとみなされた。それは年代記作者アルベルトが憤慨して見せたように、根拠のない暴力や略奪の動機に対してではなく、四旬節の断食が守られなかったことが非難されている点で明らかであろう。

傭兵

中世の軍隊には兵士を稼業とする人間が常に存在していたこと、そして彼らによる破壊活動が、あらゆる中世の軍隊（たいてい動員期間はごく短かかった）が「普遍的に」略奪を好むとりわけ大きな原因となったといえる。たとえば西暦一一八〇年ごろ、ウォルター・マップ*は、フリードリヒ一世の軍隊と契約しイタリアで活動していたブラバント人の傭兵たちについて、次のように述べている。まずブラバント人であるがゆえに彼らは泥棒にすぎない。さらに少し目を離せば反逆者、ニセ坊主、還俗した修道士、社会からはみ出たごろつきと手を組む無法者《アウトロー》である。彼らは「ロッテ〔散兵〕」と呼ばれる戦闘隊形をとり、王国や地方をどこまでもうろつきまわり、鉄と革の甲冑に身を固め、修道院や村や町を灰にしてしまっても何ともないし、純粋に暴力を振るいたいから暴力を振るうことにもためらいがない、と。

少なくとも十三世紀末の十年ほどの間、ポー川一帯の都市から亡命した人々はベルガモで、サリンベーネ・ダ・

＊十一世紀ミラノで起こった異端、パターリ派の指導者のひとり。一〇六六年、大司教グイド・ダ・ヴェラーテの配下に捕らえられ、殺害された。

＊＊イングランド王ヘンリー二世の廷臣で、『宮廷人の閑話』というラテン語著作を執筆した。

パルマ*がいうところの「雇われ騎兵、散兵、略奪兵」としてベルガモやミラノ、リグーリアで勤務していたという。彼らは自分たちに給料を払ってくれた人間のために戦っただけでなく、「レッジョ司教座の土地を略奪・破壊し、人々を捕らえては想像もできないような手慣れたやり方で様々に拷問にかけ、彼らに自分自身の身代金を払うよう強制した」。これだけに限らず、年代記作者サリンベーネは、とくにサディスト的な関心を示す様子もなく、傭兵たちの犠牲となった人々に対する暴虐の数々を、微に入り細を穿って表現することに努めている(23)。

十三世紀ポー川流域での例外的な出来事と思われていたこれらの現象は、次の世紀の後半にはヨーロッパの中心部で慣習的なものになっていた。この世紀は「幸運の仲間たち《コンパニア・ディ・ヴェントゥーラ》」、すなわち傭兵隊の時代であり、彼らは諸国を旅してまわり、文字どおり常設の軍隊として組織されていた。彼らは雇用主の命令であれ、あるいは自分たちの利益のためであれ、常に組織的略奪を行っていた。「ヴェントゥーラ〔幸運〕」という言葉自体がそうした軍事組織を表す名前となったが、その実態は一時的に駐屯地や野営地を離れ、戦利品あさりや身代金目的の誘拐に精を出す戦闘集団を意味した。実際「ヴェントゥーラ」の概念は「敵対者に対して優勢をとることを目的とした戦争ではなく、あらゆる手段を用いて豊かになることを目的とした戦争形態」を意味しており、そこではいかなる政治的目標も、根源的な経済的欲求によって踏みにじられてしまった。

フランスでは、百年戦争が休戦期間に入った一三六〇年以降「大傭兵団《グラン・コンパニ》」の伸長がみられ、たとえば「イングランド団」や「ブルトン団」のように、一般的には構成員の出身地に従って呼称された。実際当時の公式文書は、彼らが広範囲に略奪・窃盗行為を働いたがゆえに、簡潔に「略奪団」、「盗賊と略奪者の大集団」あるいは「不信心で邪悪な集団」と呼んだ。そうした略奪行為はときとして合法的な活動の装いをまとっていることもあったが、それが彼らにとって唯一とは言わないまでも、主要な目的であった。十九世紀のある歴史家が述べたように、「大傭兵団」はいわば戦争という産業から解雇された失業者たちの窮乏が生み出したものだった。彼らはフランス王あるいはイングランド王の命令に服していたころに遂行していた作戦を、解雇後もそのまま続行していたにすぎない。彼らは城砦や防備を固めた村落を根城として、そこを自らの組織的略奪の基地とした。彼らは家畜を奪い、住居を略奪して火をかけ、女性を暴行し、人を殺し、裕福な者を捕らえたときは身代金を支払うよう拷問にかけた。略奪にさらされた地域の村人や住民にとっては、深い森の奥や孤島、容易に近づけない沼地に逃げるか、さもなければ傭兵たちの恐喝に従って金を払い、処刑や放火を免じてもらうしか手はなかった(24)。

これと同じ現象はフランスだけでなくイタリアでも生じていた。一三一〇年代以降、とくに外国人によって編成された無数の傭兵団が現れた。まずドイツ人が、次にハンガリー人とイングランド人が、フランスからイタリアへとなだれ込んできた。フランスで職を失った傭兵団はイタリアでも都市から身代金を奪い、田畑を略奪した。十四世紀中期の有名な傭兵隊長のひとりにモントレアル・ダルバーノ、通称フラ〔修道士〕・モリアーレがいた。彼は傭兵契約を結んだ相手から支払いを受けないまま解雇され、「略奪に対する大望を抱いてイタリア各地から武装兵を召集し、あらゆる地域で略奪行を行い、あらゆる人間から物を奪うために歩兵の大軍団を編成した」。

彼はたちまち非常に多くの人間を集め、新たに活動を始めて大きな成功を収めた。フィレンツェの年代記作者マッテオ・ヴィッラーニの記録によれば「その成功は略奪への渇望ゆえであった。多くの兵役を全うした兵士たちが、給料なしにもかかわらずフラ・モリアーレの下に惹きつけられた」、なぜなら彼の大傭兵団が繰り広げている略奪と窃盗によって稼ごうとしたからである。「トスカーナとウンブリアのすべてのコムーネは、フラ・モリアーレに対して金を払って侵略に対する免除を得る以外に助かる方法はなかった」が、こうしたイタリアの傭兵団もフランスでそうだったように、しばしば農民たちの反撃にさらされた。一三五八年、コンラート・フォン・ランダウ率いる「大傭兵団」がロマーニャ地方とトスカーナ地方の間に広がるラモーネ渓谷のスカレッレ街道を

＊十三世紀のフランチェスコ会士（一二二一―一二八八）。一一六八年から一二八七年までのイタリア北・中部の歴史を扱った『年代記』を著す。

苦労しながら行軍していたところ、彼らの略奪に怒り狂った山岳民によって多くが殺戮されてしまった。ランダウ自身は、彼の配下の傭兵たちが助かろうと逃げ回っているうちに捕縛され、マッテオ・ヴィッラーニによると「彼自身だけでなく、その情婦たちもつかまり（……）彼女たちが身に着けていた銀のベルト、金、その他装身具まで奪われて」、少なくとも略奪品の一部は速やかに賠償されたのだった。また別の傭兵団の指揮官だったアンブロージョ・ヴィスコンティは、ベルナルディーノ・コリオが伝えるところでは、一三七四年にベルガモ地方の山岳民の手に落ちた。そして「恥ずべきことに、多数の貴族や騎士たちもまた彼と一緒に捕らえられた」のであった[25]。

十四世紀後半になると、こうした大傭兵団はその性格を変え、イタリアのシニョリーア〔僭主〕制の下で安定した俸給を受け取る軍事組織へと変化していったが、一般住民からの窃盗・強奪行為はこうした傭兵団の便利な補給源として行われ続けたし、十五世紀に入ってもなお、戦利品と身代金は傭兵部隊が自分たちへの給与を補う手段であり続けた。傭兵隊長バルトロメオ・コッレオーニの信頼できる伝記を書いたアントニオ・コルナッザーノは、コッレオーニは軍事作戦を補完し、また良き傭兵隊長として求められるその他の才能のように、名声を高める手段として略奪を遂行したとみなした。一四二三年ナポリでコッレオーニは「その豪胆さと略奪の激しさで並ぶものがなかった」。彼はそう言われた直後にアークィラで「多数の捕虜と山積みの戦利品を奪い取ってみせた」。一四二八年にクレモーナの領土に侵入したときも、「戦利品と勝利の名声を山積みにして生まれ故郷へと帰ってきた」。一年後にはブレシャにて、「優れた戦士であり同時に有能な略奪者である」傭兵隊長ピッチニーノと対決し、一四四七年にはボスコ・マレンゴでフランス軍と戦ったが、その間コッレオーニの部下は略奪ができないので不平を言い続けていた。そこで彼は部下に敵を指し示し、「兵士たちよ！　奴らから戦利品を奪い取れ！　あそこにいる連中が、諸君の労苦と勝利の栄光に対して与えられた果実なのだ！」と言い含めた。

すでにベリサリウスが実践していたように、理論と戦場での経験を反映して、略奪と破壊から兵士を遠ざけて

コッレオーニ騎馬像
サンティ・ジョヴァンニ・エ・パオロ教会前広場、ヴェネツィア

おくための政治的な対処法が再び採られるようになった。コッレオーニの死からしばらくした一四七八年、〔傭兵隊長〕ディオメデ・カラファの『備忘録』の一節には、略奪や破壊に委ねず「契約を結んだ」場所を作ることの利便性が述べられている。カラファ曰く、軍隊はその場所を「他よりも優先して大事に」扱わねばならない。そして「住民を絞首刑にして彼らを恐怖させる以外のことをしないような傭兵団の隊長がごときは」まったくお呼びでないのである。ほぼ同じころ、フランスの詩人ピエール・ミショーは次のように書いた。「すべての人が槍の影におびえねばならぬ、／暴力が呼び起こされるならば／これは騎士の栄誉ある振る舞いではないのに」。コッレオーニ自身も一四六七年に配下の兵に対して「盗んだり人を誘拐することを」禁止しようとした。おそらくようやく「より立派な」人物のふりをしたくなったのであろう。あるいは「配下の騎士たちが武器、生活必需品、軍馬を買うのに必要だというのに、コッレオーニがあまりにわずかな金しか彼らに与えなかった」ため、「配下の兵による大規模な破壊活動」を引き起こしかけたためだろう、と年代記作者クリストフォロ・ダ・ソルドは述

べている。今日でもヴェネツィアのサンティ・ジョヴァンニ・エ・パオロ教会前の広場に堂々たる姿をさらしている、アンドレア・ヴェロッキオ作の巨大なコッレオーニの騎馬像（これはよく知られているとおり、コッレオーニの遺言にしたがって用意された金で作られた）〔前頁図参照〕にある日、この傭兵隊長が略奪に明け暮れたことをほのめかす「肩に袋、手にはほうき」なる隠喩文が張り付けられていたのは、まったく示唆的である。[26]

4　騎馬略奪行《レイド》――組織化された破壊

征服と抑圧の技術

すでに論じたように、ベリサリウスは略奪を無規律の現れとして断固として反対していたが、ピチェーノにおける組織的な破壊を計画するについてはためらうことはなかった。ローマでゴート王国の軍隊に包囲されていたとき、ベリサリウスはヨハンネスに二千の騎兵を委ねてピチェーノ地方へと派遣した。ローマ包囲に多くが駆り出されて、この地方にはほんのわずかなゴート兵しか残っていなかったため、「ここには敵の女子供と、彼らの財産がいたるところにあった」。ヨハンネスは「不意を突いた侵略」を指揮し、そこに同じく住んでいたローマ人たちにはまったく損害を与えることなく、ゴート人たちを捕らえ、略奪した。要塞化された拠点や守備隊のいる拠点を最初の攻撃で攻略できなかったときは、これを迂回し、よそへと通過した。つまり、純粋に個人的欲求から行われる略奪と、明確な戦略目標を達成するための戦争行為として企図された組織的侵略と破壊は、ここではっきりと区別されている。同様に「略奪目当ての襲撃《ラッツィア》」と「騎馬略奪行《レイド》」も同じく区別されて扱われた。被害を受ける人々にとっては何の違いもなかったとしても。

ピピン短軀王〔小ピピン〕が七六一年から行った大量殺戮と破壊を伴う騎馬略奪行は、恐怖を巻き起こした。これはガリア南部で独立を画策したアキテーヌ人の意図を砕くためのものであった。アキテーヌ公ヴァイフェルもまた、可能な場合は同じ方法で絶えず繰り返し反撃した。七六三年五月、ピピンの軍隊がロワールを征服し、ヴァイフェルの都市や町に火を放ち、「その一帯を破壊する」ことでアキテーヌを打ち負かした。国全体を荒廃させ、多くの修道院を破壊したのち、ピピンはイッサンドンへと到着し、そこで彼は多くのワイン畑を発見した。そこでは「ほとんどすべての土地で、教会も修道院も、金持ちも貧者もみな、自分たちのワインを搾っていたが、ピピンはそれを根こそぎ引っこ抜き、破壊した」。続く二年間に、ヴァイフェルはピピンと同様の手段で反撃したが、ピピンは適切に対抗し撃退した。七六六年、ピピンは作戦準備の整った騎兵からなる一部隊をブールジュへと転戦させ、彼らに繰り返しアキテーヌ全体を組織的に破壊させた。それ以降この部隊は、抵抗を続ける敵を捕虜にすることすらせず、季節を選ばず冬でも残虐に活動しつづけた。このピピンの騎兵部隊は新しい同盟者を増やすどころか、ブールジュやリモージュ地域のフランク人たちを「あえて畑を耕そうとしたり、ブドウ畑の世話をしようとする者など一人もいなくなる」ほどの悲惨な状態に突き落とした。

こうした破壊活動の経過は、『偽フレデガリウス年代記』でも他のフランク王国の年代記でも同じように、簡潔な表現による単調な繰り返しで表現される。すなわち「火を使って破壊した」「放火して焼き払った」「こうした放火によってすべての地方が灰塵と化した」「すべて壊され、奪われ、火がかけられた」「すべての城壁が引き倒された」「一帯に火をかけよと命令が発せられ、修道院が破壊された」「アキテーヌ地方のすべてが破壊しつくされた」「徹底的に略奪された」「鉄と火によって破壊された」云々。七六八年になるとピピンはヴァイフェルの家族をようやく「保護」したが、その後すぐ言葉を違えて彼らを処刑した。こうして敵対する両陣営が互いに行った、九回に及ぶ悲惨な略奪作戦によって、ピピンの敵は決定的に屈服させられてしまった。ヴァイフェルの金のブレスレットと、浮彫で飾られた彼の貴石の王冠は、サン・ドニ大聖堂の大祭壇にかかる十字架に掲げられた。

こうした掲示は、裕福で勇敢な敵に対する勝利がいかに困難なものであったかを示すためのものだった[27]。

ピピンの息子カール大帝は、アキテーヌに遠征を行った父親に倣い、西暦七七二年以降展開されたサクソン人との戦争で、父と同様の戦略を実行した。一年後、破壊と略奪による作戦を継続する一方でキリスト教への強制改宗を迫るという活動は、そのどちらもがきわめて激しい抵抗によって妨げられていた。サクソニアの征服は、西方キリスト教世界の境界をエルベ川まで押し広げるものであったが、「緩慢な扼殺」の結果得られたものだった。つまり多くの要塞化された拠点を順次築いていき、そうした城砦で河川交通を封鎖し、フランク軍部隊を駐留させ、組織的な破壊と恐怖で敵国を徐々に圧迫・屈服させたのである。

国内の反乱を鎮圧するといったより限定的な状況でも、破壊と略奪は実行された。征服王ウィリアムは、既にみたように自分の軍隊による略奪や被害を抑制しようとして成功を収めた人物であったが、反乱では冷酷な面をみせている。ノーサンバランドの反乱者に対したとき、彼は耕地を荒廃させ家々を焼いただけでは満足せず、怒りに任せて反乱者も反乱に関与しなかった者も関係なく処罰した。彼らは火刑に処され、家畜は殺され、生活の蓄えは燃やされ、ハンバー川から北の土地ではあらゆる生活手段が破壊されたため、その後地域全体が飢饉に陥るほどであった。ユーグ・カペーも、凶暴さに関して劣るものではなく、彼は叛徒に寛大な態度を示した家臣たちに対して、容赦ない破壊計画を遂行するよう強制した。彼は「すべての地方を破壊せよ。教会を打ち壊し、家々を焼き、かまどと碾《ひ》き臼を叩き壊せ。家畜であれ武器であれあらゆるものを奪い取れ。かの犯罪者どもに何物も残さぬよう略奪して帰ってこい」と布告したのだった[28]。

どの時代でもたいていの場合、計画的な破壊はある都市を降伏へと追い込むことを目的としていたと考えられる。こうした戦術は十一世紀の半ばごろからノルマン人たちによって、イタリア南部にあったビザンツ帝国の都市に対して行われたと思われる。こうした都市では、住民たちはただ都市城壁のみに頼って防御戦を展開した。年代記作者ゴッフレード・マラテッラいわく「ノルマン人たちは都市をたびたび襲撃し、都市住民のワイン畑やオリーブ畑を根絶やしにし、城壁外の一帯から家畜や武器、その他生活に欠かせない品々を何ひとつ残さず持ち去った」。実際、城壁より外側の地域の防衛はビザンツ皇帝軍の担当であったろうが、こうした状況では彼らはその任務を十分に果たすことはできなかった。そのため諸都市は、生活するのに必要不可欠な物資や施設を周辺地帯に置いていたが、城壁や砦は堅固であったにもかかわらず、これを防衛する体制をとることができず、侵略者の手に委ねてしまうことになった[29]。

たとえミラノのような直接攻撃するのが難しい大都市であっても、フリードリヒ一世と彼に同盟したイタリア諸都市によって、農村地帯と関連する経済圏を組織的に破壊する作戦を二度も実行されては、降伏せざるを得なかった。一度目のミラノへの攻撃は一一五八年八月に行われた。皇帝が率いる軍主力との小規模な交戦が何度かあったのち、ミラノ人たちは都市城壁の外にあえて打って出ようとしなくなったので「目についたあらゆる収穫物は荒らされ、ブドウの木や雑木林さえ切り倒され、家には火がかけられ、粉ひき場は打ち壊された」とオットーネ・モレーナは伝えている。それから「皇帝軍の騎士と従士はマルテザーナ司教座とセプリオ司教座の地域へと向かい、すべての城や村々を略奪して、それから火を放って完全に破壊してしまった」。完全に荒廃させられなかったのはほんのわずかな土地にすぎず、その結果九月の初めにミラノ人は講和を結んで降伏した。

しかし数か月後、ミラノは何事もなかったかのように皇帝に対して再び戦争を仕掛けた。そのとき皇帝は反乱を効果的に鎮圧するための新たな軍隊を編成しているところだった。一一六一年五月になると、ミラノ人は繰り返し反撃を行ったものの封じ込められてしまい、皇帝軍は再び二日間にわたってミラノのロマーナ門の近くまで収穫物を破却してまわった。そこでフリードリヒ一世は「ミラノの郊外をティチネーゼ門の近くまで行軍して回り、すべての収穫物を荒らし、ブドウの木や林を切り倒した。それから十日間ほどかけて郊外を巡回して、都市の周囲にあったすべてのものを破壊し」、さらに遠くローディ方面で「一五マイルにわたってライ麦畑やブドウ畑、雑木林を破壊した」。

略奪は八月の第一週にも繰り返され、ミラノの市民たちは何度もこれを阻止しようと試みたので、皇帝は「ミラノ人のほぼすべての収穫物、ブドウ畑や林」を破壊し、「生きる希望を彼らから奪い去った」。同時に皇帝軍の部隊は都市にいかなる補給も流れ込むのを阻止すべく、注意深く検討したいくつかの地点にしっかりとした砦を築いた。こうしてミラノはひと冬のあいだ遠巻きに封鎖され、一一六二年三月に無条件降伏へと追い込まれた(30)。皇帝の「勝負」は一度目も二度目も成功したが、その唯一の勝因は、広範囲を略奪すると同時に、常にミラノ人の反撃を警戒できる数の軍隊を有していたことであった。

一二一二年から一二一七年の戦争の間、北イタリアの多くの都市が敵対しあったが、その中で〔皇帝派に属する〕パヴィーアは自分たちの領土の周囲が、国境へ圧力をかけてくる強力な敵に囲まれていることを認識していた。その中でもミラノとピアチェンツァ〔この二都市は教皇派に属する〕は、しばしばその戦力を合わせてパヴィーアの周辺農村部への侵入を繰り返し、大規模な略奪を行った。そうした一連の侵攻作戦の期間だけでなく、動員された部隊の規模や彼らの装備、そして作戦結果をみれば、これらの作戦が追求していた目的をかなりの程度推測できる。

一二一三年六月、ミラノ人たちはロメッリーナで行動を起こし、軍の総動員が行われた場合にだけ引き出される、軍旗を掲げた牛車の下に「ミラノのすべての兵士たち」を召集した。八月にはピアチェンツァの騎兵団に対して、再びミラノ人は「彼らの兵士すべて」と、都市の包囲攻撃に有用な砲撃部隊を召集した。一二一四年十月にはミラノの騎兵一〇〇〇騎が増強され、ピアチェンツァも〔ロメッリーナの〕包囲陣の増強に全軍を差し向けた。しかしその後、ロメッリーナがミラノ人の新たな攻撃を受けている間に、ピアチェンツァの騎兵は独力でパヴィーア領のロルトレ・ポー〔ポー川対岸地帯〕を襲った。一二一六年五月には、ミラノ人たちは四つの街区と、それぞれの街区に属する近郊地域から歩兵と騎兵を集め、新たに軍事行動をおこした。これには包囲陣を形成するためにピアチェンツァの三つの街区から動員された、様々な物資や装備が伴った。この年の八月、ミラノの四街区と近郊地域から動員された歩兵と騎兵はようやくロメッリーナの包囲陣へと戻ったが、そこには彼らだけでなくヴェルチェッリとノヴァーラの「すべての兵士と軍の全戦力」も包囲戦を戦うための装備をもって参陣していた。

それから三年ほどの間に、パヴィーア領の同じ辺縁地域、すなわちミラノやピアチェンツァと境を接するロメッリーナとロルトレ・ポーのみを対象にして、八つの大規模な遠征が行われた。つまりミラノとピアチェンツァが略奪襲撃をそれぞれ四回ずつである。ロメッリーナは一二一三年の夏には二度も襲撃され、一二一五年六月にも一度、一二一六年の八月にはさらにもう一度襲撃された。ロルトレ・ポーは一二一四年の秋に略奪遠征の犠牲となり、一二一五年の夏には二度（これにはパヴィーア側が七月に復讐戦を行った）、さらに一二一六年の五月と六月には再び、これまでよりも被害の大きい略奪遠征が行われた。もちろん、これらの遠征と呼応して、他の地域でも一連の軍事作戦が展開された。そこにも犠牲者と侵略者（ここでは議論の俎上に上げなかったが、彼らは皆パヴィーアとの戦いと同時に、他の敵対国と戦うためにも戦列に加わらなければならない義務を負っていた）がいたことは言うまでもないが、それでも対パヴィーア同盟によって遂行されたいくつかの作戦は際立っている。効果的な略奪遠征を計画し、装備・兵力を動員するために支払われた労力は莫大なものであったことは疑いもないが、にもかかわらずそうした遠征を十分な期間行うことはできなかった。もちろん遠征が常に不十分なものであったわけではないが、多くの場合一週間をわずかに超えるのがもっぱらで、そうでなくても一二一六年の例のように二週間超まで延長される程度だった。とりわけ遠征の物質的負担は重いものだったが、当時の年代記作者はむしろ、物品の強奪や捕虜の獲得が破壊的な結果をもたらしたと強調する傾向にある。

多くの城砦や要塞化された村落は短期間の包囲ののちに占領・破壊され、火をかけられた結果、無防備な中心部の居住区や孤立した家屋を焼失している。またこうした拠点が攻撃された場合は、常に続いて周辺にある耕作地帯の無人化が実行された。これにはブドウ畑やその地域ごとの特産品、たとえばロルトレ・ポーでは栗の林や亜麻畑、ロメッリーナでは豆畑などが含まれる。公証人で年代記作者のジョヴァンニ・コダニェッロは、その短い年代記の中で、繰り返しではあるが単調すぎるとは言われない程度の、決まった修辞をよく用いた。彼の『年代記』のあちこちに記載された破壊の記述は、対となる二つの単語によって抑揚がつけられている。多くの場合《capere et comburere》すなわち「奪い、焼く」であり、最初の単語が「荒らす(devastere)」「打ち壊す(diruere)」あるいは「襲撃する(incidere)」に差し替えられることもあった。非常にまれな場合には三つの単語が並んだ。たとえば「奪い、破壊し、焼き尽くす(capere destruere e comburere)」といったように。しかし一二一五年六月のパヴィーア領ロルトレ・ポーで、ミラノ人とピアチェンツァ人によって遂行された大規模かつ組織的な略奪襲撃を記録するとき、コダニェッロは四つもの単語を並べることでそれを強調した。「彼らは破壊し、欲望を満たし、打ち壊し、焼き尽くしてしまった(destruxerunt, esplanaverunt et diruerunt et combusserunt)」、あるいは「彼らは破壊し、打ち壊し、焼き尽くし、滅ぼしてしまった(destruxerunt, diruerunt, combusserunt dissipaverunt)」と。こうした表現は、憎むべき隣人にして敵に損害を与えたことに、彼の喜びがあふれていた証拠とみなすこともできるだろう。

こういった場合、国境付近で発生する略奪遠征は、金銭的な利益を目的とした単純な略奪の性格は有していなかったし、限定的な占領すら目的とはしていなかった。こうした作戦での兵力の展開や兵器の使用は、短い遠征、短期間に同一目標へと反復される襲撃、さらに複数の攻撃部隊の巧みな連携や、ときには二正面作戦の遂行といった要素に沿って計画されており、苦境に陥った敵勢力に絶えず出血を強いることを目指していたと考えられる。また同時に攻撃手段の優位や侵攻能力を見せつけて、敵を精神的に屈服させ、継戦意欲を失わせることも目的としていたのだろう。一二一三年、パヴィーアは異なる二つの野戦でミラノとピアチェンツァに大敗を喫し(クレモーナ領カステルレオーネの戦いと、パヴィーア領カゼイ・ジェローラの戦い)、一二一七年春、これら苛烈な隣国へそれぞれ貢納するという条件で講和を結ぶと決定した。これが破壊行為に基づく戦略によってミラノとピアチェンツァが手にした成果であった。(31)

フランスにおけるイングランド人の「略奪騎行《カヴァルカータ》」

十三世紀における「略奪騎行《カヴァルカータ》」は、上位の権力に対して、より下位の者がその任務を請け負う類の軍事奉仕であった。「騎行」と呼び習わされたのはもちろん、乗馬の技能を有した人間の任務であったからだ。もともとこれは攻撃であれ防御であれ、期間を限定し騎兵のみで遂行する作戦を指した言葉だったと考えられる。だが次第に、少なくともイタリアの各コムーネの軍隊の間では、単なる「カヴァルカータ」と「軍隊」ないし「軍勢」そのものとをはっきりと区別することは難しくなっていく。というのはどこのカヴァルカータでも歩兵と騎兵が混在するようになったからだ。フィレンツェでは、両者の相違点は単にカヴァルカータは普通の軍隊が野営用に持ち歩くような天幕を携帯しないという事だけであった。イタリア語の「カヴァルカータ（cavalcata）」に類似したものとして、スペインの「カヴァルガタ（cavalgata）」やフランスの「シュヴォーシェ（chevauchee）」があげられよう。しかし後者のシュヴォーシェはフランス王に対して家臣が負った軍事奉仕のことだけでなく、特に一三四六年から一三五九年までの百年戦争第一期に、イングランド軍がフランス領内で実行したことで知られる遠征行為をさす言葉として使われ続けた。シュヴォーシェを単に騎馬略奪行《レイド》の翻訳語とするだけでは不十分である。むしろこの単語は、フランス全土を襲い、国の支配層に大きな衝撃を与えるほどの結果をもたらした、破壊と略奪の軍事作戦を表していたのである。(32)

一三五六年十月初めから十二月にかけて、「黒太子」として知られるイングランド王子エドワードは、騎兵、騎馬弓兵、徒歩弓兵、歩兵から編成された大軍団を率いて、ボルドーからナルボンヌに至るフランス南部全体を行軍してまわり、十二月初めにボルドーへと帰還した。大西洋から地中海に至る広大な地域で「戦争行為としての」カヴァルカータが行われ、イングランド兵は何の妨害も受けず徘徊した。これはまったく「利益目的の遠征」の性格は有さないものだった。イングランド人の書いた年代記『エウロギウム』は重々しくも簡潔に、黒太子は二か月の間、村落や無防備都市だけでなく、城砦や要塞化された拠点へと「騎行し、放火し、破壊し」、非常に堅固なカルカッソンヌやナルボンヌといった都市を前にしたときだけ立ち止まり、周辺の地域に火を放つだけで満足した、と述べている。この作戦は、その地域に居座り、価値のある物もそうでないものもすべて破壊することで、敵に対して物理的に最大限の損害を与えることだけではなく、心理的な効果も狙っていた。

年代記作者エーヴベリーのロバートは、この遠征の結果を次のように要約している。それは「驚嘆すべき、そして畏怖すべき行軍であった」。黒太子は「約五〇の村落をやすやすと占領したばかりでなく、大都市や要塞化された拠点も多数占領し、無制限の略奪を実行した。八週間にわたり村々、町々を焼き、破壊しながら往復したのである」と。この作戦は人々に混乱を引き起こした。近隣のナルボンヌを襲った被害に恐怖していたモンペリエの住人たちは、再び不安に駆られ、「彼らは内城壁を建設するために、近隣の建物をすべて壊して木材として運び去った」。さらに多くの住人が「教皇の保護によって」守られていると信じて教皇が居を定めていたアヴィニョンへと避難した。しかし教皇自身、安全とは考えておらず、自分の宮殿の門を鉄材によって補強するほどであった。そして教皇のマレシャル〔元帥〕はイングランド軍に敗北して捕虜となり、自らの身代金に五万フィオリーノを支払わなくてはならない有様だった。

イングランド人たちはボルドーに再び侵入し、「山のような戦利品を積み込み、たやすく勝利の栄冠を手に入れ」、フランス王の領地の中でも最も豊かな地方のひとつで、王に大きな被害を与えたことを確信した。イングランド王太子はウィンチェスター司教に対して、自分が通過した土地は「大変豊かで繁栄しており、一日の行程を行く間もなく、わが軍が占領した都市や城、砦がみつかる」と書き送った。フランス人は間違いなく、この非常に強力な侵略者によって心理的に踏みにじられ、圧殺されていると感じていた。フロワサールですら、イングランド王太子は「イングランドとガスコーニュの重装騎兵たちを率いて、ひとつの地方から莫大な利益を得る、素晴らしく大規模なカヴァルカータ」をやってのけた、と認めている。さらに続けて「カルカッソンヌ、ナルボンヌ、そしてトゥールーズ地方のことは知っておられるだろう。この冬にイングランド人がいたところだ。そこはこの世でも最も肥沃な土地のひとつであった。そこには善良で素朴な人々がいたが、戦乱によっていなくなってしまった。また大変な富を蓄えていたが、すべてを持ち去る略奪者にかかって何ひとつ残りはしなかった。とくにガスコーニュ人たちは貪欲であった」。そしてようやくイングランド人たちが撤収を決めたときには「彼らはかくも多量の財貨を獲得し、一冬でこれほど大量の獲物を得たので、もうこれ以上欲しくなくなるほどであった」。こうして彼らは「大量の荷物を積んだ馬をどうにかこうにか歩かせて」ガロンヌ渓谷を抜けて戻っていった。さらにイングランド人はいくつかの地方で銀の皿だの大量のフィオリーノ金貨だのを奪ったが、それ以前の略奪品に比べれば取るに足らないものであった。フロワサールはどうみても略奪品の豊富さの方を（ある種の羨望の感情を隠すこともできずに）強調し、住民たちが負った苦しみにはほとんど注意を払っていない。住民に対する強奪行為だけでなく、たとえばカルカッソンヌで起こった冷酷かつ組織的な殺戮に対してすら、である。そこでは（フロワサールの言葉でいえば）「まったく哀れを誘うほどに」男女も子供も「迫害された」。[33]

　黒太子のカヴァルカータは、主要な街道を約五マイルにわたって展開する騎兵集団であったが、その様子は十世紀のハンガリー人による略奪との類似が指摘されよう。あるいはイングランド人は、ビザンツ帝国のベリサリウス将軍がビザンツ＝ゴート戦争*の際にピチェーノで命じたような「騎馬略奪行《レイド》」〔五〇頁参照〕と同じ目標を追求していたともいえる。あるいはもっとふさわしい前例としては、そのテクニックと結果の面で、十三世紀のパヴィーアでミラノ人とピアチェンツァ人がやったような組織的略奪遠征になぞらえられるかもしれない。たしかに、イングランドの襲撃者たちが、重荷となるような装備や城攻めの兵器を伴わず、要塞化された拠点を比較的容易に奪取できたことには驚かされるかもしれない。だが多くの場合、そうした城砦は旧式かつ備えが不十分であり、戦争の訓練もろくにしていない地域の住人によって守備されているだけだった。さらに選抜されたプロフェッシ

＊西暦五三五―五五四年に、ビザンツ帝国と東ゴート王国の間で、イタリア半島とその周辺を戦場として戦われた。単に「ゴート戦争」とも。

ョナルの軍隊が、不意を突いて地域の懐深くまで侵入したことによる奇襲効果も考慮せねばならないだろう。

テオドロ・ディ・モンフェッラートによる『教訓集』の教えるところでは、敵地に対する破壊的な略奪を行う際の第一目標は、敵対者の家臣や領民に「彼らの祖国への悪口を言うように」、さらに「彼らの領主に対して不満を持つように」仕向けることである、という。これはまさにイングランド人たちが追求した目標であった。彼らは略奪の効果を軽視していなかった。敵国の住人に破壊と困窮を味わわせ、苛烈な打撃を与えることで、侵略者の要求を呑んで講和するよう望む状況を素早く作り出すのである。そして同時にイングランド人はフランス人の名誉や自尊心を挑発し、フランス人に対してクレシーやポワティエの開けた平原で会戦することを強要した。この二つの戦いでの敗北により、フランス人の軍事組織が劣っていることを思い知らせたのである。(34)

愚弄と挑発

フランスにおけるイングランド軍の「カヴァルカータ」や、その他類似の作戦が戦略的な意図を持ったものであ

ったとすれば、イタリアのコムーネ社会における略奪遠征は、敵対勢力に対する反乱を教唆したり誘引したりするか、都市城壁の中で身を守っている敵を外へと引きずり出し、会戦に持ち込むために普及した戦術であった。しかしすでに理解されていると思うが、そうした状況に持ち込める可能性は非常に小さく、破壊行為はしばしば敵を侮辱し笑いものにするための、挑発と嘲笑の振る舞いに終わることが多かった。

ジョヴァンニ・ヴィッラーニが語るところでは、一二三〇年五月にフィレンツェ人はシエナに対して進撃を開始し、「城館から大要塞まで二〇ばかりを破壊し、モンテチェッレーゼの松の木を切り倒した」。そしてその後はシエナの周辺地帯を荒らしまわった。またフィレンツェ人は一二二六年にも「ピサに戦争を仕掛け、セルキオ渓谷のサン・ヤコポへと到着したとき、一本の大きな松の木を切り倒した。さらにその切り株にフィオリーノ金貨を打ち込んだ」。一二八八年三月にはアレティーノ人が「フィレンツェ近郊の七マイルにあるコッリーナのサン・ドナートを急襲し、これに火をかけ破壊した。燃え上がった家々から上る煙はフィレンツェの街から見ることができ、彼らはフィレンツェ人を侮辱するためサン・ドナートの樅の木を切り倒し始めた」。

一二九二年六月、フィレンツェ人は再びピサと対立し、サン・サヴィーノ修道院まで進出した。「この修道院で、ピサ人を侮辱するため、フィレンツェ人はその鐘楼を破壊し、非常に大きく立派なサヴィーナの木を切り倒した。さらに〔敵の眼前で〕聖ヨハネの祭りを催して挑発するために、ピサの市門近くで競馬を行った。アルノニコ用水からピサ市に至る町は燃やされ、ピサ周辺は大いに荒らされた。家は壊され畑は荒らされ、敵の妨害や抵抗もなく、フィレンツェ人の手に落ちた。そのときピサにはモンテフェルトロ伯率いる八〇〇の騎兵がおり、彼らはあえてピサ人たちに臆病なところを見せるような真似はしなかったが、都市の守備に徹していた」。これらのケースでは、ある地域の重要な場所に生えている大木を切り倒すという行為が、敵はその地域を守ることができない、あるいは守る意思がないので、自分たちがそこを支配し統治するという意向を象徴的に示すものであった。だが別の場合では、都市にある要塞が挑発的な加害行為を受けるということもあった。一二八一年四月にグイド・デ

ポワティエの戦い（1356年）
15世紀の写本、パリ、国立図書館
クレシーの戦い（1346年）につづき、
イングランド軍が長弓隊の活躍で圧勝したと伝えられる。
以降フランス軍はイングランド軍との会戦を
避ける方向に戦略転換した。

ィ・モンテフェルトロは、フォルリの街の軍司令官であったが、ファエンツァの郊外にある町や村に略奪騎行を仕掛け、部下たちを整列させた。「彼はブドウ畑、森、生け垣を破壊し、ポンテ門の近くにある町に着いたときには家々を焼き払った。またドゥルベッコ門を打ち壊し、ファエンツァの掘割の堤防を崩していった。だが誰もファエンツァの街からあえて出撃することはなく、そのため攻撃してきた者たちはその日のうちにフォルリへと帰っていった」と年代記作者ピエトロ・カンティネッリは結んでいる(35)。

当然だが、この種の作戦行動がすべて相手の反撃なしに済んだわけではない。つまりきちんとした軍事組織が存在し、敵軍に対して圧倒的に劣勢でもないかぎりは、ただちに攻撃に対する報復や、略奪品の奪還という対応をするのが普通だった。一〇八〇年、ラヴェンナの軍隊がファエンツァ領の田園地帯を荒らしにやってきたが、このときも彼らはファエンツァ領内に野営したとき、その地の古い栗の大木を引き倒した。さらに一一〇三年に起こった別の事例では、ファエンツァの敵対者たちは、ファエンツァの市門のすぐ目の前を流れる川で泳ぐことで彼らを挑発し、都市住民を嘲りながらこれ見よがしにふざけてみせ、橋のアーチに火をかけた。この二つの事例どちらにおいても、当初ファエンツァ人は無力な状態に置かれていたのだが、反撃に転じ敵対者たちを追い出すだけの、外部からの助けに予期せず恵まれることになった。また一一八九年八月には、ポントレモーリの一帯を荒らすことを企図したパルマの軍隊が、ファエンツァの同盟者のひとつであるピアチェンツァの救援軍によって奇襲された。略奪者側は作戦中止を告げるラッパの音すら聞くことなく逃げ散ったが、やがて追いつかれ、打ち殺された。つづく夜のうちにポントレモーリの民は付近の森を徹底的に捜索して、略奪品と囚われていた人々を取り戻したのであった。

この結果、一二一八年六月にはクレモーナ領で、ミラノとピアチェンツァによるより重大な略奪行が誘発されることになった。ミラノ人とピアチェンツァ人は、サンタ・クローチェ城とアルドラの村に対していつもどおりの組織的なやり方で、収穫された穀物やブドウ畑、雑木林を略奪し、破壊した。クレモーナとその同盟者はただちに反撃し、ツィベッロの平野で合戦に突入した。このように一度の挑発行為は予想どおりの結果を引き起こしたが、合戦での敗北はたいした結果をもたらさなかった。一二七三年三月には、ジェノヴァ向けの織物の梱《こり》を差し押さえた件に対する復讐として、アスティの軍隊がコッサーノ・ベルボの破壊に出撃したが、シャルル・ダンジューの配下にある軍隊によって阻止された。アスティ人たちは「コッサーノでの大打撃」によって苦い敗北を味わい、アスティの年代記作者グリエルモ・ヴェントゥーラはこの事件の報告者として、三〇人かそれ以上の捕虜と共に自らも囚われたと記している。

この手の略奪と報復というゲームは、地理的環境にかなり制限されるものであった。一二七〇年九月、グラヴァーゴおよびチェーノ渓谷とタロ渓谷の住人は、アペニン山中のパルマとピアチェンツァの中間地点に五〇騎の騎兵と四〇〇の「従士」を集結させ、ピアチェンツァに属するグッサーナの村から大量の家畜を略奪した。だが略奪品をもって帰還する途中に、ピアチェンツァの隊長が召集した四〇騎の騎兵と緊急動員されたその一帯の住人たちによって、その多くが殺されるか捕虜になった。同じ月にザヴァッタレロ領主のランディ家は、ピアチェンツァが徴募した騎兵隊の駐屯するゼネヴレド城への攻撃を計画した。その攻撃計画が明らかになると、ピアチェンツァ人は予防措置としてクレモーナ人に反撃への助力を申し入れた。にもかかわらずランディ家は略奪行を実行し、ゼネヴレド城に火をかけるとともに、ピアチェンツァやクレモーナそしてゼネヴレドからも遠く離れた農村部から、大量の家畜や家財道具を奪い取って撤退した。だがランディ家の襲撃部隊は結局、断固とした反撃にあって撃破され、捕虜、大量の武器、そして軍旗四旒《りゅう》を失った。とはいえ、その後は「損害もなく、略奪品や稼いだ品物を携えて」他の追撃者から逃れ、ザヴァッタレッロに意気揚々と帰還したのだった[36]。

「戦略的」略奪行と「戦術的」略奪行

略奪行は、政治的な信用を破ったものに対する懲罰としても企図されることがあった。一一六四年マルカ・ヴェローネーゼの街がフリードリヒ一世に反乱を起こしたとき、ロンバルディアの騎兵とわずかなドイツ兵を伴った皇帝は、ヴェローナ近郊まで「数多の城砦や村々を破壊しながら」前進した。しかしヴェローナ人たちは皇帝軍を食い止めるに足るだけの優勢な兵力を持っており、皇帝は進軍を中断せざるを得なかった。ただし一一六七年の春には、皇帝は強大な軍隊を連れてドイツから戻りローマを目指したが、その脅威はたちまち現実な効果を発揮した。ボローニャ人は否応なく皇帝の支配に服することを決め、皇帝はロマーニャ地方のその他の都市から貢納金をたやすく強請《ゆす》りとった。つまり略奪行と破壊活動はそれ自体が脅威であるだけでなく、その裏で現実的な恐れをもたらすという点で強力かつ十分実用的な軍事手段であったのだ。

一一六七年九月、フリードリヒ・バルバロッサが、ひどい伝染病で多くの兵士を失いながらもイタリア中部と南部で戦火を交えているあいだに、ロンバルディアの諸都市は皇帝に対して陰謀を企てた。皇帝は時を失することなく、九月二十六日にはなお彼に忠誠を誓う者たちとともにロンバルディアに戻り、帰還するやミラノ領のティチーノ川左岸で略奪行を指揮した。一帯は破壊され、「莫大な略奪品」が持ち去られた。ミラノの同盟者ピアチェンツァは、城砦から守備隊を引き抜くと急いで救援として送った。これを知った皇帝フリードリヒはただちにパヴィーアに再入城し、一兵も馬から下ろすことなく急いで部隊に給養と回復をさせて、ポー川へと進軍した。そしてピアチェンツァ領で大規模な破壊行為を展開し「火を放ち、城と村々を破壊し、多くの略奪品をせしめた」。それ以降はローディの領内で略奪行が繰り返されたが、ローディ人たちも冬になるとパヴィーア人の不意をつき、ためらうことなく報復の略奪を何度も行った。皇帝は強襲作戦を採って、いかなる不服従であろうとも必ず代価を支払わせることを明瞭に知らしめようとしたのだった。しかし皇帝の軍隊は、物質的に価値のある成果を得るにはあまりに少数であった。つまりこうした場合、略奪や報復略奪で手に入れられたのは、どちらの側にとっても明らかに政治的な成果であった。それは略奪品を得ることで与えたり被ったりした経済的な損害や利益以上のものであった。

これに対して心理的圧力を加えるための略奪行も存在した。この心理的な圧力は、現実的な暴力の陰に隠れがちであるが、たやすく有益な結果を生み出したことだろう。一一六七年五月、ローディ人はロンバルディア同盟からの度重なる要請と脅迫を受け、やむなく同盟に加盟した。このとき彼らは「ブドウ、飼い葉、ワインの樽や大桶、長持、その他持っていけるものはすべて略奪し、郊外の家々や持ち去れないものすべてに火をかけ、都市の外にあった干し草や藁束を盗み、土地の隅々まで略奪する」強大な軍隊を城門に迎えていたのであった。少なくとも二度、つまり一二一二年と一二二八年にピアチェンツァは「穀物や豆、ブドウ畑、雑木林」の破壊を繰り返し行って、ボッビオのコムーネに服属を強いた。一二七四年と一二七五年、アスティとモンフェッロはアレッサンドリアの領土に組織だった略奪を行い、アンジュー家への従属関係を放棄せざるを得ないよう仕向けた。さらに彼らはサヴィリアーノに矛先を向け、「雑木林、麻畑や穀物畑を荒廃させて」サルッツォ侯を敵陣営から離脱させた。その後、アルバ市の城壁周辺に広がる、略奪で荒廃したブドウ畑や雑木林で競馬大会を催し、王の支配からの離脱を宣言したのであった。

「戦略的」略奪行（これは一般的な定義として広く同意されている区分である）に照応するものが、ミクロなレベルにおける「戦術的」略奪行である。「戦術的」略奪行も「戦略的」略奪行同様、限られた範囲ではあるが略奪以外の目的を達成する手段であった。とりわけこれは敵が対抗手段を取るのを前提として罠にかけることを目論むものだった。クレーマを包囲する直前の一一五九年七月、フリードリヒ一世はロンバルディアの同盟者と協調してミラノに対する軍事行動を起こした。一〇〇騎ほどのパヴィーア騎兵はミラノ領内で多くの人を殺害し、奪える限りのものを奪う略奪行を実施した。こうして敵の反応を引き出すと、パヴィーア騎兵は皇帝フリードリヒが三〇〇の騎兵と共に待ち伏せを仕掛けた地点まで長駆逃走を図った。作戦の第一段階は十分な成功を収めた。しかし次の段階でパヴィーア軍は予想外のつまずきに出会った。それは略奪品を運搬して退却中の略奪兵たちが計画であらかじめ決められた進路をとらなかったため、ミラノの迅速な反撃から逃げきれず粉砕されてしまったのである。この事態を察知した皇帝は、二つのルートを使ってミラノ軍に向かって行軍を開始した。勝利に酔って帰還する途中にあったミラノ軍は襲撃され、四〇〇頭の馬と三〇〇人の位の高い騎士が捕らえられた。こうしたミラノ領を略奪した「結果」がローディに、さらにパヴィーアに届けられたことで、ミラノはクレーマ包囲を妨害することができなくなったのである。[37]

このように敵を罠へと誘引するための略奪は、コムーネ全盛時代を通じてイタリアでは普遍的に有効なものであった。一二五六年七月パドヴァのポデスタは、エッツェリーノ・ダ・ロマーノ*に臣従するバッサーノに対して、よく計画された遠征を実施した。七月三日の夜、多数の騎兵とごろつき兵《ベッロヴィエーレ》がチッタデッラへと行軍し、朝になるとその一部には「バッサーノの田園地帯を駆け抜け、家畜を奪う」任務が与えられた。こうして部隊の一部がチッタデッラへと行軍する途中で略奪任務に従事する間、遠征部隊の残りは隠密裏に行動した。計画は完全に成功した。略奪者たちはバッサーノの騎兵隊だけでなく、たまたまバッサーノにいた六隊のドイツ人傭兵も誘い出した。この追跡者たちは逃げる略奪者に追いついたものの、大規模な濠でできた障害物に行き当たって、自分たちが罠にかかったことに気づいた。パドヴァ軍は、追跡してきたバッサーノ軍と傭兵隊が正面から交戦しようと馬を巡らせている間に背後から襲い掛かり、激戦が展開された。その結果、ロランディーノの報告によると、バッサーノ側は二〇〇人の死体を戦場に残し、一二〇人の騎士が捕虜となった。残りの兵士はバッサーノ市の濠まで追撃され、多くが壕に転落して死んだという。栄光に包まれた勝者は、敵から奪った武器や一五〇頭の馬、その他略奪品を戦利品として掲げ帰還したのだった。

同様に重要な戦闘は、一二七〇年五月九日にパヴィーアの騎兵と「軽装騎兵」が、バッシニャーナに亡命したパヴィーア人たちを相手に「巧妙に、知恵深く」行った作戦である。戦闘ラッパと旗印を掲げた騎兵がロメッロ渓谷のアゴーニャ川近くに罠を仕掛ける間、一〇〇騎の「軽装騎兵」は大規模な略奪行為でバッシニャーナの田園地帯に打撃を与えた。バッシニャーナの亡命パヴィーア人部隊はこれを知ると、直ちにアゴーニャ川の方向へと略奪者を追撃していった。そしてそこで彼らは罠に気づいた。亡命者たちはカイロの方角を目指して逃走し、夜になってようやくかなりの数の兵士が逃亡に成功した。しかし多くは乗馬とともに捕らえられたのだった。「これによってパヴィーア人は大いに沸き立った」と年代記作者は結んでいる。

この種の作戦行動は、正面突撃や騎士道的決闘以上に、重騎兵がよく担った任務であった。彼らは軽騎兵（ベッロヴィエーレや「軽装騎兵」）と協力した。たとえば一二四四年三月にピアチェンツァのポデスタから同盟者ボローニャにもたらされた高らかな勝利の報告では、ドイツ人、クレモーナ人、パヴィーア人からなる騎兵はピアチェンツァの領地を荒廃させるため浸透作戦を行い、「彼らは意気揚々と引き返し、激しく流れる川に沿った道までたどり着いた。我々は待ち伏せ地点から飛び出し〈ピアチェンツァの騎士なり！〉と叫んだ。そうして勇ましく、力強く背後から攻撃して敵の盾、鎧を剣と矢で貫いた。その結果多数の死体が戦場に置き去りにされた。その他の者は川で溺れ死に、えり抜きのクレモーナとパヴィーア騎士一五〇人が捕虜となった」。[38]

犠牲者の側から

では、直接被害を被った側から略奪行をみるとどうなるだろうか？　彼らは抜け目なく行動することで略奪に巻き込まれるのを回避したり、回避できなくとも可能な限り被害を抑えたりできたのだろうか？　略奪はどのようなやり方をとろうとも犠牲者が生まれる。パヴィーアとピアチェンツァのコムーネ間戦争に限って論じるならば、年代記作者のステレオタイプな表現の背後に隠れている現実に起きた出来事を掘り出し、子細に検討できる事例も見つからないわけではない。一一七七年以降、イタリアでは緊張緩和の空気が広がったため、二つのコム

＊ヴェローナ、ヴィチェンツァ、パドヴァなどを支配した貴族（一一九四―一二五九）。皇帝フリードリヒ二世と結び、ロンバルディア同盟と戦った。Ⅱ章一四五頁、Ⅲ章二六七頁の訳註も参照。

ーネも長期にわたる紛争状態を解決しようと決意した。そこでポー川右岸にほど近いところにあり、川と丘にはさまれた「五つの土地」、モンティチェッリ、ピエーヴェ・ディ・パルパネーゼ、オルモ、サン・マルツァーノ、モンドニコの五村に関する互いの権利を尊重することで緊張緩和を促進しようとしたのである。一一八四年十一月十四日と十五日に開かれたパヴィーアのコンソリ会議*では、数多くの文書に基づいて審問が行われた。その結果、パヴィーア側で四六件、ピアチェンツァ側で三三件の略奪被害者による供述が、羊皮紙一四枚にわたって保存されている。それは過去三〇年にわたって様々な動機でひきおこされた、この土地を荒廃せしめた事件の犠牲者の声である。(39)

記録は約三〇年にわたる記述をカバーしているが、それぞれの供述書が常に一致しているとは限らず、実際の被害を与えた敵は誰だったのかについて正確な記載があるとは限らない。そうしたわけでそれぞれの供述では、様々な敵対者やその動機が仄めかされている。対立する二つの支配権力に挟まれ、ポー川とその右岸を走る大きな街道という、重要な交通路に沿って位置する場所について論じているにもかかわらず、悲嘆調の供述は比較的稀である。また五つの村が一回の略奪行で同時に被害を受けることもなく、その時々の同盟関係、つまりロンバルディア同盟に属しているか、これと対立する皇帝派に属しているかによって、あるときはピアチェンツァから、またあるときはパヴィーアから略奪行が行われている。

最も甚大な打撃を受けていたのは、ポー川およびその街道から最も近いモンティチェッリとピエーヴェ・ディ・パルパネーゼであったようだ。この二つの村は川をさかのぼってきたピアチェンツァ軍によって遂行された略奪行(正確な日付は不明)で一度に蹂躙されている。また別の二つのケースでは、一一七〇年にロンバルディア同盟軍がパヴィーア領に対して行った略奪と、その五年後に皇帝軍がアレッサンドリア包囲をあきらめ、モンテベッロに陣を張ったときの略奪について述べている。この三件のどれにおいても、モンティチェッリとピエーヴェは放火されており、文書のひとつによると、一一七五年の場合にはロンバルディア同盟軍に参加していたブレシャの分遣隊によってピエーヴェに火が放たれ、モンティチェッリはクレモーナ人部隊によって放火された（結果、モンティチェッリは村の塔まで焼け落ちた）。「ロンバルディア人」の軍隊によって行われた襲撃はオルモも襲い、ここでは二度火がかけられたうえブドウ畑は根から切り倒され、雑木林は伐採され、教会も略奪された。

サン・マルツァーノとモンドニコはともにポー川右岸の丘陵上にあり、長く無傷であったが、一一六七年九月にフリードリヒ一世がピアチェンツァ領に対して行った略奪行に巻き込まれ、貢納金を払っている。サン・マルツァーノは、パヴィーア従属領の兵を引き連れた皇帝軍のブラバント人傭兵隊の襲撃を受けて、二度火をつけられた。最初の襲撃では二軒の家屋が焼失し、牛や家畜が盗まれている。モンドニコは、ドイツ兵とモンフェラート侯の兵、そしてパヴィーア領の周辺から召集された騎兵と歩兵に蹂躙された。彼らはアルベリコ・トルト〔パヴィーアのコンソリの一人〕に率いられた「やぶにらみの軍隊《グエルチーノ》」と呼ばれる一団であったが、実態は様々な出身者からなる軍隊であったと考えられる。ここでも兵士たちは人でも動物でも何でも奪い去り、教会は略奪され鐘楼から鐘までもが取り外されて持ち去られたのだった。

その他のケースで目を引くのが、ジョヴァンニ・バッソが一一四九年まで遡って記憶している事件である。彼はパヴィーアの騎兵とブローニの兵士が押しかけてきたとき家におり、ジョヴァンニはブローニの兵士のうち幾人かを個人的に知っていた。彼らは家を略奪し始め、すべてを持ち去ったが、ジョヴァンニが言うには「そこで私はブローニのラツォーネ殿の傍らにいき、靴とズボンと粗末なシャツを脱いで彼らに懇願しました」。それからしばらくの間、身を潜めて騎兵たちを見守っていたところ、兵士たちが「パヴィーアの騎士！　パヴィーアの騎士！」と叫び声をあげるのを聞いた。これによって略奪者たちが何者であるかは疑問の余地はなくなった。略奪はこれ以上ないほど徹底的であった。あらゆる物品は持ち去られ、通常そのあとに家には放火され、壁で囲わ

＊中世イタリア都市コムーネの行政長官。

れた城砦などそこにある物は何でも打ち壊された。だが捕虜の獲得と組織的な耕作地の破壊は常に行われるとは限らなかった。これらの行為は多くの時間と人手を必要としたからである。こうした損害を逃れ、あるいは財産を略奪から避難させられる可能性はあった。たとえばジョヴァンニ・バッソがやったように、影響力を持った人物——ここではブローニのラツォーネがそういった類の人物だったことは疑いない——との知遇に訴えるといった方法である。

あらかじめ有力者の庇護を求めておくという手段は、日付は定かではないがピエーヴェ・ディ・パルパネーゼのオベルト・ダ・アルバも実行している。ピアチェンツァ人が船でポー川を下ってパヴィーア領への侵攻を計画していることが分かったとき、オベルトはピアチェンツァのコンソリ、グイドットを訪問した。これは彼らの関係が本当に親密であったことの証である。オベルトは言った。「我々はどうしたらいいでしょう？　私はピアチェンツァ人たちが船を準備してピエーヴェの住人に害をなし、村を焼き尽くそうとしているのではと恐れています」。グイドットはコムーネの伝書使ジャコミーノ・ディ・ライモンドを呼び、オベルトに協力するよう告げた。そこでオベルトはジャコミーノを伴ってピエーヴェへと戻り、そこに彼を三日間とどめた。支度金やら賄賂、さらに彼の馬を合わせて、ジャコミーノはピエーヴェの住人全員から一〇ソルドの支払いを求めた。これによって少なくともこのときは、ピアチェンツァのコムーネから安全の「保証」を得ることができた。一一六七年フリードリヒ一世が略奪行を繰り返しピアチェンツァの領土を脅かしていたとき、ピエーヴェでは先の例と同様の先手を打つ行動が、ライナルドなる人物によって行われた。ピエーヴェの住人によると、ライナルドは自分たちの安全を買うためにドイツ人に贈り物をする手助けをしたという。供述書には「こうして我々は彼らに小麦を提供すると約束し、彼らを買収するため金を支払った」とある。これは最悪の災難を回避するには十分であったようである。またモンドニコの住人たちも同じように、最初の略奪があった後にパヴィーアと皇帝に将来の災禍からの庇護を求め、スペルタ小麦一〇〇モッジョと金六〇リラを払った。

ある種の知遇にもとづく縁故やコネのネットワークは隅々まで張り巡らされていたようで、これは少なくとも略奪で動産が持ち去られた場合の回復手段のひとつであった。もちろんこれは適切な人間と知り合いであり、買い戻しに十分な支払いをした場合に限られるが。サン・マルツァーノの住人たちは、パヴィーアによる略奪の被害者となったとき「パヴィーア人の軍隊の後ろをついて行き」、パヴィーアのコンソリの取り成しを得て自分たちの物を取り戻した。ウベルト・マンジャヴィッラーノはあるパヴィーア人から雄牛一頭を取り戻し、同じくあるパヴィーア人司祭のところで自分の宝石箱を発見した。テダルド・バッソは「パヴィーアの貴族ジャコモ・リヴァリオのおかげで」二頭の雄牛を取り戻した。村の教会から取り外された二個の鐘のうち一個はパヴィーア領の人々に一二ソルド支払うことで取り戻したが、もうひとつは戻ってこなかった。

「正式な」略奪遠征に加わった人間でも後ろめたさを覚えたり、曖昧な合法性を根拠にしたりすることもあったようだが、考えを翻すのもまた早かった。モンフェッラート侯グリエルモは、一一六七年皇帝に従ってピアチェンツァへの略奪行に参加したが、正式な略奪命令が出る前にモンドニコの住人に「この村はどなたの領地か」と尋ね、「我々の領主はピアチェンツァに住んでおります」という回答を得るや、ためらいなく略奪を始めた。

実際のところ「五つの土地」での略奪についての供述書は、悲痛な嘆きの声を記したものでも、絶望的な抵抗があったことを示すものでもない。まず被害を受けたのは道端に居る貧民ではなく、奪われた自分の持ち物を買い戻し、安全の保証を買うだけの十分な金額を用意できる者であり、あるいは被害を受けたあとほんの数日で大量の小麦を手配できて、同時に護衛を雇えるような階層の人間だった。さらに犠牲者は先手を打つことについては際立った能力を見せており、相争う様々な権力者に囲まれていながらも、上流階級の知遇によるネットワークを使ってうまく事態を切り抜ける方法を知っていた。

実際この「五つの土地」の住人の安全を乱すものは、戦時に敵国によって行われる略奪行に限らなかった。競合するピアチェンツァとパヴィーアとの間で、交互に支配権が移るたびに生じる負担は、敵軍による被害に匹敵した。都市コムーネは近隣の村の住人たちに対しても平然と暴力手段を行使し、あるいはコムーネの軍隊を使ってそうした手段を遂行したのである。ピエトロ・ケーノの供述によると、モンティチェッリの住人たちがピアチェンツァに対する馬の飼い葉供出と家畜の賃貸契約料の支払いを拒絶したとき、武装したピアチェンツァ人が徒歩と騎馬でモンティチェッリにやってきて、物品を略奪していった。その後略奪品の大部分は返還されたが、一部はピアチェンツァ人の下に残されたという。同じことはサン・マルツァーノでも起こった。「戦争がすでに始まっていたある日、村人たちはライ麦を持ち、牛を連れてボスナスコの方へ逃亡していたのだが、ピアチェンツァに服属するオルブラの住人たちに行く手をふさがれた。彼らは牛や荷車やライ麦を横取りしピアチェンツァへと持ち去り、これらは一切取り戻すことができなかった」。

他のケースでも大した違いはなかった。かつてモンドニコの行政官職を要求して拒絶されたパヴィーアのコンソリの一人は、村を訪れると村人を集めて次のように脅迫した。「もしお前たちが承知しないなら死だ！」と。こうして村人たちはしぶしぶ彼に従わなくてはならなくなったのだった。服従の証としてパヴィーアの騎兵はモンドニコの牧人から一〇組の雄牛を強奪したが、牧人たちはある供述書の中で「私どもはボスナスコまで牛を追い立てていった騎兵を追いかけましたが、彼らは牛を返さなかったし、私どもは彼らに手出しすらできませんでした」と憤然と述べている。当然ながら、不均衡な力関係に基づく紛争で最終的な勝者がどちらになるかは明白であった。このように、ある種の略奪や家畜狩りは平和時でも圧力をかける手段として用いられたのである。

三番目の暴力行為として、私的な紛争相手やただの犯罪者からもたらされるものがあった。これらはある共同体の内部あるいは農村共同体間で勃発したが、手段としては同じであるため、私的な紛争なのか犯罪なのかはほとんどの場合、容易に区別できなかった。エンリコ・オルソの証言によると、一一六七年サン・マルツァーノはブラバント傭兵の略奪を受けた。彼はそのとき粉ひき場に行っていたのだが、帰ってくると家が燃えていた。さらに彼は、家の近くにあった酪農場もポルトロネッロという男に燃やされたことを知った。彼は略奪者が引き起こした損害を、同郷の何者かのせいで生じた負債として処理したようである。グリントルトの住人がサン・マルツァーノの人間を三、四人捕虜にして村へと連れ去り、その後彼らはピアチェンツァ司教の「口利き」で捕虜を返したことがあったが、アルチェッリ家（この地域の有力家系のひとつ）が誘拐したときは、司教はピアチェンツァ貨で四〇ソルドを支払って買い戻さなければならなかった。モンドニコの住人がピアチェンツァのカステルヌォーヴォに略奪に行ったとき、一人が捕まり吊るされた。その後カステルヌォーヴォの人々はモンドニコの人々が戦争を仕掛け、火を放つのではないかと恐れ、ピアチェンツァのコンソリに相談した。そしてこの機会を利用してコンソリはこの地の支配を強化したのだった。また別の例では、モンドニコのジョヴァンニ・オラボーナはバセリカのビニョット・カペッロと争っていた。そしてジョヴァンニはビニョットから雌牛を何頭か盗んだ。そこでビニョットはモンドニコに牛を取り返しに行った。だがジョヴァンニはその間に妻と子供を連れてピアチェンツァに引っ越していた。そこでビニョットは、ピアチェンツァのコンソリに盗人を逮捕し有罪判決を下すよう訴えたのだった。これらのエピソードは財産の窃盗や放火による脅迫、略奪といった暴力行為があらゆる場面で蔓延していたことを示している。そう考えれば、戦時に同様の暴力行為の矢面に立たされた農村住人たちが、そうした行為に順応していたのも理解できるだろう。

破壊兵器としての「火」

中世の全期間を通して実用的な破壊手段とは、基本的に「火」の使用であった。この破壊手段は先史時代のそれと実質的に同じであり、何世紀にもわたってほとんど変化することはなかった。五七三年にサクソン人たちはランゴバルド人を伴い、プロヴァンス地方を通過してイタリアにやってきた。だがローヌ川を渡ろうとしたとき、フランクの将軍エニウス・ムンモルスに行く手を遮られた。ムンモルスは彼らの犯した犯罪行為を咎めて言った。「見よ、我が主たる王の国々を貴様たちは荒廃させた。貴様たちは収穫を盗んだ。貴様たちは多くの家畜を殺した。

貴様たちは家々を焼いた。貴様たちはオリーブとブドウの畑を略奪した」。約千年後、十五世紀初頭の数十年間に目撃した出来事を日記に記した「パリの市民」は、パリの中で暴れ回った略奪兵の振る舞いについて、ムンモルスとほぼ同じ言葉で書き記し、嘆いている。アルマニャック派の部隊が一四一一年十月三日に「サラセン人でもあるかのように多くの悪行を成した。彼らは人々を、親指を縛ったりあるいは足を縛ったりして吊るし、殺し、脅迫し、女性を犯し、火を放った」と。殺人、脅迫、略奪はそれから一〇年後再び「鎖から解き放たれた悪魔であるかのように」行われた。「一四二〇年四月五日、シャンピニー・シュル・マルヌの砦に火が放たれ、女性、子供、その他人々、雄牛、雌牛、羊やその他家畜、燕麦、ライ麦、その他穀物を焼き尽くした」。そして炎から逃れようとした人々は槍で貫かれ、斧で八つ裂きにされた。『パリ市民の日記』は、略奪のたびにローマ皇帝ネロや初期キリスト教の迫害者の悪行、あるいはサラセン人と対比しながら、その都度異なった比喩を用いて強調しているが、略奪の当事者がブルゴーニュ人になろうがピカルディ人になろうが、あるいはイングランド人になろうが、同様の証言がほとんど変わることなく繰り返された[40]。

放火は、田園地帯では収穫期や草木が茂る季節がとくに効果的だったが、大半の家屋が木材と藁でできている時代にあっては、人口密集地でも同様に効果的だった。一一五八年、ボヘミアの軍隊がブレシャ領内で猛威を振るっていたとき、彼らは放火を多用した。「残忍な兵士たちは鉄と火で攻めたて、村々に火を放ち、城や砦を占拠した」とある詩人は述べている。そして「炎はあらゆるものを照らしだし」「空に立ち昇る黒煙のために何も見えなくなる」ほどであった。とくに炎と煙は、一瞬で国中に戦争が起こったことを知らせ、あらゆる人々に身体や財産が危険に晒されるのではという恐怖をまき散らした。中世の詩人や文筆家は皆一致して、ラテン語古典から「襲撃された地域に漂う火」に関する言い回しや表現を恭しく引用して使った。オルデリークス・ヴィターリス*の伝えるところでは、十世紀終わりごろのイングランド人修道士でのちに列聖されたグトラックは、敵対者の「火と鉄で」頻繁に領地を破壊された。また一〇六五年のピサ人による武勲を称える碑文によると、ピサ人たちは海軍によるある遠征でパレルモ一帯を「火および鉄によって」荒廃させたという[41]。

一一一八年から一一二七年にかけてミラノとコモの間で戦われた戦争では、お互いに敵はきわめて頻繁に鉄と火に訴えてくるとみなしていた。「彼らは村に火を放ち、粗末な小屋にも火を放った。田畑とブドウ畑と豊かな菜園を破壊していった。このようにすべてをめちゃくちゃにし、踏みにじった」。強力な敵地コマチーナ島に入ったコモ人は「奪い、殺し、燃やし、すべてを破壊した。そこで彼らは城壁を打ち壊し、穀物を湖に叩き込み、豊かに実るブドウとオリーブの木を切り倒した」。当然ながら、破壊活動に先立って島では石造の建物までも含む組織的な略奪が行われた。「壁の外ではコモ人たちによって梁財がもぎ取られ、屋根までも奪われた。彼らはそれを自分たちの船へと運び、それ以外の多くの物品を奪った」。そしてコモ人たちは村々の屋根が「投げ込まれた火で燃え盛る」中を、リエルノで得た「豊かな略奪物を伴って陽気に去っていった」。ある無名詩人（おそらく教会関係者であろう）だけが例外的に同郷人を悲劇から救う手段を知っていた。よそと同様に焼き討ちにあったメナッジョの住人たちが、炎が迫り助けを求めてきたので、詩人は太い綱を投げ渡した。そして「一人また一人と階下に降ろしてやり、こうして死を免れた」。コメニドでも火は住人たちのいる教会に迫った。避難していた人々は間一髪「火にあおられて外へと飛び出し」、その結果勝ち誇った敵兵に捕まってしまった。彼らはその後しばらくしてヴェルテマーテで殺害されてしまう運命だった。「大がかりな薪がぱっと燃え上がり、村も城も多くの家畜も一緒に、すべてを焼き尽くす火災によって焼けた。兵士も騎士も女性さえも、また健やかなる者も病んだ者も老いも若きも区別なく刃にかかって殺された。しかし大部分の者は火で焼かれたのだった」。やがて殺戮を行った者にも後悔の念が押し寄せ、侵略者たちもまた「泣き叫びながら死んだ大勢の者たちのために、敵を炎から遠ざけ、火から守り、生命と財産を救ってやった。一二〇人が（大半が火に焼かれて）殺されたが、それよりも

＊フランス・ノルマンディの修道士。『教会史』の筆者（一〇七五―一一四二）。

っと大勢が焼け死んだ」。

フリードリヒ一世のドイツ兵は、人口密集地における組織的な略奪と放火を実践した。彼らは一一五八年に戦時に順守すべき手続きを定めた特別な「軍法」を制定することにした。それによれば、村や家への放火が重大な刑罰によって禁止されていたのは確かで、さらに力攻めで城砦を奪取しているときは「建物の中にある財産を外へと運び出し」、それらには火をかけてはならないと定めている。少なくとも「元帥」の命令なしで火をつけてはならなかったが[42]、実際のところ、その種の禁令は憂慮すべき頻度で発布せざるを得なかった。つまり火災には敵に損害を与えること以上に、既存の権力者に武器を持って立ち上がった者たちへの厳罰、という強い意味を与えられていたのである。

荒廃《グアスト》と荒廃部隊《グアスタトーレ》

イタリアでコムーネが全盛を迎えていた時代、略奪行為と敵地の破壊は対になるものであったが、一方で合理的に計画された軍事作戦としては異なるタイミングで実行されるものであった。これらはそれぞれが異なる専門兵が、騎兵の援護を受けつつ実行した。既に見てきたとおり、グアルダーナ〔騎馬による略奪〕の期間中は略奪が実行され〔三五頁以下参照〕、そののち必要な装備を持った「グアスタトーレ」が「荒廃《グアスト》」作戦を組織的に敵地で実行した。遅くとも一二二九年五月には、こうした作戦が明らかに組織化された例がみられる。このときピアチェンツァのポデスタは都市の歩兵と騎兵に警報を出し、同時に従属する農村の住人たちに使者を送った。ここで農村住人はただちに「武器、馬、大斧、手斧その他〈荒廃《グアスト》〉に必要な鉄製品を」携えるよう命じられていた。五月三日土曜日には実際に、「ボッビオ領で目に付いた穀物や豆、ブドウの木や雑木林を焼き払い、破壊」していた。

十三世紀中ごろのヴェネト地方の「グアスタトーレ」は、作戦中の軍隊のために道路を砂利舗装する任務に就いていたが、その規模は目立ったものではなかった。たとえばパドヴァの「すべての」グアスタトーレが、一二三九年にフリードリヒ二世がカステルフランコ・ヴェネトに対して行った遠征に参加し、「その大部分」はエッツェリーノ・ダ・ロマーノによって対トレヴィーゾと対エステ戦に投入された。この「グアスタトーレ」は一二五六年に再び全員が任務に就き、パドヴァの城壁の前に配置された。彼らは「ブドウやあらゆる種類の木を伐り、草を刈り、道を整地し、あらゆる種類の濠を埋め立てる」ために「大変鋭い鎌付き槍《ロンコーネ》」や斧、鍬、シャベルを装備していた。一二六〇年、フィレンツェ軍は斧を装備した二〇〇人のグアスタトーレを配備し（さらに六〇〇人が増強可能）、各兵員は実際の働きに対して一日一二デナーロの給与を支払われた。さらに彼らは「荒廃《グアスト》」について正式な指揮を受けており、また独自の軍旗も保持していた。とはいえこうした専門部隊が小規模な都市にも必ず存在したというわけではなかった。一二八〇年四月、マルケ州のマテリカとファブリアーノのコムーネは教皇軍に兵を送ったが、それは騎兵と弩兵、さらに「武器・馬そして〈荒廃《グアスト》〉に適した鉄製の道具その他」を装備した歩兵であった。この事例では、動員された全歩兵があるときは戦闘員として、またあるときはグアスタトーレとして任務を果たすことを求められたことは明白である[43]。

十四世紀を通じて、戦時にグアスタトーレの動員を義務付ける法が一般的に施行され、実行されていった。キエーリでは一三二八年に、居住する外国人にたいして武器の他に「荒廃」に適した道具の所有を義務付けていた。その二〇年後、アカイアの領主はモンカリエーリの住人に対してヴォラーミナすなわち「刈り取り用の鎌か大鎌」を所有し、それらを携えてサヴィリアーノと戦う軍隊に従軍し、「能う限り素早く」穀物に対する「荒廃」を実行できるようにせよと命じていた。一三七四年五月にはサヴォイアのアメデオ七世が、サルッツオ侯との戦争に際して「高く軍旗を掲げ、武器やカリニャーノの田畑を荒廃させる道具を携えた騎兵・歩兵の軍団とともに」遠征に参加するよう、統治下にあるコムーネに召集をかけた。このとき一「外国人」だったジョヴァンニ・セルカンビは一三九六年に「馬に乗り、干し草用の鎌を携え、田畑にある小麦はすべて〈荒廃〉させる兵士」の一員となった。とくに穀物を刈り取ってしまうのに適切な道具を装備していたことは、単に田畑に火を放ってしまう代わりに、そこから適当な利益を得ようという目的があったことを示していると言える。すでに見たとおり、もしグアスタトーレが穀物の実る前に戦場に到着した場合、未成熟な穀物は軍馬の飼い葉として利用することができた。(44)

一二八二年、フォリーニョに対して軍事行動をおこしたペルージャの戦争委員会は、六月五日、「〈荒廃〉にふさわしく、各人がその役割に応じた」精緻な軍の布陣を通達した。ここでペルージャ人を主力とし、さらに他の地方から動員された全歩兵部隊が〈荒廃〉任務に参加した。さらに彼らは、武装し隊列を組んだ騎兵部隊の援護の下で迅速に行動するよう求められていた。そして作戦に基づいて荒廃させるべき範囲は「一本の木すら残らないよう」正確に決定された。「荒廃」はあらかじめ念入りに計画され、「計算された」方法で実行される作戦という特徴を持っており、古代の軍事理論家たちが提示していた戦法を引き継いでいた。オノサンドロスは「〈荒廃〉は抑制的にすべきである」と読者に勧め、兵士たちが不意を突かれて孤立し、殺されてしまうことを避けるためには「見境なく略奪・強奪すること」を防ぐ必要があると強く主張した。しかし略奪せよという断固たる命令が下されたならば、略奪に参加する兵士は十分に武装した部隊の援護を受けられるような手配が必要とも述べている。

しかし、二世紀のギリシャで執筆されたオノサンドロスの理論書が、ギリシャ研究者によって再発見される近代以前に、西欧世界での実際の戦争で影響力を持ったとは考えにくい。コムーネ時代のイタリアでは、おそらく様々な実戦経験が体系化されており、異邦人の理論に示唆を受ける必要はなかっただろう。とはいえこの点でも他の軍事分野と同様、理論がどのように実践されたかはよく分かっていない。たとえば十四世紀の初めごろにボローニャ歩兵隊ではまさにこの種の任務のために「〈荒廃〉用の長い槍」が装備品として割り当てられたことが判明しているが、これは興味深い一例である。(45)

一二六〇年フィレンツェではマッライオーリ〔鍬隊〕とパライオーリ〔ショベル隊・掘削兵〕が組織され、以降グアスタトーレとは別種のものとしての任務と装備が与えられるようになった。ペルージャの軍隊でも一二八二年に、「ザッパトーレ〔掘削兵〕」について任務上の混同が解消された。ザッパトーレは常に騎兵および弩兵の援護を受け、交通路を修繕するため行軍中の軍隊に先行することになっていた。その他でも、少なくとも用語上のこの手の混乱は避けがたいものだった。たとえば十四世紀ロンバルディア伯領やヴェネト地方のスカリジェリ家領では「グアスタトーレ」の語は現実には「ザッパトーレ」を意味していた。この地域では、住民たちがこうした軍務には就くことはすでに一般的ではなくなり、代わりにほぼ傭兵を徴募する方向へと変化していたようだけれども、それでも住民たちは土木作業に適した道具を携え、野戦築城の専門家である「グアスタトーレ」を供給する義務には応じ続けていた。一三三〇年と一三三四年、マスティーノ・デッラ・スカーラはトレヴィーゾに対して、はっきり異なる装備を携えた四つの分隊からなるグアスタトーレ四〇〇人を提供するよう求めた。それは鋤とシャベルの分隊、斧と短刀の分隊、鍬の分隊、そして刈り取り鎌の分隊である(46)。このころにはグアスタトーレとザッパトーレの区別はさらに弱まっており、やがて完全に消滅してしまう。初期のグアスタトーレたちは正規に動員された戦闘員でもあったが、最終的には単純労働者になってしまったのだった。

洞察力に富んだ軍事指揮官のひとりオルソ・オルシーニは、一四七八年にナポリ王へ提出した軍隊の編制計画の中で、五〇〇人のグアスタトーレ部隊が必要であると看破していた。それは「あらゆる種類の上等な鉄製道具、たとえば鍬、土木工事用シャベル、まさかり、なた鎌」を装備しており、各隊員はさらに「あらゆる状況で活用できる鋭いナイフ」も携えていなくてはならないだろうと述べている。またさらに彼らに関係する装備品として弓をあげ、「そうすれば彼らが労働に従事していないときは、弓を引いて他の部隊と同じように敵を攻撃できる」とも述べている。オルソは「グアスタトーレの技能は田舎あるいは田畑で身に着く」ことを確認したうえで、グアスタトーレは「忠誠心があり、公正で、準備が整っており、健康な」、兵士として遇することのできるような戦士の品格を身に着けた、適切な人間から選びたい、と理想を述べている。オルソと同時代のディオメデ・カラファも同様にグアスタトーレの活動の重要性について述べている。しかし彼はグアスタトーレをザッパトーレと同じものとみなしており、彼らは適切な命令を下せる指揮官に率いられ、歩兵部隊の援護の下で「損害を受けないよう守られた」うえで、輜重隊を率いた軍隊が容易に行軍できるよう「道路や交通路を整備する」、としている(47)。この二人の理論家はどちらもそうとは気づかないままに、過去に広く実践されていたグアスタトーレの地位と任務を復活させよと提案していたのである。

5 略奪品

戦場での「はぎ取り」

一三五一年、ヴィスコンティ傭兵隊の兵站・管理担当として、トスカーナへの遠征に参加した公証人・年代記作者のピエトロ・アザリオは、実直な証人として次のように語っている。いわく、ミラノ勢は物を奪い、多くの家や屋敷やその他の建物を燃やしながらフィレンツェの城門に迫った。このとき略奪に関わったミラノ人兵士や彼らの行為を指し示すのに、「サッコマンノ（saccomanno）」という新しい単語が生まれ、「ロンバルディアではいまだに語源もこの言葉自体も継承され続けている」、と。ルドヴィーコ・アントニオ・ムラトーリ*は、この証言を（文字どおりに受け取ったか否かは定かではないが）、当時のクルスカ学会**で支持されていた学説に反論するために用いた。彼は「サッコマンニ」あるいは「サッカルディ〔軍の輸送隊ないし略奪者〕」は「兵糧を運ぶこと」や「ある軍隊が略奪に従事すること」といった意味とぴったり対応しているわけではなく、むしろ「戦利品を集めるために略奪を行う従軍者」を意味しているのだ、と主張した。そしてそこから「サッケッジョ saccheggio〔略奪〕」「サッケッジャーレ saccheggiare〔分捕る・略奪する〕」「ダーレ・イル・サッコ dare il sacco〔略奪する〕」「メッテレ・ア・

サッコ mettere a sacco〔略奪を加える〕」などなどが派生表現として分かれていったのだという。

ここでムラトーリの説を補強するため、傭兵隊長ジャコモ・ピッチニーノが『言行録』の中で語った、ある城砦攻略についての逸話を引用しよう。あるとき、ブラッチョ・ダ・モントーネの兵士が外壁と濠を乗り越え、はしごを掛けて勇敢に城壁を登っていった。彼らは武装した者だけでなく「非武装な者もいて、言っても信じられないだろうが、ただ略奪《サッコ》にだけ参加したのである」。十四世紀から十五世紀の「サッコマンノ」たちは「悪党」あるいはザッフォーネース〔盗賊〕と同一視されていた。そして既にみてきたとおり、彼らは十三世紀以降通常グアルダーナ〔騎馬による略奪〕作戦に携わったので、グアルダーナとも言われるようになった。見境なく略奪品を集めるというやり方は、多くの場合戦闘員ではなく、純粋な略奪者の軍団によるものだった。それゆえ、たいていの場合「サッケッジョ」は、見境のない個人行動になりがちであった。あらゆる中世の軍隊には「雑多な荷物を積み込んだ荷車や、身を折るようにして荷袋を背負った泥棒や、死体漁りどもからなる不愉快な隊列」が後ろに付き従っていた。彼らは「聖人の像を盗むことすら厭わなかった」ため、当時の年代記作者は、自然と彼らを聖書にでてくる「イナゴの禍い」のイメージになぞらえた[48]。

地面に斃れた敗者から富と名誉の証を「はぎ取る《スポリアーレ》（spogliare《スポリアーレ》）」のが勝者として当然の作法であるとすれば、こうした一連の振る舞いは、古来より当然のように敵の死体を漁ってきた戦場の慣習に由来するのは間違いない。古代ローマ人にとって「プラエダ〔略奪品〕」と「スポリア〔死体からの盗品〕」はまったく違うものだった。つまり後者は「死体から物を取る」行為の結果だけを指し示していたのだ。こうした語の用法はビザンツ帝国の軍隊にも継承された。プロコピオスの証言によれば、ローマ市の城壁前でビザンツ軍がゴート族と戦ったとき、兵士たち

＊イタリアの歴史家・文学者・聖職者（一六七二—一七五〇）。六世紀から十五世紀までのイタリア史・イタリア文学に関する資料集成 *Rerum Italicarum Scriptores* (RIS) 全二五巻を刊行。

＊＊一五八三年フィレンツェで創立された言語学協会。

バイユー・タペストリー（11世紀後半）より、ハロルド王の死の場面
欄外下段に「死体漁り」をする兵士たちの姿がみえる

は敵の旗手を打ち倒し、ただちに「旗印を奪い取るため、その亡骸と旗印とを引き離した」。だがゴート人たちはビザンツ兵を出し抜いて旗印を奪い返そうとし、非常に美しい金のブレスレットを外すために「旗手の死体の左手を切り落とした。なぜなら敵兵たちに戦利品を誇示させたくなかったからである」。その後ゴート人たちが退却すると「ローマ人たちは残った死体から物をはぎ取った」。西暦五三九年のオシモ包囲戦では「全身を黄金で飾った」一人のゴート族が殺された。そしてひとりのモーリタニア人が「そのゴート族の髪を摑んで運び、死体から持ち物をはぎ取るために引きずっていった」。ビザンツの軍法ではこれらの場合、戦闘後のみ略奪を認めており、死体から持ち物を取るために戦闘を中断した兵士を処罰していた[49]。

西ヨーロッパで書かれた史料は、普通こうした死体漁りについて無視しがちである。しかしクレモーナのリウトプランドは、西暦八九三年パヴィーアで、イタリア人騎士ウバルドがあるバイエルン人に決闘で殺されたとき、物をはぎ取られ死骸はヴェルナヴ

ォーラの水路に捨てられた事件について嫌悪感を示している。アングロ＝サクソンの叙事詩のいくつかでは「死体からのはぎ取り」をほのめかす用例がみられる。たとえば『ベーオウルフ』では少なくとも二つの箇所で、戦いが終わったあと死体から持ち物をはぎ取った「高貴ではない戦士」にはっきりと触れている。また『ローランの歌』では、ローランがロンセスバーリェスで死を迎えようとしていたとき、アラブ兵がローランはもう死んだと思って帯剣を奪いにやってきたが、彼は角笛オリファンでそのアラブ兵を打ち殺したと述べているし、これに似た挿話はイギリスの叙事詩『マルドンの戦い』にもみられる。またアミアンの司教ギーの『ヘースティングズの戦いの歌』では、一〇六六年ヘースティングズの戦いにおけるフランス側の話として、戦いが勝利に終わろうとしたまさにそのとき「ガリア兵たちは喜び勇んで戦場の死体漁りに向かった」ことを示唆している。この光景についてはバイユー・タペストリーの下部にもはっきりと描かれている〔右上図参照〕。そこでは幾人かの人間が戦死者の鎧をはぎ取ろうとしたり、騎士も混じった死体の群れからたくさんの頑丈そうな盾や剣を集めるのに夢中になるさまが認められる。最後の図はおそらく死体からの略奪が組織的に行われていたことを示しているのだろう。これらに劣らずはっきりとした場面は『エル・シッド』からも見つかる。それによれば、アルコセルの野で勝利を得たのち「我がシッドの兵たちは戦場で略奪を働き／盾や武器や打ち捨てられた財宝を戦利品とし

た。／兵士たちは五一〇騎ものムスリム兵が倒れているのを数えた」。(50)

殺された死体からただちに持ち物をはぎ取ろうとする習慣は、すでにいったようにビザンツの法では固く禁止されていた。なぜなら兵士たちが戦闘に集中することを妨げ、ときには大敗北を招く原因となったからである。例としては一二六八年シャルル・ダンジューとシュヴァーベンのコンラディーンが戦った、有名なタリアコッツォの戦いをあげれば十分だろう。ジョヴァンニ・ヴィッラーニが語るところによると、最初の衝突で「ドイツ人たちは勝利を確信し」、「みな戦場に散らばって、略奪や死体漁りをし始めた」。このため「戦の名人で軍略に通じる」ヴァレリーのエヴェラルドの助言に従い、後衛部隊を予備軍として待機させていたシャルル王にあっさりと敗北してしまった。エヴェラルドは「ドイツ人の貪欲さや、略奪に目がくらみやすい性質をよく知っていた」のだった。

さらに四〇年後の一三一五年八月二九日に、モンテカティーニでウグッチョーネ・デッラ・ファッジョーラがシャルル・ダンジューの孫と対戦したとき、ウグッチョーネは、かつてコンラディーンが敗北したのは「部下の兵士がほぼ勝利を確信し、戦場で死体漁りに走り、戦利品稼ぎを始めた」ので、シャルル王が「配下の部隊と共に略奪しているコンラディーンの兵へと殺到し、破滅へと導いた」からだったことをちゃんと覚えていた。そこで彼は合戦を前にして部下たちに、戦いに勝っても戦闘が続いているかぎり、捕虜の捕縛や死体漁りのために馬を降りたり隊列から離れてはならない、と警告した。そしてこの命令を守ったことが勝利の一因となったのだった。

この二年前、皇帝軍の指揮官ヴェルナー・フォン・ホンベルクがロベール・ダンジューの家令ウーゴ・デル・バルゾと、ピエモンテ地方のクアットルディオで対戦した。ここでもドイツ人たちは最初の突撃が有利に運んだ瞬間ほぼ勝ちを収めたと考え、馬から降りて略奪品を確保しようとしたため、敵の反撃を防ぐことができなかった……とアルベルティーノ・ムッサートは述べている。勝者となったウーゴの陣営に参加していたテオドロ・ディ・モンフェッラートは、『教訓集』のなかで数人の指揮官を批判している。というのも彼らが部下に対して戦闘意欲をかきたてるために、各人が手に入れた戦利品はすべて自分のものにしてよいと認めたからだった。テオドロが明らかにしているように、この認可は、前衛部隊が敵を粉砕するや否や兵士たちが戦利品に気を取られて「馬を降り、軍旗の下を離れて、死者から物を取ろうとバラバラになる」という重大な不利益をもたらした。さらに悪かったのは、兵士たちが「戦闘中なのにみな武具や馬といった戦利品を抱え込んで、強い者がより弱い者からそれらを奪おうとした」ことで、その混乱に乗じて敵軍が反撃することを許してしまったのである。同時代の『戦争の諸要素についての卓越せる論述』も、すべての兵士が「敵を撃破し、打倒し、殺す」ことだけを考えるように、「それが乗り手のいない馬であれ、武器であれ、その他の品であれ、戦闘中に死体を漁って盗品を集める行為」を禁止すべきだ、と指揮官たちに忠告している。[51]

死体からの戦利品はぎ取りは戦闘の効率という観点から抑制されていたが、戦闘終了後ならば慣習的に認められた当然の行為であるとされていた。戦死者同様、負傷者も頻繁に略奪の目標とされ、略奪の被害者として持ち物を奪われることになった。つまりあらゆる戦闘員が身分や立場の区別なく略奪対象とされたのである。一四六七年のブルステム〔現ベルギー、シント＝トロイデン近郊〕の戦いでは戦闘後、騎士も裕福な歩兵も区別なく死体から物をはぎ取られたが、こうした振る舞いをみると「〔降伏させた敗者から〕戦利品を得たいという願望が、中世における戦争の最大動機である」という一般的な意見には疑問が生じる。戦闘終了後、戦場で勝者が敵にするのと同じように、味方の「死体を裸にはぐ」光景は普通に見られた。テオドロ・ディ・モンフェッラートによれば、こうした行為は「卑劣かつ臆病である証」であり嘆かわしい振る舞いとされていた。さらにいえば、こうした味方の不幸に乗じた行為や、略奪目的で死体を損傷させるといった行為（大抵の場合、実際に何をしたかは語られることはないのだが）にくわえて、生きて囚われた者も同じような扱いをされることがあった。年代記作者トロサヌスの語るところでは、一〇七五年にラヴェンナ領に侵入したファエンツァの軍勢は、奇襲で敵軍を打ち破った後、戦場に散開してめいめい休息をとった。このとき、ラヴェンナ人の多くは嵌めていた指輪のせいで死んだ……というのも指や手を切り落とされたからである。この年代記作者は、悪趣味にも「この事件のおかげで、現在ではラヴェンナ人は指輪をしなくなった。とりわけ戦争のときは」と嬉しそうに結んでいる。(52)

大規模な略奪

めったにあることではなかったが、個人が行う小さな略奪の他に、陥落した都市全体、戦場で敗北したひとつの軍隊、あるいは撤退する敗軍が投棄せざるを得なかった行李類に対する「集団的」大規模略奪も発生した。一二一二年、〔アンダルシアの〕ナバス・デ・トロサでイスラム勢を破ったスペイン軍は、「金銀、上等な絹を使ったたくさんの値の張る衣服、その他貴重な品々、高価な壺や様々な種類の富」を手にした。これは多くの年代記が一致して認めている。そうした物にアラゴンの騎兵と歩兵が殺到し、一方貴族たちはそうした富を馬鹿にして、敵を打倒し殺害した名誉で満足していたという。その一年後、イタリアのコムーネ同士という大変小規模な出来事であるが、カゼイ・ジェローラでパヴィーア軍がミラノとその同盟軍を打ち破った。ジェノヴァの年代記作者の記述によると、莫大な数の捕虜とともに、勝者の手にはパヴィーア貨で四〇〇〇リラに達する価値のある「牛、荷車、手押し車、大小の天幕、行李類、そしてありとあらゆる装備品」が残された。(53)

フィレンツェ人は一二六〇年モンタペルティで敗北し、戦場に「馬、武器、ロバ、ラバ、天幕やモンタルチーノから運ばれてきた穀物の山」といった「数え切れないほどの戦利品」を放棄していった。一二七五年六月ファエンツァ近くのサン・プロコロの橋で大打撃を受けたボローニャ軍は、「パンやワイン、農作物、肉、豪華な天幕や大小様々なテント、莫大な金銭、軍隊の使う幟すべて」を残して撤退した。一三四五年四月二十四日モンフェッラート侯ジョヴァンニ二世はキエーリ近くのガメナリオでアンジュー家の軍隊を破り、勝利を次のように報告した。「我々は豪華な天幕やテント、荷車、平衡錘式投石機《トラブッコ》、その他打ち捨てられたものを捕獲した」。(54)

これら戦利品のリストはどれも単調で似たり寄ったりのものであるが、ときおり関係者の語りの巧みさのおかげで脚色され形を変えることもある。とくに従軍者の思い入れが強かったり、遠くへと遠征した場合、異国の敵と戦った場合はそうだ。一二八四年二月、パルマ人たちは歴史に名高い城外への突撃によって、皇帝フリードリヒ二世が何か月ものあいだ敷いていた包囲陣を打ち破った。それから彼らは皇帝軍の要塞化された野営地を蹂躙し、パルマは輝かしい勝利を収めたのだった。「こうして皇帝の財宝すべてを奪い取った。そこには金銀貴石、壺や衣服が含まれていた。また皇帝の調度品や身の回り品、さらに彫金師の手によるものと思われる多くの浮き彫りがほどこされ、貴石をちりばめた、大変重くて価値のある黄金製の皇帝冠も奪った。冠はまるで大釜のように大きかった。人の頭を飾るためのものとしては最高の価値と高貴さを持っていた」とサリンベーネ・ダ・パルマは書き残している。また中肉中背の人間の形をした、コルトパッソ〔短足〕という綽名の付けられた洋服掛けも発見された。「この像は手を鷹のように構えており、街道沿いにぐるぐると引き回され、見たいと思う人間すべての目に晒された。パルマが達成した勝利と、フリードリヒの不面目を永遠に語り継ぐために」。

これは大変まれな事件であった。というのも「ここで見つけ、奪ったものはすべて皇帝の持ち物で、誰も皇帝以外の者からは何も奪おうと思わなかった。さらにその際諍いの声や冒瀆的な言葉ひとつ聞かれなかった。このように裕福な君主からのはぎ取りは、尋常ならざるやり方で貧者たちを豊かにした」からだ。さらにこれらの「金銀の壺、宝石、首飾り、真珠、貴石、皇帝専用の絹の衣装、その他皇帝が使い、着飾ったと世界中に分かるような品々」は、早速あちこちから集まってきた商人たちに転売された。しかし、年代記は次のように結論付ける。「金銀や貴石など宝物の多くが、パルマが勝利を収めた戦場やその地下、あるいは墓の中に眠っているという話が広まったが、現在に至るまでその隠し場所は分かっていない」。

フリードリヒ二世の宝物に比肩しうるのが、カスティーリャとレオンの王アルフォンソ十一世が得た莫大な略奪品である。一三四〇年十月、彼はリオ・サラドーの戦いでアラブ人に勝利した。『無名ローマ人の年代記』はおとぎ話のような話を書き綴っている。アルフォンソは殺された敵の女王の亡骸を手に入れたが「彼女はその足、腕、さらに首にも純度の高い金や琺瑯、貴石でできた環飾りをしていた」。王は死体に防腐処理をして、次にその夫から死体の返還料として「莫大な量の金子」を得た。「王の得た宝物は」あまりに多く、「千頭のラバが武器や道具一式を運んだときのように疲れ果てるほど」だった。それでもそれは、手にした戦利品全体の四分の一にすぎず、残り四分の三は「兵士たちによって盗まれた」。兵士たちは打ち負かされた敵が逃げようとして殺されているときに、無遠慮に「盗み稼ぎを行った」。捕虜の数もまた莫大で「彼らからも多くの価値ある持ち物が奪い取られた。それは金銭、装備品、武器、衣服、銅製の容器類、馬、ラバ、ロバ、ラクダ、大天幕やテント、大量の秣、その他道具類などだ」。アルフォンソは大天幕を張ってその中を戦利品で満たしたが、「この天幕はアルファニク〔アラビア風〕と名付けられ、三〇〇の部屋があった」。略奪して得た宝物、戦利品、捕虜の十分の一はアヴィニョンの教皇へと贈られた。このような大規模な略奪は、一種の祝祭のようなものとみなされていたので、そこから物質的な利益を得た人間だけでなく、遠く離れたところにいてそれを書き残した人間にも、幻想的な出来事として記述され、楽しまれたのである。

征服者の観点からすれば、大小を問わずあらゆる都市は、単なる富の集積地というだけでなく、うまくすれば莫大な戦利品を獲得できるかもしれない、と思わせる誘惑に満ちたものであった。略奪対象となった都市の中でも最も悪名高い例は、コンスタンティノープルの攻略であろう。世界一の大都市に対して、一二〇四年四月十二日第四回十字軍は略奪を行った。この尋常ではない略奪に参加した一人が書き記すところでは、戦利品は次のように膨大であった。「誰もそのすべてを語りつくすことはできなかった。それは金や銀、陶磁器、貴石、手触りの良い絹の織物、ハイイロリスやアーミン〔シロテン〕の毛皮の衣、その他この世で見たこともないような高価な品物。シャンパーニュの元帥ジョフロワ・ド・ヴィルアルドゥアンは嘘偽りなく、良心に誓って、天地創造以来、かくも大量の戦利品がひとつの都市から得られたことはない、と証言する」。(55)

カーンの略奪
『フロワサール年代記』
15世紀の写本、パリ、国立図書館

略奪の筋書きと目録

文書史料には大量に書き残される一方で、略奪は細密画家や挿絵画家によってほとんど描かれてこなかった。彼らは英雄的な出来事や血沸き肉躍る場面を写し取り、強調することを好んだが、それは道徳的な理由や当時の絵がプロパガンダ目的だったからだけでなく、画家たちにとっては大規模な略奪の場面を表現するのが難しかったからでもあろう。略奪の現実に関心を示し、妬みの気持ちをかきたてられたのはたいてい年代記作者の方だった。とはいえ略奪を描いた絵画がまったくないわけではない。たとえば一三四六年にイギリス軍に略奪されたカーンの例がある〔下図〕。燃える街区から立ち上る炎を背景に、市門の屋上では二人の攻撃側の兵が降伏する守備隊を殺害している。一人は建物の中で、画面外にいる守備兵を剣で虐殺しようとしており、もう一人の歩兵がそこへ駆け寄っているところだ。さらに、つるはしを持ったグアスタトーレの一人は塔を掘り崩している。第一の市門の右側と、第二の市門の左側では略奪

ミラノ公の兵士たちの略奪行
G. セルカンビ『ルッカ年代記』、15世紀前半、ルッカ市文書館

品を抱えた大勢の略奪者たちが歩いている。他の兵士も大事そうに袋を担ぐか首につるし、籠や宝箱を摑んでいる。ある者は手押し車に戦利品を積みこみ、また別の者は難儀しながら酒瓶で一杯の籠を引きずっている。誰もが喜びと満足感を顔一杯に表している。槍を担いだ兵士はその先に盗んだ品物をぶら下げ、市外へと向かっている。この絵では、兵士たちが荷車を略奪物で一杯にする様子を「種々雑多な姿で」描かれているのが一目で分かる。

ジョヴァンニ・セルカンビの年代記には、農村部での略奪行の様子を描いた挿絵が数多く載っている。ジョヴァンニは十四世紀末から十五世紀初めにかけて、こうした行為について年代記の中でたびたび言及している。ここでは、一三九七年にコルトーナ領へ「大胆にも盗みを働きに」遠征したミラノ公の兵士たちの絵を取り上げよう〔上図〕。侵入者は画面右から左へと行進し、塔がそびえ、城壁に囲まれた町を背にして去っていく。彼らは二つのグループに分かれて進む。歩兵隊は長槍をまっすぐ掲げ、騎兵隊は槍を背負っている。そして各人が手を縛られた捕虜を引っ張っている。二つのグループの間には、武装した騎馬兵に追い立てられる雄牛の群れがいる。さらにその騎馬兵の右隣にもうひとり、列から遅れた捕虜を剣で急き立てる兵士がいる。行進する隊列の奥、木の茂った丘には赤い炎と煙が立ち上る一群の家が見える。その周りを槍で武装した人間が取り囲み、その後を放火兵が続く。放火兵は長い柄のついた籠状の道具に火種を入れて持ち歩いているが、この道具立ては寓意としてよく見られるものだ[56]。

まったく別の挿絵として描かれたカーンの図とセルカンビの図だが、ほぼ同時代のものであり、どちらも都市の略奪を表現している。またこれらの挿絵では、住居から探し出した様々な略奪品について喜ぶさまや、農村を略奪した兵士が、身代金になりそうな捕虜や家畜に満足するさまが表現されている。どちらの状況でも火災が周囲を取り囲んでいて、それが一般的なものとされている。

戦利品について詳細に調べた一覧表には、それらの返却を求めた被害者によって編纂されたものも多い。一例としては、一〇七七年パヴィーア司教の家臣グリエルモが、ピアチェンツァで皇帝ハインリヒ四世に正義の裁きを求めたときのものがある。グリエルモの敵ベルゴンディオは、休戦中にもかかわらず、グリエルモが安全のために司教の塔に滞在していたとき、その寝込みを襲った。彼はシャツと靴だけ身に着けてかろうじて逃れたが、妻や子供、召使たちは衣服や装飾品をはぎ取られてしまった。またグリエルモの騎士としての武装すべても奪われた。奪われたのは甲冑、剣、盾、槍、さらに何頭もの素晴らしい軍馬や雄牛、無数の羊や豚、シーツを備えた寝台三〇、ヴェール、ベッドカバー、垂れ幕、グリエルモの妻が所有する高価な毛皮、テンやリス、狐、子羊の皮のマント三〇着、それに小麦一五〇モッジョ、ワイン二〇〇コンジョ、そして少なくとも一〇〇リラと見積もられる金銀・貴石類だった。

ここではとくに価値があり珍しい品物が対象とされたが、たとえどんなに価値がないような品であっても、略奪者に見過ごされるようなことはなかった。一一二七年、自分たちの伯を殺害したブリュージュ市民は、報復を企てた貴族たちに対して武装蜂起し、豊かな伯の宮殿を徹底的に略奪して鬱憤を晴らした。ブリュージュのガルベルトによれば、市民たちは「伯の邸宅から大量の敷物、タペストリー、織物、杯、鍋、鎖、鉄の棒、革ひも、腸でできたひも、鉄の首かせ、腕甲、その他囚人用の道具、伯の宝物庫の鉄扉、屋根の雨水を送る鉛製の雨どいまで運び出した。彼らは何も罪にはならないと信じて奪った。聖堂参事会長の家では寝台、長持、長椅子、衣服、杯、その他あらゆる家財道具が持ち去られた。伯と聖堂参事会長、司祭の貯蔵庫から略奪された膨大な量の肉、小麦、ワインやビールは言うに及ばない。略奪された人々の寝室は値の張る服で一杯だったが、市民たちはこうしたものを奪い去るために、次々と伯の城郭に出入りし、夜まで人が途切れることがなかった」。このように、とくに上等だとみなされなくても、どんな物でも略奪の対象とされたのである。

一二〇二年、ヴェルチェッリ市に属するロッビオの城がパヴィーア人に攻撃されたときの、略奪された品の長く詳細なリスト（すべての項目に略奪品の金銭的価値が付記してある）でも、同じ結論が導かれる。リストは馬、攻撃用と守備用の武器、ベッドシーツやカバー、衣服、仕事道具、貯蔵庫や厩、台所の道具、家具類、井戸の鎖、はかり類、太鼓や角笛、ミツバチの巣箱二五個、石灰とセメントが荷車七台分、穀物と木材の蓄え、宝石箱四つ、水時計一個に建材を記載している。リストは返還交渉のために作成されたものだが、おそらく取り戻されることはなかっただろう。

同じくパヴィーアの軍隊が、一二三七年にモリモンドのシトー会修道院を略奪したときの略奪品にも触れておかねばならないだろう。これはある修道士が帝国の通貨で総計一万リラにのぼる損害の返還ないし賠償を求めるために忍耐強くリスト化したものである。ここでは略奪された建物一軒ごとに整然と記載されたリストに従い、田畑や建物自体の損害は無視して、燃やされたり壊された家財道具や、盗まれたり殺されたりした家畜などの奪われた動産の被害のみを取り上げることにしよう。厩からは雄牛三五頭、馬五頭、豚一二〇頭とロバ一頭。ニワトリ小屋からは雄鶏と雌鶏あわせて六〇羽、食料貯蔵庫と台所からは塩漬け豚のハム二二個と塩、油、蜜蠟、ろうそく、チーズ、マスカルポーネ、ナツメヤシ、胡椒やスパイス、ワイン、パン、小麦粉、くるみ、リンゴ、栗。そして銅鍋、青銅の鍋、調理用の石鍋、木皿、貴重品箱、杯。さらに靴の作成所、教会や聖具室、裁縫場の道具や材料、農具類、鍛冶道具、製本用具に加え、五つの鐘がついた時計や、粉ひき場の金属部品すべても記載されている。建物はワイン、穀物、木材、秣や飼料とともに燃やされ、聖堂内でも宝石類を手に入れるために石の祭壇が砕かれ、聖遺物や十字架と一緒にホスチアも床にぶちまけられるなど、何物も見逃されなかった。
この甚大な損害に比べると、ウゴリーノ・ディ・ルッジェーロットの略奪品リストは取るに足らない悲劇である。シエナのコムーネからグローセット城主を任じられていた彼は、一二六六年にリストの編纂を試みている。グローセット市民は、シエナの支配に対し反乱を起こし、ウゴリーノを討つために城を包囲して火をかけた。彼は包囲に対して十分持ちこたえたと言えるほど抵抗したのち、自らと守備隊の兵士たちの身を守るため、自分の財産をもって降伏した。もしそうしなければ彼は捕らえられたあと、鉄の槌鉾で頭を砕かれて持ち物を奪われていただろう。彼の略奪品リストはシーツ二枚、ベッドカバー一枚、タペストリー一枚、ズボンとシャツ一組、タオル、武器、すべて合わせて三三リラ一四ソルドだった。(57)

略奪ができると分かるや否や、あらゆる身分の兵士や、常に軍隊に付きまとう略奪者や強盗といった非戦闘員だけでなく、まったく無関係な者たちさえ遠近を問わず機会に乗じようと集まってくるものである。五八五年、トゥールのグレゴリウスによれば、トゥール市民の多くが「利を得ようという目的で」グントラム王の軍に喜んで従軍した。しかし彼らの一部はポワティエ市民の攻撃を受けたとき「略奪した品をすっかり」放り出さなくてはならなかった。またシャルル禿頭王は八七六年十月八日、アンデルナハの戦いで敗北したが、乗馬を持たない敗残兵たちは多数の輜重隊を連れていたせいで逃亡に失敗してしまった。というのも突如現れた凶暴な村人たちによって、文字どおり身ぐるみはがされてしまったからだ。九二三年六月十五日ソワソンで、シャルル単純王とロベール一世の間で生じたとされる戦いでも、戦場の近辺に住む農民たちだけでなく都市近郊の住民までも、交戦した軍隊から死体漁りをしようとして集まってきて、戦争から利益を得た。アルビジョワ十字軍でも、モンジェイでフォワ伯ボードゥアンに撃破されたドイツ人やフリースランド人は、農民や放浪者によってとどめを刺され物を奪われた。そのため略奪者たちは「みな例外なく大きな戦利品を得た」ので、「一年三カ月と一五日にわたって何の心配もなく」生活できたほどだった。だがある詩人は「十字軍を殺し死体から物をはいだ田舎者ども

を盗人のように吊るすことができれば、これほどの善はないであろう」と感想を述べている。(58)

一二七五年初頭、サン・プロコロにボローニャ軍の荷馬車が多数放棄されている、という知らせがファエンツァに届き、男はもちろん「無数の女性」も、その神の恵み同然の獲物を手に入れるために町を出発した。そして「荷車を手に入れ、ファエンツァの町に持ち帰ったのだった」。サリンベーネ・ダ・パルマは、同じ年にファエンツァ市で内部抗争が起こったとき、ファエンツァに従属するレッジョの農民たちが、単に戦いの犠牲者となっただけでなく、近隣の住人から略奪や暴力を何度も受けたと述べている。一四〇一年になっても、ピエモンテ地方アカイアの領主に雇われた傭兵団が、アルブニャーノにあるモンフェッラート侯の城を攻略するや否や、あっという間に近郷近在の住人もそこに加わったことからして、周辺住人が略奪に加わるという習慣が非常に長く続いたことは明らかだろう。(59)

分配と良心

すでに紹介したとおり、テオドロ・ディ・モンフェッラートは、戦士一人ひとりの貪欲さをかきたてることで戦意を高めるのは重大な過ちであるとみなしていた〔八五頁参照〕。たとえば、軍の前衛部隊の兵士は当然他の兵士よりも敵の攻撃の矢面に立つことが増えるが、後続の部隊に比べると戦利品にありつく機会は非常に少ない。つまりまずいことに、より危険で名誉ある役目を引き受ける者がいなくなる恐れが生じるわけだ。そこでテオドロは略奪品をすべて適切な場所に集めて、すべての戦闘員に平等に分配することを勧めている。これは同時代〔十四世紀〕の聡明な戦士、ウグッチョーネ・デッラ・ファッジョーラ〔傭兵隊長、ピサの僭主〕やカングランデ・デッラ・スカーラ〔傭兵隊長、ヴェローナの僭主〕によって実行されていた。モンテカティーニの戦いで勝利を収めたのち、ウグッチョーネは戦場にさらに一〇日間留まり、「戦場の戦死者から持ち物をはぎ取って、捕虜を集めた」。これは各兵士にその身分や役割に従って利益を分配するためであった。カングランデは一三二〇年、敵国パドヴァに対して軍を召集し、テオドロやウグッチョーネと同じことをした。「カングランデは〈戦闘中は誰も持ち場を離れてはならない〉と命じ、違反者は死刑にすると言った。カングランデの集めた略奪品が横取りされることはないというもっぱらの評判だった」。

全員の合意に基づく戦利品の分配というのは目新しいものではなく、先史以前から全世界的に普及していたやり方であろう。ビザンツの軍法は、戦利品が集められたときは目録を作り公平に分配するよう規定していた。そして分配の際には、まず神あるいは教会にその取り分を供物としてささげた。また帝国の国庫に七分の一が差し引かれ、残りは身分による区別なくすべての部隊で分配された。とはいえ将校は兵士より一ソルド多く受け取ることになっていたのだが。分配品は戦場で果たした役割と個人的に発揮した勇気にのみ基づいて算出された。たとえば武器甲冑の類は勇敢な者に権利があったが、輸送や後方任務に努めた非戦闘員にも分配の権利は認められていた。五三八年ヨハンネス将軍はローマのベリサリウスから、後で全兵士に分配する予定の戦利品をピチェーノに保管しておく命令を受けた。そのとき彼はプロコピオスを通じて「誰かがミツバチを殺すのに苦労したのに、何も苦労しなかった者がハチミツを舐めるのは不正なことだ」という総司令官の伝言を受け取ったという[60]。

「ソワソンの壺」の逸話に見られるように、略奪品の分配という習慣はフランク人にも同じように広まっていた。

クローヴィス王と「ソワソンの壺」
14世紀の写本、パリ、国立図書館
王はソワソンを攻め落とした（486年）後、集会で、略奪品の中から聖具の壺を元の教会に返却するよう兵士たちに頼んだが、「王といえどもくじ引きによる公平な分配なしに、略奪品を取ってはならない」と抗議され、叩き割られてしまったという。

「マルスの野営」〔年に一度行われるフランク全軍の集会。第四章三〇六頁以下参照〕では「戦利品はすべて分け合わなくては」ならなかったのだ。またレコンキスタ期のスペインでも戦利品分配は完全に習慣化されていた。ある詩人の言によれば、戦闘が終わると「戦利品が集められ山積みにされ」、エル・シッドは「略奪品をひとつも欠けることなく分配するよう命じた。／担当者が分配品を籤で決め／騎士たちも特例扱いはなかった。／誰もが一〇〇マルコ〔一マルコは二五〇グラム〕の銀を望んだが、／ある歩兵がそれを引き当てた。／戦利品の五分の一は我がエル・シッドのために取っておかれた」。この厳格な制度がこの時代すでに十分機能しており、その後もスペイン人に継承されたことは文書記録でも裏付けられている。分配担当者すなわち「クアドリッレロス」は戦利品の目録を作り、戦闘員名簿に従って分配した。また戦闘で負傷した者には、最初に賠償品を渡すよう規定されていた。もし騎兵たちが歩兵の援護なしに活動したのであれば、六分の一から五分の一が「紳士の取り分」とされた。また歩兵隊だけで活動した場合も七分の一が与えられた。ムーア人捕虜や武具についても、慣習ごとに幅はあるが五分の一から七分の一の間で分配された。戦闘で所有する動物が死ぬ、あるいは傷つけられた者には、賠償としてその動物の価値の五分の一にあたる物が分け与えられた。たとえば軍馬の価値はその産地によって決められた。同様に負傷した場合や武器を失った場合についても、これまでの先例に基づいて賠償された。王は、その権利にふさわしい働きをした場合には、全戦利品の五分の一を自らのために要求できた[61]。

一二〇四年、第四回十字軍がコンスタンティノープルから奪った莫大な量の戦利品も、先例に従って、市内の三つの聖堂に集められた。ヴィルアルドゥアンは「正直に戦利品を持ち寄る者もいたが、あらゆる悪の源とされる貪欲さに満ちた者どもは、そうせずに嘘をついた。教皇が破門をもって処罰したにもかかわらず、業突く張りどもは戦利品を隠匿していった」と嘆いている。彼らの多くは、物を奪ったことを理由に処刑された。たとえばサン・ポール伯は略奪品を隠匿した配下の騎士を、首に盾をぶら下げた姿で絞首刑にした。しかし「大半の部下は、大小の物を隠匿したのに違反を知られることもなかった」。こうした事件があったものの、集積された戦利品はすべて、ヴェネツィア人とそれ以外の人々の間で折半された。戦利品は少なくとも銀四万マルコと約一万頭の馬にのぼった。戦利品の分配額は「従士二人につき馬一頭、騎士一人につき馬二頭」相当とされた。テンプル騎士団の規則も戦利品分配について定めている。それによれば「戦利品、荷を背負った畜獣、奴隷、エルサレム王国内の家屋から得た家畜など、戦争で捕獲された物は、軍馬、武器、甲冑を除いて団長代理の下に集められる」。そしてエルサレムの管区長は「ヨルダン川の向こう側で発生した戦いで得た戦利品についてはその半分を受け取る」が、川のこちら側についてはその権利はない、とされている(62)。

戦利品分配のやり方については、個人の思惑や交渉次第な面もあった。たとえばアルビジョワ十字軍がカルカッソンヌを占領したとき「多くの戦利品は、馬でもロバでもすべて集められ、それは莫大であったが、最も良いと考えられるやり方に従って分配された」。一二一八年六月にトゥールーズの占領を意図したシモン・ド・モンフォールはソワソン伯の戦意を高めるために次のように約束した。「戦利品の五分の一から四分の一が貴公の取り分だ。さらに最良の軍馬も貴公のものだ」。だがソワソン伯はその提案を軽蔑し、支払われるべき対価を支払ってもらうだけでよいと答えた。十三世紀のイタリアのコムーネ間では、同盟を締結するたびに、動員できる兵員の数と質、および戦利品の価値に従って、それぞれが受け取れる戦利品の分配量を最優先で取り決めた。一二〇〇年ジェノヴァはヴェンティミリアの伯たちと、戦利品として得た物の三分の一を彼らの取り分とすることを約束し、一二二八年には、トリノのコムーネとヴィエンヌのフランス王太子との間で、同じような契約が結ばれた。一二一四年ファブリアーノとカメリーノのコムーネは、戦争中の利益が得られた場合、五〇〇リラから一〇〇〇リラまでの「野戦ないし攻略戦で得た略奪品については」カメリーノ側が一〇〇リラ余分に取ると定めた。そしてもし五〇〇リラ未満の略奪品ならば折半にすることとされ、軍馬の費用に充てられた(63)。

しかしより古く原初的な習慣も存続していた。たとえば一二〇四年アレラーミチ家〔モンフェッラート侯〕に属する者たちが、「捕虜および略奪品についてはモンフェッラートとヴァストの領地で古より適用されていた規則を用いる」という合意をアルバのコムーネと結んだ。つまり戦場で得た全利得は武装の程度および個々の戦士の働きに従って分配するということである。当初、騎兵は乗馬弓兵と同額の分配を受けるものとみなされたが、一二六一年には歩兵の二倍の分配を受けると計算された。様々な兵種の中で最も多く分配を受けたのは弩で武装した兵士であり、それは馬に乗った弩兵が、本物の重装騎兵を含めた他のあらゆる騎馬兵より重視されたからである。一二五五年一月四日、ある会計上の規則が承認された。これはその一か月前にクレモーナの騎兵たちが、ボローニャ勢をベルガモ領から追い出したときに獲得した戦利品の分配に関するものだった。この規則は、戦利品の売却によって莫大な利益が出た場合も適用されることになっていた。ボローニャ軍の法務官が、仕事用に戦場へ持ちこんだ何冊かの法律書さえ、これに従って分配された。このときは法典一冊と布告集一冊が、まとめて帝国通貨で三〇リラの価値があると査定されたので折半された。これ以外にもユスティニアヌス法典の『勅法撮要』と『新法令概要』と思

略奪品の分配
15世紀の写本、ブリティッシュ・ライブラリー

われる法律書二冊が、一二リラと査定されている。

またこれらとは若干異なる状況も、十四世紀のイタリアでは認められる。一三二三年、ウベルト・デ・ベーナは、自分の馬に対する一七〇リラの賠償をヴェルチェッリ市に申請したが拒否された。その馬は、コムーネの要請で参加した遠征で失われたが、その損害は戦闘の略奪品および捕虜の身代金で十分埋め合わされたので、それが賠償の代わりだとみなされたのである。こうした軍馬と略奪品の関係は、一三四一年にモンフェッラート侯ジョヴァンニ二世が、雇い入れたドイツ傭兵と結んだ契約にも現れる。そこではまず戦場での稼ぎについて、「すべて戦利品として数えねばならず、目録に記載して戦闘あるいは略奪騎行に参加した全員で分配されねばならない。その際歩兵二人と騎兵一人は同等の分配を受ける」と定めている。しかしながら分配は「兜ごとに」ではなく、騎馬単位で行われた。つまり人間の数ではなく、乗馬の数が分配の基準であった。さらにモンフェッラート侯は、戦利品や捕虜はすべて自分の下に集められるよう求め、もし騎馬を失った傭兵がいれば彼には月給が二倍支払われるとした。もしモンフェッラート侯自身が指揮官として作戦を率いた場合は、戦場で得た利得の十分の一が侯のものとなった。どの場合でも、戦利品が分配される前に、死んだり使い物にならなくなった乗馬の賠償費用の分が差し引かれねばならなかった。その賠償が十分なものであるなら、侯はそれ以上の支払いをする義務はなかった(64)。

つまるところ「戦利品を持ち寄る」あるいは「戦利品を集める」習慣は、集団内で分配するためであった。一三七二年八月のアスティ防衛戦を戦ったサヴォイア家アメデオ七世の軍隊でも、あらゆる略奪品は一か所に集められた。戦闘に勝利した後、あるいは略奪行為が行われた後で、サヴォイア勢は対戦したヴィスコンティ勢から獲得した獲物を「集めた」。しかしそれがどれくらいの量になったかは公表されなかった。同時にヴェネツィアの金で雇われた傭兵たちから、歩兵も弩兵も含めてこれ以上ないくらいきっちりと分配が行われるように要請があったので、彼らには戦利品の総額を通告しなくてはならなかった。先ほど紹介した、十三世紀のコンスタンティノープルにおける莫大な戦利品分配を思い起こさせる出来事は、一三八〇年のキオッジャ開城でも見られた。騎兵と歩兵部隊からそれぞれ一二五人の「戦利品係《ブティニエーレ》」が任命され、彼らが町に入った。彼らはあらゆる人間を「足の爪先に至るまで細かく」微に入り細に穿って調べ上げた。そうしてすべての道具類、「弩、あらゆる種類の武器、シーツ、ベッド、銀に金」がサンタ・マリア教会へと集められ、一切の区別なく傭兵たちの間で分配された。その後分配品はただちに売り飛ばされてしまったという[65]。

十四世紀の前半にイタリアで活躍した「幸運の仲間たち《コンパニア・ディ・ヴェントゥーラ》」すなわち外国人傭兵団にとって利益の分配は大変重要だった。マッテオ・ヴィッラーニの供述によれば、フラ・モリアーレほど統率力に優れた傭兵隊長はいなかった。彼は「部下全員に命令を下して、金になりそうな戦利品、盗品、略奪品のすべてを記録させ、きっちりと保管させ、自分の商才を発揮して売りさばいた。そして会計係《カマルレンゴ》に命じて、代金を受け取らせ、支払いをさせ、相談役や秘書たちにすべて差配させた。騎兵たちや無頼の兵たちは皆、自分たちの隊長のやり方に従った」。十五世紀には傭兵隊長《コンドッティエリ》と雇用主の間で戦利品に関する特別な契約が結ばれた。そこでは大抵の場合、獲得された財産についてそれが誰に帰属されるべきか取り決められていた。一四三二年、フィレンツェはミケレット・デッリ・アッテンドーリと彼の傭兵隊に対し、「略奪の機会を強く期待している者は、城攻めにおいてもより剽悍になるがゆえに」、傭兵隊が見つけたすべての捕虜と財産は例外なく彼らの所有物とされるが、獲得した城自体はフィレンツェに帰属する、という取り決めを結んでいる。ほぼ同様の文言は、一四二九年にヴェネツィアと傭兵隊長カルマニョーラの間で結ばれた取り決めの中にも表れている。ただこの取り決めでは、ヴェネツィアの取り分は戦利品の十分の一となっている[66]。

ロンバルディア地方の法律家マルティノ・ガラーティは、一四四五年に書いた戦時法に関する論文の中で、敵から奪った財産の帰属について「ロンバルディアではカピターノと称される軍の指揮官」の物であり、指揮官は部下に対して手柄に応じてそれらを分配できると論じている。しかしその手柄の評価は大抵の場合容易ではなかった。たとえばフランチェスコ・スフォルツァが考案した分配の手順は、傭兵隊長ドナート・デル・コンテの手紙から読み取ることができる。スフォルツァ家に仕えていたデル・コンテは、一四七六年、フランチェスコの息子でミラノ公ガレアッツォ・マリアに雇われて戦った。傭兵隊長であった彼がピエモンテでの遠征中、モンタナーロの要塞化された集落を降伏に追い込んだときにミラノ公へ送った報告書には、次のような記述がある。「配下のものが不平不満を言うのを避けるため、閣下は私が自分の軍隊や同盟軍を統率するうえで、お父上〔フランチェスコ・スフォルツァ〕がマルカ〔伯領〕でとった適切なやり方に倣うよう、十分に教え諭してくださいました。そこで私は、村に入る兵に武器を携えないよう警告し、その後村人たちに門を開けさせました。それから私は各兵に戦利品稼ぎに行くよう命じました。こんなやり方で私は略奪を行ったのです」。このスフォルツァ家のやり方は、軍事作戦で求められる規律や組織力と、君主によって許可された略奪の自由を調和させるための、いわばイタリア的解決策であったのではないだろうか[67]。

フランスではジャン・ド・ビュエイユが、一四六六年ごろに書いた著書『ジュヴァンセル』の中で、略奪や身代金の分配法には三種類あり、戦争前に兵士たちとその方法について合意すべきだと論じている。いわゆる「略奪」と呼ばれる方法では、戦闘に関わった全員が分け前を受け取る。その場合は各人の手の上に実際に財産を握らせてやることが好ましいだろう。「切り分け」と呼ばれるやり方では、全員にきっちりと等分された額が渡される。一方「古き良き慣習」では、各兵員が自由に略奪品を手に入れることを前提とするが、そうした稼ぎの一部は慣習により、王権から軍の指揮権を授けられた人物、たとえば総大将、元帥、提督、弩兵隊長や隊長たちに託される。先に述べたように、イタリアでは「戦利品係」の活用が既に行われていたが、これは次第にヨーロッパ全体に広がった。少なくとも八世紀以降、イングランド王は配下の兵士から戦争での稼ぎの三分の一を受け取る合法的な権利を有していた。そのために捕虜、金銭、家畜、武器といったすべては売却前に細心の注意を払って記録され、査定されねばならなかった。とはいえ当然ながら多くの物がこの記録と査定を免れて違法に略奪されていたが、これをコントロールする術はなかった。

年代記作者オリヴィエ・デ・ラ・マルシェは、一四四三年のルクセンブルク攻略後に起こった戦利品分配を生き生きと描き出している。「戦利品がどんなものであれ、どんな量であれ、〈戦利品係〉に任命されたテルナンとユミエールの領主のところに集めよ、と誰もが叫んだ。二人は金銀銅、布地、毛皮、その他利益になりそうなどんな物でも戦利品として管理することを宣誓していた。グレナンのジェロームは公認の戦利品係として、戦利品を売りさばいた。彼は演台の上で〈さあ競った、競った！〉と叫んでいた。こうして戦利品は管理・販売され、戦利品係が大きな利益を出したと言われる一方で、その他の兵士たちはわずかしか手にできなかった」。こうした売却で得られた金銭は、敵の手に落ちた戦友の身柄を買い戻すために取っておかれることもあったが、それぞれの給料額に応じて分配されるのが一般的だった。たとえばバナレット騎士*は従騎士**の二倍、平《ひら》の重騎兵の四倍、そして平《ひら》の弓兵の八倍以上を受け取った(68)。

フィリップ・ド・クレーヴが一五一六年ごろ執筆した『教範』では、誰もが略奪物を隠匿するのが常であるから、これを阻止するため各部隊に「戦利品係《プティネ》」を任命すべきだとしている。さらに一世紀後、ライモンド・モンテクッコリ元帥は、ある要塞都市を占領したときは「全員が戦利品にありつけるように捜索する家屋を割り当て、兵士たちに命令違反の略奪を許してはならない。死体から物を獲った兵士は厳しく処罰されねばならない。より良質な戦利品を受け取るべき者には良い家々を割り当て、残りは抽選で決める。こうすれば誰も不平を言ったり自分の不幸を呪ったりしない」(69)と発言している。こうしてみると、略奪に関する慣習や手続き、兵士の気質というものは、あきらかに何世紀ものあいだ何も変わらなかったのだと言わざるを得ない（とくに独創的な意見でもなかろうが）。

多くの証言記録が、戦争に赴く人間とはいついかなるときも略奪品を求め、新しく財産を見つければすぐにでも手を伸ばすような、貪欲・冷酷・残虐な破壊者であったという印象を補強してくれる。すなわち、歓喜に満ちた泥棒たちは良心の呵責に苦しむこともなかったし、一度たりとも略奪の合法性や正しさを疑うこともなかったのだ、と。また戦場での武勲を語る詩人や年代記作者も、大規模で心踊る略奪への熱狂ぶりでも、戦利品を前にしたときの欲望でも、泥棒たちの感覚と何も変わらなかった。彼らはキリスト教的、あるいは道徳的な自制心などかけらもみせず、他人が富を得ることへの嫉妬を隠そうともしなかった……といった印象を受ける。

だが現実はこれほど単純ではなかった。神学者や教会法学者、一般法学者は絶えず略奪の問題点について指摘し続け、また略奪に反対することで「略奪という習慣については何か釈明しなければならない」という空気を常に醸成し続けた。たとえ戦争行為が正義に基づいたもので、そこで戦利品を得ることが合法であっても、何らかの制限はある、ということには多くの人間が同意していた。たとえば略奪の被害は戦争の目的やそれにまつわる負担に応じたものでなければならない、非戦闘員や捕虜は丁重に扱わねばならない、など。君主や国家の側でも、略奪により広範囲な制限が必要だと考えていた。とはいえ、軍紀が厳格に略奪を抑制したり、あるいは神の怒りを買わないよう教会を保護したり、征服すべき土地が根こそぎ破壊されるのを避けようとしないかぎり、略奪は許可された。

一般論では略奪に制限が課せられたが、それは多くの場合守られず、抜け道がとられた。これに対し、遅ればせながら良心の呵責を感じたり、罪の贖いをしなければならないと思った人間は、そうした思いを臨終の際に遺言書として残した。一二二四年二月二十一日、トレヴィーゾの高位貴族である騎士ガブリエレ・ダ・カミーノは、数多の戦争で自らが引き起こした加害への償いとして、貧者たちに五〇〇リラを分配するよう遺言で定めている。とくにピアチェンツァ、トレヴィーゾ、ベッルーノ、チェネダ、ヴェローナ、マントヴァ、ブレシャの貧者たち

＊自らの旗印（バナー）を持ち、兵を率いて戦場に出られる騎士。
＊＊騎士の叙任を受けていない、騎士見習い。

を指名し、「とりわけ以上の地域に対して、私は軍隊を率いて害をなし、大変な悪行で罪を犯した」と述べている。同様にヴェローナ人ボナウグリオ・ダ・オルティは一二三七年三月二十日、次のように遺言を残している。彼は罪の総決算として、五か所の違う場所で行われた軍事作戦に参加したときの略奪行為を数えている。そのひとつは「パドヴァ軍のごろつき兵士《ベッロヴィエーレ》とともに、リヴァルタで」行った略奪行為で、これは完全に戦争行為として敵軍に対して行ったものだと宣誓しつつも、それは罪の告白と贖いを行うべき行為から除外する理由にはならないと述べている。

　どれひとつとっても、彼らは合法的に編成された軍隊の一員として、略奪を行っている。だがそうした合法的な衣をまとっていても、良心の疼きは抑え込まれなかった。戦争中だからとか、軍事作戦だからという理由では、罪の意識や償いの義務からは逃れられなかったのだ。たとえば一三二八年七月、パヴィーアの皇帝派は大義を掲げて、カステッジョでローマ教皇庁の宝物輸送隊に待ち伏せを仕掛け、年代記作者もうらやむような大きな利益を得た。だが結局彼らは略奪品を返還し、教会に罪の許しを請うたのだった。[70]

第Ⅱ章

攻囲

1 城郭建築の普及と包囲戦という悪夢

古代世界では、中央集権式に統治される大規模な政治共同体はほぼすべて、外敵に対して領土の周縁部に城郭を築き、それにふさわしい戦備を整え守備隊を置いていた。こうした備えはその国の豊かさの証であり、強大な侵略者に対する組織的な優位を表してもいた。紀元二世紀中ごろのアエリウス・アリスティデスは、帝国の国境に配置されたローマ軍団という「城壁《リーメス》」のおかげで、都市ローマは城壁を必要としないと主張できた。しかしそれから一世紀もしないうちに、まず帝国国境に優先的に城郭が配置され、次第に帝国領内へと広がっていった。これは一面で帝国中央政府の弱体化を示す出来事であったし、また今や頻繁かつ長期間にわたって蛮族が侵入するようになったため、無防備な帝国住民を保護する必要が生じたことも示していた。

四〇六年十二月、アラン人、ヴァンダル人、スウェヴィ人がマインツ近郊でライン川を渡り、ガリア一帯になだれ込んできたとき、彼らの攻撃から住民を守るものは何も存在していなかった。司教オリエンティウスは次のような嘆きを残している。「深い森の木の影も、峻厳な高い山も、あるいは逆巻く川の流れもなく、城も城壁で守られた町もなく、行く手を阻む海も、荒涼たる砂漠も、切り立った崖も、隠れ家となる岩山の洞窟もなかった」。そのために突然の危機は、「全世界を襲った」破局のごとく受け止められた。焦燥感にとらわれたオリエンティウスは、『信心深き者たちへの訓戒』の中で、すでに存在する都市城壁や農村部の城郭が、数の面でも防備の面でも不十分である事実を、真実を愛する心と巧みな修辞でもって暴き立てた。そこで彼は地の利に恵まれた避難所を見つけておく必要についても論じている。たとえば荒野ないし森林地帯で身を隠せるような洞窟や渓谷、容易には近づけないような岩山の頂、一見して渡渉不能な大河や海といった障害物などである。また彼は避難所を探すうえで地の利について学ぶという経験が、都市の周囲や広大な農村地帯に防御施設を設けたり、より安全な避難所となるような城郭を新たに建設したりするのに役に立つと考えていたようだ。

近年まで歴史学では、現存する三世紀頃のローマ時代の城壁について、ただ建築技術的に大変洗練されたものだとだけ評価するか、あるいは単に考古学上の発掘対象とみなしていた。そしてこうした城壁は、三世紀から少なくとも五世紀までの期間、都市ないし少数の住人が集まる居住地を守るためのものだったと結論付けてきた。帝国領内で公私を問わず城郭建築が普及していく現象は、西洋史において「古代末期」の始まりを告げる指標とされている。侵入してくる蛮族の侵入に対して、次々と新たな城壁が築かれることとなったが、これは都市単体の防衛だけでなく、複数の都市による共同戦略に基づいて築かれた。その目的とは蛮族の侵入と攻撃を分散させることであった。この「中世の前奏期《プレリュード》」に、都市が城郭へと変化していったおかげで、必然的に戦争も包囲戦が主体となっていった。そして包囲戦は、その後何世紀にもわたって西洋の戦争の特徴となったのである。

城郭の有効性は、それ自体の堅固さより、むしろそれを守る人々の決意にかかっていた。それゆえ、たとえば大量の難民が流入して都市機能が麻痺し、包囲戦を戦うのが困難になった場合などには、都市は敵と交渉し代価を払う方を好んだ。またこの時代の文書史料によれば、次第に都市の郊外に要塞化された私邸が出現し始める。たとえば司教シドニウス・アポリナリスは、ポンティウス・レオンティウスの城館《ブルグス》（ガロンヌ川とドルドーニュ川が合流する地点、現在のブール＝シュル＝ジロンドに四世紀初めに建設された）についてやや大げさに、塔と城壁で構成された難攻不落の建物であり、破城槌《アリエテ》や投石機《カタパルト》、あるいはより進歩した攻城技術に基づいたいかなる兵器でも破壊されることはないであろうと描写している。実際のレオンティウスの城館は、遠国から取り寄せた高価な大理石の円柱を用いた豪華な温泉施設や、巨大な穀物庫、冬季に使用する暖房施設、そして聖堂とその中に配置された織物工房を城壁で取り囲んだものだった。また中央の塔の最上階には食事をとる広間があり、地平線の彼方まで見

理想的な「堅固な守り」
聖書写本、1000年頃、オックスフォード、ボドリアン図書館

晴らせるようになっていた。

これに引けを取らない広大な城館としては、一世紀後にトリアー司教ニケティウスがモーゼル川沿いに建てたものがある。ヴェナンティウス・フォルトゥナートゥスが書き残したものによると、この城館は山の頂上から麓の森まで広がり、中庭の周囲には巨大な周壁とこれを補強する三〇の堅固な塔がそびえていた。こうした巨大な城館様式はガリアからイタリアへと導入された。五世紀の終わりごろには、ノヴァーラ司教オノラートが、ニケティウスのものと似た城郭を自分の司教区に建設した。当時の文書はこれを、戦争がもたらす危険に対して「これ以上ないくらい信頼できる、生への希望」と断言している。同じころ、のちの東ゴート王テオダハドはボルセーナ湖の島内にある要塞化された館に居を移した。この岩でできた島は水によって守られているだけでなく、「城壁、跳ね橋、堡塁、塔」といった人工物も防備として付け加えられており、館の主は「身の毛もよだつような戦争」から守られているという安心感を抱いて生活することができた。

当時の詩歌の言い回しにかかると、実際には防備施設を備えた贅沢な屋敷《ヴィラ》にすぎないものが、難攻不落の城郭のように表現されることが多い。こうした館は実際に、必要なときに身を守れるような防衛施設を備えていたわけだが、次第にそうした施設は、単に貴族の権威を誇示するシンボルとして作られるようになっていった。碑文史料や考古学上の発掘で得られたデータ、そして現代まで残った遺構は、四世紀から六世紀の間に、地域住民を守るため無数の小規模城郭が出現したことを裏付けている。北イタリアではそうした小規模城郭は大部分が山岳地形を利用した防御を採用していた。これらは様々な規模の「城」と、平野ないし山のふもとに広がる居住地を守るための堅固な周壁を持っており、城や居住区からさらに登った険しい山上に、避難施設が築かれていた。

似たような城郭施設は、同時代のフランスやローマ文化の影響を受けた一部のドイツ地域でも見られた。これらは濠と土塁で守られたローマ人の屋敷《ヴィラ》から、スルピキウス・セウェールスやトゥールのグレゴリウスがカストゥルム〔要塞〕、カステッルム〔砦〕、あるいはオッピドゥム〔城塞都市〕などと呼ぶような本物の城郭まで、様々なものが存在した。考古学調査のおかげで、これら城郭施設の実態についてより多くの知見が得られている。これらの城郭は大貴族たちが所有し、平野部の居住地域と、避難所機能を持つ建物とは分けて建てられた。これらは明らかに「中世の前奏期《プレリュード》」の城郭施設から脱しつつあったが、それでもなおその範疇に位置づけられるものだと思われる。それゆえこうした古代末期の城郭を、文字どおり中世の城としての特徴を有するもの、と認識してしまう過ちは避けねばならない。こうした城郭は数世紀を経て西ヨーロッパ全体に普及したが、四世紀から六世紀に出現した、本来の中世城郭の「前段階」とでもいうべき祖先たちとは、何の直接的関係も持っていないのだ。(1)

要塞化された拠点が大量に出現し、戦争で重要な役割を果たしたことは、六世紀のイタリアで二〇年も続いたビザンツ＝ゴート戦争によって確認できる。この戦争については、とくにカイサレイアのプロコピオスの記述に詳しい。ビザンツ＝ゴート戦争では、タジーナの戦いやモンティ・ラッタリの戦いといった重要な意味を持つ会戦もあったものの、平原での会戦は無意味かつ稀なものとなっていき、代わって城壁で囲まれた拠点をめぐる攻防が戦争の大部分を占めるようになったのである。同様の特徴は、フランク人がアキテーヌを征服した戦争でも現れた。アキテーヌでは都市を囲む城壁の近くにあった、古代の要塞《オッピダ》が多数再利用され、また街道に沿って無数の「城」が築かれた。地名の研究によって、一連の要塞化された拠点はとくにアキテーヌの北部と東部の国境に沿って存在したことが明らかになっている。アフリカとイタリアで戦ったベリサリウス将軍が忌々しく「城の戦い」と呼んだ戦争を、スペインでビザンツ帝国やバスク人と戦った西ゴート人も、ひいては西ゴート人やアラブ人と戦ったフランク人やアキテーヌ人も採用した。アキテーヌ人は独力で、ピピンの一族の攻撃を何度も撃退した。ピピン軍はアキテーヌの拠点に対して攻撃を繰り返したが、その結果、よく知られているとおりイベリア半島には無数の城郭が築かれたため、それがカタルーニャやカスティーリャといった地名の語源となったとされている。

西暦五六九年以降イタリアの支配者となったランゴバルド人は、末期のローマ帝国やテオドリック王が、アルプスの北にいるフランク人やアヴァール人*と戦ったときに編み出した防衛技術を優れたものとみなし、すぐさま自らのものとした。彼らは、古代末期の典型的な「融通性に富む」防衛施設である「アルプスの柵《キウーゼ・アルピーネ》」と、多数の要塞化された都市を組み合わせて最大限活用した。

「アルプスの柵」は監視哨と避難所の機能を兼ね備えたもので、少なくとも四世紀以降、アルプスを越える主要幹線を遮断する役割を果たしていた。「柵」は八世紀中ごろまで、アルプス山脈における渓谷沿いでの遅滞戦闘と、アルプス以南へと侵入しようとする侵略者に対する漸減作戦を担うものであった。ランゴバルド人は不利な状況になると、侵略者との対戦を避けてパドヴァ地方の平原都市に引きこもった。その結果、侵略者は決定的な成果を得ることなくアルプスの向こうへ撤退していったのだった。だがもし両者の戦力比が防衛側に有利だった場合は、アルプスからイタリアの平野部へとなだれ込んできた敵軍は、しばしば開けた地形で奇襲殲滅されてしまうことが多かった。[2]

帝政末期のローマ帝国領内へと目を移せば、真の「複雑な包囲戦・攻城戦」が行われていた無数の証拠が認められる。四世紀に書かれた執筆者不明の著作『戦争論』では、蛮族たちは犬のように「帝国の周囲を万力のように締め上げている」、と「包囲」への不安が述べられている。これとほぼ同時期にウェゲティウスは、著書『軍事論』の大部分を、要塞化した拠点の防御という問題に費やしている。彼は帝国軍が分裂状態であり、帝国民も国土防衛には無力で、帝国全体の防衛というコンセプトが既に破綻していることを暗に仄めかしている。現実に迫りくる包囲への懸念は、西ローマ帝国の領土に居住していた蛮族も巻き込む形で広まっていた。とくに古代末期のイタリアでは、テオドリック王配下のゴート人が、ローマ帝国の後継者として統治を引き継いだが、その後何世紀にもわたって、自分たちの住む土地を包囲されながら生活するという苦悩もローマ人から引き継ぐことになった。そうして数世紀か経過するうちに、パウルス・ディアコヌスと同じように、ゴート人も自分たちをローマ化した蛮族だとみなすようになった。

そのパウルスの『ランゴバルド史』の中に、少なくとも三五の包囲戦と要塞化された拠点の征服に関するエピソードが含まれているのは特筆すべきことだろう。一方、開けた土地での野戦については、どれだけ多く見積もっても三を超えることはない。こうした数字から、総合的に見て包囲戦・攻城戦が、他のどんな戦争形態よりも重要な意味を持っていたことが理解できるだろう。さらにパウルスの著作は、古代の有名な包囲戦を取り上げ、より劇的な形で紹介するという役割も果たした。たとえば二七一年にアウレリアヌス帝に包囲されたアンティオキアとティアナ、アッティラ大王に包囲されたメッツ、オルレアン、アクイレイア、ラヴェンナ、そして東ゴート王トーティラの軍勢に包囲封鎖されたローマなどである。改めてパウルスの筆によって書き起こされたことで、こうした包囲戦は新たな伝説として広く知られるようになり、より大きな意味が認められるようになった。そうした叙述に影響を与えたのは、テオドリック王に仕え、三年間のラヴェンナ包囲にも関与した、ゴート王国の官吏ヨルダネスだろう。そのせいかどうか、その他のゴート王国の事件に比べて、アッティラのアクイレイア包囲

＊中央アジアのモンゴル系遊牧民。六世紀以降中央ヨーロッパに侵入したが、ビザンツ帝国やフランク王国に討たれ、九世紀には衰退した。

や、七一七年のアラブ人によるコンスタンティノープル包囲を執筆するのに、パウルスが三年もの期間を費やしたことは確かである。

パウルスは特にパヴィーア市に関する知られざるエピソードについて多くを取り上げ、劇的に盛り上げて書いている。オドアケルが最後の西ローマ皇帝の父オレステースを包囲したのがパヴィーアであり、さらにテオドリックも二年にわたってこの都市を取り囲んだ。その後アルボイン王が包囲戦を仕掛け、三年間にわたって激しく締め上げたが、奇跡によって都市は破壊から救われた。これに倣ってアウレリアヌス帝によるティアナ包囲の物語も執筆されている。現実にはパヴィーアはアルボインの三年間だけでなく、上で述べたすべての包囲を退けたのだが、パウルスはその想像力を発揮して、これらの事件を類型化された空想物語の枠にはめこみ、実際の出来事が神話的な包囲戦だったと思われるよう誘導した。とはいえパウルスの著作は、「包囲戦の持つ影響」が、彼の時代だけでなく過去やそれ以降の時代にも意義深いものとして、世間一般に認知されていたことをよく表現している。こうして包囲戦が重大な意味を持った結果、攻撃を受けた者は誰でも自動的に、武器や軍隊を伴って城に立て籠もるようになったのである。[3]

ところが、こうした包囲戦の構図はフランク人には当てはまらないようだ。彼らは九世紀の最初の一〇年ほどの間、アキテーヌ征服や、長期にわたって苦戦を強いられたサクソニアやランゴバルド王国征服のため、さらにブリタニアやアヴァール人を支配下におくため、絶えず攻撃を繰り返した。そこでフランク人はあきらかに敵の城郭を破壊・攻略することに情熱を傾け、さらに主に侵攻を目的とした新しい城郭の建設を推し進めた。カロリング帝国の領土拡張が終わった段階で、エルベ川の対岸に防衛線を建設しようとする考えが生まれ、「サクソンの壁」が整備・強化されていった。その他の城郭（おそらく防衛と同時に攻勢にも活用された）は東方国境に築かれ、その一方、帝国全土では都市を囲っていた古代の市壁が、建材の採掘場として盗掘されるがままになっていった。こうした姿勢は、カール大帝と直近の後継者たちによって打ち立てられたが、これはすでにピピン家の時代［メロ

中世初期の包囲戦のイメージ
1000年頃の写本（オセールのハイモ『エゼキエル書註解』）、パリ、国立図書館

ヴィング朝末期）には軍事建設に対する基本政策となっていたと考えられる。カロリング朝時代、フランク人は常に拡張政策をとり、何世紀にも及ぶ侵略戦争を経験したため、守勢に立つという発想を持つことはなかったが、それ以降の時代は常に反転攻勢にさらされるようになる。

城郭に無関心だったせいで、フランク人はたちまち電撃的な侵攻に苦しめられるようになった。急速に安全が脅かされるようになった結果、王権をうかがう国内の対抗勢力にも、あるいは外敵（ヴァイキング、サラセン人、そしてハンガリー人）の攻撃に対しても、城郭は必要不可欠なものになった。だが結局、カロリング朝は十分な防備を整えることはできなかったのである。九世紀末の一〇年ほどの間に、カロリング帝国は複数の王国へと解体し、そこでは私有・公有を問わず城郭の増加がみられた。これはおよそ城が必要な場所、城を建てられそうな場所ならば、どこにでも築かれたといえるほど急激な増加だった。以上がカロリング帝国断絶後の後継国家がたどった道である。これ自体はこの時代のフランク人特有の現象とみなすこともできるが、他の帝国にも似たようなサイクルを見出すことも可能だろう。つまり、ある帝国の征服活動が限界点に達すると、彼らは外敵に対して領土を要塞化するようになる。そうして一定期間、侵略に抵抗し統一を維持しようとするが、帝国の外縁部での防衛が不可能になってくると、領土内に建てられる城郭が増加し始め、こうしてサイクルは閉じられるのである。

しかし、十世紀から十一世紀にかけての「インカステラメント」*は、単に三世紀までの要塞化された拠点の増加とは一線を画すものである。この時代の新しい特徴は、城郭建設が聖俗問わず地方領主の安全を守るためのものであったことである。危機にさらされた領主たちは、中央権力から独立して行動した。すなわちこの城郭の増加がみられた時代はカロリング朝が力を失う一方で、経済と人口の面で社会全体が活況を呈していた時期にあたる。こうした時代を迎えたからこそ、ヨーロッパではその後何世紀にもわたって、誰もが自分の城を建てることができた。その目的は「敵から身を守り、ライバルに勝利し、領民を虐げるため」という有名な一文**に簡潔に表れている。この時代、城の数はかつてないほどの水準にまで増加した。城の持つ防衛力は、技術的には単純でも、攻撃側の作戦行動を阻害するという点で大いに価値があった。ここでも「包囲戦の持つ影響」は急速に根を下ろし、その後五〇〇年の西ヨーロッパにおける戦闘の様相を規定することとなった(4)。前章で見たとおり、中世を通じて戦争とは、大部分が略奪と破壊行為によって成り立っていた。こうした略奪と破壊に次いで戦争の中核となったのは、城郭や城塞都市をめぐる攻防戦であった。そしてこの包囲戦のせいで、古代の人々が唯一「本当の」戦争だと盲信していた平原での大会戦は、ほとんど発生の余地がなくなったのだった。

---

*十世紀から十三世紀まで主に地中海世界で見られた、城郭を中核とした農村定住地が創設される動き。これにより軍事拠点の確保とともに、農村領主の領主権確立や、農地再編・経済中心地の育成などが促された。

**テルアンヌの助祭長ゴーティエ（一〇九二?―一一三二）による、『テルアンヌ司教ヨハンネス伝』からの引用。

2 西ヨーロッパにおける包囲戦術

中世における攻囲と防衛の戦術（ギリシャ語でポリオルケティカ）は、古代ギリシャ・ローマ時代のフロンティヌスなどのそれより、はるかに高いレベルにあった。フロンティヌスは西暦八四年ごろ、その著作『戦略論』に、はるか昔に完成されていてこれ以上改良の余地はないとされた軍用の機械を書き留めている。フロンティヌスの時代以降、兵法家たちは軍用機械の効果的な改良を放棄し、それどころか古代の発明より退化したものを自分たちの著作にまとめるようになった。こうした技術の分野では、言うまでもなく古代ローマ人の方が蛮族よりすぐれていたし、そうしたローマ人にとっては陳腐な技術でも、知識の散逸はあったものの、部分的な復元のおかげで中世末期まで価値を保っていた。

ある城郭を攻撃するには、まず安全に城郭へ接近することから始まる。こうした目的で利用される、シンプルで一般的な道具に「プルテイ」〔柵・仕切りの意〕と「ムスクリ」〔子ネズミの意〕があった。これらは車輪の付いた大盾で、城郭の守備隊から放たれる射撃を避け、盾を押す兵士を守ることができた。この道具は地面が平坦でなくては使えず、また濠など

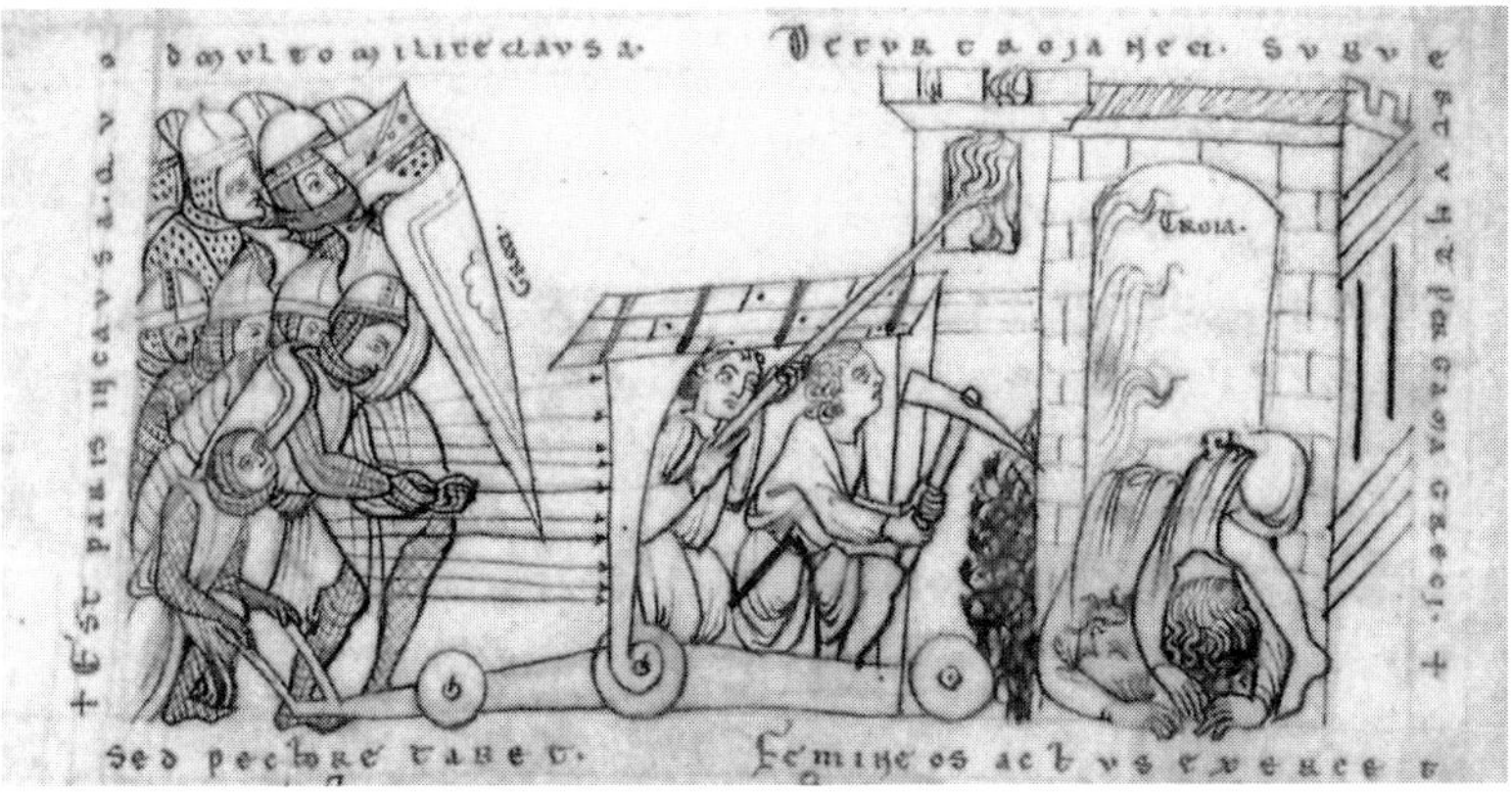

亀甲車による攻撃（塔に火を点け、基部を掘り崩す）
フライジングのオットー『年代記』、13世紀前半の写本、アンブロジアーナ図書館

i marre chome in terra sforce hupoena impin na
rie e diuerse fantarie chollora difese dah
offendere e da difendere 2

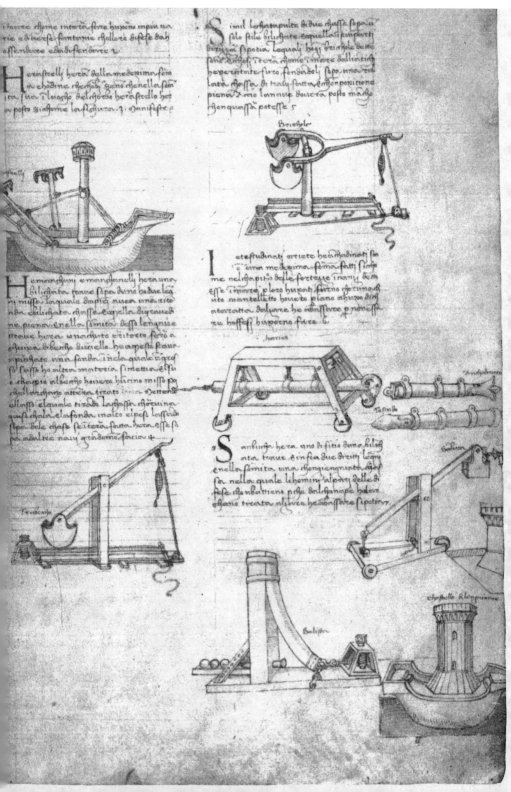

Herastelli hera della medesima form
a e chodine chethogi geno chenella som
ita sua i luogho del choche herastello her
a posto ginchome la fighura. 3. Manifeste e

Hemanghani e manghanelli hera una
bilichata traue sopra duno hedue legn
i misse laquale da piei auea una rito
nda cabilichata chassa e quella di grande
ne piena e nella somita desso legnio e
traue hera una rita e ritorta forte a
chericha di bertto a riccillo he auesto staua
ripiattato una fonda i nela quale vi gra
so sasso ho altra materia simettia e su
e chappio albertto hauera bu rine misso pe
r chella chorda attaccata te rato una. e tenendo
el sasso el quale tirando la chassa choruina
giu sa chola e la fonda in alto el peso lassando
sopra dele chase se i terra forte hera esse so
pra maltre naui grandeme facieva 4

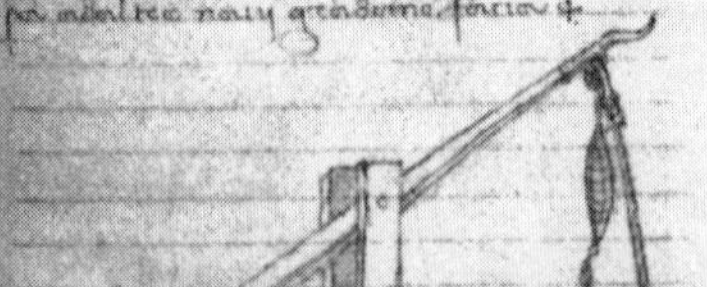

Simil le chatapulte di due chasse sopra u
solo stile bilichate e quella si piu parti
diuiza spotia le quali hogi bricchole dette
sono e chosi i terra chome i marre dalli anti
hepercitante fu co fondandoli sopra una ciel
lata chassa di terra forta e chon positione
piena 2 mo la naue douera posto ma che
chenquassa potesse 5

I ete testudinati ariete he testudinati sin
e una medesima forma fatti sinche
me nel chapitolo delle fortezze inanzi detto
esse i marre p loco hu pari fureno chotinoui
ito mantelletto houere piano chiuso diri
ntorratta dal sare he abassare p non esse
re hoffesi hi uoreno fare 6

Sambucha hera uno difitio duno bilich
ata traue & in fra due diritti legni
e nella somita una chongiengniata chas
sa nella quale le homini al pari delle di
fese chonbattiano presse dalche nape hauer
chano tirata al leuare he abassare si apotiua 7

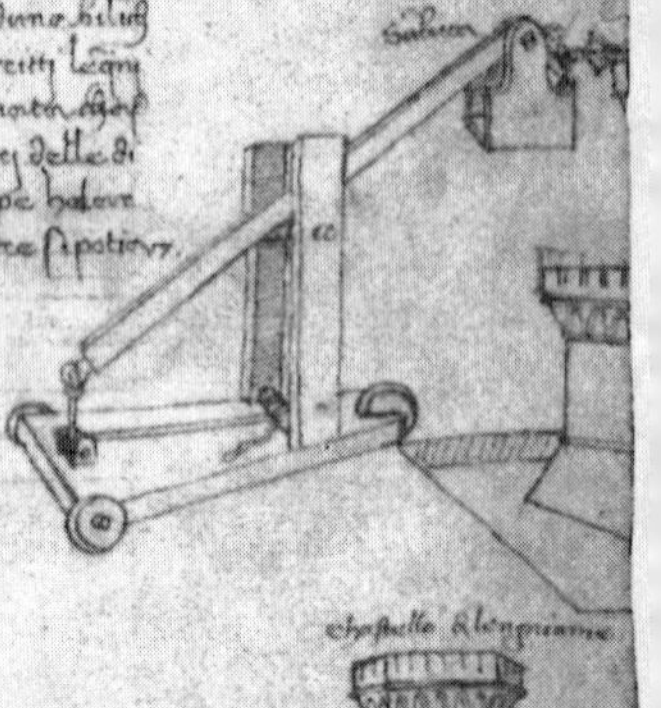

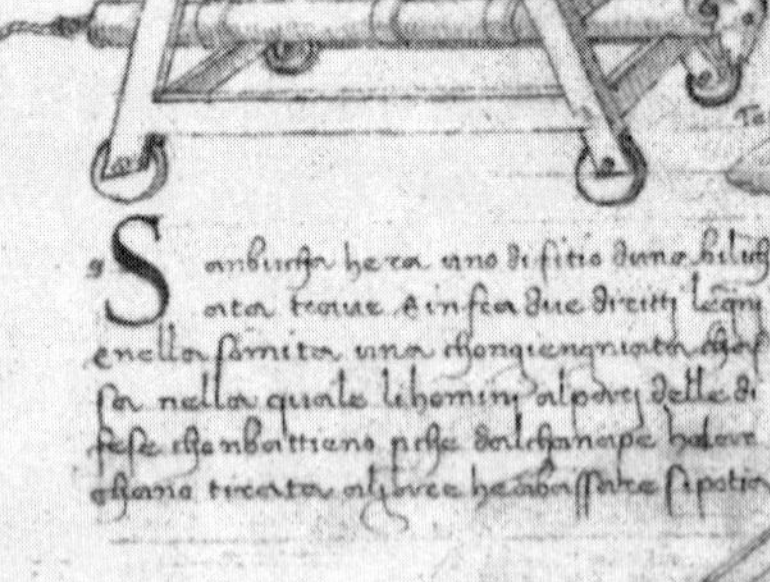

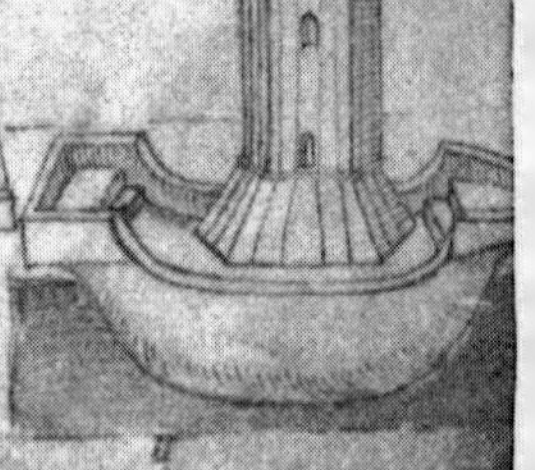

もあれば埋め立ててやらねばならなかったから、城壁にたどり着く手段としては、より大がかりで人目をひく道具に取って代わられていった。そこで投入されたのが「ヴィネア」あるいは「亀甲車」であった。これは「装甲化」された頑丈な掩蓋で、高所から敵が放つ武器や可燃性の兵器を逸らすために傾斜した屋根を備えていた。この掩蓋の下に隠れて、坑道掘削兵たちは安全に城壁の基部へとたどり着き、これを掘り崩すことができた。あるいは城壁に突破口をあけるために「アリエテ」〔雄羊の意〕、すなわち頑丈な丸太の先端に鉄のキャップをはめ、しっかりとした支持体に釣り鐘の鐘木のようにぶら下げた「破城槌」を城壁まで運び、壁体を打ち壊すこともできた。さらに大がかりな装置は城壁を超える高さを持つ「エレポリ」つまり移動式の攻城塔で、これには車輪がついており、内部の兵士が押して動かした。こうした攻城塔には城壁の天辺に乗り込むための跳ね橋が取り付けられていた。車輪は突撃用のはしごにも取り付けられた。そうすれば容易に城壁に接近させられるし、守備隊がこれを破壊するのが難しくなるからである。さらに武装兵をシーソーのような仕掛けで胸壁の高さまで持ち上げる、「サンブカ」や「トッレノーネ」といった機械でも城壁を乗り越えることが可能だった。

包囲戦では攻撃側も守備隊も可燃性の薬品を好んで使った。そしていま列挙した城壁に近づくための道具はすべて木製だったから、牛の生皮で覆ったり、土を塗り付けたり、あるいは酢をしみ込ませたスポンジ状の素材を

亀甲車に守られつつ坑道を掘る兵士たち
14世紀前半、ブリティッシュ・ライブラリー

フランチェスコ・ディ・ジョルジョ『建築論』
1480年代後半、ラウレンツィアーナ図書館
城攻め用の兵器類を解説した部分。右列中段に「アリエテ」(破城槌)、その右下に「サンブカ」、また左下と右上には投石機の「ブリッコラ」もみえる。

張り付けたりして、火から守ってやらねばならなかった。こうした突撃用兵器は「砲兵」の援護射撃と共に用いられた。こうした砲撃兵器は工学の観点から非常に関心が払われ、重要視されたものだった。砲撃兵器はやや後方に配置され、敵の頭上に石の砲弾を雨あられと浴びせることができた。また地下では、土壌の状態が許せばトンネルを掘ることも行われた。城壁を掘り崩したり、地下から城内に奇襲をかけるためである。こうした様々な攻撃手段は、協調させて用いることが推奨されていた。投射兵器が城壁に蝟集する敵兵に射撃を開始すると同時に、破城槌が城壁を突き破りにかかり、地下では坑道掘削兵が攻撃を開始する、といったように。こうすれば敵は同時攻撃に対応することができず、たやすく降参するだろうと思われていたわけである。

こうした洗練された古代の攻城技術が、実際にどの程度生き延びたのか、はっきりしたことは言えない。ローマ帝国の城郭を苦戦することなく攻め落とせるような機械は、西ヨーロッパを征服した大部分の民族にとっては、複雑すぎたし大がかりすぎて扱うことができなかった。しかし彼らは即席で、より初歩的で分かりやすい道具を作り出すことに成功した。たとえばアッティラはオルレアンの城壁を突き崩すのに破城槌を用いたし、スペインのタラゴナを取り囲む城壁の巨大な石材には、西ゴート王エウリックが用いた攻城兵器のものと思われる痕跡が現在でも認められる。蛮族たちにとって、古代ギリシャ・ローマ文明が育んだ技術を取り込み完全に吸収するのがいかに困難だったかは、ビザンツ＝ゴート戦争中の有名な逸話によく表れている。西暦五三六年、東ゴート王ウィティギスは破城槌、はしご、城壁まで届くような木製の攻城塔を使えばローマを攻略できると考え、こうした兵器を牛で戦場まで運び込んだ。プロコピオスの記述によれば、こうした兵器が城壁に接近してきたとき、ローマ兵に恐慌が広がったが、ベリサリウス将軍は「敵の隊列が攻撃兵器と並んで悠然と歩いてくるのをみて、それをあざ笑い、兵士たちに持ち場を離れず、自分が指示を出すまで攻撃を待つように命じたのだった。何故将軍が笑ったのか、兵士たちはすぐには理解できなかったが、やがて理由を悟った。ローマ兵が敵を挑発しようと侮辱的な言葉でののしったので、ゴート兵たちは怒りのあまり我を忘れて突進した。ゴート兵が外濠にたどり着い

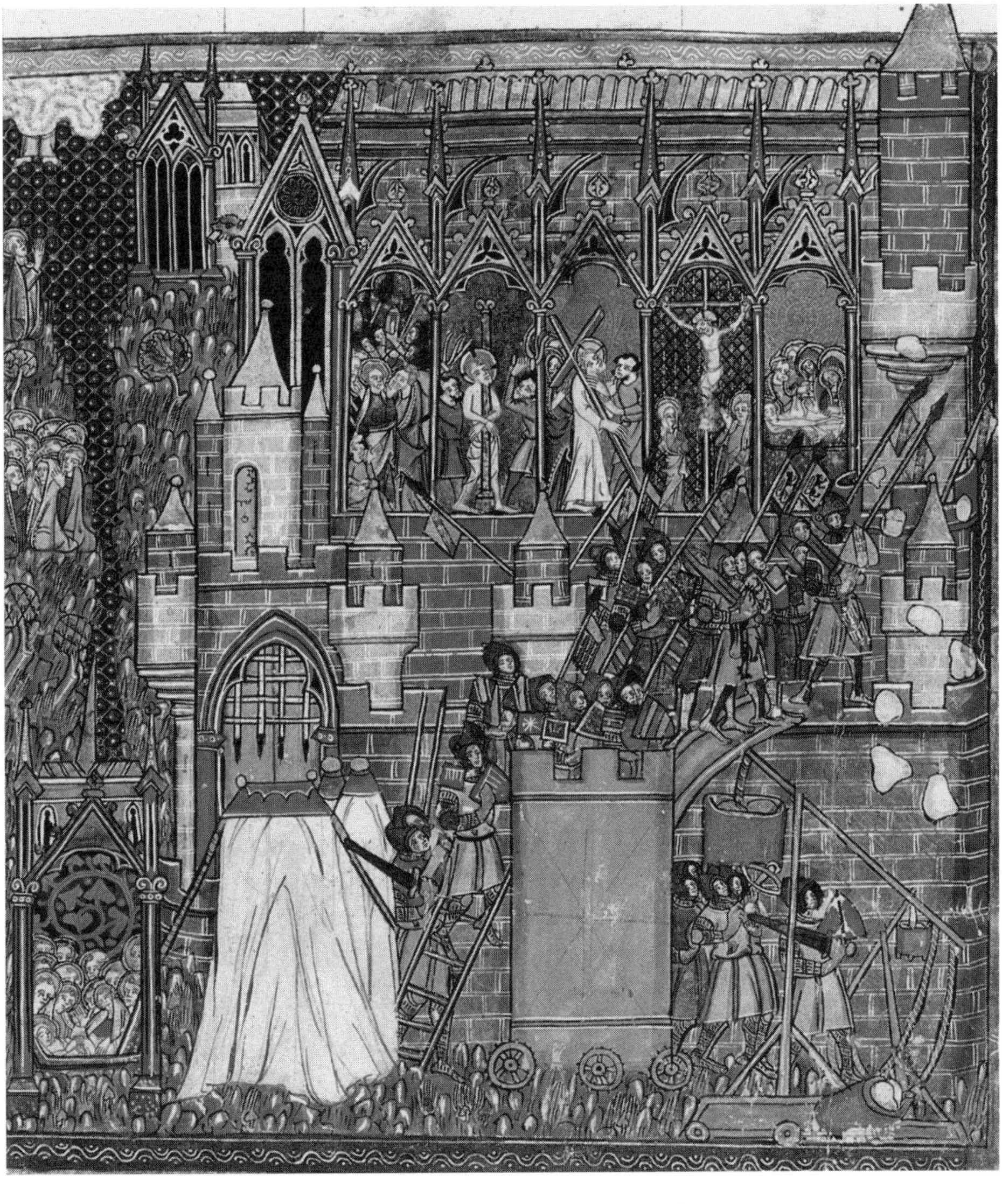

十字軍によるエルサレム征服
14世紀の写本、パリ、国立図書館
はしご、攻城塔、投石機などがみえる

た瞬間、将軍は弓を引き絞ると、隊列を率いる完全装備の隊長の首を矢で射抜いた」。それからベリサリウスは部下に敵の牛を狙うよう命じ、それらをたちまち射殺したので、敵はそれ以上攻城塔を前進させることができなくなってしまった。「敵は敗北を喫したが、対応策を思いつくこともできなかった。この戦果はベリサリウス将軍の先見性に帰すことができよう。ひとつは敵と戦うとき彼らを引きつけたこと。もうひとつは敵の無思慮な戦い方を笑い飛ばしたことである。将軍があざ笑ったように、ゴート人は城壁のすぐそばまで牛を使って兵器を引っ張っていけると思っていたのである」。この逸話が示しているように、ゴート人は移動式の塔を建設する知識はあったが、これを掩蔽しながら移動させる仕掛けについては知らなかったし、都市の守備隊が放ってくる投射兵器の威力や射程についても深く考えていなかったのである[5]。

基本的に帝国への侵略者たちは、ビザンツ軍やローマ軍が装備していたような、車両式の大がかりな投射兵器を運用する能力を欠いていたようである。投石機《カタパルト》や弩砲《バリスタ》といわれるこうした兵器は、二本の綱のねじり応力によって石弾や投槍を約七〇〇メートル飛ばすことができた。これらは「古代人の発明における傑作」と言われ、遅くとも紀元後三世紀ごろに

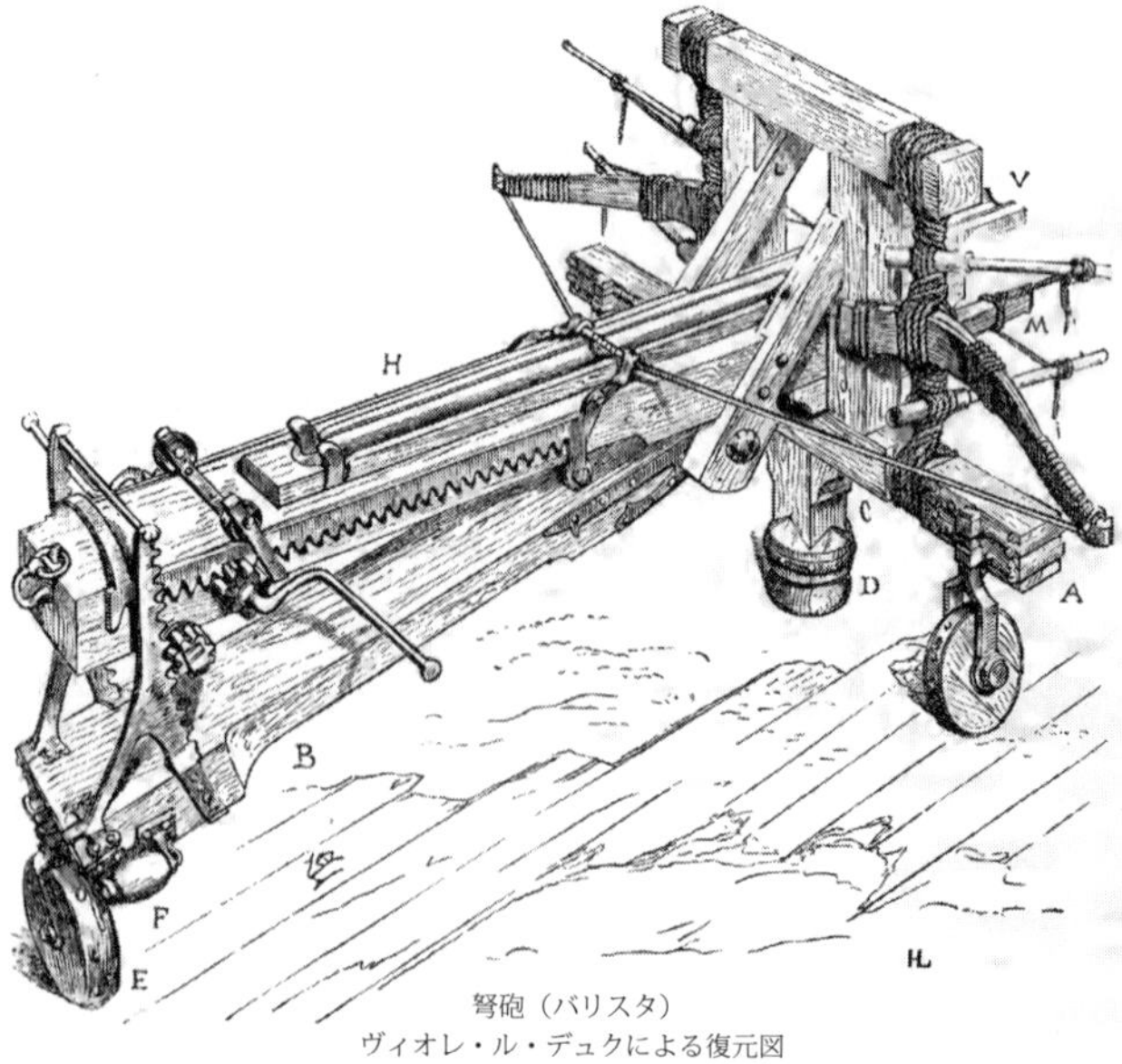

弩砲（バリスタ）
ヴィオレ・ル・デュクによる復元図

その完成形が現れ、野戦では遠距離から敵の隊列を攪乱することにも使われたし、もちろん包囲戦でも用いられるようになった。こうした砲撃兵器を作製し、使用するのに必要な高度な知識を持っているのは、ごく限られた専門家だけだったため、四世紀には間に合わせの新兵器「オナガー」が登場した。これは先述の兵器と同等の能力を有していたが、巨大なばね装置がひとつ備わっているだけなので、作製も使用もより容易であった。その重さは二トンに達したため、基本的には固定的な防御戦に適した兵器だった。この「退化した新発明」は、帝政末期の二〇〇年を特徴づける、高度な技術知識の劣化現象を示していると言えよう。

こうした技術が、どの程度中世末まで生き延びたのかははっきりとしない。一部の歴史学者は、西ヨーロッパにおいて何世紀も「砲撃兵器なし」の時代が続いたとみなしている。しかし現実問題として、古代末期の攻城兵器の技術が完全に忘れ去られてしまうほど、戦争の休止期間が長かったことなど一度もなかった。七世紀から八世紀の包囲戦の記録をみれば、スペインの西ゴート人もアキテーヌ人もフランク人も、

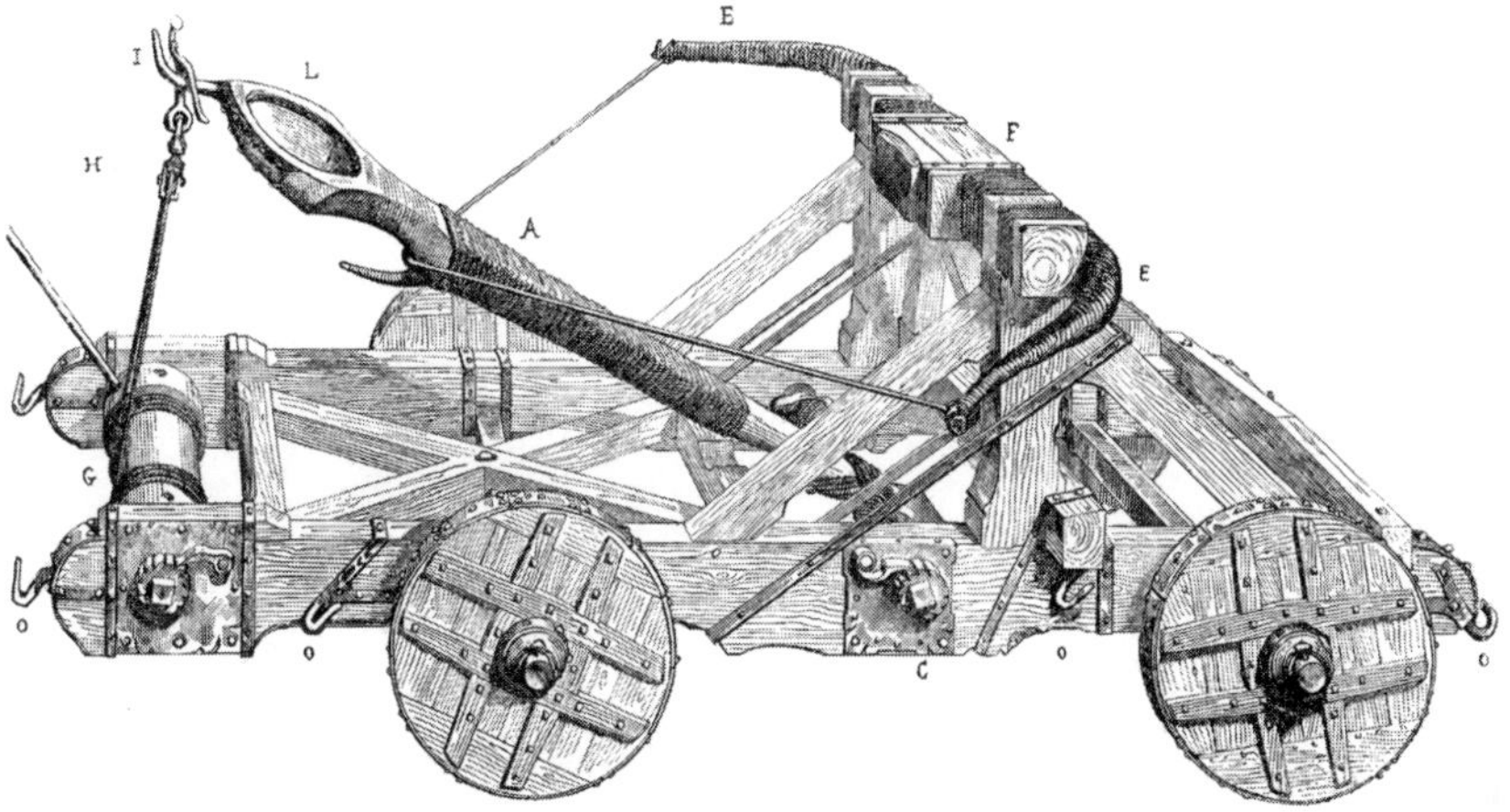

投石機（オナガー）
ヴィオレ・ル・デュクによる復元図

古代ローマ人の包囲・攻城戦のやり方を知っていたと考えて差し支えないだろう。この時代は、特殊な事例に偏ることなく包囲戦について述べた史料が乏しいこともあって、確証を持って論じることすら難しい。とはいえ、どのような手段によったのかは触れないものの、「石の雨が降った」といった描写で砲撃兵器の存在を仄めかしたり、その原理には触れないまでも「戦争機械」について言及することは一般的にみられる。ただ、五八五年ガロンヌ川上流のコマンジュに対して行われた包囲戦について、トゥールのグレゴリウスが比較的詳細な描写を残している。この都市を破壊するため、レウデキシル公は「新兵器」を用意した。これは板材と粗朶《そだ》で覆われた車輪付きの破城槌で、兵士たちは掩蔽に隠れながら城壁に近づき、突き崩すことができた。車輪付き破城槌を改めて「新兵器」と呼んだのは、「顧問たち」の意見によれば、これは既に滅びた技術を復元したものだったからのようだ。これに対して都市の守備隊も、投石や松やに・油を詰め込んだ発火性の樽を放って応戦した。

パウルス・ディアコヌスによれば、六〇三年ランゴバルド王アギルルフは「破城槌で城壁を打ち壊し」てマントヴァを征服した。「破城槌や様々な戦争用兵器」はその後ロータリ王も使用し、ベルガモを「何の困難もなく」奪い取ったが、これは特に変わった出来事とはみなされていない。蛮族たちは、古代の戦争が生み出した精緻な投射兵器をまったく用いることがなかったので、そうした技術は六世紀ごろには自然消滅してしまっていた。ビザンツ＝ゴート戦争以後も、「オナガー」以外はまったく登場しない。古代ローマの技

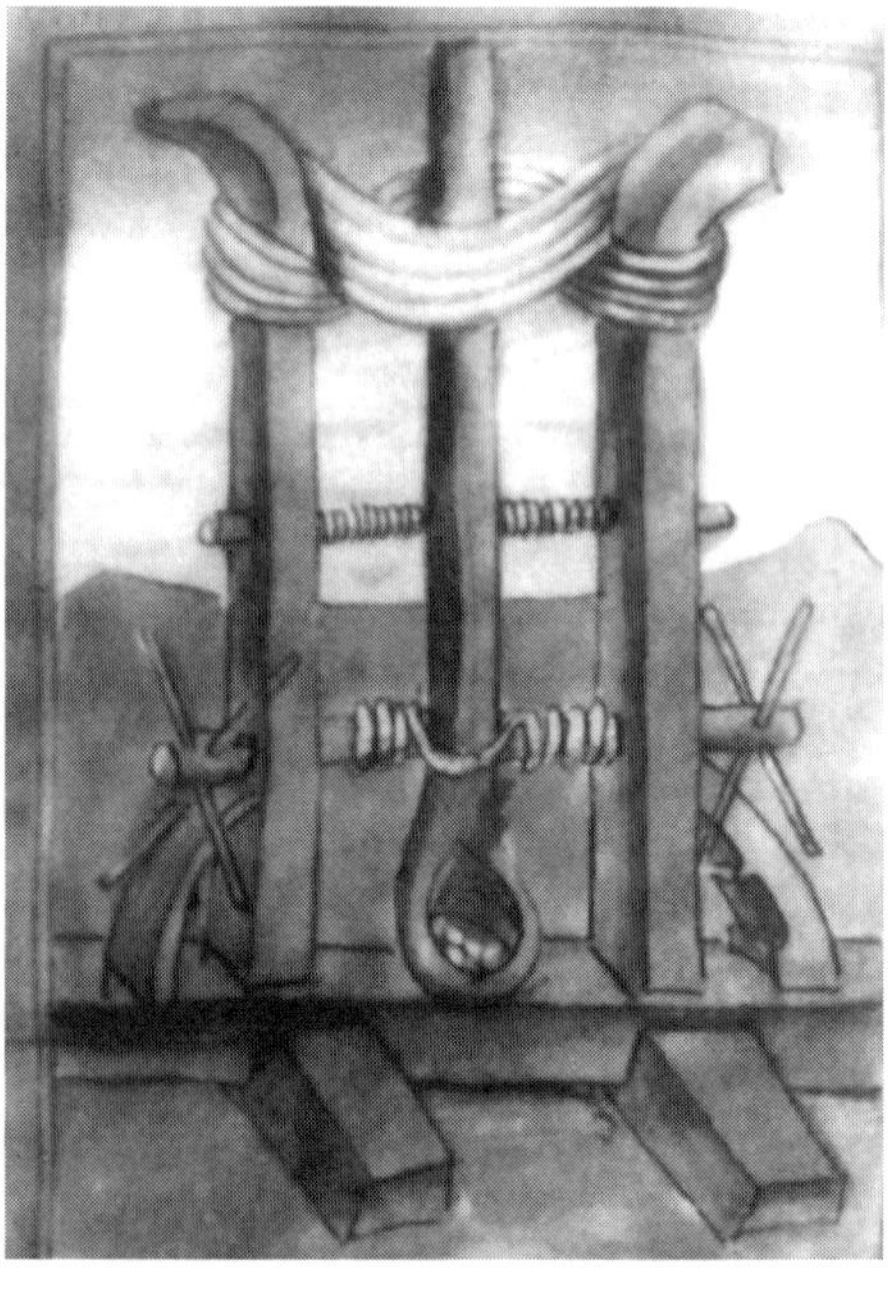

ねじり反動式の投石機（オナガーの一種とみられる）
1430年頃の写本、ウィーン国立図書館

術がすっかり忘れ去られたわけではなかった可能性も残されているが、どちらにせよ、六世紀ごろになると、地中海世界では「てこ」の原理で作動するまったく新しい戦争機械が確認されるようになる。これは古代の砲撃兵器と比べても、作製や保守整備が容易であっただけでなく、威力の面でも顕著に強化されていた。

五九七年、テッサロニキがスラブとアヴァール人の連合軍に包囲されたとき起こったとされる聖デメトリオス*の奇跡の中で、この新しい戦争機械が初めて現れる。それによると、鉄の鎧に身を固めた蛮族たちは目を引くような戦争機械を配置し、それらは「ペトロボリ」〔石の飛翔体〕を、城壁を超える高さまで打ち上げてきた。この兵器は四角く組んだ砲架の上に、大きな梁材が釣り合いをとるように配置され、一方の端には投石機と同じような砲弾を保持するための布製の袋が、もう一方には梁材を人力で引っ張るためのロープが取り付けられていた。これを作動させると、巨大な石の塊が轟音を立てながら宙を飛んだが、聖人の守護のおかげで都市は救われたという。

スラブ人とアヴァール人が古代ローマと似たような兵器を作製し、使用できたことには驚かされるが、これはおそらくビザンツ帝国の技術者から知識を得たのだろう。ドナウ川沿いのアッピアリアの包囲戦で、ブサという名のトラキア兵がアヴァール人に捕まり、命と引き換えにアヴァール人が知らなかった攻城兵器の作り方を教えたのだと何人かの年代記作者は述べている。別の作家たちによれば、それは投射兵器ではなく「エレポリ〔移動式の攻城塔〕」や破城槌だったというが、事実ははっきりしない。とはいえ、この聖デメトリオスの奇跡譚に登場する平衡式投石機**は、アラブの史料によれば予言者マホメットの時代〔五七一―六三二年〕にも現れる。その後七世紀になると、こうした投石機は、ビザンツ側の史料に「マンガノン」ないし「ペトラリア」という、どちらも

＊四世紀のローマ軍人で、帝国の迫害により殉教した。テッサロニキの守護聖人。

＊＊原文はIl mangano «a Trazione»〔牽引式の投石機〕。こうしたてこの原理で作動する投石機は主に錘の反動を利用するので「平衡錘式投石機」と呼ばれるが、この時点では兵士が綱で引っぱっていたと考えられる。こうした人力のものは上と区別して「平衡式投石機」と訳した。「錘」については一三三頁以下を参照。

ナポリ包囲戦の攻防
エブロのペトルス『皇帝陛下の栄光についての書』、13世紀前半、ベルン市立図書館
攻守ともに綱で引くタイプの投石機を用いている（227頁参照）

古代にはなかった単語で登場する。こうした「てこ」の原理を利用した砲撃兵器が、ビザンツの史料に現れる何世紀も前に中国で使用されていたという事実からすると、極東アジアからアラブ世界を通過して、東地中海世界に伝わるという行程をたどったのではないかと推測できる。そこから西ヨーロッパの政治・文化そして軍事の中心地域フランスに伝わるのは、ほんの一瞬だった。

ここまで論じてもなお疑念は残る。もしかしてこの平衡式投石機が伝わる以前から、フランク人たちはねじり応力を利用した古代末期の投射兵器技術を保持し続けていたのではないか。あるいは忘れられた技術を、ウィトルウィウス、ウェゲティウス、あるいは作者不詳の『戦争論』といった、実際の作製法についてははっきり書かれていない理論書を使って復元していたのではないか、という疑念だ。遅くとも九世紀初頭までは、フランク人たちの間で「マンガノン」も「ペトラリア」も言及されることはないが、この二つは同時に伝わったわけでもなさそうだ。「ペトラリア」を指すと思われる単語は、九世紀初頭、トゥール近郊のサン・タルマンで筆写された写本『マッパエ・クラヴィクラ』*に、「可燃性の投擲物を運搬するもの」という意味で現れるのが初出である。次いで八三〇年ごろ編纂された『ロルシュ修道院年代記』には、七七六年スィブルクの包囲戦でサクソン人側が「ペトラリエ」を装備していたと記されている。だがサクソン人たちは、その装置が正確にどのような物なのかを説明できなかったようである。この逸話の正確性については、後世に加筆された可能性も含めて議論になっている。

　ほぼ同じころ、フランク人の文書史料に「マンガノン」が現れる。八五〇年ごろ書かれた、作者不詳のフランク王ルートヴィヒ一世（ルイ敬虔王）の伝記には、トゥルトーザ包囲戦で「マンガノン」や古代から伝わる戦争機械が使われたという描写がある。八九〇年ごろ、サン・ジェルマンの修道士アッボは、数年前に起こったノルマン人によるパリ包囲（八八五―八八六年）を歌った詩の中で、簡潔ではあるがはっきりと「俗語でマンゴネルと呼ばれる」投射兵器について語っている。とはいえこの単語が文字どおり平衡式投石機《マンゴネル》だけを指すのではなく、一般的な単語とみなされていたとすれば、他の戦争兵器を指している可能性もある。八七三年に書かれたプリュムの修道士レギーノの年代記では、シャルル二世（禿頭王）がノルマン人に占拠されたアンジェを包囲したとき、「新しく、洗練された機械装置」を使用したことが描写されている。その機械の原理について明言されているわけではないが、おそらくこれは平衡式投石機の原理を用いた投射兵器であると思われる。これまで重視されてこなかった図像史料の中にも、平衡式投石機ははっきりと描かれている。九二五年ごろに描かれたとされる『マカバイ記』**の挿絵には、包囲される都市の塔の陰に、発射準備中の平衡式投石機の姿が見間違えようもないほどはっきり描かれている〔二二七頁参照〕。まとめると、新しい作動原理をもつ砲撃兵器はカロリング朝が危機に陥っていた時期

＊金属や染色に関する技術書。書名は直訳すると「織物についての小さな鍵」。
＊＊セレウコス朝シリアから独立を目指したユダヤの反乱戦士集団による戦争を記した旧約聖書の外典（または第二正典）。

には存在していたが、カール大帝の軍隊で使用されていたかについてははっきりしない、ということになろう。

一方フランク人たちが、平衡式投石機《マンゴネル》ないし「ペトラリア」の知識をイベリア半島でのアラブ人との接触から、あるいはイタリア半島でビザンツ帝国やランゴバルド人から直接学んだというのもあり得ないわけではない。最後のランゴバルド由来説は、パウルス・ディアコヌスの『ランゴバルド史』で「ペトラリア」という単語が初めて現れ、まとまった回数使われているという事実に基づいている。実際、パウルスは八世紀の終わりごろに『ランゴバルド史』を執筆しているが、その中ではビザンツ皇帝コンスタンス二世の視点から六六三年のベネヴェント包囲戦について語っており、そこには次のような話が出てくる。ランゴバルド王にしてベネヴェント公グリモアルドの顧問を打ち首にした皇帝は、「ペトラリアと呼ばれる戦争機械を用いて」その頭を都市の中に放り込んだ、と。この「ペトラリア」という単語は「技術上の新語」と理解されているが、『ランゴバルド史』以前に書かれた他のラテン語文献と比較検討されたことはない。この話の中で、ビザンツ側がこの兵器を使用していることからみて、「ペトラリア」はギリシャ語起源の造語であったことはほぼ間違いないだろう。しかし、このベネヴェントでの逸話は、フロンティヌスの『戦略論』に載っている似たような話を基に作られたとほぼ断言できるのである。『戦略論』では〔アナトリアの古代都市〕ティグラノセルタ包囲戦で、ローマの将軍ドミティウス・コルブロが「弩砲《バリスタ》」を使って捕虜の頭を都市に投げ込んだことになっている。「バリスタ」が「ペトラリア」という新語で置き換えられているという事実は、文献学上無視できない[6]。

以降、ローマあるいはイタリア中部や南部について文献史料を数世紀分あたっても、「ペトラリア」は言及されるが平衡式投石機《マンゴネル》はまったく現れない。それに、単語が現れるだけでは、平衡式投石機がたしかに存在したという十分な証拠とは言えないだろう。ようするに現段階では、他の証拠が欠けている以上、この新しい投射兵器が登場した時期や使用法、その作動原理などについて結論を下すことはできないし、西欧における攻城技術の進歩全般についても結論は出せない。これらに関しては、圧倒的な情報不足が足枷となっている。驚くべきことに、前述の修道士アッボの手によるパリ包囲の詩を読むと、当時すでに城攻めや防衛戦の技術はかなり進歩していたと分かる例がたくさん見つかる。十世紀にフランスで書かれたランスのリシェールの『歴史』にも、特殊な攻城塔や破城槌が使われていたことを確認できるような記述がみられる。

アッボは平衡式投石機以外にも、投石機《カタパルト》や弩砲《バリスタ》などから発射される毒を塗った投槍や、「ムスクリ」と呼ばれる城壁の基礎を攻撃する兵器、蠟と油と松やにを混ぜた可燃性液体、敵の頭蓋骨を貫通するほどの威力がある太矢などについて語っている。つまりパリの空には、ねじり応力で作動する投石機《カタパルト》や、「弓の原理で発射される」弩砲《バリスタ》から発射された石弾や鉛弾が飛び交っていたわけだ。さらにアッボは「ラテン語の文筆家が障壁車《プルテイ》ないし粗朶《クラテース》と呼ぶ」三人ないし四人の兵士を防御できる移動式防柵にも言及している。ようするにこれは「亀甲車」のことであり、台車の上に盾や破城槌が取り付けられていた。アッボが語った兵器類は、あきらかに古代の文献に現れたのとまったく同じ名前と機能を持っている。彼が参照した文献を確定することはできないが、おそらくウィトルウィウスやウェゲティウスの著作そしてカエサルの戦記などであろう。さらにアッボは『マッパエ・クラヴィクラ』などの内容も自分の本に取り入れている。たとえば同書にみられる、染織や合金製造のための「レシピ」や、「可燃性の飛翔体」の作り方、毒矢の作り方、台車に搭載された破城槌の製作法などである。

結論から言えば、アッボの詩歌には、作者が書物で知っただけの内容が含まれているのではないか、と疑わせる部分がいくつもある。それ以外の部分についても、「ラテン語文献によると」という文句は、作者がよそから単語を借りてきたことを仄めかしているように見える。「古代人が書いたものに親しむと、中世の歴史叙述というのは、実は古代の作家の焼き直しなのだと気づくようになる。そこでは実際に起こった出来事と書かれている事の間にはほんのわずかしか、あるいはまったく関係がない」との指摘もあるが、たしかにアッボが古典に親しんでいたことはよく分かる。ただ、この「人文主義者に典型的な」古代を模範として使い回す風潮のおかげで、過去に関する情報収集が促され、ある種の技術を復元するのに貢献した点も否定できない。

後世に加筆された可能性のまったくない、オリジナル版のリシェールの『歴史』についても、アッボの作品と同じように考えなくてはならない。リシェールは、十世紀には台車に載った破城槌が幅広く使用されていたと述べている。そのひとつは、九三八年に西フランク王ルイ四世がランの都市城壁を破壊して降伏させるのに用いられた。だが九八八年、ユーグ・カペーが同じくランの町を再び占領しようとしたときには、破城槌は大した活躍ができなかった。より大仕掛けで複雑な兵器である攻城塔は、九八五年、ロタール王のヴェルダン攻略のとき製作された。この戦いでは防衛側も同じような戦争機械で対抗したが、最終的には屈服させられてしまったという。

こうしたリシェールの叙述からは、事実の断片を拾い出すことすらできないが、それでもウィトルウィウスのような技術書から着想を得ていたことは間違いない。そうした一例としては、建築家であったダマスカスのアポロドーロスの著作をラテン語訳した『抜粋』があるが、これとリシェールの『歴史』の記述は誰が見てもそっくりなのだ。同時に、こうした技術論を論じる場合には外せないであろう、機械の製作者に関しては名前すらあげていないという事実は、こうした書物が技術書からの借用で書かれたという印象を強くする。それゆえ、偉大なオーリヤックのジェルベ

攻城用の大型の弩
14世紀の写本、オックスフォード、コーパス・クリスティ・カレッジ図書館

ールの弟子で、師とともに諸学を学んだリシェール*が、たとえば古典文献に載っている医術の話をもっともらしく論じていたのに、突然サッルスティウスの『ユグルタ戦記』から戦闘描写や軍事の話題を思いつくままに引用して、話を脱線させたとしても驚くことではないわけだ。

とはいえ、他の同時代の文献では技術論はほとんど黙殺されているから、アッボやリシェールがきわめて早い時期から機械技術を熱心に論じたことが、それほど意味ある行為だったかは疑わしい。また技術を論じた著者たちも、機械技術の現状を説明するためではなく、当時行われていた古代技術の復元が早く達成されるように、これを後押しするつもりで論じたのだろう。こうして考えると、九世紀から十世紀までの時代に、古代末期に建てられた城郭への攻城戦の記述がほとんど現れないのは、城を防衛する戦術も技術も初歩的であったが、城攻めの技術はそれ以上に未発達だったので、それでも十分だったからだ、と考えても不自然ではないだろう。当時の城攻めのやり方は、単純な正面突撃や放火、あるいは個人の武勇にもとづいた奇襲などだったが、とくに包囲側がよく使ったのが「ただじっと城を封鎖して待つ」作戦だった。

イタリア南部で書かれた年代記などをみると、実際ほとんどの攻城戦で、攻める側は特別な道具や機械を用いずに作戦を実行したと書かれている。八二一年に起こったナポリ攻略は、「投槍機とサソリ砲〔弩砲のこと〕によって」攻撃された唯一の例である。これ以後では、八八七年にカプアの円形劇場を攻撃するのに、破城槌やその他何らかの攻城兵器が投入されている。さらに『サレルノ年代記』（十世紀に編纂）の記述は、当時カンパニア地方の戦場ではビザンツ帝国の軍隊によって「ペトラリア」が（さらに詳細不明の「攻城兵器」が）使用されていたことを裏付けてくれる。たとえば八六一年のアヴェッリーノとカプアの包囲戦や、サラセン人による八七一年のサレルノ攻略戦などである。〔東フランク王〕ルートヴィヒ二世が繰り返した南イタリアでの軍事遠征でも、そうし

＊古典から数学・天文などアラビア科学にまで通じていた。のちの教皇シルウェステル二世（在位九九九―一〇〇三）。

た兵器の使用は無数にみられた。ただし、それらがすべての城攻めで成功を収めたわけではなく、バーリ攻略のように完全に失敗したこともあった。『サレルノ年代記』の無数の記述を読むと、様々な国からやって来た軍隊が、それぞれの軍事技術を用いて南イタリアで交戦したことは、包囲戦の技術が互いに移転され定着していくのに少なからず影響を与えたと言える。おそらくこうした経験が、ノルマン人が南イタリアで、その後一〇〇年の間に包囲・攻城戦の技術を発達させていく土壌となったのだ。(7)

実際、十一世紀の後半には顕著な進歩が現れた。これは古代ギリシャ・ローマで使っていた技術の再生や、古代人の知識を保存していたアラブ・ビザンツ文明との接触、そして西欧人自身が古典文献を再発見し、翻訳していく中で必然的に生じたものだった。包囲戦術の進歩が、キリスト教世界とイスラム教世界が接触した境界線上、つまりイベリア半島からシチリア島に至る地域や、ビザンツ帝国とイスラム世界に挟まれた海域で見られたのは、おそらく偶然ではない。とくに重要なのはカタルーニャ地方で行われた包囲戦で、その中でも一〇六四年のバルバストロ包囲があげられよう。この戦いが包囲戦術の進歩に貢献したと確証できる史料は乏しいのだが、その後数年もしないうちに、カタルーニャ人の慣習法は、城壁をよじ登ったり、掩蔽に身を隠しながら城壁に接近するときに、「地方の言葉で投石機《フンディブラ》ないし雌犬《ゴッサ》、猫《ガッタ》と呼ばれるからくり」を用いて城を攻撃することを禁止しているのだ。こうした「からくり」とは当然、投射兵器を指していると解釈すべきだろう。おそらくこうした機械は、同時代のアラブ人が使い始めたのではないだろうか。彼らは、イベリア半島でキリスト教徒側の軍事活動に対抗していただけでなく、十一世紀の初頭まで、北アフリカや西地中海の島に築かれたイスラムの拠点へ侵攻してくるピサとジェノヴァ海軍とも戦っていたのである。

こうした軍事行動を称賛する詩や碑文は、包囲戦術が実際にどのように用いられたかについてはほとんど何も語ってくれない。最良の情報が得られるとすれば、十一世紀後半に南イタリアやシチリアを征服したノルマンディの戦士たちの武勲について述べた史料だろう。十一世紀初頭、ノルマン人が通常採用していた包囲戦術は持久戦であり、飢えと渇きで敵を降伏させようとするものだった。しかし一〇五三年から一〇九八年の間にノルマン人たちは、要塞化された拠点に対して「都市を攻略するために用意された」、専用の「攻城兵器」を使って、威迫するようになった。こうした兵器の実際の威力は不明だが、その威容によって包囲された側の降伏を促すことができたとすれば、心理面の威力は非常に大きかったといえるだろう。

こうした投射兵器は、「非常に精巧な」はしごと共に使われたことが確認できる。たとえば一〇七一年のパレルモ攻略では、破城槌と跳ね橋を備えた攻城塔が用いられ、さらにロベルト・イル・グイスカルドは一〇六八年のバーリ包囲と一〇八八年のドゥラッツォ包囲ではしご装置を活用したが、これら城攻めの機械は敵を苦しめ、対戦相手のアラブ人やビザンツ人にもきわめて厄介なものだとみなされていた。かつてのノルマンの王たちの蔵書で、現在ヴァチカンが保管している十一世紀ごろの写本から推測するに、この時代、既にノルマン人の包囲戦術は古代ギリシャと完全に肩を並べていた。そうした文書のひとつに、ビザンティウムのヘロンの作とされる包囲・攻城戦技術についての詩文がある。実はこれは攻城兵器を実際に製作するための手引書で、製作の助けとなるよう詳細な挿絵も添えられている。

ノルマン勢力の活動はイタリアとノルマンディ地方とで常に連動していたから、プーリア地方やシチリアでみられた包囲技術の進歩は、たちまち地中海沿岸から大西洋岸へと伝わった。たとえば征服王ウィリアムは、一〇六六年のロンドン包囲に、城壁を突き破る巨大な機械を用いている。またエクセターも同様の兵器によって城壁越しと地下から攻められ、数日のうちに降伏に追い込まれた。その数十年後、第一回十字軍に参加したボエモン・ダルタヴィッラは、南イタリアでの経験をパレスチナで応用し、他の西欧の戦士とともにニケーアからエルサレムまでの大規模な包囲戦で勝利を収めた。ノルマン人やイタリアの海上交易都市、そしてカタルーニャの従軍経験者たちが「十字軍以前」に蓄積してきた包囲戦の知識は、こうして第一回十字軍で融合した。革新的な包囲戦術は、聖地での経験によってより豊かなものとなり、十字軍の撤退によって西ヨーロッパへと還流していった。

そうした知識の還流は、一一〇七年十月のボエモンによるドゥラッツォ攻撃、一一一四年ピサ人によるバレアレス諸島に対する軍事作戦、一一二六年のミラノ人によるコモ攻撃、一一四六年アングロ＝ノルマン人主体の十字軍によるリスボン攻撃*、そして十二世紀以降、皇帝フリードリヒ一世やフランス王フィリップ・オーギュスト（尊厳王）と、ポー川一帯のイタリア都市コムーネとが繰り広げた無数の包囲戦など、数々の戦いに重大な影響を与えた。

この段階で、包囲・攻城戦技術は古代の再生からさらなる高みへと上がったと言えよう。破城槌や「猫〔屋根付きの破城槌〕」、巨大な攻城塔はすでに西ヨーロッパ中の大規模な包囲戦に登場している。またこれらの兵器は、精緻な設計の投射兵器による砲撃に援護されることもあった。こうした戦術はピサやジェノヴァが東地中海沿岸で、またその後の第一回十字軍で実践し、さらにマヨルカやコモの包囲戦でも再現された。そうした戦いでは一台ないし複数の攻城塔が「猫」を挟んで配置され、投射兵器の砲撃に途切れることなく援護されながら城郭を攻撃した。

アンティオキア攻囲の場面に描かれた、錘固定式の投石機（トラブッコ）
13世紀後半の写本、リヨン市立図書館

またそうした攻城塔の上に配置された射撃兵は、守備隊に対して絶えず物陰に身を隠すことを強いた。こうした投射兵器の名称がカロリング期に広まっていたものと同じであったとしても、その性能を目にした年代記作者たちの驚き方からすると何らかの性能向上があり、正確な作動原理は不明だが、多くの改良が施されたことを示唆している。たとえばオットーネ・モレーナによると、一一五九年にクレーマ人が作った平衡式投石機は、あまりに巨大なので「それが撃ち出されるのを見るまでとても信じることができないほど」大きな石弾を発射した。

攻城兵器の用語が変化したこと（それは技術的な改良があったことを示唆する）から判断すれば、十二世紀の七〇年代から八〇年代ごろに決定的な技術革新が起こった。マンゴネルやペトラリアは、地中海世界では「トラブッコ」と呼ばれ、錘の反動で釣り合いのとれたアームを動かし、砲弾を投擲する装置を指すようになった。この錘は、古いタイプのマンゴネルに新しく取り付けられた部品であり、さらなる性能向上をもたらした。錘が装着されたトラブッコについての最初の言及は、一一六五年ビザンツ帝国の領内で使われたものに関してである。しかし一一八九年にはすでにやや小型化されたものが北イタリアで出現している。この頃、ヴィチェンツァのコムーネに臣従していたソラーニャの人々は「マンゴネル、あるいはトラブッコやプレデリア〔小型の投石機〕を使って」ヴィチェンツァを砲撃しない、という取り決めを結んでいた。つまりすでにこの新兵器は一般化しており、十三世紀初頭には全ヨーロッパに普及していた。

こうして投射兵器のさらなる性能向上を目論んだ、活発な技術研究の時代が幕を開けた。その結果新しい単語も出現するようになった。たとえば一二八〇年代に執筆されたエジディオ・ロマーノ**の著書では、四種類の投射

＊第二回十字軍の一部。ノルマン朝末期、無政府時代のイングランド出身騎士・諸侯が海路聖地を目指したが、途中リスボンを攻略した。

＊＊エジディオ・コロンナとも（一二四三頃―一三一六）。十三世紀の修道士で、数学や神学に関する多数の著作がある。フランス王フィリップ四世に献呈された『君主の統治について』の第三巻は戦時における君主のあり方を論じているが、古代ローマの軍学者ウェゲティウスから多くを引用しており、古代から中世初期の軍事に関する優れた情報源となっている。

兵器について言及されており、簡潔にその機能も説明されている。まず単純なトラブッコ、これは錘がアームに固定されているもの。さらにビッファ（ないしブリダ、ビブリア、ブリッコラ）は錘が可動するもの。トリパントゥム（ないしトリポントゥム）という単語は前二者どちらにも使える。そして四番目の機械は錘のない古いタイプのマンゴネルで、新型と異なり人の力で引っ張るもの。また同書では各兵器の弾道学的な特徴についても記されている。

　このように投射兵器が進歩し続けていたのだから、他の兵器については言うに及ばず、だろう。一一六〇年にフリードリヒ一世がクレーマを攻略したときは攻撃側が優位にあったが、その彼も一一七四年のアレッサンドリア戦では攻略に失敗した。包囲される数年前に建設されたこの都市は城壁がなく、防御は土を盛り固めた堤防と幅広い濠に頼っていた。クレーマ攻略のときと同じように、戦いは包囲に適した冬に始まり、使用された兵器類も同じであったが、結

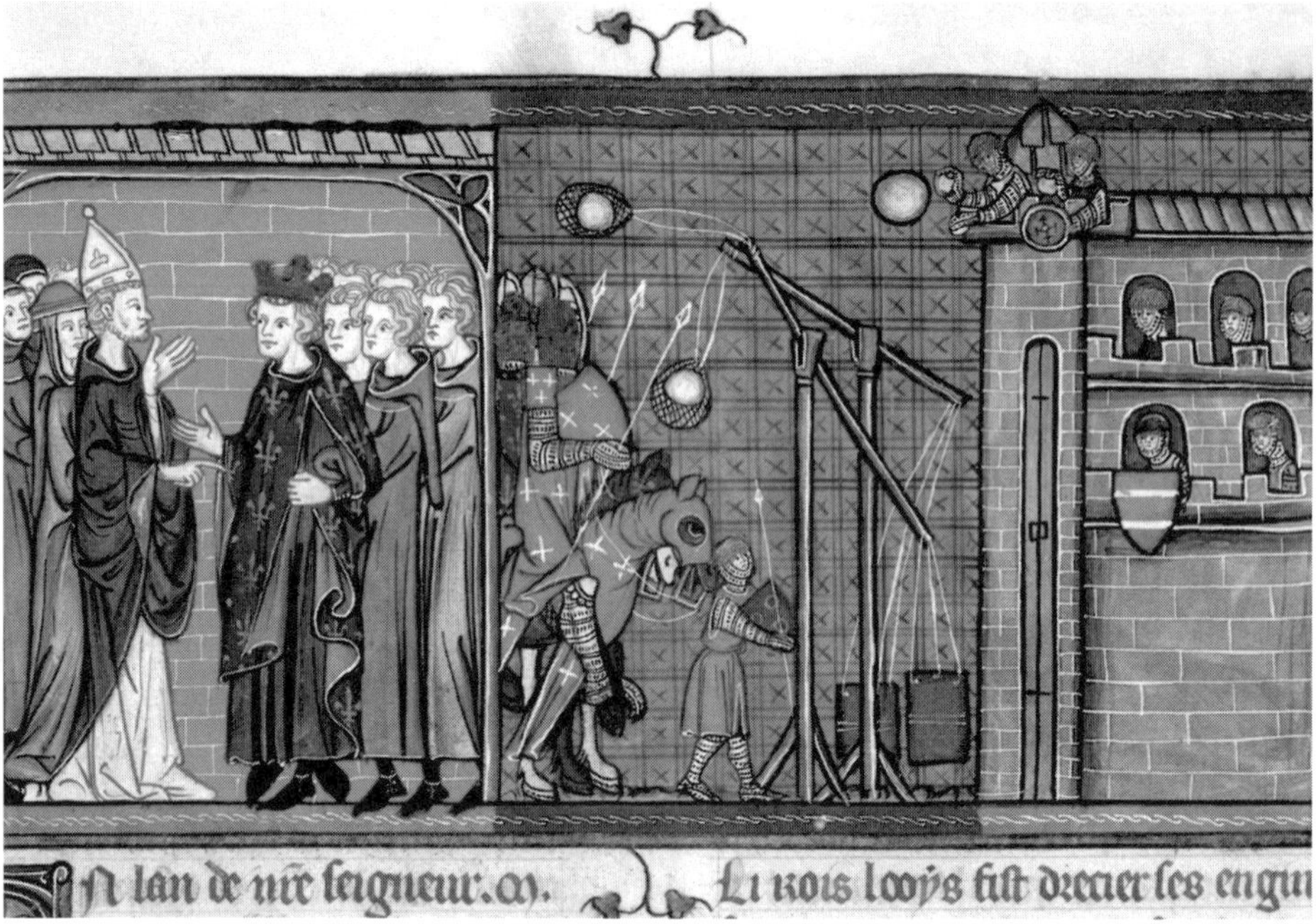

二台の投石機による攻撃（綱で引く「マンゴネル」から錘を取り付けた「トラブッコ」への過渡期と思われる）
13世紀前半の写本、ブリティッシュ・ライブラリー

果は大きく異なるものとなった。ようするにこの時期、城攻めにおける攻者と防者のバランスは、十二世紀の半ば以降に新しい兵器が発明されたせいで、前者の有していた技術的優位が失われつつあった。そしてアレッサンドリア包囲のころにはすでにバランスが回復し、攻撃と防御は新しい均衡状態を迎えたのだった。

十三世紀には、もはや年代記作者が驚きを込めて戦争の機械を書き記すことはなくなっていた。これは改良された技術が普及しきって、投射兵器や城壁に接近する兵器の性能も知れわたったことの証だろう。同時に、可燃性兵器や地下道戦術も一般的なものとなっていった。十三世紀におこった南フランスにおけるアルビジョワ十字軍や、フリードリヒ二世とイタリア諸都市との戦争で、無数の包囲戦が失敗に終わった理由もこれで説明できる。次の包囲・攻城戦技術の根幹を揺るがすような新しい衝撃は、火器の登場まで待たねばならない(8)。

投石機（錘が可動式の「ブリッコラ」と呼ばれるタイプ）
14世紀の写本、オックスフォード、ボドリアン図書館

3　「驚異の職人《ミランディ・アルティフィケース》」——軍事技師たち

紀元前四世紀の古代ギリシャでは、すでに包囲・攻城戦技術が「機械装置に依存したものとなっており、その成功は攻城兵器を作製する専門家の数と能力に依存しているとみなされていた」。技術者を雇用することが重要だという認識は、古代から中世初期を生き延びただけでなく、十二〜十三世紀に古代の包囲戦術が復活したのに合わせて、より重視されるようになった。この時代、戦いの行方を握っていたのは一体どのような人間だったのだろうか？　これに答えを出すのは容易ではない。そうした問題を論評した同時代の記録や歴史資料は乏しいし、技術の問題は歴史上評価されることも稀である。なぜなら軍事技術のあげた成果は周知されるどころか、むしろ嘘やおおげさな話として非難されることが多いからだ。先に紹介した、テッサロニキを攻撃する攻城兵器の作り方を、アヴァール人に教えた咎で非難されたトラキア兵ブサの話はその一例に過ぎない〔一二三頁参照〕。

一般的に言って職人、鍛冶屋、木工職人は、もっぱら父から息子へ、師匠から弟子への口承と、現場で得られた経験に基づいて知識を獲得していた。こうしたヒエラルキーの頂点には「建築家」（のちに「技師」と呼ばれる）がおり、彼らは配下の人々と経験知を分かち合うことで、包囲戦における複雑な作業を組織・指導できたのである。そうした人々の姿が史料から垣間見えることは稀だ。彼らは、金や雇用を求めて各地を転々としながら、軍事技術を必要とする雇用主にその知識でもって奉仕する、社会の最下層に位置付けられた人々だった。

自分の知識を書き残そうと考えた、古代ローマ時代の数少ない「建築家」であるウィトルウィウスは、戦争で使う兵器の作り方を書き記したうえで、過去の包囲戦で「建築家」の製作物が勝利に貢献した実例を、力を込めて語っている。彼がこうした逸話に託したのは、自分の理論の擁護と、自分の技術で間違いなく勝利に貢献したにもかかわらず、歴史家によって従軍した戦士の列から抹消され、武勲を横取りされてきた「建築家による復讐」だった。もちろん従軍した「建築家」や「技術者」が、真の戦士と同じ精神性を持っていたわけでなかったし、また彼らは知識階級としての名声を得ようと、技術的な問題にのみ力を振るった。ようするに彼らは特殊な実用知を備えている点だけを評価されていたのであり、戦士とも「学者」とも異なる地位を与えられていた。技術知識の軽視という風潮は、古代から中世まで絶えることなく続いたもので、西洋人にとってはほとんど人類としての本能に植え付けられた衝動のようなものだった。西洋の叙事詩文学が、正々堂々と敵を打ち倒す英雄たちの武芸を称える一方、軍事技術というものを無視し続けたせいで、「技術者」が戦闘の真っ只中にいたと確認できることはめったにない。

たとえば前述の修道士アッボによれば、八八六年一月、ノルマン人がパリを包囲したとき、ノルマン人たちは台車に乗せた突撃用の兵器を作製しようとしたが、防衛側が発射した武器によって、作製作業を監督していた「職人」ないし「親方」二名が死亡したという。アッボは嬉しそうに「この二人は、我々が準備していた武器で死んだ最初の敵だった」と述べている。ここでは、死んだ二人の出自や能力には一切触れられていないが、戦死したことでノルマン人の兵器が完成しなかったという事実は、間接的に彼らの重要性を示している。また十世紀に書かれた筆者不詳の『サレルノ年代記』にも、「親方」の姿が現れるが、これは当時としては非常に例外的な叙述だ。九四六年、君主のギゾルフォはアクィーノにある反乱軍の城を包囲した。だが年代記作者が言うには、彼は「様々な攻城兵器」を投入したが城を攻略できなかった。そこアチェルノの山の中から「木材を扱う作業に熟達した人物」シケルマンノがつれてこられた。彼は自信たっぷりに「我が主よ、この城を占領したいのですか？」とギゾルフォに尋ね、ただちに「我々がペトラリアと呼称する機械の中でも、驚くほど巨大なものを」作り上げた。この機械は「城壁を粉々に破壊」したので、反乱者はついに降伏に追い込まれた。

ギソルフォはすでに「様々な攻城兵器」を投入していたが、その効果ははっきり言って大したことはなかった。しかし優れた能力を持ったシケルマンノだけが、他の兵器より強力な「ペトラリア」を作製できたのである。そこで当然疑問となるのは、単なる職人の彼が、どうやって「驚嘆すべき戦争兵器」を組み立てる技能を手に入れたのか、という点だろう。その点について語ったものは何もない。だが、この戦いにおけるシケルマンノの事績が、その名前と共に伝承されてきたことは注目に値する。シケルマンノはその後何世紀にもわたって、歴史の舞台にあがった技術者の先駆者だった。そしてこうした人々の模範となったのが、ウィトルウィウスが定義したような古代の「建築家」なのだ。

シケルマンノの一世紀後、再び南イタリア出身の攻城兵器製作のエキスパートが現れ、その活動が史料に残されているのは偶然ではないだろう。一〇四二年、バーリ出身でビザンツ文化に精通したアルジーロなる人物が、トラーニにて攻城塔を製作したか、あるいは製作を指導している。年代記作者はその兵器を「現在の人々は見たこともないもの」と紹介しているが、この感想は、復元された古代の兵器がまだ珍しかった時代であったことを示している。それから数年ほど後、プーリア地方でノルマン人が勢力を拡大させるのにあわせて、「城壁や塔を打ち壊せる」攻城兵器の知識に「大変熟達した職人」も活躍を広げていった。そうした人々の出身地も、製作された兵器の作動原理も解明されてはいないが、ノルマン人に仕えたアルジーロであれ、他の「大変熟達した職人」であれ、彼らは翻訳された古代ギリシャの著作から知識を得ていたと考えられる。

同じころ、イベリア半島でもこれと平行して技術の革新が起こっていた。一〇五八年、バルセロナ伯ラモン・バランゲーはその軍勢の中に、攻城兵器を作ることができる「技師アダルベルトゥス」なる人物を連れていた。彼は自分の提供した技術に関して、他には秘密にすると誓わされたという。同じ年にサラゴサを攻撃したカタルーニャ軍にも軍事技術者が従軍しており、そうした「技師への褒美」はバルセロナ伯の領民にも無視しえないほどで、その出費に対する領民の経済的負担は莫大だったと言われている。この「技師（ingeniatores）」についての最初期の言及（この言葉が西洋の史料で初めて現れた例でもある）は、当時技術の研究が進展していた明白な証拠だが、どういう成果が得られたのかは知られていない。

一〇八四年、マディア（北アフリカにおけるアラブ人の拠点のひとつ）への遠征の勝利を称えたピサの叙事詩は、さらなる情報を与えてくれる。マディアを攻めるにあたってまず、ピサ、ローマ、ジェノヴァ、アマルフィは巨大な遠征軍を結成し、非常によく防備の固められたパンテッレリーア島の城を攻撃・占領した。叙事詩の記述によれば、このときの攻撃で「驚異の職人《ミランディ・アルティフィケース》」が木製の塔をいくつか作り、そのおかげで不可能と思われた攻略が可能となったという。この注目すべき仕事を成し遂げた「技術者」の中には、ピサ大聖堂を建設した「偉大なる」ブスケットもいたとされる。ブスケットの墓碑銘には彼の技術力と功績が記されているが、そこには、あいまいな表現でブスケットが「敵」に挑戦し、勝利を収めたことを称える一文がある。この「敵」とは象徴的な意味ではなく、現実の「敵軍」を指すのだと思われる。(9)

すでに述べたとおり、攻城兵器の技術革新は南イタリアからノルマンディ地方へと短期間で伝播した。ノルマンディでは一〇九四年の四旬節にブレーヴァル包囲戦が起こり、「才能あふれる職人」ロベール・ド・ベレームが敵の城郭を攻撃する兵器を作るために参加した。それは車輪の付いた攻城塔と「巨大な岩」を発射できる兵器であったという。ロベールはさらに防御側の築いた防柵や堡塁を破壊する方法について助言し、結果「住人たちの住居を打ち砕いたので、こうした重大な惨禍ゆえに彼らは降参する気になった」。彼は明らかに、攻城戦に関するあらゆる技術のエキスパートであった。オルデリークス・ヴィターリスがいうところの「巧緻なものへの才能」はその後、十字軍がエルサレムを征服する際にも活躍した。これ以降そうした人間は、ヨーロッパや中東での主要な軍事作戦において、頻繁に登場するようになるのである。

一〇九七年五月十四日、十字軍はニケーアの城壁を何週間も包囲したが、アーヘンのアルベルトの言葉によると、どんなに激しく攻めてもその堅固な城壁にはまったく効果がなかった。そのとき十字軍の将軍たちの前に「あるランゴバルド人の国からやってきた、技芸と道具の発明家にして親方」が進み出た。そして彼は言った、「あなた方の用意した装備は私の見るところ、城壁にたどり着く前に破壊され、そうでなくとも危険にさらされております」。実際、「古代の巧みな技術で作られた」都市城郭に接近できた兵器はひとつもなかった。続けて「ランゴバルド人」は言った。もし助言を受け入れて下さるのなら、必要な手段を用意し、満足いただける結果をお約束しましょう、と。彼は攻撃側が攻めあぐねている、ある塔を打ち壊すことができると請け負った。要請を受けると、この「技芸の親方」はてきぱきと「曲がった部品や、細い棒を束ねた粗朶《そだ》を組み合わせ」、トルコ兵が放ってくる石や可燃物や矢を防ぐことのできる「驚くべき道具」を作り上げてみせた。「攻撃部隊の生き残り」はこの道具を利用して、難攻不落の塔の地下に坑道を掘り、坑道の支柱に火を放った。するとその夜、塔は轟音と共に崩れ落ちたのであった。これによりただちに都市が陥落したわけではなかったが、遠征軍の士気を向上させる助けとなり、最終的には作戦の成功をもたらしたのだった。

ボエモン・ダルタヴィッラの軍に従軍した「小ロンバルディア」出身の「ランゴバルド人」についても似たような話が残っている。すでに述べたように、南イタリアではノルマン人の征服によって活発な軍事行動が展開されており、約五〇年間、ビザンツ帝国の文化的遺産である城塞都市をめぐって数多くの攻防戦が発生した。そうした攻防戦において、この「技芸の親方」であるランゴバルド人は、報酬をもらって軍事行動を支援した。彼が実際に作製した機械として記録されているのは「坑道掘削兵用の亀甲車」で、「坑道掘削兵にめがけて発射されるあらゆる飛び道具を弾くこと」ができたと記されている。これはダマスカスのアポロドーロスが『包囲戦論』の中でとりあげた物であり、「ランゴバルド人」はこれを読んでいたに違いない[10]。

一〇九九年七月、エルサレムにたどり着いた十字軍の指揮官たちは、都市を機械で攻略することができるとすでに学んでいたので、当然、各種の機械でエルサレムの城壁を攻撃した。そこでは「親方たち」は、それぞれの得意分野を活かして働いた。彼らはてきぱきと、遠方から必要な木材を運ぶ手はずを整えたが、実際の労働は「給料をもらった職人たち以外の」無償で志願した人々が行ったという。この証言が誰の言葉なのかははっきりしないが、ジェノヴァの艦隊に所属していた大工たちも、そういう噂を聞いたことがあると後に証言している。一一二四年、ティルス包囲に参加した中東出身の「技師」たちはもう少し誠実だったようだ。ティルス守備隊の中でも、十字軍のヴェネツィア人部隊は投射兵器による射撃に優れており、キリスト教世界で最も練達の砲兵といわれた。それは「アンティオキアの職人で熟練の砲術家と称される、ハヴェディクという名前のアルメニア人」が彼らに協力するように命ぜられていたからだった。ハヴェディクは喜んでキリスト教徒の兵器を監督する仕事を引き受け、ヴェネツィア兵が指示したところに何の苦もなく砲弾を命中させてみせた。すぐに彼は公の場で褒賞を受けることになり、その仕事に報いるだけの額が与えられた。その後もハヴェディクは勤勉に、知恵を絞って包囲戦で働き、その結果、以前と比べて敵に倍の損害を与えるほどの活躍を残した。この逸話は(ヴェネツィア人が実は機械に慣れていなかったことを暗に示しているが)、ある有名な「技師」が、非常に優れた兵器の操作員である一方、名前が残るほどの名声を得ていたことを示している。

「知恵ある職人たち」、すなわち攻城兵器の製作者は、一一一四年バレアレス諸島に対するピサ人の遠征でも重責を担ったとみられる。『マヨルカの書』によると、この遠征でオリチャーデという技術者が、イビザの城壁の下で「この堅固な城壁を西側からよじ登って攻め込むために驚嘆すべき兵器を築いた」という。さらにその直後「有能なオリチャーデが亀甲車を製作し」、これを使って城壁に一ブラッチャ〔約六〇センチメートル〕以上の穴を開けたことが語られている。それからピサ人たちは「ドメニコという人物が細心の注意を払って作った木造の城で、そびえ立つ都市城壁をよじ登った」。ここでは遠征の成功に貢献した戦士の一員に、二人の技術者が(実際はもっと大勢が参加しただろうが)つけ加えられている。[11]

なかでも北ティレニア海沿岸の都市が育んだ機械技術は、他を上回るほどの称賛をもって受け止められていた。たとえば、一一一五年から一一二五年にかけて、コンポステラの司教はジェノヴァとピサに赴き、軍艦で使う装備の専門家を探した。サラセン人海賊退治を成功させるような軍用ガレー船を作って欲しい、という司教の求めに応じて、「非常に熟練した船大工」ジェノヴァ人アウゲリウスと「船舶の装備に熟達した」ある若いピサ人が仕事を引き受けた。はっきり述べられてはいないが、この二人は包囲戦でも自分たちの技術力を発揮したようだ。ともかく、この好戦的な司教が一〇年をかけて準備した結果、彼は戦争に勝利したのだった。

ミラノ人も十年以上続くコモとの戦争に終止符を打つべく、一一二七年にジェノヴァとピサで、コモの城壁を打ち壊すことのできる兵器を作れる人間を探した。ある詩人は「ミラノ人はまず強い風の吹く町ジェノヴァへ赴いた。そこは技芸に秀でた匠の町として知られていたので、木造の城や弩砲《バリスタ》を作る技を身に着けた、評判の良い職人を探した。つまり敵を確実に滅ぼしてくれるような知識を持った高名な職人を探したのである。それからジェノヴァと同じくらい匠の技で知られるピサへと回り、城壁をよじ登る道具を作る親方などの、包囲戦の技術に熟達した者たちを大勢雇い入れた」と記している。その二〇年後、リスボンを攻略したアングロ＝ノルマンの十字軍は、戦場の外側に、攻城塔とそれを操作する技師を配置した。好機が到来すると、「偉大な才能を持つ人」という評判のあるピサ人が、すぐに「驚くほど高くそびえる木造の塔」を用意し、これを指揮して都市の攻略を成功させた。ジェノヴァの技師は、一一四六年にもアルメリアとタルトゥースを攻略する重要な兵器を製作した。北ティレニアの沿岸都市からきた「軍事技術の商人たち」は、大西洋沿岸からポー川流域の一帯にまで活躍の場を広げていた。十二世紀後半、ピサとジェノヴァは軍事技術力を活かして、イタリアの都市同盟と皇帝フリードリヒ・バルバロッサとの戦争に参加した。ピサとジェノヴァは、地中海の向こうの技術をヨーロッパに持ち込むことで、中世イタリアにおける包囲・攻城戦技術の頂点を極めたのだった。

一一五八年、弩兵と「建設兵（攻城兵器の製作に特化した部隊）」からなるピサの遠征軍は、第一次ミラノ包囲に参加した。ジェノヴァの「職人」たちは、一一七四年の失敗に終わったアレッサンドリア包囲でも兵器を製作したように、アペニン山脈の北側にある同盟国と「職人」と「親方」を派遣する取り決めを結んでいた。実際一一七三年には、ガーヴィ侯に対して「二人の職人」を派遣することに同意しているし、一一八一年にはアレッサンドリア市に対して三人の木工親方と、一人の「才能豊かな職人」を派遣している。[12] この時期になると、年代記作者たちも軍事技術者の重要性や活躍ぶりをややおおげさに書くことを好むようになった。古代ギリシャ時代がそうだったように、すでにこの時代、戦争の行く末は熟練の軍事技術者と、彼らの優秀さに委ねられていたのである。

一一五九年のクレーマにも、遠方の国から、人々が目を見張るような能力を持った技術者が現れた。その人物、ヴィンチェンツォ・ダ・プラーガ［プラハ出身のヴィンチェンツォ］は次のように語られている。「神聖ローマ帝国からやってきたエルサレム人で、彼はエルサレムの聖ヨハネ騎士団とともに、無数のサラセンの城を、自分の作った兵器で破壊してきた。彼はクレーマ城内へ攻撃部隊を送り込める、大きな木造の塔を製作することを請け負った」。クレモーナ人はすぐに必要な資金と材料を提供した。それは瞬く間に完成し、十分な成果をもたらしたという。七〇年前のニケーアでは、南イタリア出身の「親方」によって同じような「偉業」が成し遂げられたが、クレーマではそれとは逆に、パレスチナから来た人間が活躍したのだった。こうしてみると、軍事技術の知識はまず西ヨーロッパから中東へと伝わり、第一回十字軍による実戦経験の中で洗練され、再びヨーロッパへと還流したのだ、と結論づけることができよう。しかしクレーマ包囲戦では、都市側も、クレーマ侯の名において「あらゆる技芸に十分な才覚を持つ親方」と認められ、防衛戦に有用な機械を論じた大著を執筆した人間を召し抱えていた。彼はクレーマが負ければ責任を問われる立場だったから、皇帝フリードリヒ一世が報酬を提示して勧誘すると、夜陰に紛れて町から逃亡し、厚顔にも皇帝の陣営に加わったのだった。

巨大な攻城塔を作製し、クレーマ攻略に貢献した人物とは、この一年後にローディの城壁建設を監督したクレモーナ出身の建築家、ティント・ムーゾ・ディ・ガッタだと考えられている。クレーマ包囲に参加したのがティント・ムーゾだという確実な証拠はないが、一一五九年十二月三十日に再びクレーマが包囲されたとき、詳細は不明だが、皇帝フリードリヒは「その偉大かつかけがえのない、特筆すべき奉仕」により彼を伯に推挙した。これは単なる「技師」が、その技術と知識のおかげで上位の貴族階級に列せられるという最大級の褒賞を得た例である。グインテルモ親方の逸話もこれに近い。彼は称賛に値する「技師」で、一一五六年から一一六二年までミラノで奉職した。彼は特に軍用装備、攻城兵器、軍用の橋や車両の製作が可能だった。技術上の能力で手に入れた功績によって、政治でも責任ある地位に任命されたが、これは大変微妙な立場であり、グインテルモに幸福も不幸ももたらすものだった。一一五七年、ミラノはパヴィーアに降伏し、その後ヴィジェーヴァノにも敗北する。そしてさらに五年後には、「ミラノ人の期待を一身に背負っていた才能豊かな親方グインテルモ」は、降伏の証として、皇帝フリードリヒにミラノ市の鍵を引き渡すという不名誉な役割を担わされたのである。

十二世紀フランスの有名な叙事詩『オジェの騎士道物語』にも、名声を得て社会的地位の上昇を経験した「技師」が登場する。オジェ城の攻略において、攻略の要となった攻城兵器を作ったマーリンは、やがて鎖帷子を着こみ、「磨き上げられた兜」を被るようになる。これはだいたいの場合、軍事的エリートに認められた装備である。「技師」たちに与えられた名誉の証は、これ以外にも様々だったが、当時の文筆家がしばしば技術者を軽視していたことに比べれば、現実に与えられた名誉は決して小さくなかった。とはいえ、その能力からすれば、技術者は不十分かつ不適当な代価しか受け取れなかった。たとえば、オルデリークス・ヴィターリスの記述によれば、難攻不落の塔を築く才能によって「フランスの建築家の中で、当時最も称賛されていた」ランフレドは、他の領主たちの城より優れた城を建てなかった、という理由で依頼人たちに殺されてしまったという。

ランフレドの依頼人以外は、軍事作戦において（とくに敵の領土を奪い、保持する場合）攻城兵器を製作する能力が重要なことを理解していたので、優れた技術を確保し、兵器の設計者や製作者を集めるために、技師には惜しみなく報酬を提示した。すでに述べたように、ノルマンディ地方ではロベール・ド・ベレームが優れた技師を集めていたし、オルデリークス・ヴィターリスの証言によれば、ロベール自身「建物や機械、あるいはそれ以外の物も製作できる優れた職人であった」。またオルデリークスによれば、一一二三年にイングランド王ヘンリー一世がポン＝オードゥメールを包囲したとき、王は攻城塔を作る大工たちに直接指示を下し、誤りがあれば咎め、正しく働いたときは称賛したという。こうした働きのおかげでポン＝オードゥメールの城は降伏したのだった。

一一四七年、アンジュー伯ジョフロワは、モントレイユ・ベレの城を包囲したときに直接指揮を執り、包囲のための土木作業を完璧に監督してみせたという。また、のちにトレヴィーゾ侯となるエッツェリーノ・ダ・ロマーノ*は、自分の子孫に向かって、一二一三年にエステ市を包囲したとき「私は若かった（とはいえすでに二十歳目前であった）が、城砦に向かって石弾を投げつける兵器を製作した」と語っている。皇帝フリードリヒ二世も平衡《マン》式投石機《ゴネル》や平衡錘式投石機《トラブッコ》の設計者としての名声を博していたし、シャルル・ダンジューは一二六九年「平衡錘式投石機を作動させる綱を引っ張る役を、ごろつきのような兵士に委ねる」ことを認めなかった。またジョワンヴィルの記録によると、一二五一年にフランス王ルイ九世の率いる十字軍がシリアにいたとき、王の友人で「頭脳明晰」と言われたウー伯が小さな投射兵器（これは「聖書」と名付けられた）を作ってみせた。彼は食卓を標的にして、食事の合間に皿やグラスを割って遊んだという。

このように、取るに足りない「技術」が重要性を増すにしたがって、これらの知識は貴族たちにも認められるようになっていった。とはいえこうした現象は真の騎士道精神を貶め、堕落させるとみなす人間もいた。吟遊詩《トルバドゥー》人《ル》のギオ・ド・プロヴァンは、フリードリヒ一世の宮廷の一員で第三回十字軍にも参加したが、一二〇六年ごろ、当節の君主たちは質が下がったと嘆き、そのかわり「そのうち弩兵に坑道掘削兵、石工に技師どもの方がより価値があり高貴なものになるだろう」と歌っている[13]。

十三世紀に入ると、攻城兵器とくに投射兵器の技術が普及したことで、軍事技術者の名前が言及されることは

＊エッツェリーノがトレヴィーゾ侯を父親から継承したのは一二二三年。当初はロンバルディア同盟側であったが、その後皇帝派に転じた。後世の創作も含め、当時のイタリアにおける伝説的な暴君とみなされている。Ⅰ章六七頁、Ⅲ章二六七頁の訳註も参照。

珍しくなくなる。とはいえ技師の名が記されない場合もいまだ少なくない。たとえばアルビジョワ十字軍について歌った『叙事詩《カンツォーネ》』によると、一二一六年のボーケール包囲戦では、送り込んだ破城槌を城の守備隊によって阻止されてしまったため、別の城攻めの技術を持った技師が戦場に到着するのを待たねばならなかった。その技師は到着するや否や、破城槌以外の方法で城壁に突破口を開くため、密かに狭い岩場を潜り抜けて城へ忍び寄った。こうした記述をみると、包囲戦術の専門家は必要不可欠とみなされていたが、その数はまだ少なかったようだ。この技師は名前も伝わっていないが、その後すぐ「豪胆かつ果断で、有能な技師」という名声を得たという。人々にはまだ、未知の技術が活躍し、それが時機を得て並外れた手柄を立てるという状況に対する抵抗感が残っていたが、そうした技術が難攻不落の都市を攻略し、危機に陥った城郭を守り抜くのだ、ということは理解されていたのだ。

一二三八年、皇帝フリードリヒ二世がブレシャを包囲していたとき、エッツェリーノ・ダ・ロマーノはブレシャ人が捕えていた「平衡錘式投石機《トラブッコ》や可動平衡錘式投石機《ブリッコラ》の専門家で、カルマンドリーノという名のスペイン人捕虜を」呼び寄せた。だが彼はブレシャ側に降《くだ》り、守備隊の中ですぐに大きな存在感を示し始めた。たとえば皇帝側がブレシャの城壁に攻城塔を押し立ててきたとき、この機械にブレシャ側の人質を縛り付けた。だがカルマンドリーノは自作の投射兵器で石弾を撃ち込み、人質を誰一人傷つけることなく攻城塔を破壊して、その優れた才能をみせつけた。当然ながら都市への攻撃は失敗し、皇帝はブレシャ攻略を諦めねばならなかった。イタリア半島でスペイン人が活動するのは稀であったのに対して、すでに見たように、スペインでは古くから多数のイタリア人が活動していた。アラゴンのハイメ一世が、一二五四年にブリアナ市を包囲したときは、「アルベングェナ（アルベンガ）出身の親方でその名はニコローゾ」という人物が従軍していた。彼はすでに一二二九年のマヨルカ包囲の際に、王の依頼で平衡錘式投石機《トラブッコ》を製作している。サレルノの君主ギゾルフォに対する技師シケルマンノの態度を思い起こさせる親密な調子で、ニコローゾはハイメに言った、「陛下、もしこの町を獲りたいというのなら心配は要りませんぞ。お望みなら一五日で占領してみせましょう」。王はそのためには何が必要かと尋ねた。すると彼は、「木の城《カステル・デ・フスタ》」〔攻城塔〕を建設するための十分な木材を頂きたい、そうすればただちに城内に突入し占領できるでしょう、と答えたのである。

しかしこの時代には、苦戦中の包囲側も、防衛戦を指揮して欲しい包囲された都市も、遠い異国から外国人の専門家を招請して、能力を振るってもらう必要はなくなっていた。包囲戦に関する技術が一般に広まったため、どこの都市住民からでも、軍の兵士からでも、適当な人間を見つけることができるようになったのだ。たとえば一二三四年にフリードリヒ二世がヴィテルボを包囲したとき、皇帝側の技師が様々な技術を繰り出したのに対し、都市側も同様の技術的な対抗手段を展開し、勝利している。また一二五六年、エッツェリーノ・ダ・ロマーノを鎮定する十字軍〔Ⅲ章二六七頁訳注参照〕がパドヴァを包囲したときも、似たような状況が見られた。この戦いには、かつてエッツェリーノの「技師長」を務めたフランチェスコ会のある助修士が、「都市や城を攻略するための平衡錘式投石機《トラブッコ》や〈猫〉〔すなわち破城槌〕などの兵器」を製作する専門家として登場している。彼は上からの命令に従って、一台の「猫」を組み立て、短期間のうちにパドヴァを攻略した[14]。

十三世紀には、大勢の軍事技術者が様々な君主や都市に雇われたが、そうした技術者たちの名前は、おきまりのパターンに則った軍記物語のおかげで現在まで伝わっている。一二〇一年のノルマンディではウリックという親方が「巧みな手業でもって」ジョン欠地王に仕えたし、一二四九年にはフランス王ルイ九世の「技師長」ジョスリーン・ド・コルノーが、ダミエッタのサラセン人を攻撃するのに一八基の「兵器」を作製した。一二六九年の聖地での軍事遠征では、ポワティエのアルフォンスが、トゥルネイ貨で一日五ソルドの支払いを約束して、「兵器の親方アッソー」と一年間の契約を結んでいる。トゥールーズ市は有能な技師を抱えており、一二一六年にシモン・ド・モンフォール率いるアルビジョワ十字軍の脅威に晒されたとき、市のコンソリたちは命令ひとつで「平《ト》衡錘式投石機《ラブッコ》を製作するのに必要な人間ベルナルド・パレールとガルニエ親方、さらに投石機の発射用の綱を引

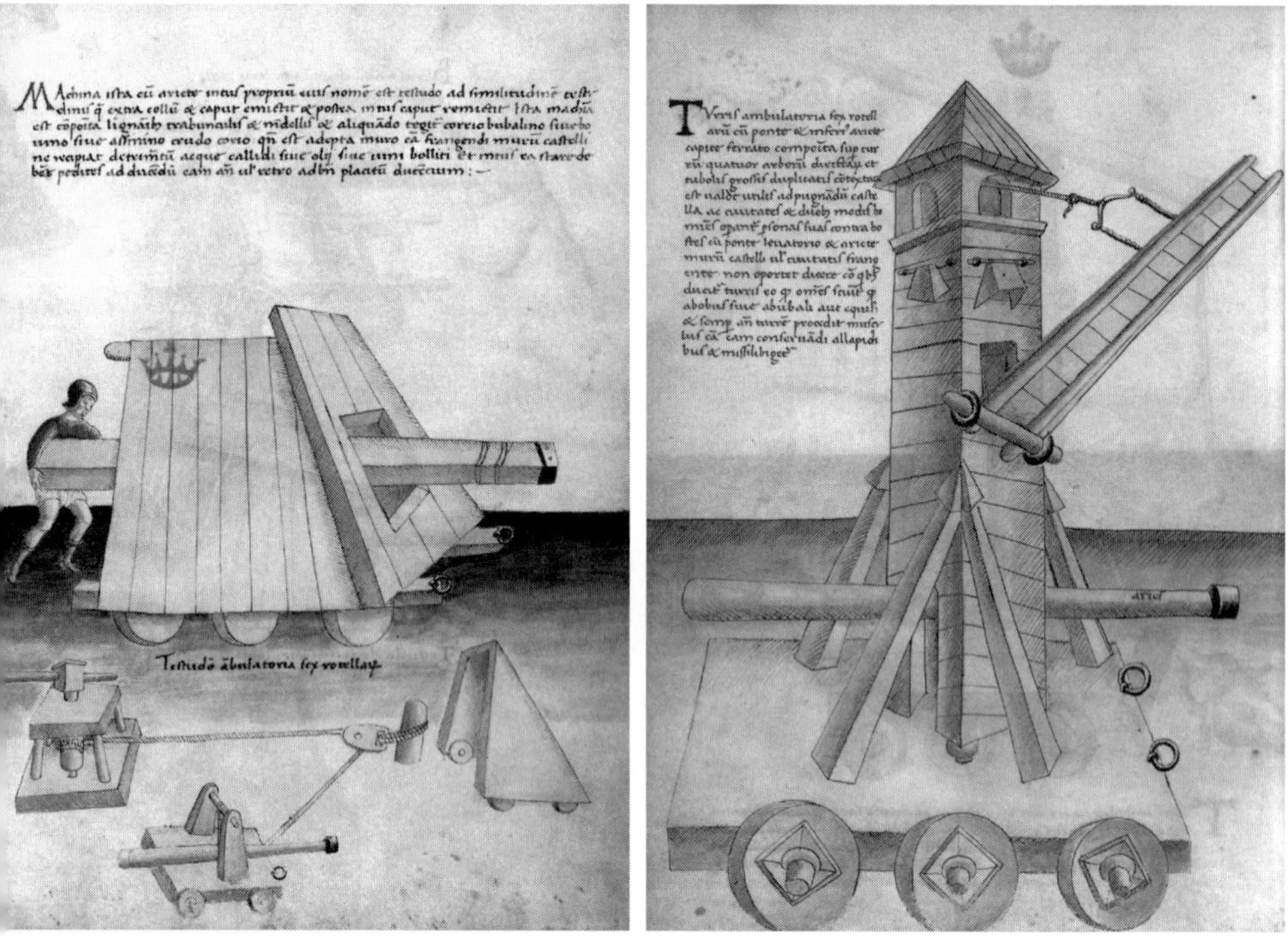

タッコラ『機械論』より「猫」（左）と「攻城塔」（右）
パリ写本（1453年頃）、パリ、国立図書館

っ張るための一二人の人間」をそろえることができた。

　イーモラのような小さな都市コムーネでさえ、一二二二年には「平衡式投石機《マンゴネル》やその他の投射兵器を作製し、配備するために」ブヴァレッロ親方を雇って兵器を配備していたほどだから、一二二七年四月にジェノヴァのポデスタが、アルビソーラを攻撃するための平衡錘式投石機《トラブッコ》を組み立てる「マリーノ親方」を指揮下に入れていたとしても驚くことではないだろう。一二三三年四月七日、ローマ市民オッドーネ・モンティチェッリは、月額一〇〇ソルドの約束で、フィレンツェと戦争する際には常にあらゆる種類の投射兵器を「製作し、修理し、管理する」という契約をシエナのコムーネと結んだ。ただしシエナ自体が包囲された場合を除き、オッドーネは包囲されている城に籠城するよう強制されることはない、とされた。この契約額や条件からして、「技師長」の役割はこの時代でもなお、非常に価値が高かったことが分かる。

　これよりさらに高い評価を受けた技師もいる。

セガティーノ・ダ・バッサーノは、一三一八年二月七日トレヴィーゾのコムーネに雇われたこと以外、一切史料が残っていない人物であるが、同時代人からは「必要性と才能において、五〇人の武装した騎士よりもはるかに完璧で有用な人間」という名声を得ていた。さらに有名な同業者の一人に、シエナ人のマリアーノ・ディ・ヤーコポ通称タッコラがいる。彼は一四四九年に書き上げた『機械論』の冒頭で、何の気後れもみせず「セル・マリアーノ・タッコラ、当代のアルキメデスと呼ばれる者」と名乗った。同じ本の中で彼は白々しく、ここで解説された「細工、機械、そして道具類は」キリスト教徒に対して用いるためのものではなく、「異教徒や野蛮人たち」に使うものだと宣言している。

軍事技術者にはこの職業に特有の苦労が色々あったが、そのひとつに、砲弾を装塡する部分に立っていたせいで、空中に放り出されてしまうという不慮の事故があった。たとえば一二三二年、マントヴァ軍に包囲されたノガローレ城の防衛に参加したあるヴェローナ人「親方」に起こった不運が伝わっている。彼は自分が作った「大天秤*」を操作していたとき、誤って自らが空中に放り出されたが、奇跡的にも綺麗な弾道を描いて敵陣のど真中に無事着地した。この事故は大事に至らなかったが、いったい何人の技術者が投射兵器を操作していて機械に引っ掛かけられ、予期せぬ犠牲者になったかは誰にも分からない。十四世紀初頭に、自分が持つ戦争や兵器の知識を傾けて十字軍遠征を計画したマリン・サヌード・トルセッロ**は、投射兵器はできる限りたくさん用意しなくてはならないと主張し、そのためには「頭脳が研ぎ澄まされた」技師や専門家が欠かせないと述べた。つまり完璧な兵器を作るためには材料だけでなく「質の高い技術者」も可能な限り配属せねばならないのだ、と。『軍事論』の著者アントニオ・コルナッザーノも、一四七六年に「そこで私はすべての君主に推奨する。／よき職人は手放

*平衡錘式投石機（トラブッコ）のことか。
**ヴェネツィア貴族（一二七〇頃—一三四三頃）。十五世紀末から詳細な日記を残したことで知られるマリン・サヌードの祖先。

すなかれ、／よき職人ならば彼に便宜と名誉を与えよ」と書いている。[15]

有名なヴィラール・ド・オヌクールの『画帖』には、兵器だけでなく様々な中世の「工学知識」が記載されているが、軍事用以外の知識は早々に、戦士や軍人の脳裏からは忘れ去られた。残念ながら「力への渇望こそ人間の進歩を推進してきた」ことは認めざるを得ないのである。攻城兵器を製作・操作するという特別な能力は、莫大な代価を払ってでも手に入れようとされた一方、それ以外の工学知識は、戦士だけでなく文化人にさえ軽視され低く見られていた。ウィトルウィウスの著書を読むと、彼がこの状況について不満を持っていたことがうかがえるし、レオナルド・ダ・ヴィンチも同様の不満を著作の中で何度も表明している。レオナルドの次の時代になっても、フランチェスコ・グィッチャルディーニはフランス軍の元帥ジャンジャコモ・トリヴルツィオに「戦争は、兵士の武器と指揮官の命令で行われる。そしてそれは戦場で戦われる。不器用な人間が紙に描いた素描や、灰の上に指や棒で描いた図によって行われるのではない」と述べていた。[16] 結局、近代になってかなり経つまで、一般的な工学技術が認知されることはなかったのである。

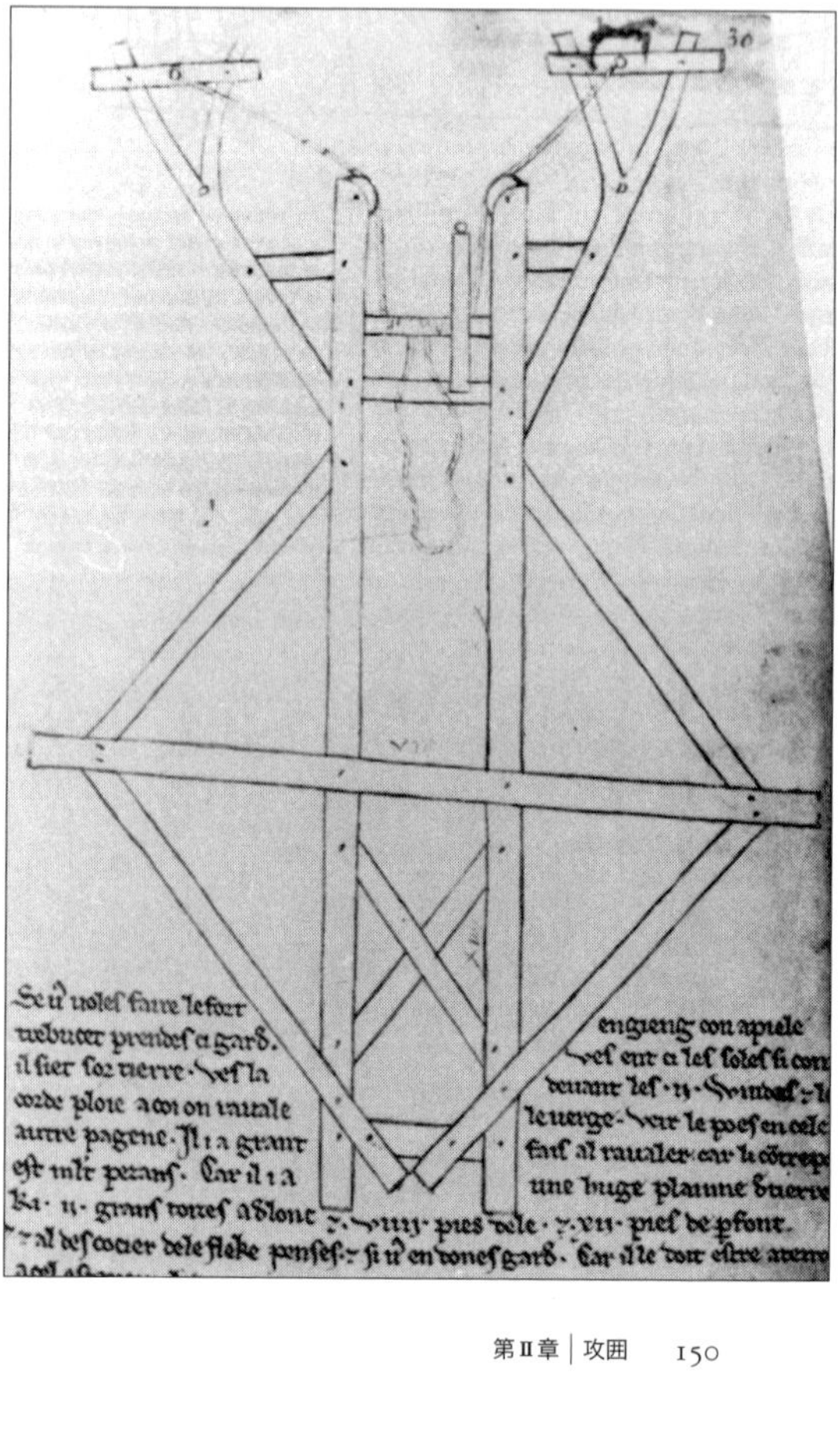

ヴィラール・ド・オヌクール『画帖』より
投石機の土台部分の図（183頁の復元図も参照）
1250年頃、パリ、国立図書館

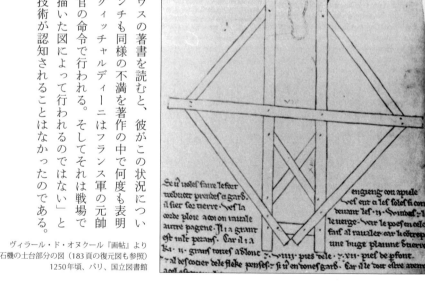

4 飢餓による勝利

一二八〇年ごろ、エジディオ・ロマーノは『君主の統治について』を著すにあたって、古代の学術書の中からウェゲティウスの『軍事論』を取り上げ、自分たちの時代にも価値があると考えられるか、現在にも応用できるとみなした部分だけを引用した。それによれば城郭を攻略する方法は三つある。すなわち渇き、空腹、そして戦闘である、と。「喉の渇き」が最初にくるのは不思議なことではない。実際、食べ物が不足していてもいくつかの手段を使って生き延びることはできるが、水なしで生き延びることは事実上不可能である。そんなわけで、城を包囲する側はなにはさておき籠城側の水を奪う方法を考えねばならなかった。とくに夏季に包囲戦を開始できれば最良である。夏は新たな収穫が得られる前であり、前年の蓄えが尽きかける時期であり、水を涸らすことも容易だからだ。

これは机上の空論でも、的外れな助言でもない。一〇五九年、ロベルト・イル・グイスカルドと彼の兄弟ルッジェーロはレッジョ・カラブリアをちょうど「穀物の収穫が始まろうとする時期」に包囲することに決めた。さらにその翌年、包囲されたトロイアの市民たちは「刈り取りの季節が来たこと、そして彼らが種を撒いたものをよそ者が刈り取ろうとしていることに気づいた。結局彼らの食料庫に蓄えられるべき食料は失われてしまった」。ボンコンパーニョ・ダ・シーニャによると、マインツ大司教クリスティアン一世は「食料が乏しくなる五月の終わりに」アンコーナ包囲を開始した[17]。

ところが、歴史上こうした劇的な状況で、防衛戦を戦い抜いた籠城軍の話は多い。彼らは飢えと渇きに苦しめられ傷つけられながらも、城の外部から救援がやってくると信じて英雄的に抵抗を続けたのである。この観点から、二世紀にフロンティヌスが書いた『戦略論』には、包囲され物資を使いつくした籠城軍が、それでもなお降伏を拒む場合に、敵に城内の物資が豊富であるようみせかける様々な方策が列挙されている。たとえばフロンティヌスは、あるトラキア人の軍隊が山上に包囲されたとき、彼らは最後に残った穀物を、手元にいた羊たちに食べさせてから、包囲している敵の手に渡るようにした、という逸話を紹介している。包囲側がその羊を殺すと体内からたくさんの穀物が見つかった。そこで当然彼らはトラキア人が家畜にまで食わせられるほどの十分な食料を持っていると考え、戦意を喪失して包囲網を解いてしまったのである。

後に、中世の有名な包囲戦では必ずこれと似たような物語が語られ、現実に起こった数々の包囲戦をおとぎ話風に脚色してしまうほど、このトラキア人の秘話は印象的な役割を果たした。そのひとつが「カルカス奥方」といわれる寓話とその派生形である。彼女の名前はカルカッソンヌ市に由来し、この都市がカール大帝によって五年にわたって包囲されたときの人物とされる。彼女は最後に残った穀物を一頭の雌豚に食べさせると、城壁の外にある敵陣へと投げ込んだ。すると豚の体は裂け、中から穀物が飛び散ったので、フランク人たちは意気消沈して封鎖を諦めてしまったという。アレッサンドリアの架空の住民ガリアウド・アウラーリも、これとほぼ同じストーリーの登場人物である。一一七五年、アレッサンドリアがフリードリヒ一世に包囲されたとき、他の逸話同様、ガリアウドも最後に残った穀物を一頭の雌牛に腹一杯になるまで食わせて敵陣へと投げ込んだ。「すると皇帝バルバロッサは、アレッサンドリア市が現実には食料が尽きているにもかかわらず、食べ物に満ち満ちていると信じ込まされてしまった。そして皇帝は包囲を解くように命じたのだった」。この武勲譚をとりわけ有名にしたのは、間違いなくアントニオ・コルナッザーノの書いた『軍事論』である。「城内に残った小麦はわずかであったが／これを馬、羊、牛に食わせ、／これらを敵の手に委ねるよう企てた。／敵が家畜たちを殺したとき／その胃が食べ物で一杯であるのを見て／絶望を感じ、さらに、／彼らは虚しくなって包囲を解いた」。(18)

フロンティヌスと同じモチーフの武勲譚は、その後もあらゆる場所で何度も見られたが、これは同時に、敵を飢えさせるという初歩的な戦術が、包囲戦においていかに頻繁に用いられたかという証である。事実、中世のかなりの期間、古代の攻城兵器の技術は西欧では知られていなかったし、他に採れる戦術もなかったから、攻撃側の採る作戦はたいてい、守備兵を飢えさせ降伏へと追い込むという初歩的で動きのない封鎖戦術であった。すでに述べたとおり、ビザンツ＝ゴート戦争では、要塞化された拠点の取り合いが主な戦闘の形となっていたが、無数の守備隊が飢餓によって屈服させられたという点では、ゴート人もビザンツ人も同じだった。この戦術がいかに優れていたかは疑いようもないだろう。五三八年、ウィティギス王率いるゴート軍はリーミニを攻撃したが、当初の力攻めは効果がなかった。プロコピオスの証言によれば「そこで王は攻撃を控えて、敵が空腹に負けるのを待つことにした」。その一年後、ベリサリウス将軍がオルヴィエートを包囲したとき、ゴート人たちは最後の食料までも食べつくしてしまい、降伏する直前には「長らく、水でふやかした動物の皮革で飢えをしのぐ」状態だったという。その後オシモやフィエーゾレの守備隊も同様の苦痛を味わうことになる。たとえばオシモ守備隊は長期にわたって木の葉で飢えをしのいだという。また五四〇年にはラヴェンナが飢餓によって攻略された。

その二年後、トーティラ王に率いられたゴート軍は領土奪回に乗り出し、ナポリを包囲して降伏に追い込んだ。「なぜならナポリ人を激しい飢えが苦しめたからである」。ミラノ市民たちも同様だった。それは「飢餓が彼らを苦しめ、打ち負かしたからだった。この飢餓は、それまで人間が決して口にしなかった、犬やネズミやその他の動物まで食べねばならないほどであった」。五四六年、今度はピアチェンツァが苦しむ番だった。そこにいたビザンツ軍は「食料を完全に奪われてしまったので、飢えをしのぐのに腐った食べ物まで口にせねばならなかった」。実際、降伏する直前には、このままでは仲間の肉を食わねばならないと考えるほどであったという。さらに一年後、ロッサーノ・カラブロの守備隊が降伏に追い込まれたが、それは「日々の糧はすべて奪われ、救援の希望も断たれた」からであった。その直後に同様の出来事がレッジョ・カラブリアでも起こっている。

当然ながら、飢えとともに「渇き」も非常に重視された。戦意も戦備も十分な守備隊でさえ、水が欠乏すれば降伏せざるを得ない。水道設備を持つ都市を封鎖しようとする側にとって一番に気を付けることは、水の供給を遮断することだった。五三六年、ナポリを包囲したベリサリウスは「この都市に水を運び込んでいる水道管を断ち切った」が、さほどの不便をもたらさなかった。というのも城壁の内側には無数の井戸があったからである。同様にゴート人はローマを包囲したとき「町に水が運び込まれないよう、一四本にものぼる水道管を断ち切った」。城壁の外部にある水源に依存する都市の場合、事態は最悪といえた。オシモ市はそうした例である。ベリサリウスは、水源を守る頑丈な古代の施設を破壊しようと努めたが果たせず、結局「兵士たちに、動物の死骸と有害な毒草を水源に投げ込むよう命じ、また絶えず生石灰を投入するよう命じた」。またウルビーノに立て籠もったゴート人は「都市の堅固さと食料の豊富さに信を置いていたので」、最初城壁の上から攻撃側を嘲笑った。しかしその後詳細は語られていないものの、都市の外にあった水源が「短期間で枯れてしまい、それ以上水を吹き出さなくなった。水源が枯れてから三日のうちに、その水源に依存していた蛮族たちは泥水をすする有様となり、結局降伏することに決めた」。

ビザンツ=ゴート戦争では、その後の数百年間で起こったのと同じくらい劇的な事件が、あらゆる場所で数え切れないほど繰り返された。その結果、包囲戦で攻撃側に役立つとして、水源に関する情報はどこでも注目されるようになったし、飢餓によって降伏を強いるやり方は、消極的な封鎖作戦を採る場合に限らず、長らく有効な手段となった。十一世紀後半に南イタリアで多数起こった、ノルマン人による城塞都市への攻撃でも同様だった。ここではモンテ・カッシーノの修道士アマートの記述をみてみよう。一〇六〇年、プーリア地方のトロイア市民は、ロベルト・イル・グイスカルドに対して今後ずっと金とギリシャ産の馬を貢納すると約束したが、ロベルトはそれに満足していなかった。彼はトロイア市を見下ろす場所に城を築き、市民に完全な服従を強いた。市民は投石と弓矢で反抗したが、ロベルトは動じなかった。彼は「市民を城壁の内に閉じ込め、また外部から百姓が食べ物を持ち込んだり、手助けしたりできなくした。たちまちパンは不足し、町から火も消えた。というのは薪も欠乏したからである。当然ワインどころか水すらなくなった」。こうしてトロイア市は勝者であるロベルトの要望をすべて受け入れ、講和を結ばされたのであった。その二年後、カプア領主であるリッカルドは、市民に堅固な防備を備えた城門と塔の建設を指示したが、拒絶されたので都市を包囲した。「カプア市民は飢えに苦しめられながらも」勇敢に防戦し、破壊された城壁を修繕し続けたが、「人が生きるのに必要な品々が市内に運び込まれない状況が続き」、外部からの救援の可能性もなくなってしまったため、一〇六二年五月に降伏した。

同様の経緯は、一〇七三年にロベルト・イル・グイスカルドがトラーニを五〇日間包囲したときも見られたし、一〇七六年にはサンタ・セヴェリーナ、カストロヴィッラーニ、サレルノも同じように食料の不足によって降伏した。このうちサレルノは、同時代の年代記によれば七か月にわたって海と陸から封鎖され、市内にいた動物はネズミに至るまで食料にするほどの飢餓に苦しめられた。一〇七三年、「水の欠乏」によってカンネー市がリッカルドに降伏したとき、市内の貯水槽はすべて空になっていたという。水に乏しいプーリア地方のような地域だけでなく、他の地方でも水の欠乏による降伏は起こった。一〇六四年、スペインのバルバストロ市はノルマン人に包囲され陥落したが、それは「古代人が築いた」城壁を形成していた巨大な石材が、偶然、市内に水を導いていた地下水道を塞いでしまったからだった。市民たちは渇きで死ぬことを恐れて講和を結んだが、勝者であるノルマン人は約束を守らず、結果として多くの市民が虐殺され、大規模な略奪にさらされた。ノルマンディのモン・サン・ミッシェルも、一〇九一年にイングランド王ウィリアム二世とノルマンディ公ロベール二世に包囲されたが、「大規模な水の不足」により一五日で降伏した。[19]

一〇九六年九月、ニケーア近郊のクセリゴルドン城で十字軍が包囲されたときも、同様の過酷な光景が出現した。トルコ軍はまず水を奪い、著者不詳のある記録によれば「我らは渇きに苦しみ、馬やロバを殺して血管を開き、血さえ飲んだ。ある者は便所に布を浸し、それを絞って出てきた液体を口に入れた。またある者は戦友の手に小便をしてそれを飲んだ。別の者は湿った地面を掘り、そこに横たわって胸の上に湿った土を塗りたくったが、それほどの喉の渇きだった」のである。同じような苦痛に満ちた状況はたびたび繰り返された。『フリードリヒ王遠征史』によると、一世紀後にドイツ人が結成した十字軍は渇きに苦しめられたが、それはおよそ現実とは思えないこの出来事を大っぴらに語って人を怯えさせてよいものか、と著者が自問したほどだった。一〇九八年にアンティオキアに閉じ込められた十字軍は、水の代わりに食料を見つけることに汲々としなければならなかった。彼らは馬やロバの肉を食べ、それがなくなるとイチジク、ブドウ、チョウセンアザミ、その他あらゆる草の葉を食べた。さらに彼らは乾燥しきった馬、ラクダ、牛、水牛の皮に残った肉までかき集めた。

一世紀後の北イタリアでは、ホーエンシュタウフェン朝との戦争初期（城攻めの手段が飛躍的に進歩した時代でもある）に、繰り返しそうした状況が出現した。一一五五年、フリードリヒ一世に包囲されたトルトーナは、大勢の住民が町の高台にある水源に依存していたために短期間で陥落した。当然のことだが包囲側はすぐに水源の水を飲めなくしようとして死体や腐敗物を投げ込み、さらに硫黄や松やにを染み込ませた松明も水源に放り込んだ。フライジングのオットーの言葉によれば、三か月目に市民は降伏することになった。それは皇帝軍の絶え間ない攻撃によってというより、喉の渇きによって打ち負かされたからだった。一一六一年にはカスティリオーネの守備隊がミラノ軍によって厳重に封鎖され、「城外から水を手に入れることができなかった」。とはいえ彼らは希望を失わなかった。というのも、友軍が城を救出するために包囲網突破作戦を行うことを知ったからである[20]。

一一七三年、アンコーナは陸側をマインツ司教クリスティアン一世の軍に、そして海側をヴェネツィア艦隊に封鎖された。ここに居合わせたボンコンパーニョ・ダ・シーニャは有名な報告を残しており、彼のおかげで、アンコーナで実際に何が起こったかが分かる。アンコーナ市民はたちまち食料の不足に見舞われ、市内の農産物価格はそれにつれて高騰していった。そして「飢餓による流行り病が広まり始め、飢えた人間がどれだけの金を積もうとも、売るだけの食べ物を持っている人間は一人も見つからなかったと言われるほどの有様であった」。そ

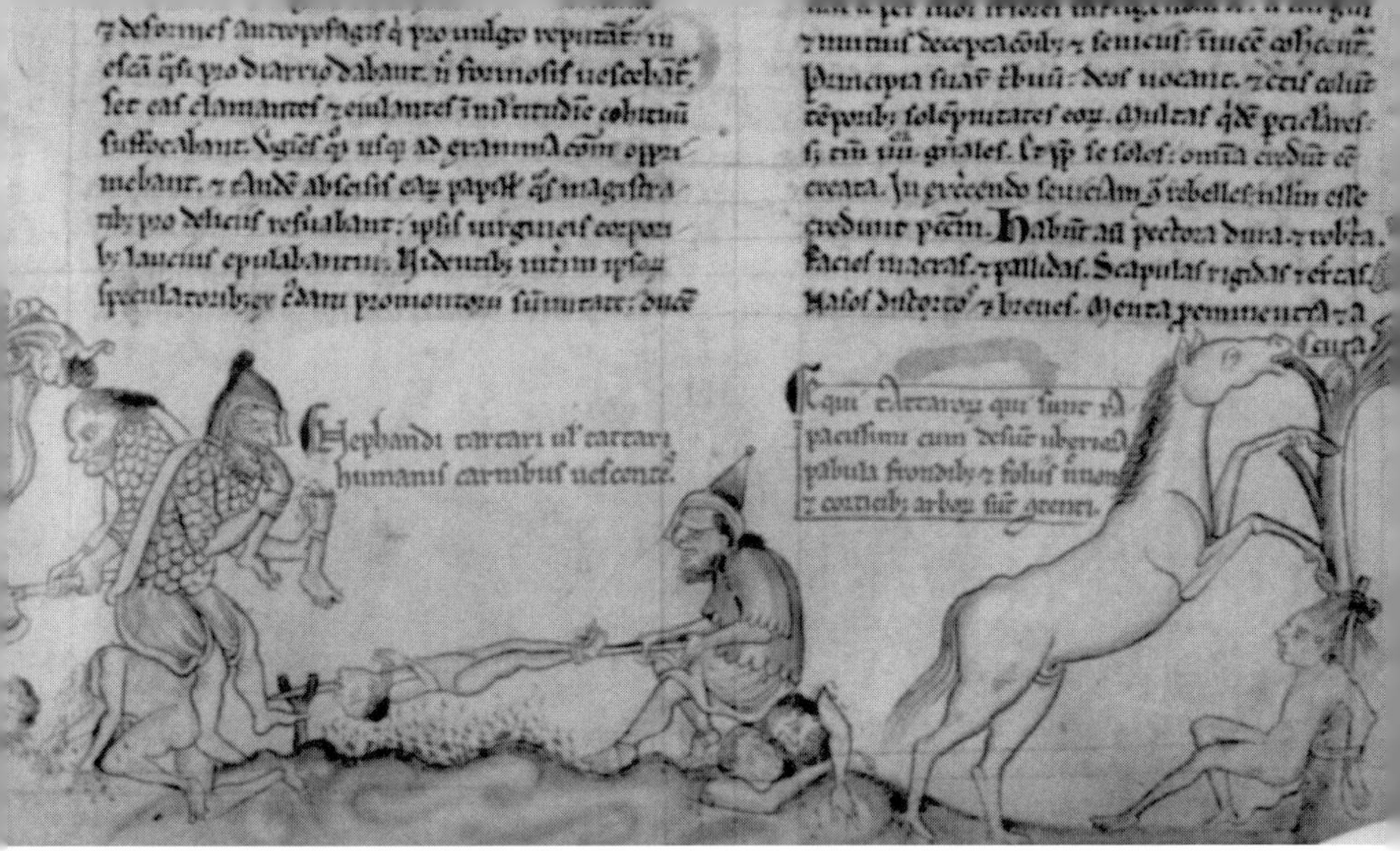

食人の光景
マシュー・パリス『大年代記』
13世紀半ば、ケンブリッジ、コーパス・クリスティ・カレッジ図書館

れでも市民は、男も女も勇敢に防戦を続けた。大勢が最後まで英雄的に振る舞い、年長の者は若者たちに抵抗を呼び掛けた。

パンも豆類も底をつくと、まず市内にいる動物がネズミに至るまで食べられた。次に様々な手を尽くして皮革類を調理して食べた。そのときは塩、油、ワインの類はまだ余裕があったので、これらは「水底にいるところを岩で叩いて採った」魚介類とともに、市民の体力・気力を奮い立たせた。とはいえ、市民はみな栄養失調で青白い顔をしており、人々は「戦いに赴くのでなければ動くのもやっと」という状態だった。ここに至って、女性たちは戦士たちに食べ物を与えるため、ためらうことなく次のように提案したという。「ロバの肉は私たちよりもしょっぱいかしら？　では私たちを食べなさい！」。これはボンコンパーニョが表現力を尽くして残した訓話の一種であって、文字どおりにこんなことが行われたと受け取ってはならないだろう。なんであれ、アンコーナ市民が払った恐るべき犠牲は無駄にならなかった。アンコーナ救援のために軍が編成され、敵は包囲陣を解かざるを得ず、英雄的な都市は救われたのである。

しかしほとんどの場合、アンコーナのようなことは起こらなかった。たとえば一二一二年六月から七月にかけて、アルビジョワ十字軍に包囲されたペンネ・ダジェネーでは、強力な投射兵器で攻撃されたにもかかわらず「籠城側がたらふく食べ、飲んでいる間は、包囲側は城を取ることも、城内に突入することもまったくできなかった」。しかし「籠城側は激しい暑さに耐えられなかった。井戸は干上がり、喉の渇きによって守備兵は病気になった」ため、降伏に追い込まれたのだった。逆に、一二一六年八月には十字軍側がボーケール城で包囲されたが、二か月の抗戦の後、守備隊はある塔に「テーブルかけと空っぽの瓶をぶら下げた。これによって食料が欠乏し、パンもワインもすべて食べつくしたことを知らせようとした」。そんなことがあっても抵抗は続いたが、騎士たちは軍議の場で、猜疑や不信の言葉を繰り返した。［騎士たちの一人である］ジェローム・ド・ラ・モットは「食料庫も戸棚も空っぽとなった。我らは一スタイオほどの小麦も持っておらぬ。軍馬は木をかじり、植物の皮を食べ始めるほど飢えている」と述べた。

さらにジェロームは話し続ける。「飢えは耐えがたく、これを解決する手段を私はただひとつしか知らぬ。つまり我らの軍馬と荷駄馬を食べることである。というのも昨日の夕食に食べたラバの肉は美味であったからだ。一頭の馬がいれば五〇人の兵を四日食わすことが出来る。もし最後の一頭まで食べつくしたら……次は戦友を互いに食い合おうではないか！　防戦で活躍していない者、恐怖から持ち場を離れた者から食うことにすれば、これは正当で合理的であろう」。さらに彼は不気味に語り続ける。「私は人間の肉がうまいと思ったことはない。しかし事ここに至ってはアラブ産の駿馬も食わねばならぬ。貯蔵庫には一かけらのパンとわずかなワインしか残っていないのだ」。騎士たちは死ぬまで、この提案について紛糾した議論を続けたのだった。

イングランド軍に一三四六年八月から丸々一年間も包囲されたカレーでは、徐々に食料や水の補給が断たれていき、他の町と同様の悲劇を経験することとなった。一三四七年六月には、ジャン・ド・ヴィエンヌがフランス王に対し、籠城側はすでに犬や猫、馬を食べつくしており、市内には食料はなく、人の肉を食べる以外に食料を得る手段はない、と訴えている。そのうえで、今すぐ救援が来なければ敵に町を明け渡すしかないが、その前に最後の決戦に訴える、なぜなら「死ぬにしろ生きるにしろ、お互いの肉を食い合うよりは戦場で倒れる方が名誉だから」と彼は述べている。

一四四九年、フランチェスコ・スフォルツァに封鎖されたため、ミラノ市民は祖先がビザンツ＝ゴート戦争で味わったのと同じ苦しみを味わった。「彼らは耐えることができないほどの激しい飢餓に苦しめられた。いつの時代もそうだが、ミラノに住む市民の大半は貧民であり、飢えをしのぐのに馬やロバだけでなく、犬猫やネズミ、その他人間なら当然食べるのを嫌悪するようなものも食べた。こういったものは、市民広場でまるで上等な人間用の食料であるかのように売られていた。人々は味付けもなしに草や根っこを食べてすごしており、そのせいで諍いや騒乱がたびたび起こった。裕福でないものはワインを飲むこともできず、窮乏ゆえに老人や病人は道端で死んでいった。こうしてすべてが涙、怒号、うめき声、悲嘆に満たされていた」[21]。

籠城側にこうした前代未聞の犠牲を耐えさせ抗

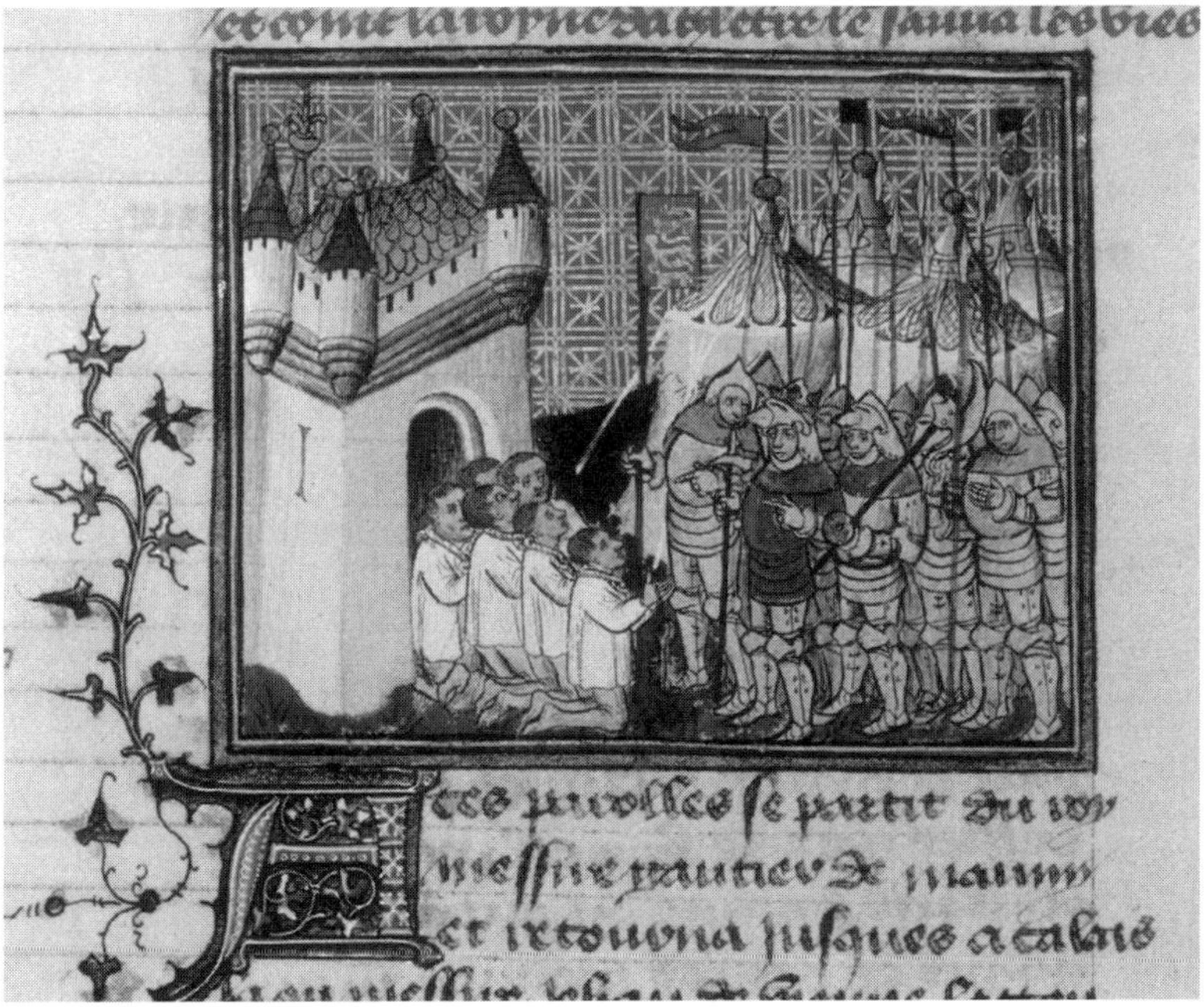

都市を明け渡すカレー市民
ジャン・フロワサール『年代記』、15世紀の写本、パリ、国立図書館

戦を続けさせたものは、希望である。その希望がいつも叶えられたわけではないが、外部から救援軍が来着し、包囲網が破られないまでも、少なくとも食料が補給され、生気に満ちた補充兵が守備隊を増強してくれることを籠城側は願った。こうした救援作戦はたいてい夜に行われた。たとえば一〇九〇年ノルマンディにあったエム城は、冬季に厳重な封鎖を受けていたが、九〇騎の豪胆な騎兵によって救援が企てられた。彼らは夜陰に紛れて城に入り、食料と武器を補充したので、包囲側は封鎖を諦めざるを得なかった。一二二八年、ボローニャ軍に包囲されたバッツァーノ城も同じようなやり方で救援された。モデナ軍はサモッジャ川の河岸に集結し、その三日後に選抜された歩兵部隊が夜襲を仕掛け、敵を直接攻撃せず包囲網を押し通って、荷車一杯のパンとワイン、松やにと硫黄、弩の矢を運び込んだ。

ウェゲティウスや後のエジディオ・ロマーノが読者に想起させた勝利の方程式では、飢餓は剣より強しとされたが、それは「非戦闘員」の存在が籠城の重荷になると見積もられていたからである。より分かりやすく、無慈悲に表現するなら彼らは「無駄飯喰らい」であった。城郭や防衛拠点に包囲された人間の観点から見れば、非戦闘員は抗戦にいかなる貢献をするわけでもないのに、食料を消費してしまう。ようするに非戦闘員は居るだけで敵に利する存在であった。ゴート人の軍勢がローマ市を包囲したとき、ベリサリウス将軍は将来きっと問題を起こすと予想して、封鎖が完了するより先に、女性や子供や奴隷といった城壁を守るのに不必要な人間を「籠城用の食料を節約するため」ナポリに退去させるよう命じた。しかしながら賢明な処置をとっても食料の不足は避けられないことであった。一一五五年にトルトーナが陥落したときも、過剰な住民が原因となった。その大部分は非戦闘員であり、それがあまりに狭い場所に閉じ込められたのだった。一二九二年、マギナルド・ディ・スシナーナがラモーネ渓谷のサン・カッシアーノ城を包囲したときも、小規模ながら似たようなことが起こった。城の広間が二〇〇人の「男女と子供」で一杯になり、あっという間に飲み水がなくなってしまったのだった。

エジディオ・ロマーノの助言にあるように、城を素早く手に入れたいと考える包囲側の人間は、もし籠城側の人間を捕らえたとしても、彼らを殺そうとは思わず、彼らを不具にして使い物にならなくしたうえで城内に送り返し、彼らが城内に留まるようにする。そうすれば城の守りに何の貢献もできず、食料の消費を早めるだけだからである。これは単なる理論上の提案ではなかった。ジョヴァンニ・ヴィッラーニの語るところでは、一三〇五年フィレンツェとルッカの軍がピストイアを包囲したとき、「城外に出ようとする者は誰であろうと捕らえられ、ランド・ダゴッビオという貴族が男なら足を、女なら鼻を切り落として都市へ送り返した。ランドは誰もが認める冷酷非道な男で、それゆえフィレンツェ人は彼にロンギヌス〔キリストを槍で刺したローマの百人隊長の名〕という綽名を送った」。[22]

こうした「兵站の観点にたった戦術」では、包囲側にとって「無駄飯喰らい」は真の意味で武器となった。そこで籠城側は何とかして彼らを城の外へ逃がそうとする。アントニオ・コルナッザーノも一四七六年の著作で次のように述べている。「食料の蓄えが十分ではなく／無用な人間を養えないときは／私は彼らを追い払えと助言する。つまり／女、幼児、老人、盲人、狂人たちを。／これは真っ先にやるべきだ／なぜなら後になればこの滞在者たちは防衛を台無しにするから」。これほど無慈悲ではないが、同時期の軍人ディオメデ・カラファも次のように述べている。もし籠城軍が「役立たず」を追放しようとすれば、「そうした者たちは、できればやめて欲しいと思うだろう。しかし追放を行うと決めたら」喜んでそれに従い、遠くへと去っていくだろう。そして「我が天なる主と罪なき者が敬われ、尊重されるはずであるから」追放された者たちに災いは起こらないだろう、と。

一二〇三年、フランス王フィリップ・オーギュストは難攻不落の複郭構造を持つガイヤール城を兵糧攻めすると決めたとき、抜け目なく冷酷に「無駄飯喰らい」を武器として使った。ガイヤール城には周辺地域の住人も多く避難しており、守備隊の指揮官はすでに状況が困難になったと考えて、武器を持つことができない人間は追放すると決めた。逆にフィリップは、籠城側が長く抵抗できないように、追放された人間を城内に送り返し、城外に出ていくことを許さなかった。こうして四〇〇人以上の男女や子供が双方から追い立てられ、ガイヤール城と包囲陣の中間地帯に閉じ込められてしまった。彼らは洞窟に暮らし草を食み、時々通りかかる動物を食べたが、多くが飢え死にした。同様の恐怖に満ちた「オデュッセイア」的放浪譚は、一四九五年にフランス王シャルル八世が占領し、その後ルドヴィーコ・スフォルツァによって包囲されたノヴァーラでも起こった。そこでは食料が不足し始めたとみるや、包囲されていたオルレアン公は、なかば習慣的に「貧者と役立たず」を都市から追放した。

近代に入っても、同じような手段が頻繁にとられたようだ。一五五五年、スペイン軍に包囲されたシエナでは四五〇〇人以上の「無駄飯喰らい」を追放する必要に迫られた。そこで「この不運な人々は敵の陣営を通過しようと試みたが、都市の方へと追い返された。敵軍はみな追放者を追い返すために昼夜を問わず武器を取って配置についた。そうして追放者たちは城壁の辺りに追いやられた。というのも我々が彼らを再び市内に招き入れれば、残り少ないパンをより多く消費することになるだろうし、彼らが都市に歯向かおうとするかもしれないからだ」とシエナ防衛を任されていたブレーズ・ド・モンリュックは書き残している。ここでもまた籠城の役に立たない者たちは野草を食べて生きることを強いられ、この緩慢な虐殺を生き延びることができたのはたった四人に一人であった。モンリュックは次のように結論付けている。「敵の優位に立つためであれば残酷になる必要もある……これが戦争の掟だ。かくも悪に満ちた行いをした我々に神は大いなる憐れみを垂れてくださるに違いない……」。このようにモンリュックは、将来これを読む軍人たちに自分と同じように振る舞うことを勧めているが、その数行下では同じ筆の調子で、冷酷さは勝利を保証してはくれない、という忠告を残してもいる。

「無駄飯喰らい」への処置がこれほど残酷でない場合もあった。たとえば一二二八年バッツァーノ包囲下に取り残された子供たちは、城の救援にやってきたモデナ軍の歩兵隊によって「丁重に」避難させられたし、一三四七年にはカレーから一七〇〇人以上の男女や子供が追放されたが、イングランド王の騎士道精神に基づく決定により、包囲網を敷いたイングランド軍の間を、慈悲深いイングランド兵の助けを受けながら通過することができた。一四四九年ミラノ人は、フランチェスコ・スフォルツァが弄したイタリア的な二枚舌に翻弄された。* 「多くのミラノ人が、敵味方の指揮官同士の合意に従い、安全を保障された近郊の城に避難した。しかしフランチェスコ・スフォルツァは、避難民が町を出ても何の助けも与えないよう命じた。結局彼らは再び戦火に苦しむ町に戻らざるを得なかった」。そしてミラノの陥落が迫ったとき、フランチェスコは住民を救って度量の大きいところを見せて、新しい領主にふさわしい人物だと印象付けようとした。一四五〇年一月、フランチェスコは「飢えた五〇〇人のミラノ人に各々一ドゥカートを与え、ミラノに戻る許可を授けた」。ミラノをようやく手中に収めたフランチェスコは、町に入った瞬間、人を飢えに追いやる側から鷹揚な浪費家となった。「伯〔フランチェスコ〕が街中を行進すると、その行くところどこであれ無数の群衆であふれた。彼らは新しい君主を見ようとしているか、あるいは兵士たちに食料をねだるために集まったのだった。群衆は一〇マイルもの広さの野営地を一杯にしたが、兵士たちが彼らを満足させようと、各々に一財産ほどのパンを与えたので、野営地は幸福な気分で満たされた。それは見るに耐えない風景だった。群衆は兵士が首からぶら下げたり、肩に担いだり、腕に抱えたパンを浅ましくもぎ取り、それを餓鬼の如く貪り食った」[23]。このように、敵だった者が解放者として歓迎されるという光景は、別に異例でもなかったのだ。

*当時のミラノでは領主のヴィスコンティ家が断絶したため、共和制政府が樹立された。しかしヴィスコンティ家に仕えていたフランチェスコは共和制政府を包囲と兵糧攻めで倒し、ミラノ公となった。

5 兵器——有効性とその限界

攻城塔

ある城を「戦って」占領するには、投射兵器と城壁に強襲をかけるための兵器を用いることが欠かせないが、既に見たように、これらは遅くとも十一世紀の初めごろに、古代の技術を再生・復元したものであった。しかしこうした古代の技術は、十一世紀以降もその役割を完璧に果たし続けた。歴史家アンナ・コムネナの大げさな表現を借りれば、すでに一〇六八年の時点で、ロベルト・イル・グイスカルドは「誰よりも包囲戦において卓越した能力を振るっており、有名なデメトリオス・ポリオルケテス〔攻城者〕に勝る者」であった。一一〇七年十月、彼はドゥラッツォの前面で「攻城兵器、亀甲車、攻城塔、破城槌、そして兵器の操作員や掘削兵を守る防壁」を悠々と組み立てた。これらの兵器は、誰の目からみても都市を正確に攻撃できるものだったが、期待したとおりの戦果をあげることはなかった。一一一五年、ピサ人はマヨルカへの最終攻撃の際に四つの攻城塔を用い、それにふさわしい数の投射兵器と掘削兵部隊がこれを支援した。この一〇年後、ミラノ人はジェノヴァやピサ人の技術を対コモ戦争で利用した。そこでは新たに二組の攻城塔が準備され「一対の塔の間には、掩蔽を備えた一台の〈猫〉が配置され、もう一台の〈猫〉はもう一対の塔の間に置かれた」。これらの兵器は、防御側の四台の投射兵器が放つ、絶え間ない射撃を防ぎつつ城壁を攻撃し、その間塔の上に配置された射手たちは守備兵を絶えず撃ちまくり、彼らを降参させた。

こうした攻城塔と投射兵器そして地下坑道を組み合わせた共同作戦は、一一四七年のリスボン包囲でも実践された。ここではドイツ人とフラマン人が「豚」と呼ばれる掘削機械と破城槌、そして攻城塔をそれぞれ一台製作した。しかし当時の一般的な史料は、作戦の目的やその実行の様子について、はっきりとは語っていない。むしろ目を引くような攻城兵器の姿、とくに攻城塔の壮大さについての、華々しく力を込めた記述に偏りがちだった。一〇九八年十一月、第一回十字軍によるマッラの包囲に関しては、無名著者の年代記によって具体的な作戦の様子がうかがえる。このときサン・ジルのレーモンが「四つの車輪がついた高く堅固な木造の城」を建造し、その中には無数の騎士たちが乗り込み、さらに「そのラッパの力強い響きで知られる猟師エヴェラール」も一緒だった。甲冑に身を固めた騎士たちが城壁に近づいたとき、守備隊は飛び道具や可燃物を発射したが、攻城塔によって弾き返された。そして「誇り高き軍旗」が旗竿に翻る塔の最上階から、十字軍の兵士たちは「無数の石礫」を発射した。また鉤爪を投げて敵側に打ち込もうとした。作戦は夕方まで続き、その間「攻城塔の背後では聖別された衣を羽織った聖職者たちが神に人々を守護し、キリスト教を称揚させ、異教徒を打ち倒すように祈り、懇願していた」[24]。この一年後のエルサレム戦でも、これとほぼ同じ作戦が行われている。

ピエトラブォーナに籠城するフィレンツェ軍を攻撃する、ルッカ軍の攻城塔
G. セルカンビ『ルッカ年代記』、15世紀前半、ルッカ市文書館

十字軍による攻囲（車輪つきの攻城塔がみえる）
14世紀の写本、マドリード国立図書館

一一〇七年のドゥラッツォで、ボエモン・ダルタヴィッラ*は、兵士を城壁の上に送り込めるように跳ね橋を備えた、巨大な攻城塔を用いた。その前面は下部から頂上まで完璧に掩蔽されていて、内部は複数の階に分かれていた。側面には飛び道具を放つことができる矢狭間が複数備えられ、頂上の階には刺殺用の剣と甲冑を装備し、突撃の準備を整えた戦士たちが蝟集していた。それにもかかわらず、守備隊側はこの強力な攻城塔の接近を阻止し、最後には破壊することに成功した。同年、フランス王ルイ六世はグルネー城を降伏させるため、城壁に届くほどの高さがある、三層構造の攻城塔を築いた。各階には弓兵や弩兵の退避所があって、射手たちは遮蔽物に身を隠したまま攻城塔を守ることができた。だが攻城塔から城壁へ跳ね橋が下ろされたとき、罠が攻撃部隊を待ち受けていた。城壁の控え壁が傾斜しており、藁束の中に隠された鋭い杭の上へと、兵士たちを滑り落とすようになっていたのだ。しかし外部から救援がくる可能性は小さかったので、最終的に守備隊は城を譲り渡すことを選んだ。それはともかく、ここで使われた攻城塔には（バーリでロベルト・イル・グイスカルドが使用した物も同じだが）、車輪が取り付けられていなかったようである。

『マヨルカの書』の場合は、ピサ人がバレアレス諸島で築いた攻城塔を「高くそびえる攻城塔の群れは空に向かって雲より高く伸び、冷たい北風に抗っていた。偉大な工人ダイダロスの優れた技をもってしても、このようなものは作れないだろう」と美辞麗句で称えている。塔の側面は細枝を束ねた粗朶《そだ》と牛の皮で覆われており、さらに車輪の上に乗っていたので「ほとんど力をかけずとも」移動でき、「多くの目撃者はかくも巨大な物体をこれまで目で見たことがなかったので、塔が敵の城壁に向かって前進し始めたとき驚嘆した」。しかし「驚嘆すべき高さ」で言えば、別のジェノヴァ人が一一四七年のリスボン戦で築いた塔の方が有名だろう。同じ年にはモントルイユ・ベレ城で、ジャン・ド・マルモーティエとジョフロワ・ダンジューが、城の高さをしのぐほどの木造の塔を築いて包囲戦を行った。この塔は車輪によって城壁に接近し「その中には騎士と弓兵が満載され、後者は城の住民が街路を安全に移動することすらできなくした」[25]。

一一五九年、クレーマを包囲したクレモーナ軍も移動式の塔を用意した。オットーネ・モレーナによれば、それは「海のこちら側では、これと同じ物どころか似たような物すら、誰も見たことがないほどの大きさ」であった。この機械の異様な巨大さには、クレーマ人の側も驚嘆の念を起こさずにはいられなかった。また塔の傍には「誰も見たことがないほど」大きな平衡式投石機三台と、「驚くべき大きさの〈猫〉」二台が配置され、互いに援護しあいながら作戦を行えるようになっていた。ヴィンチェンツォ・ダ・プラーガの記述もまた賛嘆に満ちており、塔の基部は四つの車輪に支えられ、「驚くべき才知によって」精密に組み立てられた巨大な支柱が、基部の上に据え付けられていたという。さらにヴィンチェンツォは塔が鉄の薄板で覆われていたこと、塔が完璧に移動したこと、敵の城壁に渡るための巨大な跳ね橋がついていたことを褒めている。だが実際には塔の操縦はうまくいかず、

＊ロベルト・イル・グイスカルドの息子（一〇五八頃―一一一一）。第一回十字軍で活躍し、後にアンティオキア公となる。

この壮大な機械は悪戦苦闘の末、城壁に接近することとなった。その後はよそでも見てきたとおり、塔の頂部から放たれる弓や弩が城内の敵を制圧したので、城兵は短期間で降伏に追い込まれた。

これまで見てきたとおり、特に関心が寄せられているのは塔の高さである。十分に高くなければ敵の城壁を制圧できないのだから、製作者は何よりもまず、可能な限り正確に城壁の高さを測定しなければならなかった。そのためには様々な方法が存在していた。たとえば城壁から地面に落ちた影の長さを利用する、あるいは城壁が何段の石材を積み上げて作られているかを数える、など。さらに測量の知識と道具を備えた人々の中には、より複雑な三角測量を試みる者もいた。中世の最後の二世紀に入ると、すでに火薬を用いた新兵器・火砲が登場していたが、移動式の攻城塔は大きな改良が施されることもなく、伝統的な投射兵器とともに引き続き利用されていた。たとえば百年戦争中の一三八五年に行われたペッシュペルー包囲戦では、三層構造で、それぞれの階に二〇人の弩兵を収容した「四つの車輪を備えた装置」が使われた。その二年後、リバダヴィアを攻撃したイングランド軍は、ここでも車輪の上に乗った「装置」を用いたが、これは「内部に一〇〇人の弓兵と同数の武装兵を乗せたまま、兵士の一団を好きな所にたやすく運べた」。この装置に乗った兵士たちが守備側の兵士と飛び道具で交戦している間に、坑道掘削兵たちが城壁に突破口を開き、こうして町は陥落したのである。[26]

やがて、様々な機能を一台に兼ね備えた巨大な兵器も登場した。そしてその複雑な仕組みも、こうした兵器が強烈な印象を与える一因となった。一〇八一年、ロベルト・イル・グイスカルドがドゥラッツォ戦で用いた巨大な攻城塔は、その頂上に数台の投石機を据え付けており、そこから射撃可能だった。より複雑な兵器はボエモン・ダルタヴィッラによる第二次ドゥラッツォ包囲の際に用いられた。とてつもなく巨大な「亀甲車」がまず都市に向かって突進したが、これは外側が皮革で覆われており、内部に入った無数の人間が押すばかりでなく、その内部に破城槌も格納していた。これは都市の防壁にたどり着くとただちに車輪が取り外され、地面にしっかりと据え付けられた。これは破城槌の衝撃で屋根の皮覆いがはがれないようにするためだろう。こうして破城槌を一定

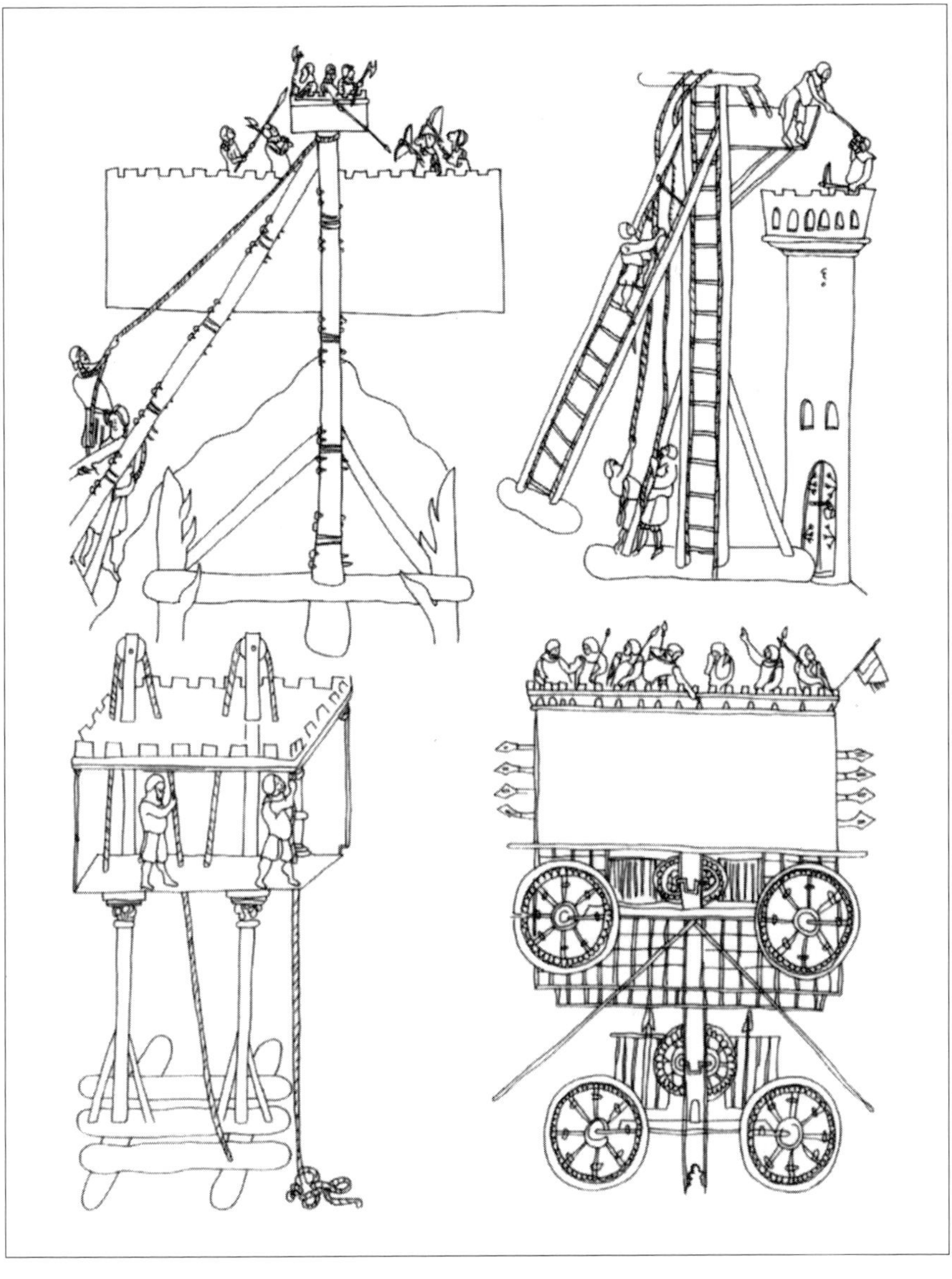

攻城塔とはしご
グイド・ダ・ヴィジェーヴァノ『戦争術の書』図版の模写
1335年、パリ、国立図書館

のリズムで打ちつけ、城壁を突き崩しにかかったのだが、結局大した成功を収めることはできなかった。この時代、様々な機能を統合した「怪物的」兵器が実際に現れたことは、当時の技術力の優秀性に加えて、そうした兵器が敵に対して心理的な威力を持っていた証でもある。たとえば一二一八年にシモン・ド・モンフォールの軍がトゥールーズの叛徒に対して用いた〈猫〉があげられよう。これは「かくも強力な兵器はソロモン王の時代以来製作されたことがないほど」で、「この機械は平衡錘式投石機《トラブッコ》の類や落石も恐れるに足りず、だった。というのも台車から側壁、梁材、屋根組、入り口、天井の覆い、壁の補強材から全体の骨組みまで、あらゆる部分が銑鉄と鋼鉄の部品でつなぎ合わされていたからである」。シモン曰く、「この〈猫〉の中には我が軍の最良の騎士四〇〇人と、完全に武装した一五〇〇人の弓兵が入り、我々はこれを都市の外濠まで押していった」。

一二四三年、ヴィテルボを包囲中に皇帝フリードリヒ二世は、海賊たちの発明とされる「海の星《マリステッラ》と呼ばれる、高くそびえる構造物」を築いた。実際、その細長い形状は船を連想させ、中に少なくとも三〇人の甲冑戦士を乗せて、その中で槍を振るったり弓を放ったりして戦うことができた。正面は鉄の薄板で覆われ、さらに都市を囲う防柵を抜開するため、しっかりと補強された金属製の衝角を持っていた。サリンベーネ・ダ・パルマによると、一二五六年のパドヴァ包囲戦では、エッツェリーノ・ダ・ロマーノの技師を務めていたフランチェスコ会助修士が瞬く間に〈猫〉を一台作り上げた。「これは立ちはだかる者に身を焼かれるような苦しみを与え、その内部には武装した兵士を納める」ものだった。

とはいえ、こうした兵器が常に現実的な効果をあげるわけではなかった。ギリシャ人年代記作者マケラスによると、一三七四年キプロス島のキリニア包囲戦のとき、ジェノヴァ人たちは「トロイア」と名付けられた木造の塔を戦場に投入した。これは城壁の石材を砕くための装置を備え、三層になった内部には各階に投射兵器が格納されていた。おそらくこれはエジディオ・ロマーノの著書に概要が記されているトリパントゥムあるいはトリポントゥム〔三層甲板〕という兵器に類するものであろう。この名前は三つの階を上に重ねた兵器の構造に由来する

破城槌や「猫」など、複数の兵器を用いての攻囲
城の濠に橋を掛ける装置が追加されている
タッコラ『機械論』パリ写本（1453年頃）、パリ、国立図書館

Phedricus dux dexiderat unū castellū acqrere si castellū hn̄s flumē iuxta
istū castellū pōt circuī fossari & pars fluīs mictat in fossū cū circuīs &
ea iuxta fossū fiant isule ab aqua fluīs circuite [illegible] facte & postea
dictas isulas edificat domalia [illegible] separare lignaminibus contexte cū pontis
torijs ī qbs die ac tpre nectis sint custodie cū balistis scopetis ne hostes possi
troire nec exire de dicto castello siue opido :–

と思われる。一三八七年八月、フランス人たちはベルジュラックの城壁前に「トロイア」と名付けられた巨大な機械を運び込んだ（この名前は十四世紀のイタリアやフランスではなんらかの投射兵器を指す）。これは石弾を発射する機能と、内部に少なくとも一〇〇人もの武装兵を収容し、こうした攻撃部隊を都市へと接近させる機能を有していた。つまり移動式の攻城塔と「猫」、さらに投射兵器の機能を統合していたのである。同様な装置はこの一世紀後に書かれたクリスティーヌ・ド・ピザンの著書でも紹介されている。[27]

「砲撃兵器」

中世の包囲戦で用いられた投射兵器の数量や形状、威力はどのようなものだったのだろうか？　現存している史料では、読者の関心を呼ぶような文学的誇張のせいでシンプルな驚きは与えてくれるものの、正確なデータがないため、疑問に答えるのは難しいと言わざるを得ない。五九七年のテッサロニキ戦で、アヴァール人とスラブ人連合軍が配備した「投石機《ペトロボリ》」の数は、『聖デメトリオスの奇跡』の編者によれば町の東側の城壁だけで少なくとも五〇台が使われたとしているが、本当だとすれば驚くべき数である。それらは恐ろしい音を立てて石の塊を発射したが、守護聖人デメトリオスのとりなしの奇跡によって、たった一発だけが城壁に届き、他の砲弾はあちこちに落下して大きな穴を穿っただけだった。敵側の視点に立って考えてみると、こうした兵器に慣れていなかったせいで射撃位置が遠すぎた、あるいは近すぎたか、厚い城壁のおかげで被害を避けられただけなのだろう。またこの聖人伝は、神の恩寵によりただ一発の砲弾が城壁の端に命中しただけだったと述べているが、実はその一発で、城壁の巡察用通路を完全に破壊されたのだった。ようするに連合軍の投射兵器は、テッサロニキの城壁を破壊することができたと考えられるのである。

『サレルノ年代記』によれば、九世紀のカンパニア地方で使用された（それも一度ならず、である）「驚くべき巨大さの」投石機《ペトラリア》は、テッサロニキの例ほど印象的な戦果をあげてはいない。たとえば八七一年にサレルノを包囲したサラセン人が製作したものは、ある塔を「十分に破壊するほど」に繰り返し砲撃したという。またアクィーノの城を包囲したときに、技術者シケルマンノが製作した同種の機械は「この城の城壁に鋭い一撃を与えた」が、現実には砲撃後に攻撃を命令された突撃部隊のうち「かなりの数が殺され」、撃退された。この種の投射兵器は、遮蔽物に守られていない兵士を殺傷することはできるが、城壁などの建築物があれば、危険とはいえそれなりに対抗できるものであった。それでも、こうした新兵器の登場で、既存の城壁を強化・改良する機運が高まった。たとえば、サレルノの城壁を再建した領主グリモアルドは、「我々がペトラリアと呼んでいる機械」の威力に城壁が耐えられるか、ずっと疑っていたという。同じころ、パリの住人は、平衡式投石機《マンゴネル》から発射された「巨大な岩」で、盾以外の防備を持たないノルマン人たちをまとめてなぎ倒していた。プーリアのグリエルモによれば、皇帝ハインリヒ四世は一〇八四年に「投射兵器《トルメンタ》でローマの高い城壁を粉砕し、この不敗の都市にそびえる塔の多くを崩した」。これと同じ時期に編まれた作者不詳の『ローランの歌』では、カール大帝がコルドバを占領したとき、自分の兵器（カタブル）が「塔を打ち倒した」ことについて喜ぶシーンが現れる。(28)

　ピサ人がバレアレス諸島を征服したときに用いた装備も同様の戦果をあげている。古典文献風の単語を好む詩人たちは、そうした機械をバリスタ、あるいはもっと単純に「兵器《マキナ》」と呼んでいるが、正確な数を教えてくれたりはしない。最初から「城壁に巨大な岩石を

投石機による攻撃
14世紀前半の写本、ブリティッシュ・ライブラリー

投げつける兵器が用意され、家々を叩き潰し、引き裂いた」、あるいはイビザ島の城を前に「熟練の技が作り出す力で、物体を放り投げる戦争用の兵器が製作され、高い塔を砲撃して崩壊させた」といった調子だ。そしてさらに同じ戦いで、大きな岩石が発射され「城壁を崩し、広大な瓦礫に変え」、「絶え間ない砲撃で数々の塔を崩壊させた」などと述べている。それからしばらく後の部分では、「ピサの艦隊もこれまで配備したことのないような一台のバリスタが、高台にある城を激しく砲撃し、塔にも石弾を浴びせかけ、そのたびにおびただしい数の異教徒を殺した」と情景を描き出している。

しかし、たとえば「巨大な岩石」が城郭に向かって放たれ、やがて城壁が「バラバラに砕かれ」、たちまち塔が崩壊し、住民が砲弾に打ち倒され、矢狭間胸壁に命中した砲弾がそこに潜む守備兵を殺戮する、などというのは、この時代の誇張にまみれた文学でだけ可能なことだった。たとえば一一二六年、コモ市への最後の突撃時に使用された「バリスタ」も、表現はいつもと同じだ。これら兵器は「都市のあらゆる場所に石を投げ込み」「昼も夜も砲撃が途絶えることはなかった」という。また一一四七年八月のリスボン包囲では、ノルマン朝イングランド軍が二台の「バレアレス島の飛び道具」（間違いなく、人が綱を引くタイプの平衡式投石機である）を建造し、一台は船乗りたちが川岸から操作し、もう一台は騎士たちが操作した。「砲手たち」は一〇〇人ごとのグループに分かれて

投石機（錘が可動式の「ブリッコラ」）
G. セルカンビ『ルッカ年代記』、15世紀前半、ルッカ市文書館

おり、一人の「百人隊長」があらかじめ決められた合図を送って、交互に射撃させた。実際、年代記作者が強調しているとおり、一〇時間の間に五〇〇〇発の石弾が放たれたというなら、発射間隔は一分に一発を超えることになる。この「偉業」を達成するには、たしかに大変な努力が必要だったろう。これにより、包囲戦で平衡式投石機が用いられたことは分かるが、発射された飛翔体の「大きさ」も、それがもたらした戦果も我々は知ることができない。これ以外に年代記から読み取れるのは、兵士たちが城壁に坑道を掘る間、平衡式投石機が援護射撃を行ったことだけである。

十二世紀半ばになっても、イタリアで使用された兵器の種類はほぼ変わっていないが、威力面ではいくらか改良されていたようだ。一一五五年トルトーナでは、低所から高所に向かって平衡式投石機で発射された石が、都市城壁の頂部を超えて三つに砕け、そのひとつがちょうど大聖堂のすぐそばで開催中の市民会に参加していた騎士に当たり、彼を殺害した。砲撃の射程外にいると思って安心していた犠牲者にとっては予想外のことだったただろうが、この異例の出来事を伝える書き手も同じくらい驚いているようにみえる。一一五九年、クレーマの包囲戦で行われた砲撃でも、敵味方双方の記録者を驚愕させずにはいられなかった。このとき、クレモーナの技術者は「誰も同じような大きさのものは見たことがないほど大きなマンゴネル三台」を設置し、このクレモーナ人が作った平衡式投石機《マンゴネル》あるいはペトラリアは、「並外れた大きさの」、「巨大な岩石」を発射した。「これほど巨大な岩石が発射されたことなどなく、それを実際に見なければこれが投擲できるなどとても信じられないほどであった」[29]。これらの兵器に、作動機構面での新奇性はなかったかもしれないが、少なくともその巨大さは過去にないものだったようだ。

だが、どれほどの重さの物を飛翔体として使ってみせれば、本当に「並外れた大きさ」とみなされたのだろうか？　使用された全期間を通してみても、平衡式投石機やペトラリアに関する数字的なデータはあいまいで、わずかしか残っていない。一一四八年、タルトゥースを守っていたサラセン人はジェノヴァ人の攻城塔が接近して

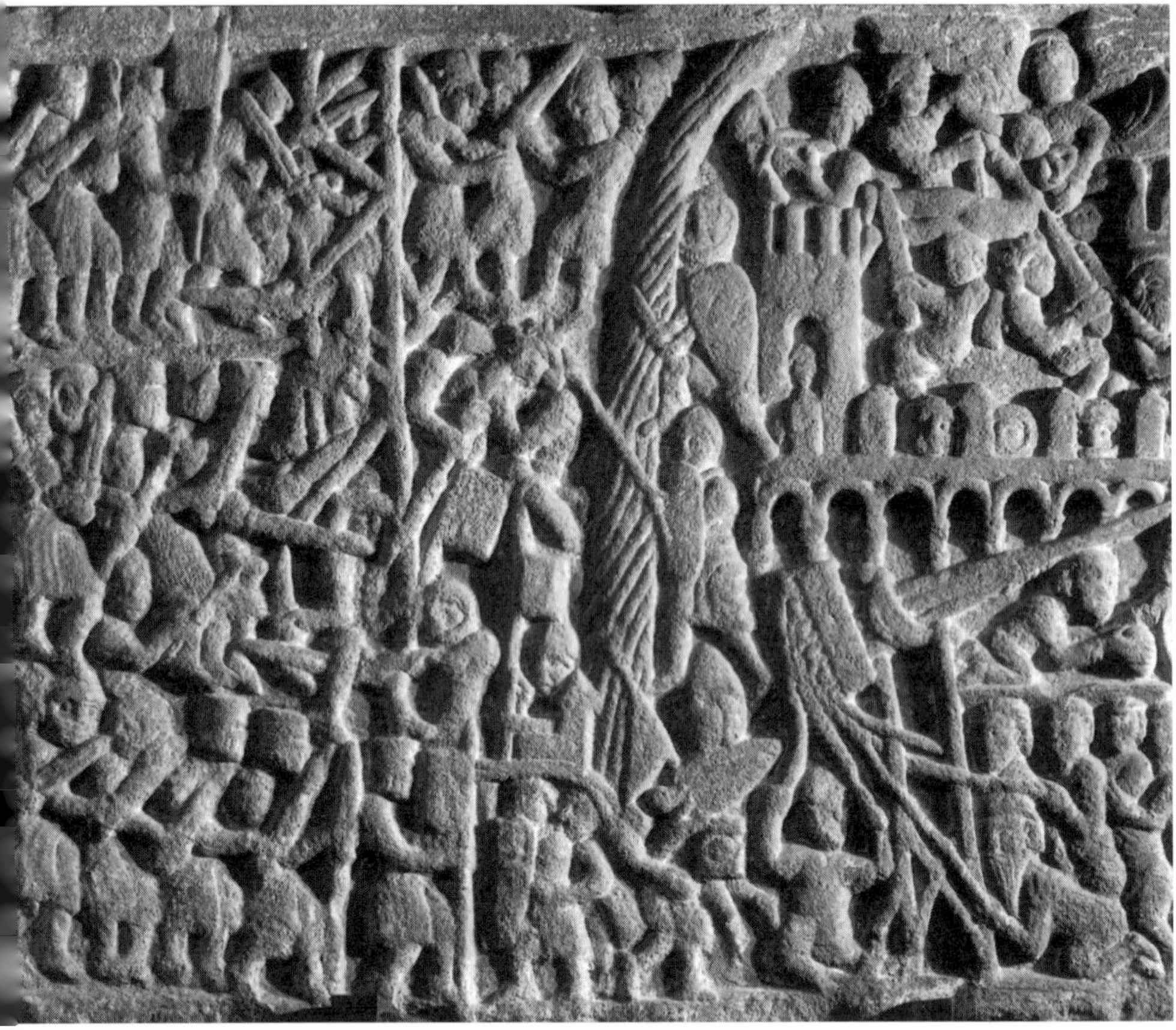

アルビジョワ十字軍における、
トゥールーズ包囲戦と
シモン・ド・モンフォールの死の場面
壁面浮彫、13世紀
サン・ナゼール大聖堂、カルカッソンヌ

右下に綱で引くタイプの投石機（マンゴネル）が描かれている（右はヴィオレ＝ル＝デュクによる模写）

きたとき、二〇〇リブラ、つまり六〇キログラム以下の石弾を発射して損傷させた。この戦いでジェノヴァ人が反撃し、市内の家屋や宮殿の壁を破壊した際には、少なくともこれと同じくらいの重さの砲弾を平衡式投石機で飛ばした。一二〇二年にコンスタンティノープルの城壁に設置されたビザンツのペトラリアは、クラーリのロベルトによれば「人間の力では持ち上げることができないほど大きな」石を発射した。一一八五年、ボーヴェを包囲したフランス王フィリップ・オーギュストが製作させた投石機が、威力面では最強といえるだろう。ギョーム・ル・ブルトンの主張によれば、それは少なくとも四人がかりでないと運べないほどの岩石を撃ち出すことができた。つまりその重さは二キンタル〔約二〇〇キログラム〕程度だと推定できる。これほどの砲弾であれば、頑丈な城壁にもたちまちヒビを入れ、市内の建物さえも粉砕し、破壊してしまうと言われても驚かない。しかし同時に、詩人たちが大げさな言い回しで誇張したのではないか、と疑っても仕方あるまい[30]。

アルビジョワ十字軍も平衡式投石機《マンゴネル》やペトラリアが活躍した時代にあたり、実際こうした兵器が用いられた。ある詩人は、一二一〇年にテルムが包囲されたとき、町は頑丈な城壁で守られ、食料などをしっかり蓄えていたにもかかわらず「マンゴネルやペトラリアほど籠城側に害をなしたものはなかった」と証言している。とはいえ実際には、赤痢の流行が守備隊を降伏させた唯一の理由だったようだ。この二年後、テルムと並ぶほど堅固とされたペンネ・ダジュネーの城が包囲されたときは「十字軍のドイツ兵は、城壁に突破口を開くためにマンゴネルで多数の石弾を撃ち込んだ」。一二一二年のモワサックでは「ペトラリアが休みなく一日中砲撃を続けたので、城郭が破壊されて瓦礫と化し、籠城側が恐慌に陥ったのも当然であった」。ところが、「城壁の一角が外濠の方へ崩れ落ち、兵士が通り抜けられるほどの突破口ができた」とき、人々は十字軍を助けるために主イエスが奇跡を起こしたと考えたようだ。一二一六年、ボーケールの住人が、ある大塔に向かって無数の砲弾を発射した際には、「木材、石、鉛からブリチョレ〔ブリッコラ、可動平衡錘式投石機〕が作られ」、一発の砲弾が「命中し、ヴィーニャの門とその壁体を破壊した」。対するシモン・ド・モンフォールが戦場に投入した投石機に目を向けると、それは「都市の大門を一日中砲撃し続けたので、ギザギザの矢狭間胸壁が、粉々に砕かれた切石になってしまった」。そして「門そのものをも砕き、破壊し、粉砕するほど強力で信頼に足るものであった」。

ここで述べたような兵器は、約一世紀前に登場したときから、砲撃される側には城壁を破壊しうる危険な存在とみなされていたが、城壁を文字どおり一掃してしまうほどの威力はなかったから、もしこれらの兵器が戦果をあげたとしても、兵器の性能のおかげというよりは、何らかの僥倖に恵まれたおかげと考えた方が実態には近いだろう。それらの砲弾は防壁類を破壊するには不十分でも、人間を殺傷するには十分な威力があった。たとえば一一八五年のボーヴェ戦でも、城壁の上に身を晒す勇気があった守備兵はさほど多くはなかったという。一二一二年、トゥールーズに籠城した十字軍は、ペトラリアによって非常に大きな人的被害を受けた。もし城壁を巡回中の兵士が砲撃を受ければ、即死するか、血まみれの重傷を負って後方に下げられるか、どちらかしかなかった。それというのも、「張り出し櫓も胸壁もまったく砲弾を防げなかった」からである。一二一八年六月にはシモン・ド・モンフォール自身が、トゥールーズの女性が操作するペトラリアによって殺された。「石弾はちょうどシモンのいたところを直撃し、レスター伯の鋼鉄の兜を強く叩いたので、彼の頭から目、脳みそ、歯、上あごが飛び散った。彼は血まみれになって落下し、地面に叩きつけられた」。

一二一〇年代をすぎると、投射兵器が画期的に改良されるのを待っていたかのように、綱で引っ張る平衡式投《マンゴネ》石機《ル》に代わって、より強力な、錘を取り付けた平衡錘式投石機《トラブッコ》が一般的となった。実際、史料によれば戦場に投入される投石機の種類も数もますます増えていったのだが、そこから特に意味のある変化を見出すのは難しい。戦争が常態化していたコムーネ全盛期〔十二世紀中頃から十四世紀〕のイタリアも、他の西ヨーロッパ地域における変化と歩調を合わせていた。この時代、平衡式投石機《マンゴネル》の使用は継続される一方で、ペトラリアは次第に平衡錘式《トラブ》投石機《ッコ》に置き換わっていった。包囲戦では、攻撃側が包囲陣の中央に七台から九台の投射兵器を配置し、それらはたいていの場合、平衡錘式投石機《トラブッコ》で統一されているのが一般的だった。特に多い場合は一五台もの投石機が投入されたが、通常はその数は最低限に抑えられた。というのも、多くの場合、錘に使う鉛の調達が困難だったからだ。十三世紀後半になると、平衡錘式投石機《トラブッコ》の優位はブリダ、ビッファ、ビブリア、ブリッコラと呼ばれる新しい兵器に取って代わられた。これらはエジディオ・ロマーノの著書から分かるように、錘の部分が可動するように改良されており、機械としての完成度が増していた(31)。

こうした機械類は攻城戦の最中に戦場で組み立てられることも、あるいは分解された状態で砲撃部隊によって運ばれることもあった。これは、技術的にみて投石機が真の意味での「砲兵隊」の段階に達していたことを意味している。投石機を製作し、保守管理し、さらにこの壊れやすく嵩張る兵器を輸送するには、複雑で金食い虫な兵站組織が必要だった。つまりこうした投射兵器を実戦投入したいと考えたとしても、それを実際に運用できるようになるまでに、ある種の篩い分けが起こった。なにより経済力と技術力のない者には使えない兵器だったのだ。

こうした投射兵器は、その重要性と希少性のせいで、それぞれに外見や修辞的特徴にちなんだ固有の名前が与えられた。たとえばファエンツァ人は、一一六八年のアルジェンタ攻略に用いた二台の平衡式投石機を「ロバ」と「鷹」と名付けた。一一九一年六月、アクリの包囲戦の最中に、フィリップ・オーギュストは、敵のトルコ人が使う「悪しき親族」と呼ばれる投石機に対抗して、「悪しき隣人」と名付けられた、立派なペトラリアを布陣させた。こうした習慣はその後も維持され、一二九四年オルヴィエート人は平衡錘式投石機にヴァッテラーナ（すなわち「梳毛職人《バッティラーノ》」）という名前を与え、一三〇六年にモデナ人は弩砲《バリスタ》を「狼」と命名したが、後者は一三〇四年にスターリング城を包囲したイングランド王エドワード一世が布陣させた投石機の名前を引き継いだものであった。さらに一世紀後には巨大な火砲に同様の名前が与えられた。十五世紀の初頭、ピエモンテのアカイア領主たちは「国割り」「勇敢」「ロイーズの奥方」などと名付けた射石砲〔火砲の一種〕を所有し、特にその中でも一番大きい物には、アメデオ八世に敬意を込めて「君主アメデオ」という名前がつけられた。ミラノ公も一四七四年に「王冠」「ビッソーナ〔ミラノの銀貨〕」「獅子」「ガレアッツァスカ〔ガレアッツォの物〕」といった名前の射石砲を持っていた。[32]

平衡錘式投石機の射程について正確なデータは何も残っておらず、この件については、たとえば一二八三年にピサと戦ったジェノヴァ人のオベルト・ドーリアの記録程度のものがせいぜいである。それによると、ピサ人は本当の攻撃ではなく、挑戦の意思を示すため、ジェノヴァの町に接近して赤い布を巻いた石弾を撃ち込むことにした。オベルトは「トラブッコとは大変遠距離まで砲撃できる道具であると人々が言うのを聞いていた」が、もし海側から撃ったならば、ジェノヴァの町に砲弾を撃ち込むために「遠距離まで射撃できるトラブッコも弩も、他のどんな飛び道具も」必要ではなかっただろう、と語っている。これに対し、投石機の飛翔体（砲弾）の「口径」についてはこれよりましなデータが残っている。一二四九年、エステの砦に対してエッツェリーノ・ダ・ロマーノが布陣させた一四台の投石機について、ロランディーノ・ダ・パドヴァは「一二〇〇リブラかそれ以上の重さの石弾を放った」と証言している。すなわちパドヴァのリブラ・グロッサ（大リブラ）で換算すれば五八〇キログラム以上、リブラ・ソッティーレ（小リブラ）ならば四〇五キログラムとなる。どちらにしろ驚くべき重さである。

より控えめな、しかしそれでも注目に値する数字だが、一二七七年にバーニョカヴァッロを包囲したフォルリ軍が使用した兵器は、六〇〇リブラすなわち約二〇〇キログラムの石弾を放ったとされている。また一三一七年、ナポリ戦にてロベール・ダンジューは一二台の平衡錘式投石機を作製するよう命じた。そのうち三台の「大型」は重さ二カンタロの石弾を発射可能で、三台の「中型」は一カンタロの石弾を発射し、三台は四分の一カンタロの石弾を用いた。この場合、大カンタロ（八九キログラム）を用いるか小カンタロ（三二キログラム）を用いるかで数値は変わってくるが、「大型」の平衡錘式投石機の砲弾は、最大で約一八〇キログラムとなる。この巨大さも、この一世紀前にフィリップ・オーギュストのペトラリアが発射した砲弾〔約二〇〇キログラム〕には及ばない。注

「可動平衡錘式投石機（ブリッコラ）」その他
タッコラ『機械論』パリ写本（1453年頃）、パリ、国立図書館
周囲に描かれているのは石弾あるいは樽に火薬を充填した焼夷弾と、
それを発射するための付属部品。左下には射石砲（火砲）がみえる。

Notandū ē sicut oppidū est focatū & eius intus domus ādēs istatim oportet ipm oppidū bataliari qa totū opidū ē sb armis & nō possūt oppidanei strīgere ignē & defendere oppidoꝝ menia :~

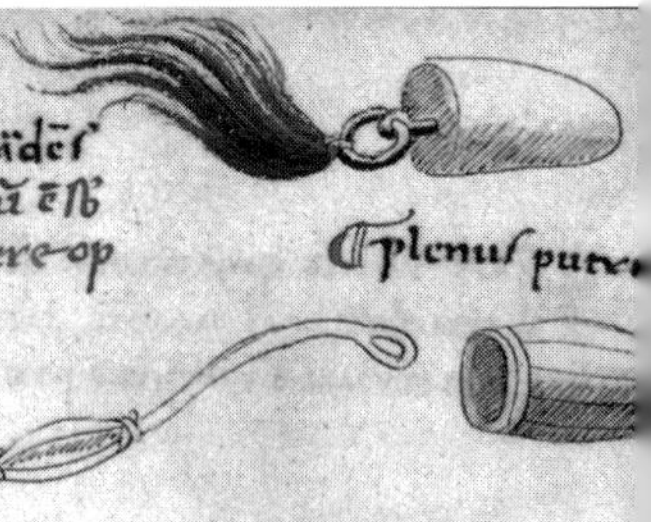

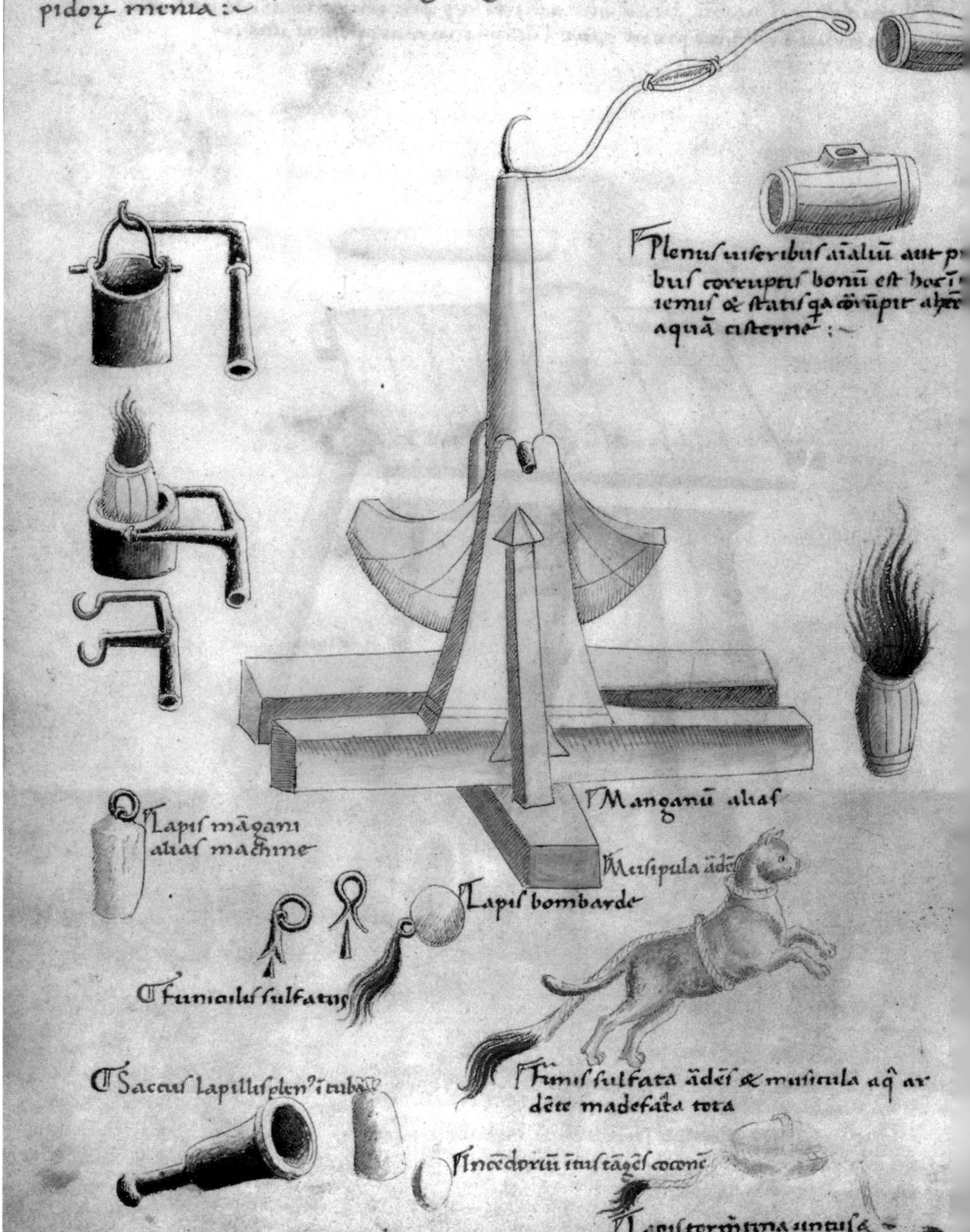

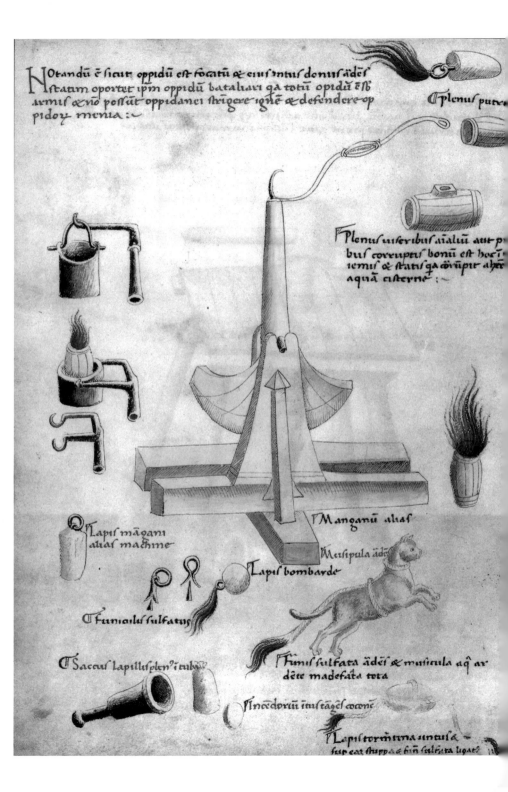

目すべきは十四世紀中、ひたすら強力な投石機の製作が追求されていた点である。たとえば十四世紀前半にブリダーノの『衝撃論』で理論的に提示された平衡錘式投石機は、五〇〇キログラムの飛翔体を撃ち出せた。一三七四年、ジェノヴァ人がキプロス島のキリニアを包囲したとき使った「トロイアと呼ばれる機械」は一二カンタロから一八カンタロの重さの石弾を放つことができた。すなわち五七〇から八五〇キログラムである。またベルンやヴェネツィアは一二キンタル（一二〇〇キログラム）から一四キンタル（一四〇〇キログラム）の飛翔体を用いる平衡錘式投石機を所有していたと記録されている。(33)

十四世紀後半の数十年間になると、伝統的な巨大投射兵器と並んで、火砲が配備されるようになっていった。フロワサールによれば、一三八二年六月のオーデナール包囲戦では、ガン（ヘント）の兵士たちは町に石弾を撃ち込むために「羊」という名前の幅二〇ピエディ*、長さ四〇ピエディの「驚くほど巨大な」機械を作り上げた。さらにその傍には、口径五三ポッリチェ*の「驚くほど巨大な」射石砲一門を並べた。この火砲は同じく「驚くほど巨大で重い」矢を発射した。これが発射されると、昼なら五リーグ、夜なら一〇リーグの距離まで轟音が届き「地獄の悪魔がすべて集まって行進したかのような、嵐のような音」がした。一三八七年六月にはパドヴァ軍がモンテガルダを八日間にわたって包囲したが、そこで「多くの巨大な射石砲や平衡式投石機《マンゴネル》を用い、城や砦の中に石を撃ち込んだ」。こうした新旧の砲撃兵器による共同作戦は、次の世紀まで続いた。ディオメデ・カラファも「平衡錘式投石機《トラブッコ》を使うべきところで」、射石砲を用いて「城内の者たちを煩わす」よう勧めているし、一四七四年のミラノ軍の装備には、ボンバルダやスピンガルダ**と並んで「操作用の杖、軸受け、綱、木材、その他備品」を伴った可動平衡錘式投石機《ブリコッラ》が列挙されている。従来、一四九四年のフランス軍の侵入***によって「十五世紀の第二

＊一ピエディは約二七センチメートル／一ポッリチェは二・五四センチメートル。
＊＊どちらも射石砲の一種。スピンガルダの方が小型。
＊＊＊イタリア戦争（一四九四―一五五九）の始まりとなった、シャルル八世の侵攻のこと。

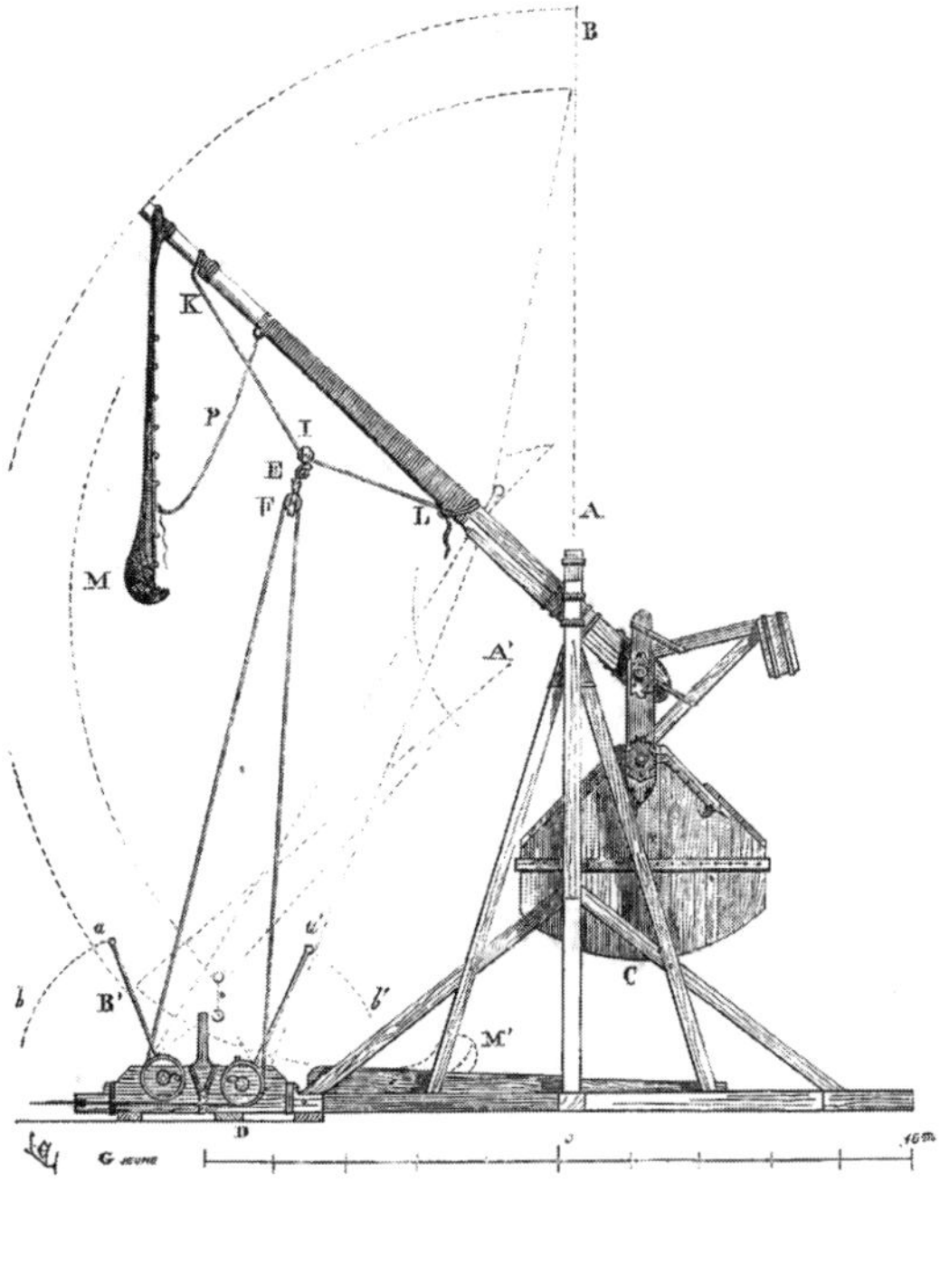

大型の「可動平衡錘式投石機（ブリッコラ）」
ヴィオレ＝ル＝デュクによる復元図
13世紀のヴィラール・ド・オヌクールの素描に基づく（150頁参照）。

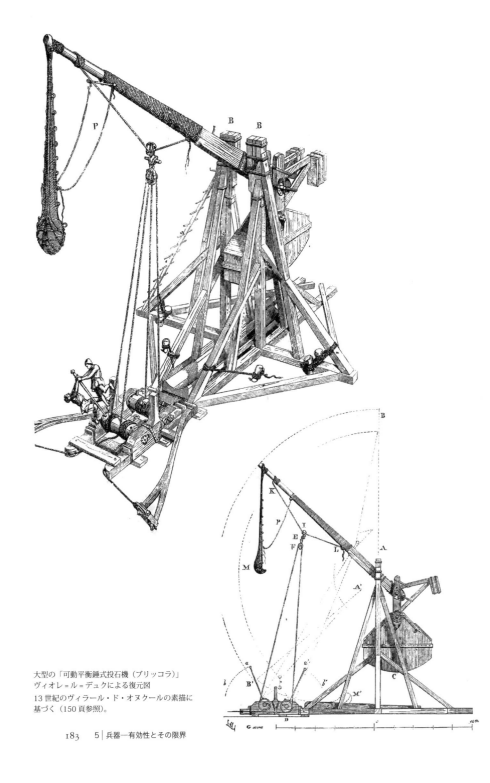

四半世紀まで」[34] 主力だった古来の砲撃兵器が一掃されるという「決定的な変化」が起こったと言われているが、イタリアに関していえば、その変化は少なくとも二〇年は遡る必要があるだろう。

しかし、一般的な平衡錘式投石機《トラブッコ》の威力はどれくらいのものだろうか？ 『アルビジョワ十字軍の歌』における平衡錘式投石機への最初の言及は、一二一八年トゥールーズの市民によって使用されたときのものである。「彼らは美しく巨大な珪岩を投石機に装填し、ナルボンヌ城を、城の堅固な門を、その防壁を、張り出し櫓を、城内の殺人口を、そしてフェランダの塔の天辺にある窓を叩き、壊し、粉々にした」。一二二一年、ヴェンティミリアを包囲したジェノヴァ人は平衡式投石機《マンゴネル》と平衡錘式投石機《トラブッコ》を二台ずつ製作し「大変大きな石を発射して、その強力な攻撃で都市を破壊し、廃墟に変えてしまった」。そこで製作された平衡錘式投石機の一台はその直後にモンテリアーロ城の城壁も巨大な石弾で攻撃している。そのとき砲撃された一発は、城壁を突き破って市内に飛び込み、貯水槽を破壊した。こうしたことが一八日間も続いたので、都市に駐屯する守備兵たちは「これ以上防戦することができなくなり」降伏することにしたのだった。こうした砲撃によって「これ以上防戦することができなく」なった例は一二二七年のアルビゾーラ城やサヴォーナ城でも見られる。

一二三七年、ブレシャ近郊のモンティキアーリ城を攻撃したフリードリヒ二世の平衡錘式投石機は「城壁も家屋も地面に叩き落した」し、エッツェリーノ・ダ・ロマーノがサン・ボニファチオ城に「大変な被害を与えた」投石機は、ノアーレ城やムッソレンテ城の宮殿の壁を打ち砕き、エステの砦の「城壁、塔、宮殿」も粉々にした。一二三〇年、キプロス島では一台の平衡錘式投石機がディオダモーレ城のほぼすべての城壁を打ち倒した。この城砦は「はしごを掛けてよじ登ることは不可能なほど難攻不落」であったが、このときのことを年代記に書き残した詩人は、守備兵からこう語りかけられている。「やつらのトラブッコは我々のかまどや城壁や石組みの建物、胸壁、家屋まで壊してしまった。その上やつらが突撃をかけてきたら、どうやって防げばいいのだ？」。この発言は、『ジェノヴァ年代記』に記された「これ以上防戦することができない」という表現の真意をよく説明している。一二七八年、グイド・ディ・モンテフェルトロは七台の「マンガーノ」を作り（これは年代記を書いたカンティネッリが言葉を知らなかっただけで「トラブッコ」のことだと思われる）、昼夜を問わずカルボリ城を砲撃して、「城壁に穴を開け、破壊し、人々を殺した」ので、城内に居た兵士たちは降伏せざるを得なかった。[35]

こうした描写からも分かるように、平衡錘式投石機《トラブッコ》の威力に関する文章表現は、平衡式投石機《マンゴネル》やペトラリアのそれとあまり変わらない。とはいえ、可動式の錘によって生み出される強大な威力は、前世紀までの城壁構造をより堅固なものへと変化させる要素となり得たと考えられる。たとえば十三世紀の終わりごろ、エジディオ・ロマーノは、城壁を建設する際にはその内部を突き固めた土で満たすよう勧めている。そうすればば投射兵器から発射される、より固く砲撃に適した石弾にも耐えられるからである。投射兵器の破壊効果がより大きくなり、城郭の天敵と呼ぶに足る機械になったことは否定しがたい。その結果、砲撃を受ける城郭の外周だけではなく、内部の住居にも被害が目立つようになった。そして城の守備隊にとって住居の喪失は、降伏を余儀なくされるほどの損害だった。とはいえ、その立地や城壁の頑丈さのおかげで、難

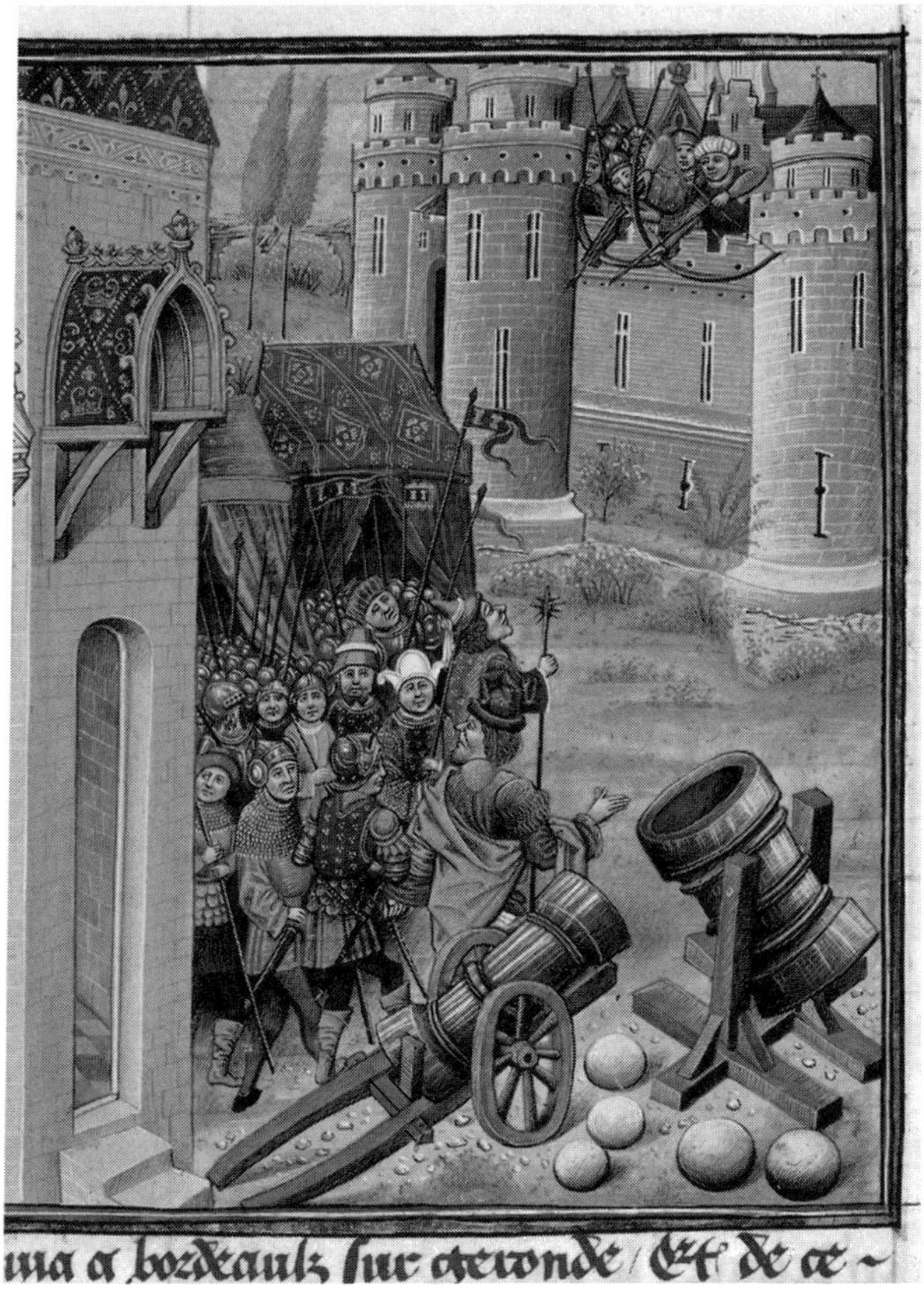

パンプローナ包囲戦
攻撃側の武器に射石砲（火砲）がみえる
1470年頃の写本
ブリティッシュ・ライブラリー

攻不落と呼びうる城郭は存在した。たとえばモルテンナーノの城壁は厚さ一〇ブラッチョ〔約六メートル〕もあり、一二二〇年フィレンツェ軍がこれを包囲したとき、平衡式投石機と「鉛の錘が取り付けられた」平衡錘式投石機の発射した砲弾は「豆粒ほどの石」程度の効果しかあげられなかった。そのためフィレンツェ軍は地下坑道を掘る作戦に切り替えざるを得なかった。またエウガネイ丘陵の上に築かれたモンタニョン城は、一二三七年に包囲されたが「トラブッコやそういった兵器では攻略できなかった。というのも城まで砲弾が届かなかったからである」。

テオドロ・ディ・モンフェッラートは十四世紀の初めごろ、多くの実戦を経験した者の意見として、壁を狙って砲撃することを厳しく戒めている。というのも城郭の城壁は損害を与えられる部分が乏しいからで、その代わり敵が守備兵を配置している張り出し櫓や見張り塔を狙うか、城壁の外にある守備隊の住居や付属の建物を狙うよう勧めている。一方プーリアの年代記作者ドメニコ・ダ・グラヴィーナは、一三四九年のコラート包囲戦において、四台の平衡錘式投石機が攻撃するのを目撃し、次のような批評を残している。「私は実際の様子を見て思ったのだが、都市の居住区の中心部をトラブッコのような手段で占領することは決してできない。撃ち出される石弾の衝撃と破壊力にもかかわらず、これらの兵器は城砦に対して用いたときのみ有効なものである。トラブッコは張り出し櫓の部分に最も多くの損傷を与え、そこにいた敵兵を多数殺害した」[36]。

すでに第一回十字軍のころから、投射兵器で昼夜問わず延々と砲撃し続けるという運用法が一般的になっており、そうしたやり方は以降ますます普及していった。エジディオ・ロマーノは、夜間砲撃の指揮統制という観点から、投射兵器の点検や大小様々な種類の砲弾をちゃんと選別するために、砲弾となる石に小さな松明を取り付けておくよう勧めている。だがテオドロ・ディ・モンフェッラートは、こうした工夫を暗に批判するかのように、夜間砲撃の利点は暗闇のせいで籠城側が砲弾を避けづらい点にあり、まったくの闇こそが守備兵に「さらなる苦しみと苦労の種」をもたらす、と断言している[37]。

心理的効果

様々な要素が複雑にからみあう包囲戦では、攻撃側の繰り出す手段として、実際に物質的な効果を及ぼす武器や戦術とならんで、心理的な圧迫も大きな意味を持っていた。戦術についての古代ギリシャの箴言集では、包囲軍が攻撃用の兵器類を展開する場合、敵の攻撃から安全かどうかという観点とともに、視覚的に敵を恐怖させられるかという観点から、城壁から適切な距離に配置するよう勧めている。包囲している敵兵の多さと同じか、あるいはそれ以上に、戦場に投入された機械類の姿が籠城側に大きな衝撃を与えたのだった。攻城兵器の布陣や包囲陣地の威容、武器の破壊力と包囲側の決意を目の当たりにして、籠城側は降伏やむなしという気分に追い込まれていった。つまり、包囲戦で用いられた様々な兵器には、直接的・物理的な効果以上に、心理的な抑止効果という価値があったのである。

『ガリア戦記』でカエサルが述べているように、アトゥアトゥカの住人は攻城塔が町に接近してくるのを見ただけで降伏してしまった。ローマ人がかくも巨大な機械をこれほどの速さで移動させてくるとしたら、それは神の助けを受けているからに違いない――そう彼らは思ったのだ。アトゥアトゥカほどの効果はなかったにしろ、古代のガリア人ほど素朴ではなく、機械技術に通じた人間も同じような反応をした。歴史家アンナ・コムネナは、一〇八一年にドゥラッツォがロベルト・イル・グイスカルドによって包囲されたとき、町の住人は、城壁の外にエレポリ〔攻城塔〕と外側を皮で覆った巨大な木造の塔があるのを見て、そうした兵器への対抗策を知っていたにもかかわらず恐慌状態となった、と述べている。また一一〇七年、ボエモン・ダルタヴィッラは父ロベルトの偉業を次のように語っている。まず彼の父は、巨大な「亀甲車」を準備して籠城側に「恐ろしい風貌」を見せつけた。敵の目にはそれは「言葉で言い表せないほどの怪物」のように映った。次に亀甲車より巨大な攻城塔が「動力の原理が分からないまま前進してきたので、雲に届くほどの巨人がそれを押していると思い」、籠城側は「恐れ、おびえた」。

『ディジボーデンベルク修道院年代記』によれば、一一四七年リスボンが包囲されたとき、サラセン人は十字軍が建造した攻城塔が接近するのを見て「大いに恐れおののいた」。その内部には武装した兵士がぎっしり乗り込み、またその外部は水牛の皮によって隙間なく覆われていて、攻城兵器にふさわしい防御が備えられていると同時に、非常に恐ろしく人を驚かす外見をしていた。すでに述べたように、当時の攻城兵器は複数の機能を備えていたため構造自体も複雑だったが、その結果、外見も敵に心理的な衝撃を与えるくらい異様なものだった。フリードリヒ二世がヴィテルボ包囲で準備させた「海の星《マリステッラ》」は実際「人の作りし化け物」と描写されているし、フロワサールの記述によると一三七七年、ベルジュラックの住人は、フランス軍が苦労して城壁前まで運んできた「トロイア」を見て「たまげて」しまい、戦わずに降伏した。テオドロ・ディ・モンフェッラートもこれらとまったく同様に、城攻めの道具類は「敵を驚かし、恐れさせる」のに用いると有効であると強調している。一〇五九年、ロベルト・イル・グイスカルドと彼の弟ルッジェーロは、レッジョ・カラブリアを包囲した際に「攻城兵器」を使用した。それが実際どのようなものだったのかは伝わっていないが、住民たちはそれを見るや否や恐慌状態となり、ロベルトの軍門に下ることにしたのだった。一〇八二年にギリシャのカストリアを守っていた三〇〇人のヴァラング隊*や、一〇九八年のカプア市の叛徒たちも、これと同じような反応を見せている[38]。

投射兵器、とくに十三世紀にジェノヴァが戦場に投入した平衡錘式投石機《トラブッコ》も、同様の心理的効果を発揮した。一二一六年、ヴェルナッツァがマラスピーナ家と同調してジェノヴァの支配に反抗したとき、ジェノヴァ軍が出動し、ヴェルナッツァの町を焼き、城を包囲した。城に閉じ込められた人々はジェノヴァ軍が平衡錘式投石機といった兵器を準備しているのを見て、直ちに降伏してしまった。一二七三年にはタリオーロ城に駐屯していた部隊が、投射兵器を見ただけでパニックに陥って降伏した。また一二八九年コルシカ島で行われた軍事作戦では、ロッカ・ディ・ヴァッレの城に対して、一台の平衡錘式投石機が二日にわたって砲撃を加えただけで、守備兵たちは「大いに恐れ」、それ以上抵抗する気を失ってしまった。堅城とされたカスピグラの城の住人たちも、平衡錘式投石機が建造されるのを見ただけですぐさま降伏してしまった。こうした名声を博したのはジェノヴァの砲兵隊だけではなかった。たとえば一二三九年、エステ侯はエッツェリーノ・ダ・ロマーノに奪われた領土を奪回するにあたって、「トラブッコのもたらす恐怖」でカラオーネ城を陥落させた、とロランディーノ・ダ・パドヴァは証言している。こうした攻城兵器は、威嚇効果のみで城の守備隊を観念させ降伏させるという、一種の抑止力を持っていた。マリン・サヌード・トルセッロが述べた、すべての軍事指揮官は投射兵器を誇示するようにしなくてはならない、なぜならそれらが優れた性能を示せば「敵は大いに恐れるだけでなく、恐怖心から戦場でも都市でも降伏するであろうから」という助言は決して間違いではない[39]。

「砲兵隊」の使い道として、心理的圧迫を与えることも当然そのひとつと考えられていたが、その際に投射兵器が実際に破壊力を持っている必要はなかった。一二二九年のキプロス島で、内通者が包囲軍に対してキリニア城の脆弱な部分を暴露するという事件が起こったが、フィリッポ・ダ・ノヴァーラが伝えるところでは、内通者は投石機によってその脆弱な箇所に叩きつけられ、処刑されてしまったという。投射兵器は純粋に心理的な効果を与えるため、いわば「普通の使い方ではない」砲撃を行うにも便利だった。一〇九七年、十字軍は戦闘で殺した敵兵の頭部をニケーアの町に放り込んだので、トルコ側は「大いに恐れ、震え上がった」。十三世紀の間、とくにイタリアのトスカーナ地方やエミリア地方では、侮辱・挑発・嘲笑・愚弄といった目的で、ある種の動物の頭、とくにロバの頭を包囲した都市の城壁内に撃ち込むという手段がよくとられた。たとえば一二三三年、フィレンツェ軍は「嘲笑と愚弄」のためにシエナに五つのロバの頭を投げ込んだし、一二四九年のモデナでは、ボローニャ軍が一頭の生きたロバを「トラブッコで放り込んだ」。また一二八九年、フィレンツェ軍はカンパルディ

＊ヴァリャーグ（スウェーデン・バイキングのスラブ側呼称）から成るビザンツ帝国親衛隊。

ーノの戦いでアレッツォに勝利したのち、「彼らの司教を嘲笑し叱責を与えるために、司教冠を被せたロバの頭」をアレッツォの町に「マンガーノ〔マンゴネル〕で放り込んだ」。

敵をからかうためにロバを「マンガーノで放り込む」あるいは「トラブッコで放り込む」**という行為は、おそらく重い動物の体を放り込むことで、兵器の技術的能力をデモンストレーションしてみせるという意味もあったのだろう。しかし「普通ではない」物体を発射するという行為は、次第に象徴的な行為から実質的な行為へと移っていった。一三〇九年、ヴェネツィア軍とフェッラーラ軍が対戦したときは、海戦で船同士が戦うときのように、「動物の糞や小便、石鹸水、燃える松やにや硫黄を詰めた壺」を撃ち合った。こうした例は他にもあって、マリアーノ・ディ・ヤーコポも一四四九年の著作の中で「投石機で糞便や腐った魚を撃ち込めば」都市や城砦を攻略できるというアイデアを示している。さらに彼は「人間の死体、玉ねぎやチーズ、穀物を入れて腐敗させた水」なども列挙している。こうした物体によって、城に駐屯する兵士はたちまち病気になり、降伏し軍門に下るだろう、というわけだ[40]。こうして単に象徴的な行為であったものが、まさに実際的な「細菌兵器戦争」へと変化したのである。

軍事理論家たちが推奨したように、包囲側は休みなく攻城兵器を使用し、たえず大きな音をたて、昼はもちろん夜も攻め立てなくてはならなかった。すでに述べたとおり、夜は暗闇が敵への威圧効果を高めたからである。ビザンツ＝ゴート戦争のさなか、フラミニア街道沿いの断崖上にあり、難攻不落と言われたペトラ・ペルトゥーサの守備隊は、ビザンツ軍が絶壁の高みから雨あられと打ち込んでくる巨大な岩石に度肝を抜かれ、無条件降伏した。ある種の状況下では、ほんのわずかな決断が敵を怯えさせることもあった。ピアチェンツァとの国境にあった、パヴィーアの領有するパルパネーゼ城は、堅固な主塔と一〇〇人の駐屯兵を備えていた。一二一四年十月、城がピアチェンツァとミラノの連合軍に攻撃されたとき、連合軍は城の濠を埋め立て、防衛用の斜堤〔築地〕にまでたどり着いた。それを見た守備隊は、敵軍が「そこで攻撃を止めるつもりはない」と悟って、巨大な主塔へと撤退した。そこでピアチェンツァ軍の一部は攻撃を続行し、斧を使って跳ね橋を叩き壊し、剣や槍を持って主塔に殺到した。彼らは喊声を上げ、塔の基部にある大門まで来ると、脇に設けられた通用門の蝶番を力ずくで外しにかかった。このとき守備兵は「強い衝撃をうけ、気が狂わんばかりの恐怖に捕らわれたため、自ら腕を十字に組んで、ピアチェンツァのコンソリたちの軍門に下った」。実際にはもっと長く籠城できたのにもかかわらず、包囲側が示した攻撃性によって、抵抗し続ける意欲を根こそぎ奪われてしまったのである。

この軍事遠征では、ボスナスコやロヴェスカーラといった他の堅固な城郭も、ピアチェンツァ兵が「着々と」突撃準備をする様子を見ただけで降伏してしまった。再び年代記作者コダニェッロの証言を引用すると、この年〔一二一四年〕の七月十七日にカザーレ・モンフェッラートが包囲されたときも、城の住人たちは当初果敢に防戦していた。だが敵が武器を構え、平衡式投石機《マンゴネル》やその他投石機、「猫」、

＊「マンガーノで放り込む」「トラブッコで放り込む」はそれぞれ「マンガナーレ（manganare）」「トラブッカーレ（trabuccare）」という、投石機の名を動詞化した単語を用いている。

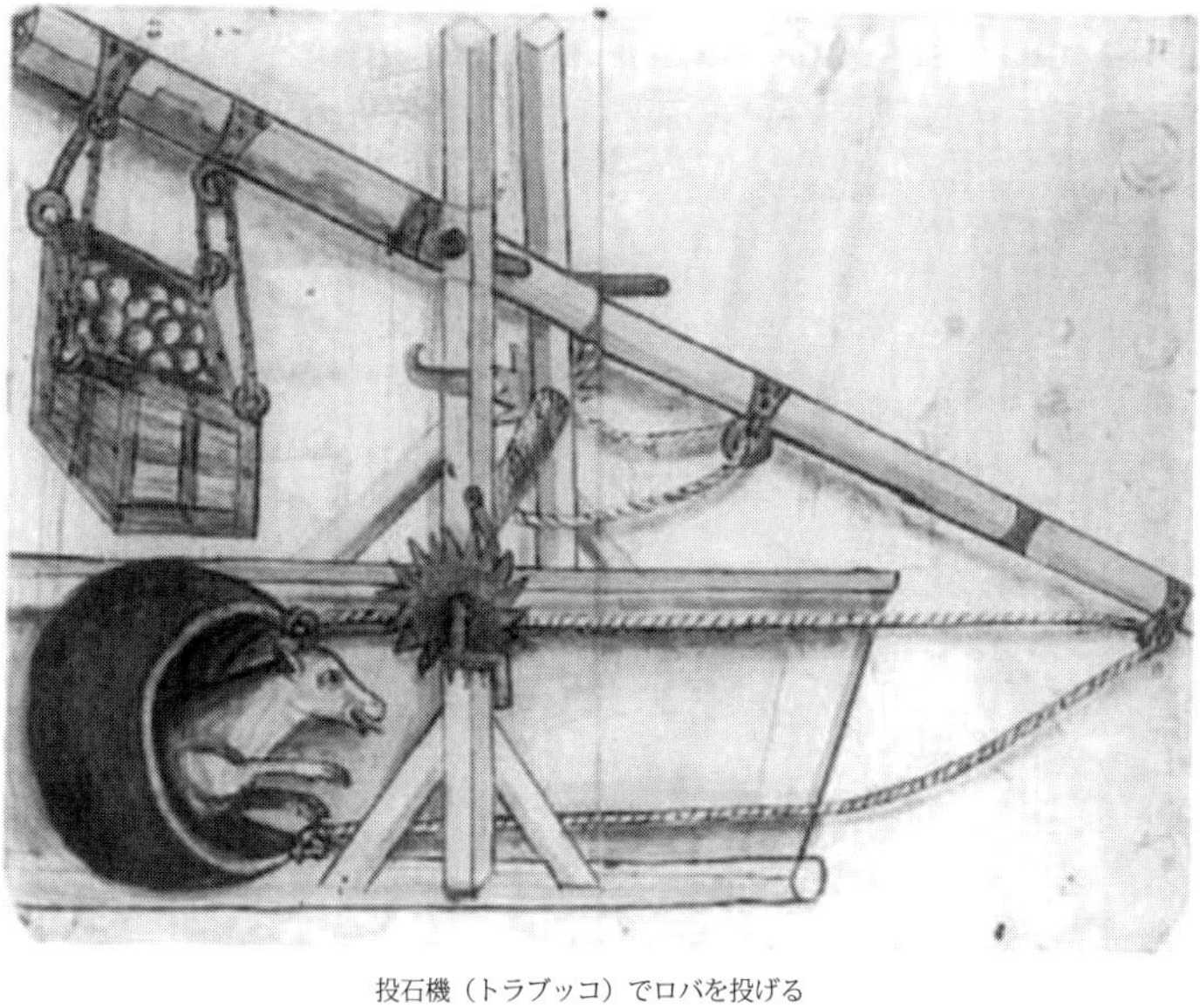

投石機（トラブッコ）でロバを投げる
15世紀の写本、バイエルン国立図書館

移動式の塔、架設橋、百段以上の長いはしごを用意した「密集陣形」で城に向かってくるのを見て、攻略を諦めるつもりがないと悟り、恐慌に陥ってミラノのポデスタに人質を差し出すことにしたのだった。パヴィーアのロルトレ・ポー地域にあったソリアスコの守備隊は、包囲戦の一日目が終わったとき、「ミラノ人とピアチェンツァ人が無数のはしごやその他の攻城兵器を備え、城に向かって陣形を整え、突撃の準備をしているのを見た。そ

投石機で人を投げとばす
アイゼナハ攻囲（1262年）の図、15世紀の写本

こで彼らは恐怖に襲われ、これ以上抵抗したり防戦したりできないと考えたので」降伏した。

敵を威嚇する手段の中でも、城壁に突破口が掘られたとか、掘り崩されそうになっていると籠城側に思わせるという方法は、決定的な効果があった。一二六七年二月、シャルル・ダンジューは、ピサの領有するムトローネ城を攻略中のルッカ軍を助けに現れた。この城は「非常に分厚い城壁を持つ難攻不落の城」で、城壁を乗り越えるのは非常に困難であったが、シャルルはわざと籠城軍に対して地下坑道が掘り進められていると思わせるようにした。ジョヴァンニ・ヴィッラーニの記述によると「策略と詐術の限りを尽くして、夜の間にどこかから石灰の欠片を運び込み、まるで城の城壁が掘り崩されているかのようにそれらをわざと目につくところに放り出しておいた。これを見た守備隊は驚き恐れ、身柄を敵に委ねることにし、城を出たのであった。そこで彼らは城壁坑道の掘り進み具合を見て、詐術に気づいた」。のちに、こうした策略は一般的なものとして、アントニオ・コルナッザーノの著作で次のように紹介されている。「しばしば次のような示威行動が行われた／すなわち突破口がすでに開通したように見せかけるため、よく見えるところに／掘った土を置いておくことで敵を畏怖させるのだ」[41]。

当然のことながら、火もまた威嚇手段として大いに価値があり、守備隊の士気を心理的に屈服させるのに便利だった。コモ人がミラノとその同盟軍と対戦したときも、しばしば火が用いられた。たとえば一一二〇年リエルノの塔が攻撃されたとき「塔の中では大勢の猛々しい兵士が、卑猥な罵声を口々に叫び、声を合わせて掛け声をかけていた」が、「彼らが空元気を出し、無駄口を叩いているときに」「松明を投げられ、塔の屋根に火を放たれると、その驚きは傲慢な者どもを打ち負かし、心を折ってしまった。彼らはロープを結ぶと次々に塔の外へと逃げだした」。その一年後にドレッツォ城を攻撃したときも、コモ人は攻略のためにあれこれ手を尽くしたのが無駄に終わったので、「火という解決策を用意した」。パガーノ・プレスティナーリという男が「燃え盛り、赤く熱した輝く矢」を発射すると、城の屋根から「たちまち煙が上がり、立ち昇る濃い煤煙が空を暗くした」。すると守備兵たちは恐怖から浮足立ち、あっという間に降伏してしまった。それからしばらく後のこと、メナッジョの要塞化された鐘楼に立て籠もった守備隊は、包囲しているコモ人を激しく侮辱し、挑発してみせた。コモ人はその返答に、鐘楼の壁に破城槌で割れ目を入れ、「割れ目から松明を投げ込み、炎を内部に送り込んだ。小さな火が点くとそれはたちまち燃え盛り、激しく炎上した」。すると籠城側は「死が迫ったのを悟って助けを求める声を上げ」、ロープを地面に垂らして逃げだした。「こうして彼らは死のとば口から逃れたのである」。

一二四六年六月、パドヴァとバッサーノの連合軍は、エッツェリーノ・ダ・ロマーノの計画に基づいて、トレヴィーゾが領有するムッソレンテ城を包囲した。城は平衡錘式投石機の絶え間ない砲撃にも果敢に抵抗していたが、籠城が始まって九日後、城の周壁と村落に火が放たれた。「この光景は城からもよく見え、城内の人間は火災によって死んでしまうに違いないと考えたので、城郭も自分たちの財産もすべて敵に引き渡してしまった」。一〇年後、エッツェリーノ討伐のための十字軍がボヴォレンタを攻撃したとき、火災が城下町の大部分を破壊した。この火災によって、城の守備隊が恐慌状態に陥っただけでなく、「ボヴォレンタから立ち昇る煙は、ピオーヴェ・ディ・サッコやパドヴァにいた十字軍の敵対者たちに、重大な危険と恐怖が迫っているという合図となり、彼らは自分たちの敗北が間近に迫ったことを予感したのであった」。

ときには敵に侵攻された恐怖のせいで、ある地域の城郭がまとめて、抵抗すべき征服者の「権威」に屈することもあった。西暦八九四年、カランタニア〔ケルンテン〕のアルヌルフ王は、領有権を主張するため、アルプスを越えてイタリアへ南下し始めた。クレモーナのリウトプランドの記述によれば「アルヌルフはヴェローナ人に歓迎されたのち、大変堅固な城壁を町の周囲に備えたベルガモの町に向かって進軍したが、ベルガモ人は防戦可能と冷静に判断し、彼に対して市門を開くことはなかった」。だが大方の予想に反して、ベルガモの城壁は破られ、その突破口から侵略者たちは市内に突入した。彼らは火を放ち、市民を虐殺し、残忍にも防戦を指揮していたベルガモ伯自身も城壁に吊るしてしまった。堅固な都市城壁に守られていたイタリア王国の最重要都市が、ほとんど抵抗もなくアルヌルフに制圧されるとは考えられておらず、人々に動揺が巻き起こった。ベルガモ陥落という予想外の事態（実際、アルヌルフの軍隊が城攻めに熟達していたというより、偶然の出来事と考える方が実態に近いだろう）によって引き起こされた動揺の波は、この戦役における守備側の戦意に影響を与えただけではなかった。とりわけベルガモへの過酷な扱いは、カロリング朝の統治の下でイタリア人が次第に忘れつつあった「チュートン的凶暴さ」という野蛮人観を蘇らせたのだった。似たような現象は、ノルマン人の征服活動が行われたシチリアやプーリアでも生じた。ノルマンの侵略者は城の攻略にその軍事資源を注ぎ込み、そうする理由がある場合は城や都市になだれ込んで略奪した。「この結果、周囲の城砦で生き延びていた人々も、自らに起こるであろう惨状を予期して、自発的にノルマン人に服属してしまった」とゴッフレード・マラテッラは述べている。(42)

6 —— 土と火

エジディオ・ロマーノは、「包囲側は、特定の場所に坑道を掘るときは密かにやらなければならない。もし必要ならば天幕や周囲の建物を使ってでも敵の目から逃れるべし。敵の城壁の下を通って城内に到達し城郭を攻略するには、まるで鉱夫が銀やその他の金属を探すように、城郭の濠の深さよりさらに地下深く掘り進んで、地下坑道を開通させねばならない」と述べている。こうした坑道内には木の支柱を仮設しておき、それから支柱に火を放って崩落させた。もし崩落が城の外部にまで達すれば、城の外濠までも埋め立てて、攻撃用の通路を開くこともできた。また城を囲む城壁の向こうまで地下坑道を掘り進められれば、城壁を崩落させると同時に包囲されている都市や城の内部に直接奇襲をかけることもできた。しかしこうした作業には、さまざまな保安措置も必要だった。たとえば掘り進めながら順番に木壁で補強し、穴が崩れて鉱夫たちが生き埋めにならないようにするとか、あるいは進行中の作戦を悟られないために、掘り出された土などを籠城側の目から隠すといったことである。また支柱に火を放つときも、坑道に取り残されて生き埋めにならないよう、作業員は全員安全な場所に避難しなければならなかった。

包囲戦で城壁の下に坑道を掘るという作戦は、古代には一般的だったが、一〇六六年、イングランドに渡った征服王ウィリアムがロンドンとエクセターを攻撃したときには、すでに復元されていたようだ。またこのときは、城壁の土台を掘り崩す機械が用いられたらしい。また、すでに紹介したとおり、第一回十字軍のニケーア攻略では坑道作戦が有効に働いた〔一三九頁以下参照〕。こうした地下坑道を利用した作戦はなかなか普及しなかったが、古代の軍事理論書を参考するのであれ、あるいは自発的に思いつくのであれ、復元するのはたやすく、同時多発的な出来事だったに違いない。一〇八一年に起こった第一次ドゥラッツォ包囲では、ロベルト・イル・グイスカルドは坑道作戦を行わなかったが、一一〇八年には彼の息子ボエモンが実施している。アンナ・コムネナの著作には「彼らは地下道を掘るモグラのように地面の下を掘って前進した。そして荷車を使って土を次々と運び出し、非常に幅広く長い地下坑道をまっすぐ掘り進めていった。そして十分に坑道を掘ったと判断したときには、まるで戦闘で大手柄を立てたかのように喜んだ」とある。とはいえ、この偉大な事業は結局失敗に終わったのだった。その数年後には、ピサ軍の掘削兵《ザッパトーレ》がマヨルカの城壁に対して坑道作戦を行っており、「マヨルカの塔はよろめき／土台を掘り崩された城壁は崩れ落ちた。／これを掘った穴掘り兵たちは、一日ごとに金貨を一枚受け取った」。その結果、「四〇ピエディ〔約一二メートル〕の幅がある広い突破口が城壁に穿たれた」と伝えられている。

一一四七年、リスボンを包囲したイングランド・ドイツ・フラマン人からなる十字軍はこれほどうまくはいかなかった。このときは、ケルンから来た一団が五度にわたって「地下道」を使って城壁に穴を穿とうと試みたが、そのたび失敗に終わった。十月に入ってようやく計画は成功し、城壁を二〇〇ピエディにわたって崩した。だが

坑道を掘り城壁を破る
13世紀半ばの写本、ブリティッシュ・ライブラリー蔵

サラセン人は抗戦を続けたため、突撃部隊は結局市内に侵入することはできなかった。[43] またウィリアム征服王が行ったように、フリードリヒ一世も一一五五年にトルトーナで「モグラ」と名付けた機械を設置したが、掘削機能を持つ機械にこれほどふさわしい名前もないだろう。しかしながら、フライジングのオットーは地下道を使った攻撃を「廃れた策略」と評している。皇帝陣営にいた何者かの裏切りによって、作戦の進行状況は敵側に伝わってしまい、この攻撃はトルトーナ人に防がれたのではないか——年代記の中でオットーは、そう疑念を表明している。

　フリードリヒ一世は、一一七五年冬のアレッサンドリア包囲で再び坑道作戦に失敗している。ロムアルド・サレルニターノの記述によれば、「皇帝は地面の下に抜け道を掘るよう命じ、そこを通って市内に奇襲をかけるために武装した騎士たちをそこに潜ませた」。アレッサンドリアはこのような策略に何の備えもしていないは

Gattus cō ponte i codilibet loco pōt operari :–

Musculus siue gattus

Iste iuncte simul cōmisse ponūtur ad portā cauñe ne a saxa sup fossores ruant alias musculi uocantur :–

Desideras rocā tuo⁊ hostiū adpisci sup montē pōitā fiant fouee alias cauñe p fossores eūtes usq; ad mediū roche & qn sentiunt strepitū pedū sub t̃ra tūc ibi faciant platea ad i no... ferm i quo mictāt ... aut quatuor caratelli puluere bōbarde pleni ex parte supiori... & postea ponat funiculus sulferatus i caratellū & ueniat ex situ pōtarū cauernar... murēt dicte porte lapidib; rena & calce grosso muro & postea ... dat funiculus tūc ignis... sit p funiculū usq; ad puluerē caratelli illico eleuat flama uult tota roca :

ずであった。しかしアレッサンドリア側は、危険を察知すると武器を手に取り、侵入口のところでドイツ兵たちを勇敢に阻止した。さらに地下道の一方が崩落し、そこにいた人々を生き埋めにしてこの大惨事の幕が下りたとき、人々は神がそれをお望みになったのだ、とみなした。

こうした完全な失敗としか言いようのない事例と対照的に、一一八五年のフランスでは、フィリップ・オーギュストの技術者たちが成功を収めている。彼らはボーヴェで「猫」〔屋根付きの破城槌〕の援護を受けつつ、町の外周を囲む城壁の下に「手作業で」穴を掘った。坑道の支柱に火が放たれ城壁が崩壊すると、甲冑で身を固めたフランス兵たちは、敵の不意を突いて立ち昇る粉塵の中を城内に突入し、「大勢殺し、捕虜にした」。坑道作戦が華々しい成功を収めた別のケースに、同じくフィリップ・オーギュストが、一二〇三年に難攻不落といわれたガイヤール城を奪取した事例もある（このときは城壁の基部を直接掘り崩した）。こうした先人の活躍によって、その後数年のうちに、坑道掘りは技術的には完全に陳腐化していた。ところがフィレンツェの軍事専門家の間では、包囲戦における地下道掘削はなおも「前代未聞で異例の作戦」とみなされていた。一二二〇年、モルテンナーノ城に対して地下から行われた攻撃では、莫大な出費と四〇日間の過酷な工事によって、一〇ブラッチャもの厚みを持つ城壁も城の塔も、一瞬で根こそぎ崩されてしまった。フィレンツェ政府は結果に満足し、感謝のしるしとしてこの作戦の発案者とその子孫たちに対し、将来にわたって税とその他様々な義務を免除することにした[44]。

ボローニャ人も一二二八年にこの種の技術を使ったという記録が残っている。彼らはピウマッツォ城を攻め、その基礎を「地下坑道を用いて」掘り崩すことにした。また同年、ボローニャ軍はファエンツァ軍と協力して、モデナのバッツァーノ城の地下に坑道を掘り、「城壁を支えていた木材に火を点けると、城壁は大部分が崩壊した」。しかし守備隊の粘り強い抵抗に阻まれ、攻撃自体は失敗している。一二四一年、フリードリヒ二世の掘削兵はファエンツァで地下坑道を掘り進め、守備側がこれを阻止する前に市内まで貫通させた。翌年、皇帝はヴィテルボ攻略でも同じ手段を用いたが、これは期待外れに終わっている。一二四九年、エステ城を攻略したエッツ

タッコラ『機械論』より、地雷の仕組みを描いた図
パリ写本（1453年頃）、パリ、国立図書館

エリーノ・ダ・ロマーノは銀鉱山の鉱夫たちを徴用し、夜のうちに「まるで〔ギリシャ神話の〕地面に撒いた歯から出現したカドモスの兵士のごとく、五〇〇人の歩兵を奇跡のように地中から出現させ」、市内に送り込んだ。ロランディーノ・ダ・パドヴァはまるで神話の出来事のように思えたと述懐している。

地下道掘削はまるで途方もない作戦のように記録されているが、実際は地質の状態が許される限り、普通に行われたようである。モルテンナーノでの成功の後、フィレンツェはシエナとの戦争において、しばしばヴォルテッラ近郊のモンティエーリ銀鉱山で働く鉱夫（通称グエルキ）を徴用した。シエナのセルヴォーレ城を一二三一年に包囲したときは、平衡式投石機や可燃物を用いて長期間砲撃したけれども効果がなかったので、フィレンツェ人は「城の土手に穴を穿ち、城壁の下まで掘り抜いて、塔とともに崩落させた」。一三二四年にはカッピアーノ砦が「建物を掘り崩される恐れゆえに」降伏した。当然、フィレンツェと対戦した側もたびたびこの種の作戦を行っている。たとえばピサ人は一二六三年にカスティリオンチェッロ砦の下に「地下の穴」を掘っているし、傭兵隊長カストルッチョ・カストラカーニは一三二五年、モンテムルロを包囲したとき「城郭の一角から城を掘り崩して、城壁の大部分を倒壊させた」、とジョヴァンニ・ヴィッラーニは述べている。それでもモンテムルロの守備隊は降伏勧告を拒み続けていたが、城の残った部分にも坑道が掘られていることが分かり、この瞬間にも城を倒壊させられると知って、やむなく降伏した。カストルッチョは敵兵を威圧するために「坑道によって城壁が倒壊するところや、たくさんの建物が粉々になるのを見せつけて」、ついに降伏を受け入れさせたのだった。一二九〇年、ジェノヴァ人にポルト・ピサーノの塔が包囲されたとき、守備隊はきっぱりと降伏を拒否したので、ジェノヴァ人が「塔の支柱」を壊し、守備兵は全員倒壊に巻き込まれて死んだ。[45]

一四六六年になっても、ジャン・ド・ビュエイユはいまだに城郭の地下に坑道を掘ることを推奨していた。またその一〇年後、アントニオ・コルナッザーノも、すでに火薬利用が一般的になった時代だというのに、坑道を使うよう勧めていた。火薬の利用についていえば、すでに一四〇三年、フィレンツェ人のドメニコ・ベニンテンディが、射石砲用の火薬を使って発破をかけるというアイデアを示しているし、その後マリアーノ・ディ・ヤーコポは、火薬で破裂する地雷の仕組みを詳しく描写したデッサンを残している〔一九八頁の図参照〕。一四九五年にはフランチェスコ・ディ・ジョルジョ・マルティーニが、ナポリで地雷を実戦に使用した。その二〇年後、フィリップ・ド・クレーヴは、一四九五年にフランチェスコが地雷を使ったことを認識しつつも、火薬を発破のためにではなく、城の土台を支える木材を素早く燃焼させるために使うという伝統的な方法を推奨している。このフィリップが推奨した技法については、イタリア人よりもリエージュやナミュールといったベルギー人鉱夫の方が秀でていた[46]。

事実、火は有史以来、城塞都市を攻撃する際に欠かせないものであった。たとえばバイユー・タペストリーには、ディナン城の防柵を焼き払うために、火のついた槍を振り回す二人の戦士が描かれている。また一一一五年二月、ピサ人がマヨルカを攻略する際にも火は重要な役割を果たした。「ラテン人はムーア人たちに火炎を吹き出す装置を向けた。／夜の闇の中で、ギ

バイユー・タペストリー（11世紀後半）より
ディナン城攻囲の場面

リシャ人の考案した精密な道具が使われた。／それは今や人々の前から失われており、／地球上のどこにもない技術であり、瞬く間に城のひとつを焼き払えた。／炭がくすぶり火花が飛び／あちらこちらに火花が散った。／そして飛んだ火の粉は襲いかかっていく、／また別の城の屋根へと。／そしてその城もまた炎に包まれ焼けていく」。

これと同じ時代、フランス王ルイ六世も無数の城郭を攻略していたが、そのどれひとつとして、火が用いられないことはなかった。たとえば一一〇一年、モンシー城は主塔のすぐそばまで焼き尽くされてしまった。一年後に攻撃されたルザルシュ城は「あるときは武器で、またあるときは火で」攻撃され、ムーン城は陥落するまで「とても耐えられないほどの火や様々な武器の射撃に苦しめられた」。ジェノヴァ人も、一一二五年にピオンビーノの城と城下町へ「火を放ち、武器を取って」攻撃した。一二三九年、ボローニャ領のピウマッツォ城を奪い取ったフリードリヒ二世は「炎と可燃物を用いて、突撃の前に火を放った」。また同様の行為はクレヴァルコーレでも行われた。皇帝自身が「赫々たる我が軍は、火と剣をもって瞬きする間に城を奪い取り、敵を破った」と書いている。また一二四三年、ヴィテルボで用いられた皇帝の攻城兵器は「大量の炎を撃ち出した」[47]。

今まで紹介したどの事例でも、攻撃側が具体的にどのように火を用いたのかは分からない。当然、城門や城の手薄な一角などが、可燃物を放つ場所としてよく選ばれたに違いない。一一一一年、ルイ六世は、大きな炎があがるように、乾いた木材に油脂を塗って荷車に詰め込み、ピュイゼ城の門へ突進させた。また一二〇二年にロッビオを攻撃したパヴィーア軍は「城やその内部にあるものを燃やすために、城門の真正面で火災を起こそうとした」。一二五六年パドヴァでは、エッツェリーノ・ダ・ロマーノ征討軍が、一台の「猫」〔破城槌〕を用いてアルティナーテ門を抉じ開けようとしたが、守備兵は城門のところに配備してあった可燃物を「猫」に向かって発射した。ロランディーノの記述によれば、城の外部からすぐに「木材、藁そして炎が次から次へと」投げ込まれ、城門は焼け落ち、町は陥落したという。一三二九年、アカイアの領主はモロッツォ城の門に火を放つための木材を運ぶのに「悪徳商人ども」に五〇リラも支払っている。

一二一八年、トゥールーズは少なくとも二度の火攻めにあい、城壁を失っている。最初のときは「外国人の略奪部隊」が裏切り、「火種、藁、撚糸、薪」を携えて攻撃してきた。彼らは城の防柵を焼き払うことに成功したものの、撃退されてしまった。二度目は、火の点いた木材や木のつるを積み込んだ荷車が、町の外濠まで押し寄せた。たちまち「藁が燃え上がり、火事になった」が、市民たちは水や砂利を持って駆けつけ、彼らの活躍のおかげで荷車隊は慌てて逃げだした。(48) さらに城郭を攻略中、壁そのものに対して火を点けることもあった。たとえばこれまでたびたび取り上げてきた、ピサによる一一一五年のマヨルカ征服では、「ピサ人部隊が塔の土台に火を点けたので、塔は足元から燃え上がった」。その数年後、コマチーナ島を攻撃したコモ人は「大量の割木を積み上げ、火を点けた。そのため立て籠もっている城に何の備えもしていなかった籠城側は動揺した」。ヴェルチェッリにあるサルッソーラ城などは、城内に乾いた茨が生い茂っていて、そこに火が点いただけで危機的状況に追い込まれてしまった。

一二四二年十二月二十三日の早朝、ブレシャ軍はパラッツォーロ・スル・オーリオを「あちこちに火をかけた」あとで攻撃し、その後家屋や「城壁の塔の近くに積み上げられた木材」に火を投げ込んだ。フリードリヒ二世は、ヴィテルボの外濠に油脂を塗った可燃物を積み上げた荷車を突っ込ませ、同時に防柵に火を点けるために木のつるを束ねた柴も用いたが、成功しなかった。一二六七年、マントヴァ近郊のテッツォーリでは、攻撃側は火を点けた攻城塔までも城に突っ込ませた。その結果、城は「全体が燃え上がり」、あっさり攻略されてしまった。マリアーノ・ディ・ヤーコポは一四四九年の著作で、動物を使って火を放つという非常に古典的な攻撃手段を提案している。たとえば、もし城内の建物の屋根が、木材やその他燃えやすい材料で葺かれていたら、猫かネズミの体に強いアルコールを染み込ませ、尻尾に硫黄を塗った紐を結び付け、点火するというわけだ。動物たちは城壁の割れ目や下水道を通って侵入し、あちこち走り回って確実に火災を起こすであろう。こうして城を占領できる。さらにより優れた点は、籠城側はこれを消火したり、城壁で防いだりできないということだ。(49)

Si castellū domus eius sit cop'te lignamine siue stipis scopis facilius possit cōburi
oportet q' habeant musipule aqua uitis balneate & postea ligentur eis funi-
culis sulfure unctus & accendat' funiculus & postea p' fissurā muri castelli ant
acā mictantur musicule. ipe intus castellū curr[illegible] huc & illuc & intrāt domos
& faciūt incendiū & deficientibus musiculis tūc habeāt recursū ad mures [illegible]
nili mō cū aqua uitis & funiculo sulfurato ac ardente fiat. Et dux Catalanus [illegible]
otemtū suum :

一度着火されてしまうと、火はそれを点けた側にも危険な物となりやすい。だから「友軍の起こした火災」によって損害を被るのも珍しくなかった。一一六九年、ジェノヴァ軍はピサのカパルビオ城を奪取するために城を取り巻く建造物に放火した。しかし炎は「敵とは反対側へと燃え広がり」、包囲戦を断念せざるを得なくなったという。同様の事件は、一二三四年にピアチェンツァ軍がピガッツァーノ城を包囲したときにも起こった。彼らは城壁に開いた穴から、藁と木材の倉庫に火を放ったが、その炎のせいでピアチェンツァ人は追い払われ、城に侵入できなくなってしまった。一二六三年、ピサ軍はカスティリオンチェッロの城壁の地下に坑道を掘ったが、守備側のルッカ人は対抗坑道を掘って、可燃性の「液体」を流し込んで応戦した。ところが炎が煙突を通って城の城砦へと燃え広がったため、守備隊は籠城を断念せざるを得なくなった。またアルベルティーノ・ムッサート*の記述によれば、一三一四年、カングランデ・デッラ・スカーラは守備隊の動揺を誘うためにアバーノ・テルメに火を放ったが、思いがけず自分たちの方へと飛んできたため、カングランデの多くの部下や馬が死ぬことになったという。これを、不意に風向きが変わるといった予期せぬ要素が働いた結果だと捉えるか、あるいは「奇跡が起きた」と好意的に解釈するかの判断は我々に委ねられている。

一〇三三年、ヴァンドーム伯ジョフロワ**がサルッソーラ城に火を放った。駐屯していた守備兵は天守閣《ドンジョン》に避難を余儀なくされ、生き延びるためには講和を結ぶしかないと思われたが、火事は奇跡的に木造の教会の前で消えてしまった。すでに述べたとおり、この城の周りは火の点きやすい茨で囲まれていたのだが、福者であるサルッソーラのピエトロ・レヴィータの「とりなし」によって風向きが変わり、火事は火を点けた側の陣地を焼き尽くした。こうして火災は遠く離れた無人地帯へと遠ざかり、別の史料によれば、そのとき三羽の鳩が三度空を飛び

*パドヴァ出身の文筆家、歴史家（一二六一―一三二九）。悲劇『エケリニス』の作者。
**アンジュー家のジョフロワ二世（一〇〇六―一〇六〇）。一〇三二年から五六年までヴァンドーム伯。

タッコラ『機械論』より
動物によって城内に火を放つ法を描いた図
パリ写本（1453年頃）、パリ、国立図書館

去ったという。一方、一二四三年ヴィテルボでは、フリードリヒ二世の放った火が、当初は西風によって猛烈に煽られたものの、その後風向きが変わって皇帝の攻城塔を襲い、一二台が灰と化した。これも慈悲深き聖母マリアのおかげとされた。

都市内部の抗争に包囲戦術が応用された場合は、火災に脆いという都市の弱点のせいで、火は恐ろしいほどの効果を上げげた。ディーノ・コンパーニの記述によれば、一二九五年フィレンツェでは「平民たちはポデスタの宮殿に柴の束を持ってきて門に火を点けようとした」。そして彼らはたやすく宮殿を略奪し破壊したのだった。また敵対する派閥の住居に放火するという手段もかなり頻繁に用いられた。一三〇一年にコルソ・ドナーティがフィレンツェに復帰したときは、平民派の住居が攻撃目標とされ、「容赦ない火災から家屋を守ろうとしたが、平民派の住宅は全部燃えてしまった」。そののち、コルソ・ドナーティ本人が「弩と火を用いてシニョリーア宮殿を攻撃し」、戦闘の混乱の最中、ドナーティの支持者たちは「ロンディネッリの塔に火を放った」。一三〇四年六月十日に「邪悪かつ放埓な人間」ネーリ・デッリ・アバティが権力を握ると、彼はオルサンミケーレ通りにある自分の一族郎党の家に、ためらいもなく火を放った。また別の者たちはカリマラ通りに火を放ったので、カヴァルカンティ家の家々も燃えてしまった。*こうして「都市フィレンツェの背骨、卵の黄身とでもいうべき最も価値のある一帯がすべて焼けてしまった」とジョヴァンニ・ヴィッラーニは結んでいる。(50)

火災が恐るべき効果をあげたのは戦争においてだけでなく、小規模な略奪騎行や、名誉を賭けた決闘でも同様だったと考えられる。こうした無差別な火の使用は、いかなる場合でも処罰の対象とみなされなかっただけでなく、むしろそうした小規模な軍事行動での名誉ある、賞賛すべき行為と考えられたのである。たとえば一二四四年、アンドリオーロ・デ・マリは、サヴォーナ市の外濠のすぐ外側まで「火と破壊」で覆ってその領土を征服し、「名誉に包まれて」ジェノヴァに帰還した。またロランディーノ・ダ・パドヴァは、いつも自分たちパドヴァ人の軍事的才覚や騎士道精神を強調していたが、バッサーノの近郊に放火したことや、ヴェローナ領ヴィッラノーヴァを炎で焼き払ったことを「男らしく勇敢な」振る舞いとみなしていた。それにもかかわらず、戦争における放火によって生まれた犠牲者たちに特に注意を払った記録は、ほとんど見られないのである。[51]

＊教皇派の都市フィレンツェでは一三〇〇年以降、ドナーティ家を中心とした富裕市民層からなり、教皇との結びつきを強化しようとする「黒派」と、チェルキ家を中心に、教皇からの政治的自立を目指す「白派」との対立が顕在化した。ここにあがっている人名のうち、コルソ・ドナーティ、ネーリ・デッリ・アバティは黒派、カヴァルカンティ家は白派。

7 はしご攻め、力攻め、裏切り

エジディオ・ロマーノいわく、城郭を「戦って」奪取する方法のうち、最も「一般的でよく知られた」ものは、はしごを持って城壁に近づき、弓兵・弩兵・投石兵の援護射撃を受けながら攻撃することである。これはたしかに直接的で単純なやり方だったが、敵の不意を突けない場合は危険で、成功は難しかった。年代記作者マラテッラによれば、ロベルト・イル・グイスカルドの兵は、一〇七一年のパレルモと一〇八四年のローマで、まず見張りの手薄な城壁の一角に密かにはしごを掛けて侵入し、その後内側から城門を開いて味方の軍隊を導き入れるという方法で城を破った。こうしたはしごを使った攻撃を行うのはたいてい夜間で、城壁の中でも警備が手薄で、登攀が容易な部分が選ばれた。西暦五三六年、ベリサリウス将軍はナポリ市を囲む城壁にはしごを掛け、よじ登るよう命じたが、誰一人として防御用の斜堤にたどり着けなかった。これははしごを作った指物師が暗闇の中で作業をしたので、堤の高さを正しく測れなかったせいらしい。そこで兵士たちははしごを二つずつ繋ぐことで城壁を見事に乗り越えた。一〇九八年六月、アンティオキアが十字軍に降伏したときは、夜間に十字軍兵士六〇人が「城壁にまっすぐ取りつけた」一本のはしごを登り始めたが、登り始めてしばらくすると、彼らは「不安と動揺のあまり転落し」はしごを壊してしまった。だが、かろうじて攻撃には成功したのだった。精巧に作られた突撃用のはしごは、ミラノの扇動者エルレンバルド*が一〇七五年に、市内にあった要塞化された邸宅を攻撃するのにも用いられた。このはしごは二〇キュービットの長さがあり、人間ひとりで支えられるよう脚部に固定用金具がついていた[52]。

アンティオキア攻囲
14世紀前半の写本、デン・ハーグ、国立図書館はしごが奇襲攻撃、とくに夜襲で使われたことは、文書記録でも裏付けられている。そのひとつに一二三〇年、シエナ人がフィレンツェ人の城スティエッラを奪取・破壊した事件があげられる。このとき、シエナ政府は戦闘後になって、「スティエッラ城に対して用いられ、持ち帰られなかったはしごを回収した」人々に一〇ソルドを支払っている。同様の例としては、一二四二年、ブレシャのポデスタがパラッツォーロ・スル・オーリオの塔を占領したとき、「戦争で鍛えられ、勇敢で大変豪胆な我がブレシャの兵たちは、かねてから準備していたとおり、モーラと呼ばれる地点でオーリオ川を歩いて渡り、城壁にはしごを掛けて勇敢に昇って行った」。そうやって彼らは、夜が明ける前に整然と城壁を乗り越えたのであった。

十四世紀中期以降、イタリアで活躍したイングランド傭兵は、彼らが得意とした夜襲用のは

＊一キュービットは四三―五三センチメートル。

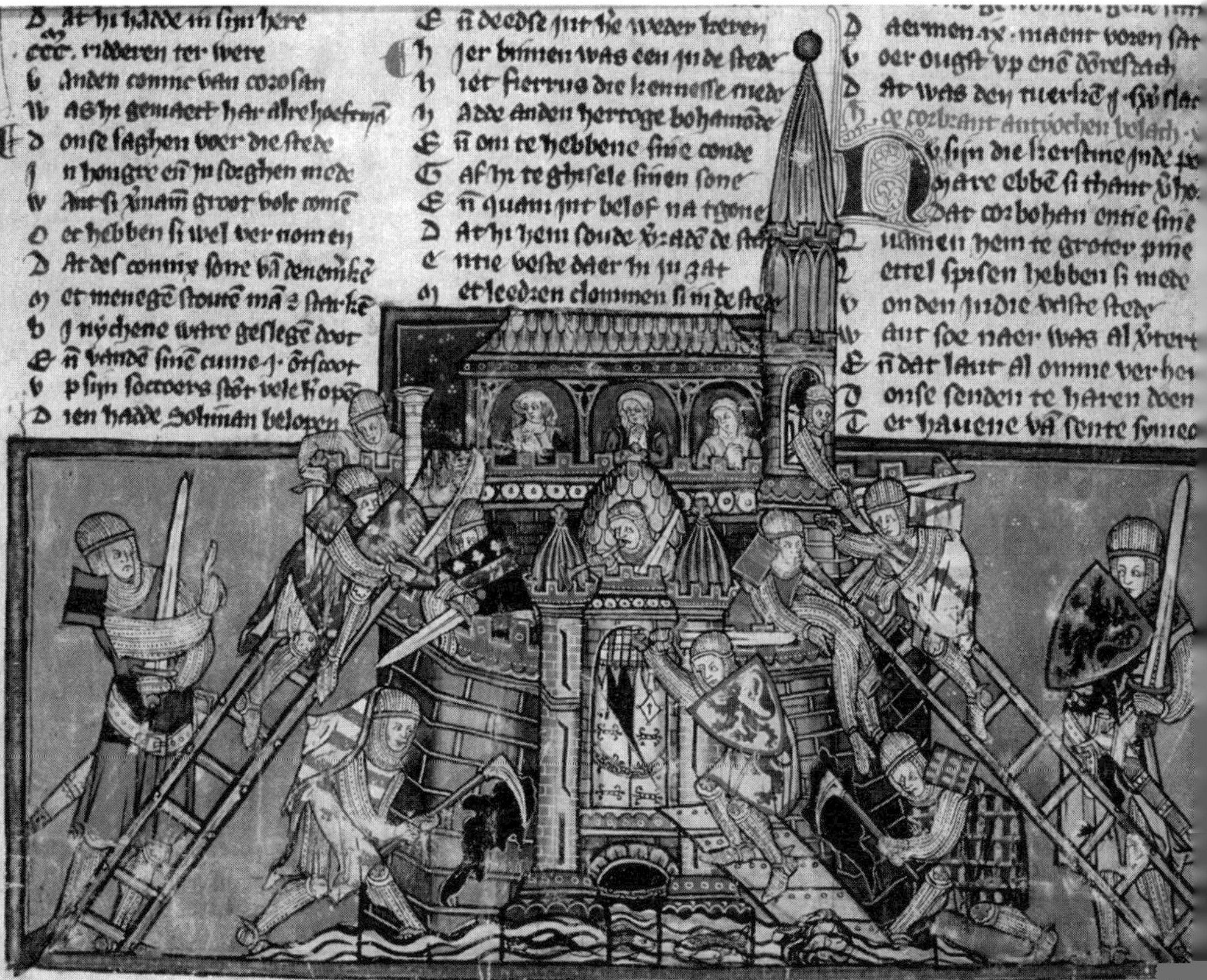

しごを装備していた。フィリッポ・ヴィッラーニの記述によれば「そのはしごは非常に凝った仕掛けで、主要な部分は三つのはしごで構成されていた。ひとつのはしごの上に、より小さなはしごが連結できるようになっていて、この構造のおかげでどんな高さの塔にでもよじ登ることが出来た」。イングランド傭兵が得意とした、はしごによる夜襲については、一世紀後にジャン・ド・ビュエイユが書いた『ジュヴァンセル』でも詳しく論じられている。ジャンいわく、イングランド傭兵は敵の歩哨が目を覚まさないよう、音もなく行動する。彼らはそれが決して壊れることがないという理由で縄ばしごを好んだ。木のはしごを使うのはたいてい余分な装備を運ぶ余裕があるときだけであった。イングランド傭兵の使うはしごは、作戦に参加した兵士たちがそれぞれの部品を楽々と背中に背負って運べるように、どれも分解可能になっていた。はしごを掛けるのに適した場所が見つかると、イングランド兵はぴたりとそれぞれの持ち場につく。すると、はしごの各部品が兵士の手から手へと渡され、次々と連結されていくのである。はしごとはしごの留め金はぴったりと嵌り、つなぎ目同士は滑らかにつながるので、はしごは小さな物音すら立てることなく伸びていく。はしごが掛けられると、手近な兵士がよじ登って城壁の上部を確保する。それから彼は矢狭間の間に太い梁を渡し、そこに予備の縄ばしごを結んで下に垂らす。こうやって全員が音もなく城壁に登る。このような奇襲によって歩哨が排除されてしまうと、城郭はあっさりと攻撃側の手に落ちるのである。(53)

はしごを用いた攻撃は、夜襲のときだけ行われたわけではない。第一回十字軍の兵士たちは、むしろこれを敵の眼前で、危険を冒してでも勇敢に遂行すべき作戦と考えていて、しばしばそのとおり実行した。一〇九八年十二月十一日に、マッラの城壁に対して勇猛かつ果敢に実行された攻撃を、作者不明の十字軍年代記は生き生きと描写している。「騎士たちは毎日、市の城壁にはしごを掛けて戦った。だが異教徒どもも大変勇敢であったので、我が方は何の進捗も得られなかった。ラストゥールのジョフロワが最初に城壁に登ったが、そのとき使ったはしごは、戦友たちが殺到したせいで重みによって壊れてしまった。彼はたった一人で城壁にたどり着いた。そこで彼は、味方が急いで第二のはしごを城壁に掛けようとしているのに気づいた。こうして多くの騎士や歩兵がはしごを伝って城壁へと登ってきた。サラセン人は地上でも城壁の上でも勇敢に戦い、我が方の兵士たちに矢を放ち、背中を槍で貫いたので、我が方の兵士は恐れをなして城壁から跳び下りた」。城壁の下では、十字軍による地下坑道の掘削をめぐって激しい戦いが繰り広げられたが、結局この坑道作戦によってマッラは降伏したのだった。一〇九九年六月に十字軍がエルサレムに到着したとき、この年代記の作者は次のように述べている。「ただちにはしごが準備され、都市を一撃で手中におさめるべく、我々は激しく正々堂々とエルサレムを攻撃した」。

一一一五年三月にピサがマヨルカを攻撃したときの、ウーゴ・フォカッチャという男の例をみてみよう。「〔ウーゴが〕はしごを登った。／五人のムーア人がそこにいて／立ち向かってきた。彼らは雄叫びを上げ、／無鉄砲な若者を取り囲んだ。／こうして誰も助けに行けなくなったが／勇者ウーゴは敵に抵抗し／盾とかぶとに無数の一撃を受けた」。だが、結局ウーゴは塔を占領したという。その数年後、カペッラの城を攻めたコモ人は、「城壁にはしごを掛け、それを通って城の中に入って抵抗する者は皆殺しした。／それから塔を駆け上って頂上を占領した」。すでに何例かあったように、作戦の最中にはしごが壊れることも稀ではない。たとえば一一五六年のザラ包囲戦では、はしごが折れたせいで無数の「甲冑を身に着けたヴェネツィア貴族」が死んだ。それから半世紀ほどのち、第四回十字軍もザラ戦のヴェネツィア人に劣らぬ勇気で、コンスタンティノープルを占領した。ジョフロワ・ド・ヴィルアルドゥアンの語るところでは、一二〇三年六月に「十字軍は海側の城壁にある物見櫓にはしごを掛けた。城壁は巧みに、そして粘り強く攻撃されたので、イングランド隊とデンマーク隊の手に落ちた。二人の騎士と二人の従士が勢いよくはしごを登り、敵を圧して城壁を取ったのである。さらに一五人ほどがはしごを登って、戦斧や刀剣で白兵戦を繰り広げた」。(54)

＊原語は「ラッパ trombe の方式で」。おそらくトロンボーンないしスライド・トランペットの部品のように、はしごの上にはしごを継いでいけるようになっていると思われる。

フロワサールの年代記には、十四世紀に発生した三七〇もの包囲戦が記録されており、そのうち三〇パーセントが力攻め、二〇パーセントが攻城兵器によるものであったが、はしごが使われたのはたった一例のみである。はしご攻めは、攻撃する側にとって実用的であると同時に危険なものだとみなされていた。一三八七年六月十三日、モンテガルダ城がパドヴァ人に強襲されたとき、彼らは「力と機略で城を奪取しようと考え、力を合わせて城攻めの道具を運んだ。柴の束を放り込んで外濠を埋め、城壁にはしごを掛けた」とコンフォルト・ダ・コストッツァは書き残している。だが守備兵はこうした攻撃を予測していたので、「弩を狂ったように撃ち込んだ。こうしてパドヴァ人は大損害を被り、ぶざまにも撤退せざるを得なくなったのである。この突撃で実際五〇人以上が戦死、さらに二〇〇人が負傷した」。ジャン・ド・ビュエイユに言わせると、はしごを使って強襲をかけるならば、目標の都市に対して可能な限り大規模に仕掛けなければならない。彼は最低でも二四組のはしごを用意するように推奨している。そのはしごは大きく頑丈で、三六から四〇ピエディ〔約一二メートル〕の長さがあり、四人の兵士が横一列に並んで登れるほどの幅が必要である。さらにジャンは、より小型な長さ二五ピエディ〔約七・五メートル〕のはしご一二〇から一六〇本を要求している。当然ながら、攻略すべき都市の重要性や攻撃側の兵数に基づいて、必要なはしごの数を算出する計算法についても論じている。[55]

敵の眼前にはしごを掛けての突撃は、最も心踊る瞬間だとみなされていたが、包囲戦が長引くにつれてこうした激しい攻撃は減り、必然的に、敵味方どちらが先に精神的に摩耗するかを競うような、長期持久戦へと変わっていく。十世紀中頃に起こった、半ば伝説となっているカノッサの包囲戦について、修道士カノッサのドニーツォは、ベレンガーリオ二世によって包囲されたカノッサ家のアダルベルト・アットーが、砦に閉じ込められ「長く重苦しい包囲にうんざりしている」せいで「城の上層階ではゲームや暇つぶしが流行った」と述べている。一五五五年、トルトーナ包囲戦に従軍した皇帝軍のある盾持ちは「長引く包囲戦にうんざりして、気持ちが押しつぶされていた」ので、闘争心を爆発させる手本を見せてやろうと考えた。そこで彼は剣と盾それに戦友が鞍に縛り付けておいた小さな斧を身に着け、その斧で「赤の塔」を囲む土手に階段を刻んでよじ登った。彼は敵味方が放つ石弾や矢の中に身を晒し、半ば壊された塔のふもとにたどり着くと一人の敵兵を打ち倒し、さらにあらゆる危険をかわして無傷で野営地まで引き上げてきた。皇帝フリードリヒ一世はこれを称賛し、騎士が身に着ける腰帯を授けようとしたが、盾持ちは辞退した。というのも彼いわく、自分は平民出身で、この身分に留まることを望んでいるから、ということだった。

包囲軍の兵士に勇気を奮い起こさせ、我先にと戦わせるため、敵の城に一番乗りを果たした者に褒賞が約束されることはよくあった。再びトルトーナ包囲戦の例をあげると、一一五五年五月二十六日の朝、パヴィーア軍は最初に町に入った者に「大金」を与えると布告した。しかしミラノ人の年代記によれば、その褒美は兵士が期待したような額ではなかったそうである。また一二二八年、ボローニャのポデスタも、モデナのバッツァーノ城に一番乗りした人間か、あるいはその人間の子供に、一〇〇リラの報奨金と都市政府への税金免除を

はしごを掛けての急襲
15世紀の写本、ブリティッシュ・ライブラリー

与えると約束した。なぜならそうでもしないと誰も自分の命令に従わないと気づいたからである。一二二九年のシエナ市の出納帳には、トルナーノ城に一番乗りした、ラニエリ・プルチェなる人間に五〇リラを与えたことが、はっきり記載されている。十四世紀のルッカでは、こうした慣例が明確に制度化されていた。すなわち、攻略した城に一番乗りした人間には一〇リラの報奨金と、同額の銀の杯一個を与えることになっていたのである。

コンパニア・ディ・ヴェントゥーラ（傭兵団）の時代になると、こうした目的で支給される報奨金は二五フィオリーノ〔約二五リラ〕まで増額された。また一四七八年、ディオメデ・カラファは「一番槍を果たした男」だけでなく二番、三番にも褒賞を与えることを推奨している。さらに彼は、報奨金以上に、武功を知らしめるための称賛の言葉が必要だと考えていた。そうすれば戦功によって「利益と名誉をともに得ることとなる。この二つはこの世界で最も渇望され、同時に人を苦しめるものなのだ」。ディオメデは、いかにして人間を戦闘に駆り立て、後押しするかに腐心した。このことからも、城を直接攻撃で奪取するといった事態は、どう考えてもそれほど多くはなかったと分かる(56)。

それでも、イタリアの都市コムーネ同士の戦争では、ときに力押しによる城の占領があったことを、年代記作者はあるがままに書き留めている。たとえば、一一五六年五月にミラノ軍は、グインテルモ親方が作った投石機の援護のもと、スタッビオ城を「ひた押しに押して」奪取し、「非常に準備が整い、何人も攻略できないはずであった」この城を破壊した。この戦いではミラノ市内の三つの街区から集められた部隊が相互に監視し合い、競争意識が働いたことが重要だったと考えられる。彼らはこのすぐ後で「キアッソの城と塔も、死に物狂いの猛々しい突撃で奪取した」。これに続く遠征では、ミラノ軍はノヴァーラのチェラーノ城へと軍を差し向けた。三日間の包囲の後に、彼らは「多くの兵が死んだ方がまだましだと思うほど激しい戦闘で」城を奪取している。さらにミラノ軍はモルゲンゴ城への突撃を企図し、その際かなりの兵士が濠で溺死したが、「ミラノ人は力攻めで城を取った」。ジョヴァンニ・コダニェッロは、一二〇〇年から一二二〇年の間に少なくとも七つの城が「力攻めで」

アンティオキア占領後の住民の殺戮
13世紀後半の写本、パリ、国立図書館

奪取されたのを自分の目で見たし、これは何ら特別なことではなかったと述べている。さらにピエトロ・カンティネッリの証言から特異な例を拾ってみよう。彼によると、一二九六年六月十八日マギナルド・ディ・スシナーナは、ファエンツァ人を率いてセッテフォンティ城へと馬を進め、一両日をそこで過ごした。「昼食の後、彼らは城を強襲した。とても激しい戦闘の結果、城は占領され、そこにいた全員が捕縛されるか殺された」。死者は一一人、捕虜は三四人だったと詳細に語られているが、これが城郭を占領する一般的なやり方だったとはとても言えない。

実際に城郭や都市を「力攻めで」奪取した場合、まず問題となるのが、降伏しなかった守備兵たちを勝者はどのように扱うのが適法か、という点であった。この問題について、サリンベーネ・ダ・パルマが著作の中で概要を述べている。彼によれば、一二八三年五月グイド・ディ・アルバレトは、サン・ポーロの城砦化された教会に立て籠もるカヴィッリアヌムの住人に、最後通牒を突きつけた。そこでカヴィッリアヌムの人々は「各人が自問自答し、我々に対して降伏したので、無傷で戦場を去ることが許された。もし降伏勧告を受け入れていなければ、教会は力攻めで占領され、彼らは一片の慈悲もかけられず全員処刑されていただろう」。こうした脅迫は無駄ではなかった。もしカヴィッリアヌムの人々が降伏勧告を拒絶していれば、一二六七年にパルマ南西のモンテパッレロで起こった事件が繰り返されていたことは明白である。モンテパッレロの城は「力によって」パルマ人に占領された。城に居た人間は「断頭刑に処された三人の貴族を除いて、一人残らず木に吊るされ」たのであった。同年、フィデンツァにあるパローラ城もウベルト・ペラヴィチーノによって「力で」占領されたが、「その城に居た三六人全員が吊るされ、隊長格の三人は首を刎ねられた」。

こうした慣習は古く、そして一般的に広まっていた。たとえば五三六年、ベリサリウスはナポリを力攻めで攻略することを避けるために、彼らを自発的に降伏させる方法を模索した。なぜなら「私はたびたび都市が占領されるところを見てきた。そしてそのときいつも何が起こるかは経験で知っていた。住民たちは皆殺しにされ、その様子を見物させられた女たちも殺してくれと願う。彼女たちは強姦され、生き埋めか、よりひどい扱いを受ける。養育してくれる人間を奪われた幼児たちは奴隷の身に堕とされ、敵への憎悪の化身となる。敵の手はおのが父親の血で汚れているからだ。最後に町に火が放たれ、その財産も美しい光景も破壊されてしまうのだ」[57]。

「力攻め」に何か特有の戦法があったと断定するのは容易ではないが、それはいわば暴力的な闖入とでもいうべき性格を有していた。一二〇八年、フィレンツェ人はシエナ領のリゴマーニョ城へと強襲をかけたが、彼らが用いたはしごは敵の落石によって粉々に砕かれた。そこで攻撃の先頭にいた兵士が、後続の兵士の踏み台になった。こうして兵士たちは次々と交互に支え合い、守備兵が剣や戦斧や硫黄を詰めた可燃性の投擲兵器で対抗したにもかかわらず、城壁の頂上に到着した。可燃物による攻撃の激しさは、雨と雹のせいで火が消えてしまっても、鎧を身に着けていない兵士を負傷させるほどだった。結局城は陥落し、二〇〇人以上の敵兵が捕虜となった。ギレーム・ド・トゥデラの著作によると、アルビジョワ十字軍も、この奇妙な方法で一二〇九年七月ベジェを攻略した。このとき人間はしごを実行したのは、放浪生活を送っているという理由から「ごろつきども《リバルディ》」と呼ばれる兵士だった。彼らは裸足で、武器に棍棒だけを携え、外濠に飛び込み、つるはしを担いで城壁をよじ登り、城門を破った。そこで籠城側は不意を突かれて恐怖に陥り、町を囲む斜堤を放棄して教会へと撤退した。門が開いたのを見て、十字軍兵士も武器を手に取り、市内へ入ろうと一団となって急いだ。戦闘で興奮した「ごろつきども」は死も恐れず、殺すことも厭わなかった。彼らは出会った人間すべてを虐殺し、家になだれ込んで価値のありそうな物はすべて手に入れた。十字軍兵士の行動については何も語られていないが、おそらく全住民を殺し尽くしたのだろうと考えられる。

ジョヴァンニ・ヴィッラーニは、一二六五年にシャルル・ダンジューの軍隊によって、要衝サン・ジェルマーノ城が完全な奇襲を受け、包囲されたときのことを語っている。このときマンフレーディ王は「彼の封臣の大部分、ドイツ人やプーリア人、さらにノチェーラに居たサラセン人すべてに弓・弩とたくさんの矢を持たせて、守備を任せた。この城は堅固で監視に適しており、一方の側は険しい山、他方は沼と湿地で、城内には食料やその他の必需品が二年分も蓄えられていた」。そこに駐留した兵士たちは、守りは完璧だと考え、敵を嘲弄し怒らせて楽しんでいた。そのためフランス人たちは「激怒してこの要地へと突撃し、あちらこちらで戦闘が繰り広げられた」。とくにある勇敢な一隊が、スカラムッチャ〔小規模な攻撃〕のために城外に出た敵を追いまわしたあげく、城内に突入することに成功すると「通用門を開け放ち、味方を導き入れようとした」。それから突入したフランス人部隊は「武器の力で城内へ押し入り、ただちに城壁の上に自分たちの旗印を掲げた」。こうして「城外に居た者たちも勇気を得て、より多くの兵士が城内に入ることができた。城内のマンフレーディの部下たちは城壁に敵の旗印が掛かっているのを見て、門を開け放って逃げだし、わずかな兵だけが防戦を続けた。こうしてシャルル王の兵士は一二六五年二月十日、サン・ジェルマーノを戦って取った。その城郭の強さ、またそれ以上に神が城に与えたもうた守り〔自然地形のことか〕を考えれば、これは大いなる奇跡であった。なにせ城内には一〇〇〇人を超える騎士と一五〇〇人の歩兵がおり、その多くはノチェーラのサラセン弓手だったのだ」。

このように守りを固めていた城が「力押しで」陥落する場合、たいていは偶然、不利な状況が嚙み合ってし

裏切り者が鍵を開け、アンティオキアが攻め込まれる場面
13世紀後半の写本、パリ、国立図書館

まった結果だった。多くの場合、攻撃側は劣勢であったが、言葉巧みに城内の裏切りを誘発することで城に侵入し、劣勢を覆している。ビザンツ＝ゴート戦争中の西暦五四四年、ティヴォリの市門は、町の住民とビザンツ帝国に徴兵されたイサウリア人〔小アジアの山岳民族〕が協力して守っていた。しかし、トーティラ王配下のゴート兵は、行く先々で住民や司教を虐殺し、そのことで怒りや軽蔑がかきたてられたせいで、ティヴォリの住民とイサウリア人は諍いを始めるようになったのだった。また別のイサウリア人部隊は、まず五四六年に、そして五四九年にもう一度、買収されてローマ市をトーティラ王に譲り渡した。一〇八一年、ロベルト・イル・グイスカルドはドゥラッツォを包囲したものの、戦いの決め手を欠いていた。しかしあるヴェネツィア人住民の裏切りによって都市の門は開かれた。一〇九八年六月二日の夕刻から三日の夜明け

までに、十字軍に包囲されていたアンティオキアはボエモン・ダルタヴィッラの手に落ちたが、これはトルコの首長《アミール》ファイルーズがボエモンに寝返ったせいであった[58]。一二四一年、サヴォーナ侯領にあったセーニョの城でも、決め手を欠いた包囲戦がだらだらと続いていたが、領主ジャコモ・デル・カッレットの裏切りによって陥落した。さらにその一年後、ヴェローナのアルコレ要塞は同じような裏切りによってエッツェリーノ・ダ・ロマーノの手に落ちた。これらとは逆の例では、一二六〇年にアルベリコ・ダ・ロマーノは、堅固な塔を備え難攻不落のサン・ゼノーネ城に、四か月にわたって立て籠もった。だが敗北が明らかになってくると、守備兵たちは勝者の好意を得ようとして、彼を敵に引き渡してしまったのである。

こういった裏切り者がもし捕まった場合は、悪しき前例とならないよう残酷な処罰を与えられた。たとえばサリンベーネ・ダ・パルマの話では、一二八七年七月、レッジョの亡命者たちは、密かにレッジョーロ城の城門を内部から開こうと画策した。謀反人のうち、一〇人は身を隠し逃げおおせることに成功したが、一人は捕まり、拷問の後で腕に枷を嵌められ、都市政庁の外壁から吊るされた。それから彼は嘲弄されながら市内を引き回され、首を刎ねられた上に死体は火刑に処された。さらに彼の一族郎党は全員永久追放となった。また、サンタントニーノ・デッレ・カステッラのある助祭は、ビアネッロ城を反逆者側に引き渡すつもりだったと、「拷問も受けないうちにあっさりと」自白した。そこで「彼はただちに首をのこぎりで切られ、彼の死骸は裸にむかれたうえでビアネッロの城下町の中を引き回された。それから城のふもとで卑しい死人として火刑に処された。サンタントニーノの教会には彼のシャツだけが埋葬された」。この助祭の妹でベルタという女性は共犯者とみなされ、「舌を切られたうえでクワトロ・カステッラに追放された」[59]。

8―防衛のリソース

攻撃手段の不足

エジディオ・ロマーノが明言しているとおり、防衛に際しては、城郭の立地の自然地形や、城壁や塔や掘割など城の縄張りに基づいて目算を立てなければならない。もちろん、飢餓から逃れるために水と食料の蓄えは十分に用意しなくてはならないし、戦闘に貢献できない人間や体の弱い人間は城から追い出さなければならない。当然エジディオは交換・補充用の武器と弾薬の用意も劣らず重要だと理解していた。こうした準備の次に防衛側の助けとなるのは、攻撃側の持つ本質的な弱みであった。つまりたいていの場合、攻撃側は包囲戦のような、費用のかさむ長期の軍事作戦は可能な限り避けたいという事実である。こうした作戦では、物資や組織を動員し管理する能力が求められるだけでなく、敵の城郭を長期間、厳重に封鎖するために大規模な軍隊を戦場に配置しなければならない。これらは、包囲すべき都市や集落が大規模になるほど問題となってくる。ディオメデ・カラファも一四七九年の著作の中で、包囲戦に訴える前に正確な見積もりをしておくよう勧めている。もしある城郭が攻略困難なものであるなら、「時間の浪費と軍隊の損耗についてはっきりと理解し」、名声や評判などを気にかけることなく、戦いを避けるのがより良いことなのだ、と。

ミラノ人は、膨大な数の軍隊を自力で動員することができたが、一一二六年コモ市を包囲する際には、多数のイタリア北部の都市から援軍を求めなくてはならなかった。ミラノ人は「多くの都市を戦列に招請し、／都市城壁をあらゆる方向から襲撃するため／兵士をコモへと連れて行き」、平原に陣を定めると「町の周囲をがっちりと／

厳重に封鎖した」。その数年後、フランスのコーヌ城を包囲するために三つの異なる軍隊が召集され、その結果、城は「あらゆる方向を敵軍に囲まれてしまい、誰も出入りできなくなった」。こうした文学的表現、たとえば「あらゆる方向を包囲される（undique obsidere）」や「攻略する（expugnare）」「あらゆる方角を敵軍に囲まれる（ex omni parte hostiliter circuire）」などを用いて読者に訴えかけるとき、それは包囲が尋常なものではなかったこと、さらに特筆するだけの価値があったことを意味している。フリードリヒ一世がトルトーナやクレーマ、ミラノの包囲を成功させることができた一番の理由も、皇帝が多数の兵士を動員する能力を持っていたという点が大きい。実際、彼は大軍を動員できたおかげで、町の周囲に封鎖用の防柵を築くという大工事を挫折することなくやりとげたわけだが、こうした組織力や展開能力は当時の誰もが備えていたわけではなかった。

クレモーナのリウトプランドによれば、すでに西暦九二四年、ベレンガーリオ一世の軍に雇われたハンガリー人たちは「パヴィーアの都市城壁を取り囲む濠を掘って、その周りに天幕を並べ、市民が市外に出ようとするのを阻止した」。同様にモンテ・カッシーノのアマートも、十一世紀前半のイタリア南部におけるノルマン人について、控え目な表現で描写している。それによれば「ノルマン人は、城壁のすぐ近くに天幕を張って敵の城郭を取り囲むと、塹壕と馬防柵を並べて自分たちの〈城〉を築いた」。これはおそらく頑丈な木造の櫓なども備えた、堅固な包囲用の防壁のことだと思われる。一一〇三年にフランス王ルイ六世がモンテギュ城を包囲したときも同様に、「木の杭とつるを使って」木の櫓を備えた防柵で城を取り囲んでいる。[60]

城郭を包囲するために防柵を築くのは当時一般的なやり方で、その後何世紀にもわたって受け継がれた。たとえば一二六七年、トスカーナの教皇派がポッジボンシの皇帝派を包囲したときも、「教皇派は何重にも防柵を築き、木の櫓や郭を建てたので、兵士たちは市内に閉じ込められ、外に出ることも助けを求めることもできなくなった」。さらに教皇派は木造の機械で市内を射撃した」。これはいわゆる投石機などの投射兵器のことである。しかし、より大きな都市になると、完全に包囲するということは実質的に不可能であった。西暦五三六年にローマ市を包囲した東ゴートの軍隊は膨大な数を誇ったが、一四もの城門を持つローマの都市城壁を囲むことはできなかった。彼らは都市の外周すべてをしっかりと包囲すべきだったが、その半分ほどを封鎖しただけで満足せざるを得なかった。また一二〇三年、コンスタンティノープルに上陸した第四回十字軍の兵士は「自分たちが非常に危険な状況になったと悟った。なぜなら包囲に参加した全軍をもってしても、コンスタンティノープルの陸側から三リーグの距離にある城門ひとつしか包囲できなかったのである」、とジョフロワ・ド・ヴィルアルドゥアンは書き残している。[61]

こうした状況では、わずかでも籠城側に有利な抵抗手段が準備されていれば、攻撃側の企図を挫折させるのに十分であった。一〇六一年にカターニャのチェントゥリペや、一〇六五年にアイエッロ・カラブロを包囲したノルマン人は、城壁上から撃ってくる射手の激しい抵抗によって包囲戦を諦めてしまった。また一一六〇年六月十八日の明け方、ミラノ軍はローディを攻略するため部隊を配置した。オットーネ・モレーナによれば、彼らは少なくとも都市を八日間にわたって包囲したが、皇帝軍とクレモーナ軍の脅威が迫るとわずか一日半も経たずに撤退した。一一七三年にアンコーナを包囲した皇帝軍も、同じような状況に陥って攻略に失敗している。

短期間で終わると予想されていたにもかかわらず包囲が長引いた場合、包囲した側は「倦怠」という危険に直面した。一〇五九年、ルッジェーロ・ダルタヴィッラがスクイッラーチェを攻撃したとき、短期間に占領できないことが明らかになると、彼の部下たちは、城門を封鎖して籠城側に圧力を加えるという「包囲戦の労苦に倦み疲れていき」、結局ルッジェーロは軍を解散させた。モントルイユ・ベレ包囲戦でも、堅固な城郭を攻めあぐねたせいで時間だけが無為に過ぎ去り、包囲したジョフロワ・ダンジューは配下の兵士が「倦怠に苦しんでいる」のに気づいた。そこで彼は勝利を得られるような策略と攻撃兵器を用いることにしたのだった。一二八七年、レッジョ・エミーリアの亡命者たちがビスマントヴァ山の砦に立て籠もったときは、ダッロ〔レッジョ・エミーリアの地域の一つ〕の住人からなる部隊が何日も包囲したが、サリンベーネの記述によればそのうち彼らも「倦怠に囚われ」、山を下って包囲を解いた。

他方、大規模な軍隊には食料補給が欠かせないという点は、籠城側と同様、包囲側にとっても懸念材料であった。一二〇九年六月、アルビジョワ十字軍に包囲されたベジェの市民は「十字軍がどんな手段を取ろうと、この軍隊を維持できるとはとても信じられず、一五日以内に諦めるだろうと考えた。なぜなら十字軍はわずかな空間に押し込まれ、利用できる補給路も乏しかったからである」。堅固な壁に囲まれ、十分な物資の蓄えと安全が確保されているという事実に、全市民は希望を抱いたのである。西暦九五五年、ロタール王はサンタ・ラデゴンダ城にいたポワティエ伯を包囲したが、二か月後彼の軍隊は「食料の欠乏により戦意を喪失し」、包囲を諦めなくてはならなかった。一一一四年の秋、ピサ人によってマヨルカに包囲されたサラセン人はたちまち苦戦を強いられた。そこで「飢えと深刻な苦しみが／野蛮人どもの数を大いに減らした。／食肉に限らず、軍隊が冬を越すにはすべてが不足していた。ワインすらなかった。島は略奪されていた。サラセン人の王は講和を申し出た」。しかし包囲した側の状況もこれよりよいわけではなかった。なぜなら「我々の食料が不足していたことは間違いないし／馬糧もなかった。／馬糧の問題は長らく我々の心配の種であった」からだ。こうした状況にもかかわらず、ピサの指導者たちは会議を招集し、勝利を得るまで緩みなく包囲を維持することを決議した。またー二一一年のトゥールーズでも、アルビジョワ十字軍は数か月にわたって有効な包囲攻撃ができなかったので、「大小の天幕を畳み始め」包囲を解いた。「それは食料の消費が莫大で、十分な量を確保することもできなかったからである。たとえば軽食用のパンの値段が二ソルドもした。十字軍は栄養の豊富な豆や果物も手に入れられなかったし、それらをどこかで見つけることもできなかった」[62]。

冬季に包囲戦を行わなければならない場合、もちろん状況はより悪くなった。たとえば一一七四年に、フリードリヒ一世がアレッサンドリアをどんな犠牲を払ってでも占領すると決めたときの状況がそうだ。既に三か月が経過した時点で「厳しい冬になることが予想され、また軍隊は兵士であれ軍馬であれ、あらゆる必需品の不足に苦しんでいた」。遠征に参加したボヘミア兵たちは都市の周辺を略奪することで自分たちの命を繋ごうとしたが、夜まで探し回っても何も持ち帰れないか、せいぜい麦わら程度しか見つからなかった。あらかじめ持ち込んだ物資が尽きたとき、ボヘミア兵はオロモウツ公ウルリヒに対して、皇帝から給与を保証する約束を取り付けるか、あるいは帰国を認めさせるよう要求した。だが結局どちらも認められることはなく、クリスマスの前日彼らは脱走を図り、最終的にはミラノ軍の捕虜となった。それでもなお皇帝軍は包囲を放棄しなかったが、結局この遠征は大失敗に終わったのだった。

一二〇七年、バーニャカヴァッロを包囲したファエンツァ人は「短期間でこの町を取ることは不可能と悟り、糧秣の大幅な欠乏により包囲を続けることができなくなったので、帰国することにした」。一二三三年にシエナを封鎖したフィレンツェ軍も、十分な食料や物資の補給が欠けた状態で作戦を続けたが、断念せざるを得なかった。こうした問題は、十五世紀末のディオメデ・カラファにとっても、長期間の包囲戦を行ううえで重要な問題であり、次のように論じている。「長期の包囲は軍隊を自滅させる。たとえ適切な時期を選んだとしても、ある地域から家畜用の餌やその他の必需品がなくなってしまうのは当然のことだ。馬が死に、人が死に、糧秣がなくなり、その他無数の災難が生じる」。そんなわけで、たとえ戦争に適した時期であっても、作戦が長期化しているときに悪天候が訪れると、攻撃側の意思は挫かれることとなった。一二六一年末のフチェッキオと、一二六三年のノッツァーノの包囲は、悪天候のせいで断念されたとトロメオ・ディ・ルッカは述べている[63]。

精巧な攻城兵器を前面に配置したとしても攻撃が成功するとは限らない。これはドゥラッツォに対する二度の包囲戦を、ノルマン人の視点から見れば明らかだろう。ノルマン人は多数の攻城兵器を有していたにもかかわらず、防戦の意思を固めた守備隊を屈服させることはできなかった。包囲戦が失敗に終わったとき、しばしば攻撃側は撤退前に攻城兵器を燃やすことが許可された。一〇四二年、ビザンツのアルギルス将軍は、トラーニの包囲を解く際、技術の粋を尽くして製作した移動式の攻城塔に火を点けた。これはおそらく敵に模倣されることを防ぐためだった。また一一六一年、カスティリオーネの包囲を解く際に、ミラノ軍は平衡式投石機《マンゴネル》やペトラリア、「猫」を燃やしたし、一一七五年のアレッサンドリアでもフリードリヒ一世が野営地と一緒に木造の塔も燃やすよう命じている。一二三八年、フリードリヒ二世も同様に、ブレシャの包囲を解くに当たって「様々な建造物や木造の城を焼き払わせた」。一二四三年、ジェノヴァのポデスタはサヴォーナへの攻撃継続を諦め、平衡錘式投石機《トラブッコ》やその他の建造物にすべて火を放つよう命じている。ところが、包囲戦で勝利を収めた場合でも、似たような行為が行われることがあった。たとえば一一六〇年クレーマで「クレモーナ人とドイツ人は、皇帝の移動式攻城塔や平衡式投石機《マンゴネル》、ペトラリア、〈猫〉その他の兵器全部に火をかけて燃やした。これらの兵器は長い時間と銀二〇〇〇マルコを費やして製作されたのだが、灰燼に帰すのはあっという間だった」とオットーネ・モレーナは悲しげに記している。[64]

対抗手段

攻撃側がさまざまな城攻めの手段を用いるのに対して、当然防御側はそのそれぞれについて対抗手段を用意した。たとえば坑道を掘って攻めてくる可能性が高まれば、城の濠はより深くなり、水が張られることもあった。さらに、敵が坑道を掘っている兆候、たとえば外濠のところで土を運び出しているといった様子が見られれば、当然ながら守備側は警戒を強め、坑道の場所を特定し、対抗坑道を掘って対応した。こうした対応策は、一一〇八年にボエモン・ダルタヴィッラの攻撃を受けたドゥラッツォの守備隊が実践している。守備隊は「幅広い塹壕を自分たちの側に掘って、包囲側が内部に侵入するために坑道を掘っている地点を特定し、そこで待ち伏せた」。そして敵が地下道から現れるや否や、可燃性の液体を放って「敵の顔と髭を焼いてやった」。また一一五五年、トルトーナの住民は、フリードリヒ一世が地下から奇襲をかけようとしているのに気づいて、うまく対抗坑道を掘って敵を生き埋めにした。一二六三年のカスティリオンチェッロでも同じような状況が出現した。このときピサ人は、約一世紀前にドゥラッツォでビザンツ軍がやったように坑道を掘って攻めたが、守備するルッカ人側が対抗坑道を掘ったため攻撃は失敗した(65)。敵の坑道に対抗する場合、エジディオ・ロマーノは火を使うより水攻めを勧めている。エジディオの推奨する方法では、守備隊は攻撃側のいる方向に向かって下っていくよう、対抗坑道を掘らねばならない。そうすれば守備隊は、大樽一杯の水や小便を蓄えておいて、坑道に注ぎ込んで敵を追い返せる。エジディオいわく、この対抗手段はこれまでにも成功を収め、すでに一般的に知られているので、将来にわたって同じように役立つとは考えられない。しかしながら水を使えば、音も立てず密かに掘られている敵の地下道を見つけることもできる、そのためには城壁の上に大きな水盤を用意しておかねばならない。もし水盤の水の表面が絶えずさざ波を立てるようなら、それは地下で敵が穴を掘っている兆候である。そのときは対抗坑道を掘り、可能ならば坑道に水を流し込むべきである。

　包囲側が投射兵器や突撃兵器を投入して来たときは、防御側もまず砲撃部隊で対抗した。我々が知る最も古い投射兵器の図像にも、すでに塔や城壁の上に据え付けられた防御用の投射兵器の姿を認めることが

『トリノ聖書』の一場面
1100年頃、トリノ大学図書館

できる。西暦九二五年ごろ制作された『マカバイ記』写本（ライデン大学蔵）にみられる包囲戦の細密画には、二つの塔の頂上に、射撃中の平衡式投石機《マンゴネル》が描かれている。また十二世紀初頭のものとされる『トリノ聖書』にも、塔の頂上に設置された平衡式投石機《マンゴネル》のような兵器の絵が確認できる。同じく十二世紀の終わりごろに書かれた『皇帝陛下の栄光についての書』にも、南イタリアの多くの都市や城郭に、何本もの発射用引き綱を備えた平衡式投石機《マンゴネル》が配備されている様子が描かれている。『ジェノヴァ年代記』に収められた一二二〇年のアルビソーラ包囲戦の図版では、城壁の上や基部から、平衡錘式投石機《トラブッコ》が砲弾を連続発射している様子を見ることができる。[66]

中世の包囲戦では、現代の軍事用語で「対砲兵戦《カウンター・バッテリー》」*と呼ばれる、砲撃部隊同士の対決が頻繁に発生した。一〇七七年、ロベルト・イル・グイスカルドがサレルノの城を包囲していたとき、守備隊が放った一発の砲弾が投石機《ペトラリア》に命中し、飛び散った木材によってロベルトは胸を負傷した。一一五五年のトルトーナでは、敵味方の平衡式投石機《マンゴネル》が互いを砲撃し合い、どちらも被弾し、修理のためにどちらも砲撃を中止しな

*敵の砲兵陣地を味方の砲兵隊で破壊・制圧する任務のこと。

『マカバイ記』の一場面
9-10世紀頃、ライデン大学図書館

ければならなかった。またその三年後に、ミラノでは一台の「オナガー」が投槍を発射して、皇帝軍側のペトラリアを使用不能にした。第三回十字軍の遠征では、一台のトルコ軍のペトラリアが「激しく頻繁な砲撃によって」、フランス王フィリップ・オーギュストの所有する同じくらいの大きさの投射兵器に損傷を与えたが、フィリップは直ちにこれを修理させて使えるようにした。当然ながら守備隊は、移動式の攻城塔が城壁にたどり着く前に戦闘不能にするため、これらの塔にも投射兵器の砲撃を浴びせた。一〇九八年、マッラの包囲で十字軍が用いた攻城塔に向かって、「異教徒たちは直ちに射撃用の機械を作り上げ、巨大な石弾を撃ち込んだので、我々の騎士が大勢死んだ」ものの、攻城塔自体には損害がなく、イスラム側は阻止できなかった。一一一四年のイビザ島でも、ピサ人の攻城塔に対して

　砦の上から投槍が雨あられと降り注ぎ
　アルノ川の住人*たちの上に大きな岩がたくさん飛んできた。(67)

一一四八年タルトゥースのサラセン人は、町に接近してくるジェノヴァの攻城塔に猛射を加え、その一部を破壊することに成功したが、ジェノヴァ人はすぐに修理し、しかも今度は守備隊からの攻撃を避けるため、周囲に網を張って塔を守った。一一五九年、クレーマの包囲戦に投入された巨大な攻城塔は、接近する際に守備隊からの正確な射撃によって激しい抵抗

を受けた。そこでフリードリヒ一世は（すでに第一回十字軍で試みたように）捕虜のミラノ人とクレーマ人を攻城塔に張りつけて弾除けにしようとした。それでも損害が出たので、彼は攻城塔に引き返すよう命じ、籐のつるを編んだ網やなめし皮、毛織物の布で何重にも防備を施さねばならなかった。その間も、守備側の平衡式投石機《マンゴネル》は射撃を止めなかったが、最終的に攻城塔は城壁にたどり着くことができた。

　捕虜を攻城塔に縛り付けるという野蛮な方法は、フリードリヒ二世が一二三八年にブレシャを包囲したときにも試みられた。だが守備隊の射撃を指揮していたカラマンドリーノは「投射兵器を組み立てさせると、攻城塔に向かって石弾を撃ち込み、すぐれた技術的才能を発揮して」、捕虜を傷つけることなく命中弾を与えて攻城塔を破壊した。包囲側の攻撃兵器と守備側の投射兵器の対決はあまりに頻繁なことだったので、十三世紀プロヴァンスのある吟遊詩人《トルバドゥール》は、攻城塔《ガタ》と平衡錘式投石機《トラブケット》の「掛け合い歌」で両者を対決させた。ここでは二つの兵器が短い台詞のやりとりを交わす。まず攻城塔が言う。「私は強く、あなたは私を傷つけることはできない。私は城壁に手をかけ、都市にお邪魔するだろう」。すると投石機は申し訳なさそうに答える。「私があなたに三発ほどお見舞いして怪我をさせれば、あなたは再起不能でしょうよ」(68)。

＊ピサはアルノ川沿いにある。

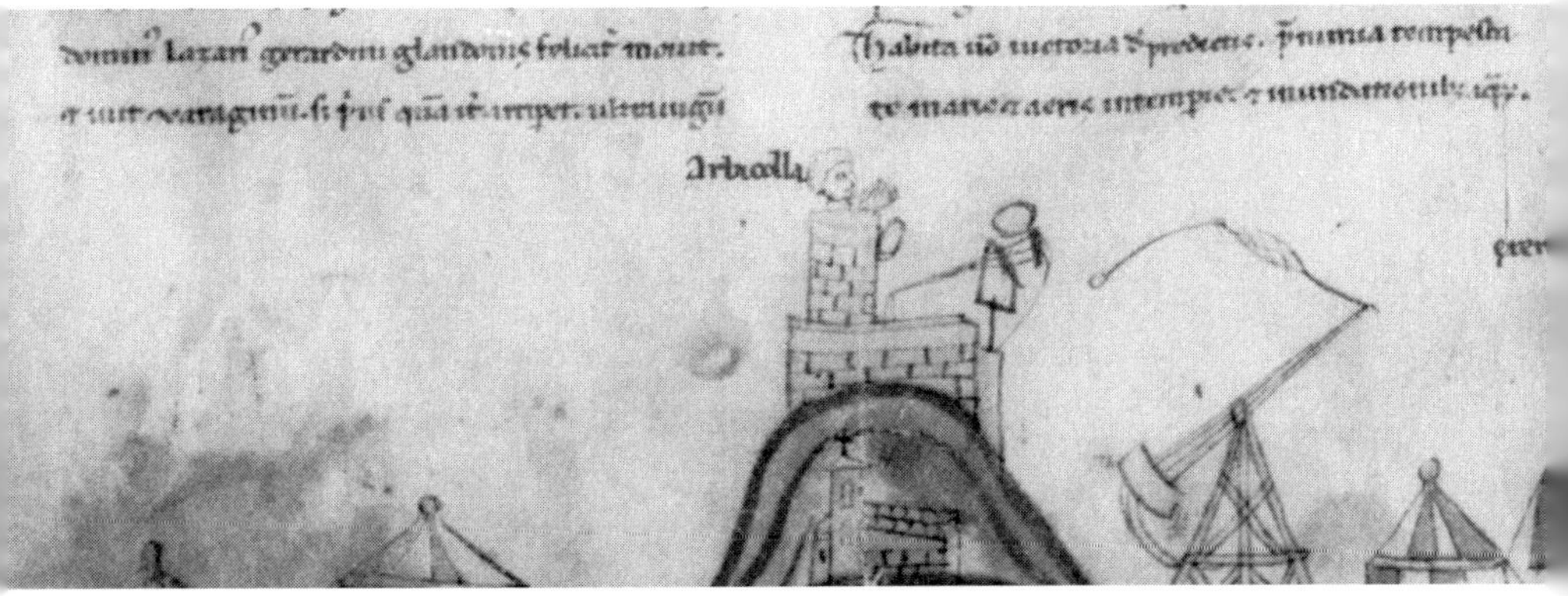

『ジェノヴァ年代記』より、アルビソーラ包囲戦（1220年）の場面
13世紀半ばの写本、パリ、国立図書館

火という「戦友」

守備側が敵の攻城兵器に対抗する最善の手段は「火」だった。「火」はその時々の状況に応じて、飛び道具として、あるいは「接近戦」用武器として用いられた。一〇九八年、十字軍の攻城塔と対決したマッラのトルコ人守備隊は「途方もない巨石」だけでなく、塔に火を点けるため「ギリシャ火」を投げつけ、これを破壊しようとした。だが「全能の神は塔が燃やされるのをお望みにならなかった」。この「ギリシャ火」は、常に有効だったわけではないけれども、一〇八一年のドゥラッツォ戦で用いられたときは、ロベルト・イル・グイスカルドの巨大な攻城塔に対して十分な打撃を与えた。まずドゥラッツォ守備隊は、斜堤の上に石油、松やに、乾いた木片そして投射兵器を準備した。射撃命令が下ると攻城塔の上部が火の手に包まれ、中にいた兵士たちは慌てて助けを求めた。さらに基部を斧で攻撃されたため、攻城塔はたちまちのうちに崩壊したのだった。その約二〇年後、ボエモン・ダルタヴィッラが戦闘に投入した攻城塔も同じ攻撃を受けた。当初、攻城塔の姿に浮足立っていた守備隊は、気を落ち着けると城壁の上に液体状の可燃物を発射するための木造砲台を準備した。これは前進してくる敵の攻城兵器を高所から攻撃することができた。攻撃兵器と城壁の間であらゆる種類の可燃物が飛び交った。守備隊は油をまき、松明や火の点いた棒で火を放った。たちまち炎が燃え盛り、そこに可燃物がさらに撃ち込まれると、堅固な攻城塔全体が燃え上がり、何マイルも離れたところからでも見えるほどの恐ろしい光景が出現した。中にいた兵士の大部分が焼け死に、逃げだすことができたのは、死に物狂いで塔の高所から跳び下りた人間だけだった。似たような光景は一一四七年のリスボン包囲でも見られた。ここでは守備隊が投げつけた火によって、敵の投射兵器は砲撃を指揮していた技師もろとも焼き払われた。

それが成功するか否かにかかわらず、敵兵器を焼却しようとする試みが、しばしば包囲戦の結末を左右した。一一二七年コモ人は「火を携え、勇敢にも城外に打って出た。／脅威となっている攻城塔を必死に燃やそうとしたが、無駄だった。／それどころか石礫を雨あられと浴びせかけられ／宙に放たれた矢が騎士たちを傷つけた。／

つまり彼らは攻城塔の上から攻撃され、／コモ人たちは撃退された」。こうしてコモ市はその後しばらくして降伏した。コモと同様に、一一五九年、クレーマ守備隊はフリードリヒ一世の攻城兵器に必死の反撃を繰り返したが、虚しい結果に終わった。まず守備隊は「燃え盛る火を携え」、皇帝の平衡式投石機《マンゴネル》を焼き払うためにウンブリアーノ門から出撃した。だがこれらの投石機は厳重に守られており、クレーマ側は投石機を守る防柵の三つか四つに火を点けただけだった。地下道から出撃した別の一隊による、巨大な「猫」を攻撃する試みも成功しなかった。さらにこの危険な攻城兵器は、高所から傾斜路を使って投下された燃える樽で攻撃された。だがその瞬間「猫」の周囲にいた人間たち（その中には皇帝その人もいた）が水や土をかけて火を消し止め、燃え広がるのを防いだ。結局、クレーマは降伏を余儀なくされたのであった。

一方、一一六〇年のカルカーノでは、籠城側が不意をついて出撃することで、ミラノ人が作った木造の攻城塔を焼き払うことに成功した。さらに一年後、カスティリオーネでも籠城側が同じように「力の限りを尽くして」敵の「猫」に放火し、その周りにいた敵を捕らえるか、殺すことに成功した。[69] この二つの包囲戦はどちらも失敗に終わったが、一一七五年のアレッサンドリア包囲も、この都市が城壁などの守りを持たず、ただ広い濠と土を突き固めた堤防で囲まれていただけだったにもかかわらず、失敗した。アレッサンドリアで用いられた攻城兵器は、クレーマ包囲戦に勝利をもたらしたのと同じ、巨大な「猫」と非常に背の高い攻城塔だった。さらにいえばクレーマは冬季の包囲戦であり、雨の多い天候のせいで包囲側が期待したような輸送も泥のためにかなわず、十分な補給が行われない不利な状況だった。そうした状況でも、クレーマでは包囲側が成功を収めたのに対して、アレッサンドリアでは住民たちが「火を携えて都市の外に出撃し、甲冑で身を固めた騎士がたくさん乗った木造の城を焼き払った。彼らは皇帝が市内に送り込もうとしていた戦士たちだった」とロムアルド・サレルニターノは書き記している。さらにジョヴァンニ・コダニェッロの記述によれば、アレッサンドリアの住人は、攻城塔を守っていたジェノヴァ弩隊も火を武器にして打ち破ったという。一二三八年のブレシャと一二四三年のヴィテルボで、フリードリヒ二世が都市を包囲したときに行われた城外への出撃も、これと大きく異なるものではない。ブレシャでは守備隊が、都市の外濠を埋め立てていた攻城兵器「雌豚《ポルカ》」を焼き払い、ヴィテルボ人は「地下道を掘り、火を携えて敵の野営地にたどり着くと、すべてを燃やし尽くした」。彼らはさらに木でできた敵の「城」や兵器も焼き払っている(70)。

中世の戦争では、攻撃でも防御でも、どんなときも火は「携帯される」か「発射され」た。既に見たように、コモの包囲戦では守備隊が「勇敢にも火を携え」ていたし、クレーマでも「燃える炎を持ち」、ヴィテルボの守備隊も「火を持って出撃した」。このいずれの場合でも、これは「先端に火をともした棒」あるいは単純な松明を意味していたと思われる。無名のコモ市民による記録は、繰り返し「赤々と燃える松明を運ぶ兵士」に言及しており、これによるとフリードリヒ二世は「たくさんの松明」をヴィテルボ攻撃に用意し、それに対して市民たちも「放火行為」を行った。ディーノ・コンパーニによれば、コルソ・ドナーティ〔二〇六頁参照〕の一味シニバルドは一三〇四年、フィレンツェで「火の点いた松明や炎で混乱を巻き起こし」大火事を起こした。ある程度限られた距離であれば、松明は手で投げて用いられた。先にあげた作者不詳のコモ市民の記録は、「松明を投げ込む」あるいは「松明を投げる」という表現を使っているが、これが多くの史料中で「発射された火」「投擲された火」と語られているものの正体だろう。たとえば一二五六年にパドヴァでは「火が〈猫〉の中に投げ込まれた」、といったように。これ以外にももちろん火を発射する方法は色々とあった。たとえばビザンツ帝国やその他限られた国では、サイフォン管で火を吹き付ける方法や、可燃性の特別な矢が使用された記録が残っている。一〇九〇年六月、ノルマンディのブリオンヌ城は、炉で赤く熱した金属の矢じりを付けた矢を建物の屋根に撃ち込まれたせいで火事になった。こうした放火用の矢はコモ人もドレッツォで用いているし、一一六一年にはミラノ人がローディの町に対して「火の点いた投擲物や矢」を射かけたとはっきり記されている。それから数世紀にわたってこうした武器が実際に使われたことは間違いない。たとえば十四世紀の初めにも、フィレンツェ人は「カリマラ

通り〔フィレンツェ市の街路のひとつ〕で火矢を射かけた」という。(71)

当然ながら、様々な可燃物はより大きな射撃兵器からも発射された。たとえばエジディオ・ロマーノは、鉄の鎖を編んで作った皿状の投擲具、すなわち「鉄の織物」で、敵の攻城兵器に向かって赤熱した金属の塊を発射できると書いている。一一六一年、ローディ市内に火を撃ち込んだミラノ軍のペトラリアも、これと似たような方法を使ったはずである。一二三〇年、シエナは「鉄の火矢を放つ機械」一台の代価に一六ソルドを支払っており、ヴィテルボ市民は一二四三年、自分たちを包囲する敵軍に対し「赤熱した鉄床や尖った鉄の塊」を発射する機械を配備した。また海戦用の兵器である可燃物を詰めた素焼き壺は、陸戦でも頻繁に使用された。「これが投げつけられると壺は砕け、火の点いた中身が船を燃やす」とエジディオは解説している。一二二九年八月と一二三〇年六月のシエナでは、素焼きの壺によく似たガラス瓶と焼き物の瓶が購入され、モンテフォッロニカとクエルチグロッサの城に搬入された。これは守備隊が可燃性の薬品を発射するのに用いるためであった。その約一世紀後、ピエモンテではアカイアの領主が攻撃や防御の際に「炎を発射するため」、機会があるごとに多数のトゥピーノ〔素

タッコラ『機械論』より
マンテレット（移動用の盾）と
火による攻撃を描いた図
パリ写本（1453年頃）、パリ、国立図書館

焼きの大きな壺」を調達していた。それらの壺は一三〇六年のランツォ包囲や一三二八年のカッルー包囲の際に戦場に持ち込まれ、一三三二年のカヴァッレマッジョーレ城の防衛戦でも武器として用いられたことが判明している。[72]

火を点ける技術

これまで戦争で用いられた様々な火について一般論を論じてきた。だが戦争で用いられた火には、多彩な性質を持つものがあったことを確認しなければなるまい。「普通の火」の他にも「人工的に作られた可燃物」があり、その究極の形は一般に「ギリシャ火」と呼ばれる、複雑な調合過程を経て作られた特別な可燃性化合物である。どんな「火」が使われたのか、その細かな差異を確認できる史料は非常に限られているが、単に木材や「薪」の類に着火したものに言及している場合、これは「普通の火」としてよいだろう。だがこうした例でも、より簡単に着火し激しく燃えるように、何らかの化学物質が添加物として用いられたであろう。そうするとこれは「人為的な手段による火」と言える。こうした添加物は様々なところで補足的に言及されている。ここでウェゲティウスの軍事書を参照してみると、彼は少なくとも著作内の三か所で、瀝青・硫黄・松やに・タール、そして「燃焼を助けるため」油を浸した麻の屑を調合して、火を点ける方法を述べている。ウェゲティウスの記述は、十三世紀の俗語著作でもしばしば模倣され、エジディオ・ロマーノもウェゲティウスと同じ薬品を「強力な火」と呼んでいる。以降、西ヨーロッパ各地にウェゲティウスの処方は拡散していった。たとえば『敵を燃やすための火の書』*では、火に異なる特性を与えるための配合物について論じている。『火の書』は「十二世紀か十三世紀ごろにラテン語に翻訳されたと考えられ、古代以来、西アラブ世界から東ラテン世界へと、途絶えることなく受け継がれていた様々な化合物の処方について論じている」。[73]

だがこうした「人工的な可燃物」の詳しい処方が、既知の史料の中で、詳しく語られている形跡はほとんどない。一一一一年、ピュイゼ城で用いられた火車は、単に乾いた木材に、油を塗っただけのものを積んでいた。またコモ人は、ミラノとの戦争でしばしば熱く沸き立たせたタールと松やにを混ぜたものを「火の薬剤」として用いた。一一五九年、クレーマ人が射ち込んだ樽の中には、乾いた木材と硫黄・ラード・油・グリース・タールが一緒に詰め込まれていた。一二五六年、パドヴァでアルティナーテ門に放火したのも、これとほぼ似たような物質だった。ロランディーノは「オリーブ油、細かい火薬、豚肉、硫黄、ピッチ、その他同様の物質」を列挙している。ここでは「細かい火薬」が配合されているのが新機軸といえるだろう。

一二四三年のヴィテルボでフリードリヒ二世が調合させた可燃物質には、獣脂・油・ピッチと松やにがたっぷりと含まれおり、それを荷車の「表面に塗りつけてあった」。一二四一年、ジェノヴァ軍はサヴォーナの軍船に火を放つため、「おがくずとタール」を詰めた木材を準備した。このように、程度の差はあれ燃焼を助ける物質が一般的に利用された。そうした物質の中でも特に頻繁に用いられたのは硫黄と松やにである。一二〇八年リゴマーニョ城を攻撃してきたフィレンツェ軍に対し、シエナ人は「硫黄を混ぜた」火を用いた。また硫黄を含んだ半液体状の薬品は「細工された」あるいは「調合された」火と言われ、これは一三〇四年にフィレンツェ市内で火災を起こすのに使われた。そのとき放火犯たちはこの薬品を鍋に入れて運び、「それがぶちまけられたとき、地面を藍色に染めた」。松やにと硫黄は、一三二八年にカッルーを攻撃したアカイアの領主も調達していた。[74]

一一五一年にモントルイユ・ベレで使われた薬品は、ウェゲティウスの記述にヒントを得て、大規模な実験と探究の結果作られたことをうかがわせるものだ。この薬品にはクルミ油、麻油、亜麻油が高温で熱したうえで配合され、モントルイユ・ベレ城の降伏に決定的な効果を示した。松やに・亜麻油・油その他の可燃物は、一一四七年リスボンを守備していたサラセン軍も用いている。また「松やにと石油」が配合された薬品は、一二六三年

＊中世に流布した可燃物・火薬兵器等の解説書。古代末のギリシャ人マルクス・グラエクスの著作と信じられていたが、実際の成立は十三世紀ごろとされる。

カスティリオンチェッロを守っていたルッカ人部隊が投擲している。だがここで年代記に現れるルッカ人の薬品の記述は、聖書からの引用と思われるので、全面的に信用することはできない。一一一五年、ピサ人がマヨルカで使用し、効果を上げたとされる「翼の生えた炎」がどのような性質のものだったのかは、どこにも説明が残っていない。だが一二二九年にシエナ人は「翼の生えた薪」を用意するため、大金を費やして、かなりの量の「硫黄・瀝青・松やに・ラシャ」を取得している。さらにその後、「石から取れる油」すなわち石油も購入している。一二三五年シエナのキアンチャーノ城にも、硫黄・ラシャ・ワニス・松やにがまったく同じ目的で使うために貯蔵されていた。これらの材料のうち、少なくともその一部は『敵を燃やすための火の書』に記された処方でも用いられている。(75)

これまで論じてきた可燃物は、どれも「ギリシャ火」の名で知られる、あの可燃性薬品ではない。この名称が現れることはきわめて稀であり、またそうした名称が使われたときは必ずその「消火不可能」という特性が強調されるからだ。クレモーナのリウトプランドは、十世紀のビザンツ軍が頻繁に「ギリシャ火」を用いたと述べている。これは「酢を使わない限り、どうやっても消せない」ものだった。おそらく、ドゥラッツォで用いられ効果をあげた「火の液体」と同じものであったに違いない。アンナ・コムネナはこれを「松やにと硫黄を混ぜ合わせて」調合したものだと述べている。だがその他の添加物について彼女は沈黙を守り、秘密にしている。この致死性の炎はサイフォン管や導水管から発射され、「敵の上に雷のように落ちて黒焦げにした」。かろうじて生き延びたわずかな敵は「煙に追い立てられたミツバチの群れのように逃げだした」。ノルマン人の年代記作者マラテッラによると、一〇八一年ヴェネツィア海軍の艦隊が「ギリシャの火と呼ばれている」水では消せない火を使ったことは有名だったらしい。第一回十字軍では、トルコ軍がまさに「ギリシャ」と呼ばれる武器を用いているが、年代記作者アーヘンのアルベルトはこれを「獣脂・油・ピッチと硫黄」の混合物であり、水では消し止められないと何度も書き記している。(76)

ピサ人は「ギリシャ火」を知らなかったので、一〇九八年にビザンツ軍がこれを使ったときは大変驚いた。だがその数年後には、パレスチナ地方の沿岸部で行った軍事作戦によってその知識を得たとみられ、一一一四年のマヨルカ遠征では彼らは「ギリシャ人の発明した技術で作られ、現在ではその知識が失われた」炎を用いたと『マヨルカの書』には書いてある。この炎とは、同じ遠征について記録した『凱旋者の事績』で「翼の生えた炎」と呼ばれている武器と同じものだろう。アンジュー伯の年代記（一一七〇年から一一八〇年にかけて書かれた）は、一一五一年のモントルイユ・ベレ包囲戦において、アンジュー伯ジョフロワが「ギリシャ火」を用いたと伝えている。それは「たちまち一帯に燃え広がり」、城全体を火で包んだ。これがギリシャ火の、西ヨーロッパにおける最初の使用例だとする説もあるが、その点は既にピサ人によるマヨルカでの使用例があることから否定されよう。一二四三年ヴィテルボにて、フリードリヒ二世は他の可燃性の物質と一緒に「大量のギリシャ火」を製造するよう命じた。これらは実戦で使用されたが、ヴィテルボ市の防柵を燃やすことには成功しなかった。このとき守備側は「ギリシャ火をすぐに消し止めるため」、要

「ギリシャ火」による攻撃
『スキュリツェス年代記』、12世紀の写本、マドリード国立図書館

所要所に大量の酢を蓄えておいたのである。

これまで紹介してきた著述家たちは、ギリシャ火と、同時期に使われていたそれ以外の可燃物とを（とくにギリシャ火だけに備わった特性に基づいて）区別できている。しかし四〇年後、エジディオ・ロマーノが書いた『君主の統治について』がシエナ方言に翻訳されたときには、そうした知識は失われていた。「強力な火」は「油、硫黄、ピッチ、松やにから」合成されるが、「普通の油と黒いピッチ、硫黄、酒石で生まれる強力な炎」も同等であるという。エジディオがここで論じているのは、単に「硫黄、ピッチ、油」なのだが、翻訳者は「ギリシャ火」だとしている。さらにエジディオが海戦で使われる「ピッチ、硫黄、松やに、油で満たした壺」としたものを、はっきり「ギリシャ火の詰まった筒」だと書いている。つまり「ギリシャ火」という表現がこの時代にはすでに陳腐なものになってしまっていたのだ。

一二四九年のダミエッタにて、トルコ軍が夜間にペトラリアとバリスタから発射した「ギリシャ火」は、フランス人を主力とする十字軍に鮮烈な印象を与えた。ジョワンヴィルは「それらは飛んでくるときに天の雷、あるいは空を飛ぶドラゴンのような音がした。それは飛びながら、まるで日中のように軍隊を照らし出した」と述べている。神は十字軍の兵士を守りたもうたが、ギリシャ火の効果は心理的なもの以上に現実的なものであった。十字軍は「消防隊」を準備していたのだが、火の威力に対してあっさりとその任務を放棄してしまった。[77] その結果、十字軍内でもこれと同様の効果をもたらす可燃性薬品が必要である、という主張が持ち上がったという。

現在主張されているように、ギリシャ火と他の可燃物が、硝石を配合したか否かで区別されるとすれば、ピサ人やシエナ人の「翼の生えた炎《フォーコ・ペンナーチェ》」はギリシャ火とはまったく違うものということになってしまう。これらには間違いなく硝石は入っていなかったからだ。しかしながら、そもそもピサ人やシエナ人の可燃物は、決して消火できないがゆえに「永遠の苦痛《ペーナ》」を与える地獄の炎のごときものとみなされたので、「苦痛《ペナーチェ》」と呼ばれていた、という説もある。西ヨーロッパでは通常、石油を手に入れる手段が常に問題となった。これは消火不能の性質をもたらす成分のひとつであり、それゆえ本物の「ギリシャ火」を用意することを大変困難にした。つまり、「ギリシャ火」という呼び名は、しばしば似たような薬品だが実際は異なる性質の可燃物を指すこともあったわけである。それでもシエナ人は、少なくとも一二三〇年ごろになると、独自の可燃物「翼の生えた炎」を「ストンボリ」という物で発射できるようになった。これは紙を巻いて管状にした花火のような形状で、その中には「松やに・油・瀝青そして火薬」がぎっしり詰められており、火を点けると「ストンボロ」すなわち「破裂音」を立てた。その後もこうした兵器は実戦で使用され、一世紀ほど経った一三二九年に、アカイアの領主はモロッツォの城を攻撃するためにこの種の兵器を買いこんだ。すなわち「アカイア領主の軍隊がモロッツォの市内に火を放つため作られた管」への言及が記録されているのである。一四〇八年になっても、「無畏公」ジャン〔ブルゴーニュ公ジャン一世〕はこうした放火用の管を用いていた(78)。しかし時代はすでに火薬の時代を迎えていた。この火薬こそ、古代の「ギリシャ火」とはもはや何の関係のない、だがそれに劣らず非常に画期的なもので、まさに「火の武器」の名にふさわしい発明と言えるだろう。

包囲戦の神話的側面——煮立てた油と地下の抜け道

ロマン主義の時代から現代に至るまで、城壁をよじ登ってくる敵兵に対して籠城側が投げつけた中世の飛び道具といえば、「煮立った油」が真っ先に連想されてきた。だが近年では、熱した油を敵の頭上にぶちまけるなどというのは、「防衛戦のカリカチュア〔戯画〕」にすぎないとされている。つまり要点はこうだ。「守備兵が、重い大鍋に油という非常に高価な液体をたっぷり入れ、城壁の頂上まで持ち上げ、これを熱するために熱源を準備したなどとどうして信じられようか？　それ以上に、守備兵はどうやって突撃してくる敵に油を浴びせる瞬間まで、油を熱く保ったのであろうか？」これまで見てきたとおり、防衛時に実際に使われたのは、固体の投擲物か火、さもなければ石灰を混ぜた水、あるいはもっと平凡なものとしては糞尿桶の中身などだった。だが、一見合理的なこの「煮立った油を敵にかける」という考えは、当時の常識としてしっかりと根付いていたことが、文書史料からみてとれる。防衛戦において煮立った油を利用する方法は、多くの文書記録、特にギリシャ世界で一定数の言及がみられる。『包囲戦論』は、紀元二世紀にダマスカスのアポロドーロスが書いたものだが、熱した油を銅の容器に入れて城壁の上に運んでおき、敵兵が城壁にはしごなどを掛けてよじ登ってきたときに浴びせるべきだと述べている。油はそれ自体が高価なものであり、また敵にかけるためには少量では意味がないものだが、地中海世界では比較的たやすく入手できる物資である。だからこれを「軍用」に使おうというのも不合理ではない。またアポロドーロスは油の代わりに熱湯を用いる方法を検討している。水は油よりはるかに簡単に入手できるが、城壁の上まで持ち上げる手間や加熱する手間の点で油と大して変わらず、面倒なものである。

アポロドーロスの提案は決して突飛なものではない。すでに西暦七〇年、ローマ軍の攻撃に対するエルサレム防衛戦で、ユダヤ人フラウィウス・ヨセフスは煮立った油を使うよう命じている。またカイサレイアのプロコピオスによれば、紀元六世紀にトラキアのトペイロス市の住人たちがスクラヴェーニ族〔スラブ系の民族〕の攻撃を受けたとき、防衛戦で「非常に高温に熱した油とピッチを浴びせた」という。十世紀に再発見された、ギリシャの戦法について述べたある詩歌集には「水より優れた武器である溶けた鉛、熱したピッチ

鍋から可燃物を投げ込む
15世紀の写本、ブリティッシュ・ライブラリー

や油」は酢で簡単に消火できるだろうと論じている。[79] 油ではなかったにしろ、熱湯がかなりの頻度で防衛用に使われたことは確かなようである。一二一三年、トゥールーズ戦では攻撃側の頭上に熱湯が浴びせかけられた。「それが浴びせかけられたとき、攻撃側はそこから遠ざかり口々に叫んだ。〈熱湯をかけられて火傷するぐらいなら疥癬の方がましだ〉と」。十三世紀のある武勲詩にも、城の守備隊が燃える炭と熱湯を使う描写がある。またマッテオ・ヴィッラーニは、一三五一年にピストイア人が、自分たちを包囲しているフィレンツェ人に浴びせるため「城壁の全周囲に熱湯を用意するためのかまどと大鍋」を配置したと述べている。さらに一三八七年に、パドヴァ軍の攻撃を受けたモンテガルダのヴィチェンツァ軍守備隊は、防衛戦で「熱した灰汁入りの湯」を浴びせかけた。これによって攻撃側は「無様にも退却」させられたという。

一四四九年、マリアーノ・ディ・ヤーコポ（タッコラ）は、「敵の攻撃部隊」を防ぐのに石灰の粉を使うよう勧めている。これが目に入れば、敵兵はあっという間に戦闘不能になるというわけだ。もし石灰の粉が手に入らないときは、細かい川砂をよく乾かして使うか、街路で掃き集めた埃が同様の働きをする。これらの粉は、油を浸して火を点けた亜麻の屑などと混ぜて使うことも出来る。さらにタッコラは続けて言う、城壁に突破口を開こうとしている破城槌や「猫」に対しては大鍋でよく熱した油を投げつけるとよい。こうした液体は攻城兵器の中にいる兵士たちまで浸透し、彼らを退却させるだろう。そしてもし油が無いなら熱したワインを、火を点けた亜麻屑と一緒に投げつければ、こうした攻城兵器を焼き払えるだろう、と。ワインの代わりに、ピッチと松から採れる油を詰めた樽を使うこともできる。これは一度火が点けば水で消火することは非常に難しい。「シエナのアルキメデス」の二つ名を持つマリアーノは最後に、どんな場合であれ「こういった手段で攻城兵器に火を点ければ、城壁に穴を開けようとしていた者たちは逃げ出さざるを得なくなるであろう」と解説を締めくくっている。一五一六年になっても、フィリップ・ド・クレーヴはなお、敵の突撃を撃退するために生石灰、熱湯か熱した油で一杯の大鍋、さらに「鍋で煮込んだ」溶けた鉛を投げつけられるよう、きちんと準備しておくように勧めている。

しかしながらこうした古めかしい武器と並んで、もちろん「火を放つ石、すなわち擲弾」や「火を放つ」爆発物の類も列記されている[80]。

追い詰められ、抵抗を続ける望みもなくなったが、降伏もしたくない場合、籠城側が最後にとれる手段は夜のうちに密かに脱出することである。西暦九三六年、敗北に瀕したラングレの守備隊は「夜間、城の外へと逃げだした」と修道士リシェールは簡潔に書き記している。ある年代記作者は、一〇九八年六月十日、アンティオキアでトルコ軍に包囲されたキリスト教徒側の騎士のうち、何人かが日中の過酷な戦闘で心が動揺し、夕闇が迫ると「夜のうちに海側の城壁を伝って降りていって、こっそりと逃げた。だがこの危険な企ての最中に、彼らは手と足の骨をことごとく折ってしまった」、という恐ろしい話を書き残している。一一〇三年、モンテギュ城の守備隊はフランス王ルイ六世に包囲され、その包囲網が閉じられる前に「夜間こっそりと逃げだした」。さらにその二〇年後、コモの全住民は、一か八か包囲網から逃れようと、大挙して湖の方へと逃げだした。このとき「コモの若者たちは／女子供を引き連れて／船に乗り込むと／敵を背後に残して、あらゆるものを／船に積み込んだ。町には何も残さなかった」。それからしばらくして、戦いに勝利した包囲側は空っぽになったコモ市に急行し、敵の不意打ちを受けないよう、丸一日かけて町を占領したのだった。

一一四〇年のクリスマスのあと、若く豪胆なランドルフ伯は、イングランド王に奇襲攻撃されたリンカーンから夜のうちに逃亡し、チェスターに避難することに成功した、とオルデリークス・ヴィターリスは述べている。また一二三一年、セルヴォーレにいたシエナ軍は、フィレンツェ軍が城壁の一隅に穴を穿ち修復不可能になったのを知ると、その多くが夜間、雨と雹に紛れてこっそりと姿を消した。同様の話は、皇帝フリードリヒ二世とイタリア諸都市が戦っていた頃のロンバルディアとエミリア地方でも多数見られる。たとえば一二三七年九月、ブレシャ領のモンティキアーリにいた守備隊は、都市政府の認可を得たうえで「夜のうちに密かに」逃げ去ることを決定した。また一二三七年にファエンツァは皇帝によって封鎖されたが、多くの市民が闇に守られて遠くまで逃げ去ることができた。またヴィクシラヌム城に閉じ込められた騎士たちは、水が欠乏したため、一緒に籠城していた「従士」も農民たちも引き連れて誰にも気づかれることなく城を後にした。(81)

こうした脱出は多くの場合、城壁を伝って降りるか、城壁の基部に穴を開けて行われた。異例なのは、トゥールーズ近郊にあったペッシュペルー城の守備隊が採った方法だろう。彼らは包囲軍の不意を突き、敵陣のど真ん中を突っ切って逃げたのである。フロワサールの伝えるところによると、一三八五年、ゴーティエ・ド・パサック率いるフランス兵が、岩壁の上に建設された、攻略困難な城郭を包囲した。「これを攻め落とすのは時間がかかるが、何事につけ金がかかる長期の包囲戦を一年でも行えるほど、フランス王は裕福である」とゴーティエは考えた。三日後、最初の突撃が下令され、各階に二〇人もの弩兵を載せた三階建ての攻城塔が投入された。射手たちは一斉射撃を開始したが、城からは何の反撃もなかった。そのうち城は無人であり、射撃はまったくの矢の無駄遣いであることが分かった。「城の中には誰もおりません」と伝令が届き、ゴーティエは「なぜそうと分かる?」と尋ねた。すると兵士たちは「どれだけ撃ちかけても何の反応もないからです」と答えた。だがゴーティエはあまり納得していないようであった。そこではしごを用意するよう命令が下り、兵士たちはこれを注意深く城壁に掛けてよじ登った。たしかに城郭は無人であり、それにもかかわらず城門は内側から閂がかけられていた。門が開け放たれ跳ね橋が下ろされたが、なお何らかの魔法にでもかけられたのではないかという困惑が広がっていた。ゴーティエは、トゥールーズの家令に対し次のように述べている。「あえて申しますなら、地に潜ったとでも考えない限りこのようなことは不可能です」と。事実そのとおりであることがすぐに判明した。つまり城の地下蔵のひとつから半リーグもの地下道が掘られており、城壁の外の森に出られるようになっていたのである。状況が不利であると判断した城の守備兵たちは、この地下道を通って密かに脱出したのだった。

「この地方の城はすべてこのような物を備えているのか?」とゴーティエが尋ねると、トゥールーズの家令はその点疑いないと答えた。すなわち、すべてがそうとは申せませんが、かつてルノー・ド・モントーバン*がこうした仕掛けを準備したのです、と。家令が言うには、ルノーとその兄弟がカール大帝と戦ったとき、従兄弟の魔法使いモージの勧めで、敵に気づかれることなく包囲網から脱出できるような地下道が作られた。これを受けてゴーティエは「我が領地に帰国するときが来たら、ただちに我がパサック城にも同じものを作ろう。我が王や公や近郊の領主たちと戦うつもりはないけれども」と決意した。これが脱出用の地下道に関して文書に現れた最古の例であり、その後各地の城で、これと似たような地下道にまつわる伝説が語られるようになった。だが、フロワサールの本で有名になるまでは、どこの城にもそんな話は伝わっていなかったのだ[82]。

9　騎兵への執着

よく知られているように、ローマ時代の軍事的特徴といえば、よく訓練された歩兵の軍隊である。一方中世は騎兵の時代と考えられている。だが実際はそれほど明白な対比をみてとることはできない。というのも紀元三世紀以降、ローマ軍団《レギオン》の編制の中でも、騎兵部隊の重要性が次第に高まったからである。とくにサルマティア人**やフン族に対抗するには、彼らと同じ軍事技術を導入し、乗馬弓兵や重装騎兵（クリバナリーあるいはカタフラクタリー）を編成し、こうした諸兵科が協力して戦わざるを得なくなっていった。とくにクリバナリーは非常に壮麗で、ときとして盲目的に戦う存在であったが、単独で軍事作戦を行う能力を持っていたわけではなかったので、弓兵隊の援護なしではまったく役立たずに終わる危険性もはらんでいた。この点、クリバナリーとのちの中世の騎士とは、外見以上に類似している。

同じころ、歩兵部隊はなお重要性を保っていたものの、自分たちが戦場の支配者だった時代と、王侯に扶持を与えられた特権的な騎馬戦士たちが主役となる時代の分水嶺にあって、難しい立場に置かれていた。すでに指摘したように、ローマ帝政末期の数百年間は、多くの都市や小さな集落が防衛用の城壁を備えるようになった。そのころ西ローマ帝国内に定住しようと侵入してきた諸民族は、程度の差こそあれ、みな徒歩でも騎乗でも戦う人々であったが、彼らもこれらの城壁という要素を考慮しなくてはならなかった。つまり中世は、騎兵が歩兵に対して次第に優位になった時代とみなすことはできない。むしろ城郭が騎兵にも歩兵にも優位を確立していた時代なのだ。

当時、城郭建築が十分な防御力を享受していた要素のひとつ、そしておそらく最も核心的な要素は、城郭を攻撃しようとする側に適当な道具や機械が欠けていたということである。後に西ヨーロッパの支配者となる諸民族は、この分野で本当に何の知識も持っていなかった。すでにタキトゥスは、同時代の蛮族について「彼らは包囲戦のための機械や策略についてまったく無知である」と報告している。これはつまり、もし都市に対する奇襲が失敗し、都市内部を混乱に陥れることができなかった場合は、侵略者たちには城壁で守られた都市をじっと封鎖して籠城側を飢えさせ、疲弊させるぐらいしか手段がなかったということを意味する。たとえば五世紀の初めに西ゴート人は、ボルドー近傍にあるバザスの城壁を彼らの馬車で囲んだ、とパウリヌス・ペッラエウスは伝えている。(83)

こうした状況は、その数年後に西ゴートがイタリアを征服する過程で、より重要な意味を持った。たとえばアラリック王は、西暦四〇一年十一月アルプスを越えてアクイレイアを包囲した。彼に恐れをなしたいくつかの都市は市門を開いたが、ゴート人たちはミラノを包囲することは避けた。さらに彼はアスティ攻略に無駄な力を注

＊十二世紀からルネサンスのフランス武勲詩に登場する伝説の騎士。従兄弟は魔法使いのモージ（マラジジ）。リナルド・ディ・モンタルバーノとも。
＊＊前四世紀から四世紀にかけて、ウラルから黒海北岸で活動したイラン系遊牧民。

いだあげく、ポッレンツォの野で散々に打ち破られ、アルプスへと撤退せざるを得なくなった。このように城壁は実際に有効だったからこそ、ローマ市やトリノ市は自分たちの城壁を強化したのである。それでも、多くの富裕層は包囲戦が発生することを恐れて、自らの財産を隠し、シチリア島やサルデーニャ島に避難することを好んだ。前述のアラリック王は西暦四〇八年イタリアを再び襲い、今度はローマをまっすぐ目指した。彼は都市を封鎖し、飢えで苦しめたが、結局大量の賠償金を受け取って撤退した。ローマ包囲はその後二回、四〇九年と四一〇年に繰り返されたが、四一〇年八月の包囲では西ゴート人たちはローマ市内に突入することに成功した。このときの略奪や放火によって、その後何世紀もの間ローマは荒廃し、そのことはラテン世界に衝撃を与えた。だが、ゴート人がローマ攻略に成功した理由はといえば、単に市内の人間がサラリア門をゴート人に対して開け放っただけのことであった。

古代都市の城壁と対戦した蛮族たちにとって、征服した都市の城壁を破壊するのは重要なことで、その後長く習慣として受け継がれた。たとえばプロコピオスは、ヴァンダル族がアフリカで、突発的な都市の反乱を予防し、ローマ帝国復興の拠点となりうる場所をなくすため、都市城壁を破壊したと書き記している。ヴァンダル族は(その統治が安定していた約一世紀の間は)城郭建築を修復することに何の関心も払わず、廃墟のまま放置していた。彼らは例外的に破壊を免れたカルタゴの城壁についても無関心であった。イタリアにおけるゴート人は当初、これとはまったく逆にふるまった。テオドリック王は征服した都市の周壁を破壊しなかっただけでなく、三〇年に及ぶ治世の間それらをあらゆる手段で強化することに務めた。またビザンツ＝ゴート戦争の間、東ゴート人はパレルモやナポリ、ウルビーノの防備を打ち破ったが、城郭建築に完全な信を置いていた。彼らはローマ系住民の敵意が自分たちに向けられているのを知っていた(たとえばサローナやローマ、リーミニのように)。だが都市での生活物資が不足すると(ポルトやチェントチェッレ、アルバーノでそうしたように)、彼らは城壁の破壊を考慮するそぶりすらみせず、都市を後にしたのであった。他方、ウィティギス王はペーザロとファーノを放棄するにあたって、真っ先に城壁を破壊した。「なぜならローマ人たちがこれらの都市を再占領したとき、城壁があとあと悩みの種となるから」である。ゴート人は苦い経験からこのような予想を立て、実践した。だからこそトーティラ王は都市を再征服したとき、その城壁を破壊するよう決断したのだろう（とプロコピオスは語っている）。なぜなら「こうしておけば敵軍は安全な拠点を持つことができないだろうし、ここを拠点として小賢しい策略を弄した戦争をやることもできないだろうから」。

こうした意図に基づいてベネヴェントやナポリ、ローマの城壁も破壊された。しかしいくつかの都市では、トーティラは彼自身が破壊した都市城壁を再建築せざるを得なかった。たとえばローマの城壁再建については、戦争の遂行に城壁が必要であるという点以外にも、トーティラは次のような要素を計算に入れておかねばならなかった。それはトーティラの「国際的な」名声である。トーティラはローマ市を征服したものの城壁を破壊してしまったので、都市を保護する権能を有していないとみなされていた。そしてそのせいで、トーティラの娘が差し伸べた和解の手をフランク王は拒絶したのだと考えられていた。ゴート人は城壁を破壊することも、場合によっては再建することもあるという優柔不断な態度をとったが、ビザンツ側は征服した都市の城壁を決して破壊しなかった。都市を敵に対する軍事拠点とするためである。これはビザンツ側が包囲戦術において、ゴート人より優れていたこととも密接に関係している。すでに触れた西暦五三七年のウィティギス王によるローマ攻略失敗は、ゴート人の包囲戦術が劣っていた顕著な例である。ゴート軍はどこからどうみても騎兵の軍隊であり、都市城壁に相対したときは、明らかに攻略にてこずったことが彼ら自身の証言からも分かるし、包囲戦の技術的な経験も乏しかった。同様に、ゴート人の騎乗能力を発揮させないよう、敵が各種の障害物を設置した際にも、彼らはうまく対応できなかった。トーティラの言葉からも分かるとおり、城壁を破壊しておけば敵を「開けた平原に引きずり出せる」はずだ、とゴート人は錯覚していたのである。(84)

ゴート人の後にやってきたランゴバルド人も、こうした面でさほど違いはなかった。ランゴバルド人も軍事作戦の最中に繰り返し城壁を破壊したが、それは反乱を起こした都市に懲罰として行う儀礼的な「破壊」(これは古代ローマ人の「鋤入れ」の儀式につながる)というより、むしろ敵が近い将来、これらの都市を城郭として使えないように無害化するのが目的であった。これは西暦五八四年のブレシェッロの市壁破壊や、六四三年のリグーリア地方沿岸都市での破壊、そして七〇一年コマチーナ島での破壊などで例証できよう。さらに八二一年のナポリ市壁破壊もこれに付け加えてよいだろう。こうした理由から、戦闘後に行われた都市城壁の破壊と、既に紹介したような六〇一年のパドヴァや六〇三年のクレモーナとマントヴァの戦いで、包囲作戦の一環として行われた城壁の損壊とは、はっきり区別しなければならない。

フランク人も、敵のゴート人やランゴバルド人に劣らず、頻繁に城壁破壊という手段に訴えた。七世紀にピピン短軀王への反乱を起こしたアキテーヌ公ヴァイフェルは、ポワティエ、リモージュ、サントレ、ペリグー、アングレーム、その他多くの都市の城壁を破壊した。ところがピピンは、これらを直ちに再建したといわれている。だが本当にピピン短軀王が城壁を再建したのかについて、懐疑的な意見もあることは確かだ。というのもピピン家の末裔たちは、カール大帝の時代を迎えてもなお、古代末期に築かれた都市城壁を単なる厄介な物とみなしていたからである。実際、パヴィーアやヴェローナ、サラゴサは長く苦しい包囲戦のすえに征服されたし、ルートヴィヒ敬虔王も西暦八〇〇年から八〇一年にかけて、兵糧攻めでバルセロナやトゥールーズを降伏に追い込んでいる。西暦七七八年、パンプローナが攻略された直後に「二度と反乱を起こせないように」城壁を破壊された理由も、こうした包囲戦の影響から説明できる。七八八年にベネヴェント公グリモアルドを服属させたカール大帝が、サレルノやコッツァ、アチェレンツァの城壁を取り壊したのも、同じ理由に基づく行為であった。

非常に戦闘経験豊富だった西フランクの軍隊も、包囲戦では何世紀も前の蛮族たちと同じような判断を下しがちであった。城壁に直面したとき、彼らは蛮族同様城壁に対して劣勢であり、包囲戦術への無関心ぶりは、ラバヌス・マウルス・マグネンティウスやセドゥリウス・スコトゥスといったカロリング朝時代の著述家も似たり寄ったりだった。著述家たちは、他の分野についてはウェゲティウスの著作から多くの教訓を引き出していたにもかかわらず、彼が城郭への攻撃や防衛について述べた多くの提案はきれいさっぱり忘れ去っていた。カロリング朝の人々は上から下まで、包囲戦術に対する偏見に満ちた嫌悪を古代の蛮族から相続し継承していったが、やがてそこに新たな動機が生まれた(85)。

カロリング朝が非常に広大な領域を支配するようになった時代は、その後の軍隊における歩兵と騎兵の位置関係だけでなく、歩・騎兵と城郭との関係もまた決定づけられた時代であった。近年の歴史学では、ピピン家の治世を戦争における騎兵の使用法が定まった「革命」あるいはそれ以上の出来事があった時代と位置付けている。つまりカール・マルテルないしピピン短軀王の時代に、フランク人は重騎兵と軽騎兵という兵科を「無から」生み出したのである（鐙の使用が当時あったかどうかは問題ではない）。そしてこの二つはたちまちフランク王国の大拡張を成し遂げる基本的な手段になった。近年のこうした説には、なお根拠に欠ける部分も存在するが、それでも八世紀から十一世紀の間にフランク人たちが「メロヴィング朝時代に比べてはるかに重要な地位を」騎兵に与えた、ということはほぼ確かである。騎兵は暗黙のうちに、軍隊

城壁に殺到するフランク騎兵たち
『マカバイ記』、9-10世紀
ライデン大学図書館

内で戦士としての特権的地位が与えられるとともに、たちまち一種の神話的存在にまで高められた。しかしこの軍事と意識の変革は、実際の戦場では騎兵は城郭に阻まれ役立たずだという現実に直面したとき、力を失う。そしてその現実は、以前よりももっと明瞭に姿を現したのであった。

こうした事実は、ルートヴィヒ敬虔王による西暦八〇〇年から八〇一年のバルセロナ包囲を称えた、詩人エルモルドゥス・ニゲルス〔黒のエルモルドゥス〕の頌詩にはっきり表れている。これによると、堅固なバルセロナの城壁を前にして破城槌を使った攻撃が失敗したとき、ルートヴィヒ王は自分の槍を城壁に突き刺してみせたという。これは挑発的で傲慢なジェスチャーであるが、同時に城郭を降伏させるには兵糧攻めぐらいしか決め手がないという告白でもあった。こうした騎士道精神は、九世紀の終わりごろになるとさらに確固としたものとなっていった。ザンクト・ガレン修道院の修道士ノトケル・バルブルス〔吃音のノトケル〕は、シャルル肥満王の事績を称えるため、彼の祖先の伝説上の武勲も取り上げている。ノトケルは、カール大帝が甲冑で身を固めパヴィーアの城壁前に馬を乗り付けたとき、同様に鉄製の甲冑を身に着けた無数の騎兵を引き連れており、その数は地平線まで埋

聖ランベルトの殉教
『聖ランベルトの生涯』

め尽くすほどであったと言葉を尽くして語る。そしてこの驚くべき光景は都市の守備隊を麻痺させてしまい、降伏するしかないという気持ちにさせたという。

城郭に直面したとき、騎兵部隊はいつも役立たずであったということは、ここでは単に隠蔽され、語られない。さらに本当に包囲戦で必要となるものについてさえ、まったく考慮されていないのである。実際、ここでは甲冑で身を固めた騎兵の優秀さと恐ろしさにのみ関心が払われている。騎馬戦士を称え、彼らが言葉にできないほど完璧な優越性を備えているがゆえに勝利を納めたのだ、ということが示されれば十分なのだ。ノトケルが空想上の逸話で暗示した内容は、実はアンミアヌス・マルケリヌスの『歴史』に記された、シャープール王率いるペルシャ軍による西暦三五九年のアミダ包囲戦の一節そのままである。『歴史』に現れた古代末のカタフラクタリーについての文学的なイメージは、カロリング朝以降の戦場を支配することになる騎士神話を強く規定することになった。さらにノトケルは、カール大帝の軍隊に従軍した徒歩の戦士はみな不格好でみすぼらしく、とても騎兵と同等の兵士とみなせるような姿ではないとも書いている。

一見不合理にも思えるが、実はこの時代、包囲戦も騎馬戦士たちのみで行われたと信じるに足る理由がある。事実よく知られた細密画には、城壁の守備兵を槍で突き倒す騎兵の姿が頻繁に現れる。これらは象徴的な図版であるが、しかし現実の一面を反映していないとは言い切れない。たとえば八世紀初頭、リエージュを攻撃した騎兵たちによって修道士の聖ランベルトが殺されたとき、騎兵たちは鎧と兜を身に着け、盾と騎兵槍と剣を携え、矢の詰まった箙も備えていた、と『聖ランベルトの生涯』は伝えている。バイユー・タペストリーのある場面でも、騎兵たちは城郭に対し直に乗馬突撃を仕掛けている。これは（騎兵が包囲戦を行っていたという事実に対する）「芸術家による承認」とみなせるのではないだろうか。またランスのリシェールも、九世紀の終わりごろの事例について言及した際に、少なくとも八例の包囲戦で、騎兵軍は歩兵に支援されることなく城郭を攻撃したと書き残している。騎馬戦士たちは、狩猟を通じて弓術の修練も重ねていたから、当然こうした武器は城郭の防衛でも攻撃でも使われたに違いない。だからこそ歩兵部隊の関与がなくとも、多くの包囲戦を効果的に戦うことができたのである。いいかえれば、騎兵と城郭は想像以上に真っ向勝負していたわけだ[86]。

こうして考えると、クレモーナのリウトプランドが語る一見空想のような話、すなわち西暦八九六年二月にカランタニア〔ケルンテン〕のアルヌルフ王がヴァチカンのレオーネ城壁を攻略した、という逸話もよりよく理解できるのではないか。リウトプランドによると、アルヌルフの兵は「無数の戦争用の道具を」準備したのち、盾と粗朶《そだ》で身を守りつつ、大挙して城壁に接近した。こうしてよく組織された突撃が始まったことが知れ渡ると、人々は子ウサギのように恐れ、町の中へと逃げようとした。そこでいくらかの騎兵部隊が追撃したが、騎兵が向かってくるのをみたローマ人はたちまち守備を放棄して逃げた。そのため騎兵たちは鞍から降りる必要もなかった。「多くの騎兵が城壁を制圧したので」、それ以外の騎兵はすぐに丸太で門を破り、都市を占領したという。だとすれば、ノトケルの作り話とされるカール大帝の逸話も、現実にあったことかもしれない。騎兵が槍を構えて怒濤のように突撃してくる恐ろしい光景は、守備隊を退却に追い込み、騎兵たちは大した苦労もなく城郭を占領する、というわけだ。

しかし、リウトプランドの別の逸話からも分かるとおり、騎兵がどんな城郭でも陥落させたというわけではない。西暦九三〇年代にシュヴァーベン公ブルカルドは、ロドルフォ・ディ・ボローニャの招請に応じ、ともにイタリアの再征服に乗り出した。彼はミラノの城壁前に現れ、自分の要求を完全に受け入れるよう激しく恫喝したのであった。「私ブルガルドにとっては、イタリア人どもが欠けた拍車をつけ、みすぼらしい馬に跨って出撃してこなくとも、どうということはなかった。イタリア人はミラノの城壁は堅固であると信じていたが、我々はそう思わなかったし、城壁の高さについて何か思ったりもしなかった。そこで私は騎兵用の槍を投げつけて敵を城壁から叩き落とした」と彼は語っている。この逸話が含意するところは、ようするにルートヴィヒ敬虔王がバルセロナの城壁で見せた振る舞いと変わらない。しかしブルカルドは、騎馬戦士の誇りに裏打ちされたうぬぼれの背

バイユー・タペストリー（11世紀後半）より
城に突撃する騎兵たち

後に、堪え性のなさを潜ませている。苦境に追い込まれたとき、あえてそれを耐え忍ぶ騎兵は軽蔑されるのみなのだ。だが当時のイタリア人はみな、こうした屈辱に自ら身を置いていた。つまり彼らは駄馬にまたがり、欠けた拍車をつけて戦ったのだった。ちゃんとした馬に乗り、ふさわしい装備を身に着けていることが名誉ある戦士の姿とされており、こうした軍装はまさに社会的な意味付けを帯びたものであった[87]。

さらに一世紀が経過しても、騎兵と城郭の対決は続いていた。城壁に真っ向から挑むという、カロリング朝の騎兵たちが持っていた古式ゆかしい精神は、そのまま十字軍に参加したフランス騎士にまで受け継がれていたように見える。フィリッポ・ダ・ノヴァーラは、一一六八年にベイルート領主ジャン・ド・イベリンが語った逸話を後世の人々に伝えているが、それによるとエジプトへの遠征中、エルサレム王アモーリー一世はジャンの伯父ユーグ・ド・イベリンに「包囲中のビルベイスの町に突撃をかけるよう」命じた。「そこでユーグは突撃いたしましょうと答えた。ユーグは町の外濠に到着するや否や、馬に拍車をかけて人馬一体となって濠へと跳び込んだ。馬は首を、我が伯父ユーグは太ももを骨折した」。話はこれで終わらない。その後「ナブルスのフィリップ殿はユーグの伯父で優れた騎士だったが、彼は濠の中にいる甥ユーグのそばに跳び下りようとして、すんでのところで死ぬところであった」。

こうした無鉄砲なふるまいは、もちろん孤立した出来事ではなく、たとえばアモーリー王が発布した特例法にも現れている。「この法によれば、もし自分が籠城側で身動きできないか、自分の命を守らなければならない状態でもない限りは、都市や城砦を包囲する場合や、馬を連れて行けないような場所へ行く場合であっても、騎士は必ず従軍しなくてはならなかった」。こうしたせいで、「真の」騎士は包囲戦であっても彼の乗馬を簡単には手放さなかった。そして城壁に突破口が開いたり、城内の裏切りによって門が開かれたりしたときは、彼らはすぐに馬にまたがり都市の中に雪崩れ込んだのだった。

十一世紀の『ノヴァーラ年代記』で語られるパヴィーアの伝説によると、西暦七七四年、パヴィーアはカール大帝に恋したデシデリウス王の息女のせいでフランク人に征服されてしまったことになっている。年代記によれば「その夜カールは町の門に近づき、市内に入って今述べた恋人に会いに行った。二人はかつて交わした約束どおり、喜びに満ちた時間を過ごした。だが彼女はすぐに馬の蹄に踏みにじられ、夜の闇のせいで殺されてしまった。デシデリウス王の息子アデルキスは、城門を破壊する馬の蹄の音を聞いて目を覚ますと剣を取り、侵入してきたフランク人をみな打ち倒した。だがすぐに父王はやめるよう息子に命じた。なぜならこの成り行きは神のお望みになったことであったからである」。伝説に頼らずとも、『マヨルカの書』ではピサの騎兵が頻繁にマヨルカの城壁そばで戦ったことが分かる。たとえばコンソリのひとりロベルトは「彼の槍を向けられると多くの敵が／大混乱に陥り、ロベルトは敵を追い立てた。／敵兵が必死で逃げようとしている間に、彼は城門を通って敵を追撃した。彼は濠のところで落馬してしまった（ああ何たる不運か！）」。だがその後、彼は再び馬に乗ることに成功し、最終的に打ち倒されるまで長い間抗戦したのであった。

その後、城壁に突破口が開かれると、ピサの騎兵部隊は機に乗じて、やすやすと町の街路で敵兵を蹂躙した。それは「騎兵の後ろには／歩兵の一団がつき従っていたが、町に入るのは／一苦労だった。騎兵にとっても／入るのは困難であった。だが、出るのもさらに大変だった、／退却しようと思った者にとっては」、といった様子で、実際この突撃は失敗している。にもかかわらず、ピサ人は一日後に新たな突撃を仕掛けた。「しかし町の斜堤に設けられた突破口は騎兵にとっては狭すぎた。／歩兵は騎兵につられるように侵入した。／そこで騎兵たちは手綱を返し、自分たちの野営地を目指した」。ここでも作戦の失敗が語られているが、こうした状況では城壁の割れ目から市内に侵入しようとするのは、一般的で当然のことであったようである。この数年後、コモ市はマヨルカと同じような攻撃を経験している。ここではミラノ軍が「城壁を壊し／深い濠を埋め立てた。／そこで彼らは通路を均しながら、城壁に穴の開いた場所を探した。／それは突破口を開けて騎兵で市内に乗り込むためだった」。一二五三年、キプロス島のキリニアでも、フィリッポ・ダ・ノヴァーラは頑なに馬を手放そうとしない騎兵の姿を描写している。攻城塔が守備隊によって火をかけられるのを目にして、「その外にいた騎兵たちは馬にまたがり、外濠まで突進した。そこで彼らは濠を駆け下ると、木の城〔攻城塔〕に入っていった。木の城は完全に焼け落ちるまで燃え続けた」。

攻撃ではなく防衛の局面、つまり城郭に包囲され閉じ込められてしまった場合も、騎兵は馬の背に乗って戦うという自分たちのやり方に固執した。たとえば一一一一年、フランス王ルイ六世に包囲されたピュイゼ城では、騎馬戦士の一団が城壁の内側から襲歩《ギャロップ》で飛び出して、防衛のための騎馬突撃を仕掛けた。こうして敵を威圧する一方、敵陣を突破することで攻撃側をたちまちのうちに撃退したのだった。同様の防衛戦術は、十三世紀中のイタリア北部でも用いられた。パドヴァのポデスタであるアンセディジオ・グイドッティは、エッツェリーノ・ダ・ロマーノに代わって、都市の広大な城壁を守るにはあまりに不十分な兵数で防衛組織を立ち上げなければならなかった。そこで彼は一二五六年、配備された騎兵隊に「町を囲む斜堤のどこであれ、敵が奇襲してきた場合はそこに急行し、敵の侵入を阻止しその場で殺すこと」と命じた。この戦術のおかげで、広大な都市城壁を守備するために限られた人員を集中させることができた。(88)

騎兵たちは、常識や戦術的な利点に逆らうことになろうとも、乗馬戦闘という自分たちの特長を活かして城郭を征服する方法を模索し続けた。一方、ノルマン人騎兵たちはより柔軟で実践的な方法で城郭と対峙した。実際、すでに一〇〇〇年以上前にフロンティヌスの著書『戦略論』には、包囲側が苦戦している場合に詐術を用いて城郭の門を開けさせる手順が紹介されているのだが、この策略は、その後の軍事作戦で現実に行われた策略と一致している。たとえば歴史家アンミアヌス・マルケリヌスは西暦三七八年に、コンスタンティウス帝に対して起こった帝位簒奪者マグネンティウスの反乱の最中、マグネンティウス派のある者たちが（フロンティヌスを読んでいたかどうかは分からないが）コンスタンティウス派を装ってジュリア・アルプス山脈の「関所」を突破することに成功した、という話を記している。

十一世紀の終わりごろ、プーリアのグリエルモは、ロベルト・イル・グイスカルドがこうした古代の知的遺産を上手く使っていた様子を紹介している。ロベルトはまず手始めに「都市も城も占領せず」あちらこちらで略奪を繰り返しながらカラブリア人たちを追撃した。だが重要な城郭拠点に対しては、大規模な攻城兵器を準備することで敵の希望を断ち、心理的に圧迫した。また彼は自分が死んだように装って、城内のある修道院に埋葬されるようお願いしたこともあった。この依頼は受理され、埋葬の儀式が行われた。その後ロベルトは棺桶から蘇り、隠してあった武器を抜くと、部下に攻撃の合図を出し、勝利を収めたのだった。「おお、グイスカルドよ！　それがあなたの手に落ちた最初の城でありました！」と詩人は称賛の言葉を残している。こうしたトリックはドゥラッツォでも繰り返された。グイスカルドはここでも「武器で城を打ち負かしたのではなく、策略で征服した」のであった。

こうした詐術を用いた古典的な城郭攻略法は、その後何世紀にもわたって実践されたが、そのこと自体、城郭と対決したときに騎兵が苦戦を強いられ続けていた証であろう。一三一二年、皇帝派のフィリッポーネ・ディ・ランゴスコはボルゴヴェルチェッリで、教皇派の町ヴェルチェッリから出撃してきたマッテオ・ヴィスコンティの兵を打ち破った。そして彼はその同じ日に、戦利品として手に入れたヴィスコンティ家の旗印を掲げて、ヴェルチェッリの城壁前に姿を現した。こうして〔マッテオの子〕マルコ・ヴィスコンティのふりをして城門を開けさせたのだった。十四世紀にフランコ・ヴェネトで成立した武勲詩『パンプローナの征服』の登場人物エストゥスも、同様の手段を使っている。彼は誰一人傷つけることなくトレテレ城を征服したが、これはとても騎士道精神に則った行為ではない。しかしこうした詐術が、武勲詩の中の英雄を称える場面で、非難の対象となることはまったくなかったのである。

中世末期の数百年間、詐術は少ない兵力で素早く城郭を奪い取る唯一の手段であった。さもなくば時間と兵力と物資を戦果に見合わないほど消費する包囲戦に訴えるしかなかった。また、たとえばベルトラン・ドゥ・ゲクランのような、高い名声を誇る騎士がこうした詐術に訴えても、それが蔑視されることはなかった。一三五一年、彼はイングランド軍に占領されたフージュレー城を奪取するため、好機を狙って近くの森に部隊を潜ませた。そして城の駐屯兵が薪拾いを命じられたとき、まさに好機が訪れた。ドゥ・ゲクランは三〇人の仲間と共に、木こりを装って城に入ることができた。彼らは見張りの兵士を殺し、他の敵兵も適時到着した増援によって圧倒され、城は奪取されたのであった。こうして、近代兵器が戦争における城と騎士の価値をまとめて奪い去ってしまうまで、両者の対決は続いたのであった。

第Ⅲ章

会戦

1 ― 望まれぬ会戦と虚像の勝利

古代末期の軍事理論家ウェゲティウスは次のように書いている。「開けた平原での会戦は二、三時間の間に決着がつく。しかし戦いの後には勝った側もすべての希望を失っている。軍隊同士が衝突する前に、まずあらゆる事象を熟慮し、あらゆるものを準備しなければならない。本当に優れた指揮官は、対戦者双方を危険に晒す平野での戦いを好まないものである。むしろ彼は決定的に敗北するのを避けようとするか、敵を恐れさせて無傷のまま逃げだすように作戦を行う」。ウェゲティウスの著作はカロリング朝時代にも熱心に読まれ、議論の俎上に載せられており、間違いなく中世の戦争のやり方に影響を与えている。ここに表明された、直接戦闘を避けるように勧める考え方は、中世において平原での会戦が減少した原因のひとつであろう。すでに前章で述べたとおり、ビザンツと東ゴートの戦争でも平原での会戦は大変珍しかった。付け加えるなら、会戦の数はカロリング朝の時期でもすでに減少しており、これ以降もその傾向はずっと続いた。

こうした考えが受け入れられたのはウェゲティウスの指針のせいもあったが、忘れてはならないのが当時無数に存在した城郭や城塞都市の影響である。当時の人々が城攻めに不得手であった結果、包囲戦が重要な意味を持ったという点を指摘しておけば、当時の事情の説明としては十分だろう。それ以上に当然のこととして、兵力の温存は常に優先されることであり、不用意に敵と対陣し、兵士を危険にさらせば、ほんの短期間のうちに軍隊を壊滅させることにもなりかねなかった。勢力の均衡（この考え方は叙事文学にさえ広く行き渡っていた）という高度な次元から考えれば、直接対決などというものは個人の武勇をひけらかす機会でしかなかったであろう。一方で社会・文化人類学的な観点から見れば、西洋人は神の助けによって一撃のもとに決定的な勝利を収め、敵を打ち負かす方法をずっと探求し続けてきた。こうした傾向はアンジュー家の年代記作者がリゾワ・ダンボワーズの口を借りて発した言葉に明瞭に示されている。一〇四四年、トゥール包囲に手間取っていたジョフロワ・マルテル〔アンジュー伯ジョフロワ二世〕に対して、リゾワは包囲戦を中止し、代わりに町の救援にやってきたブロワ家のティボー三世と戦うことを進言した。*「会戦は短期間であるが勝者に与えられる報酬は大変大きい。包囲戦は長い時間を費やすけれども都市を征服するのは困難である一方、会戦ならば敵の城郭も領地も支配できる。なぜなら戦闘のあとには打破された敵は雲散霧消してしまうから。だからこそ決戦に訴え、敵を打ち負かしましょう。トゥーレーヌ地方を支配するのです」と彼は述べている。ここで表明されているのはウェゲティウスとは正反対の意見である。ようするに、会戦はどの時代でも「特別な儀式」であり、中世では神明裁判であった。全軍が団結し、決定的な結末を迎えるまで戦うことで、神の審判が下される場だったのだ。

一二三七年、北イタリアの都市コムーネを短期間のうちに勢力下に置こうとしていたフリードリヒ二世は、ミラノが採用した時間稼ぎ戦術に罵りの言葉を浴びせている。「彼らは我々と平原で戦うことを恐れ、街道や水路を通る我々の勇敢な軍隊が隘路に差し掛かると交通を阻み、武装した一団となって我が騎兵に立ち向かってくる。そのせいで我々の騎兵は障害物のない開けたところで戦うことができないのだ」。これでは皇帝が一回でも決定的な勝利を得るのは不可能というものだろう。だがこの同じ皇帝が、その数年前には熟練の外交官としての才能をみせ、戦争に訴えることも一滴の血を流すこともなくエルサレム王国を取り戻しているのである。**こうしてみ

*ジョフロワ・マルテルはフランス王アンリ一世と同盟を組み、王と対立するブロワ伯ティボー三世と戦っていた。ジョフロワと彼の重臣であるリゾワは一〇四三年、ブロワ家の領有するトゥールを包囲し、一〇四四年にトゥール近郊のヌイで会戦、ティボー三世を破った。この結果ジョフロワはブロワ家からトゥーレーヌ伯領を奪った。

**一二二九年当時エルサレムを統治していたアイユーブ朝のスルターンとフリードリヒ二世が交渉し、一〇年間の期限付きでエルサレムの返還が決まった（ヤッファ条約）。

ると、たとえ敵を一撃で粉砕できるような強大な軍隊が短期間のうちに動員されたとしても、決戦を求めてのことだと結論付けるのは早計というものである。一二三七年十一月のコルテヌォーヴァの戦いは、待ちに待った会戦が行われた場合の一例である。平原での戦いで、皇帝は反乱を起こしたコムーネ連合軍に輝かしい勝利を得た。しかしコムーネ側は皇帝への抵抗を止めず、守勢を保ちながら地の利を活かした長期持久戦を行った。その結果、最後にはコムーネ側が勝利を収めたのである。(1)

イタリアの都市コムーネがウェゲティウスの影響を受けて、皇帝に対してこうして軍事的対応をとったのかどうかははっきりしない。とはいえ当時戦場に出撃した軍隊は、大部分がコムーネ側のような対応を取るべきだと考えていた。一二二九年九月、ボローニャ軍はパナーロ川沿いにあったモデナの城サン・チェザリオを包囲した。だが包囲作戦は、その後戦場に到着したモデナ側の援軍によって妨害されるようになった。このときボローニャ側が作成した報告には次のように書かれている。「最初の朝、太陽が昇ると、我々は敵がスコルテンナという川を渡ろうとしているのに気づいた。その川岸には前日我々が建てた野営地があった。我々の勇敢な軍隊が武器を手に取って駆けつけると、敵は前面にも背後にも現れたが、我々はあらゆる方向で戦えるよう部隊を動かした。我々は車両を引き連れ、旗印を掲げて敵へ向かって行軍し、騎兵も歩兵も混然一体となって戦うことにした。だが敵は塹壕を掘り始め、我が軍が突撃できないように我々と敵との間に川の水を引き込んだ。敵が決戦を避けたがっているのはどう見ても明らかになったので、我々は喜び勇んで野営地に戻った」。

こうした状況にもかかわらず、ボローニャ軍はサン・チェザリオ城に強襲を仕掛け、これを制圧・破壊した。前述の報告はさらに続ける。「我が方の騎兵は戦場に広く散らばっていたが、再集結して自分たちの天幕を片付け、敵が待ち受けている地点で突撃隊形を組んだ。次の日、我々は平野に広く展開し、反対側には敵が出現した。正午ごろには会戦が起こるものと我々は考えた。だが敵は夕方まで動こうとしなかった。そして既に日が沈もうとし始めたとき、ようやく我々は混然一体となって激しい戦闘に突入した」。報告によるとこの対決は夜にまで及んだようである。激しく、血なまぐさい戦いの結果、形勢は混沌としたまま戦いが終わり、ボローニャとモデナはどちらも自分が勝者だとみなしたのだった。

この報告でボローニャ側が訴えたいことは明らかだ。つまり、サン・チェザリオの戦いで会戦が何度も延期されたのは敵の責任だ、ということである。モデナ側は何度も戦闘配置につく様子を見せたが、実際には自分から率先して動くことを放棄して、敵であるボローニャ側に最初の一手を打たせるため、待つことを選んだのである。とはいえ、こうした消極的な姿勢はボローニャ側にも表れている。よく考えてみれば、ボローニャ側が先に包囲戦に訴えたのであり、たとえ敵の視界内に留まることになろうと、彼らは包囲さえしていれば最終的には戦果を得られるはずだったのだ。戦機を捉えようとして待機を続けるという姿勢は、ここではあからさまに非難されているけれども、そのおかげで逆にそうした考え方が当時蔓延していたと分かる。いわば、どこの軍隊も会戦を回避したいと考えていたのだが、一方で彼らは戦力を誇示し、戦闘を決意したかのように振る舞うことで敵を畏怖させ、会戦が起こらなかった理由を相手の臆病のせいにしようと考えていたのだ。当然ながら、日

隊列を整えての会戦
15世紀の写本
ブリティッシュ・ライブラリー

が落ちれば会戦を延期せざるを得なかったので、緊張を保ったまま時間を稼ぎ、好機を伺うことで危険を減らし、自分たちの兵力と同時に名誉も守る、という姿勢は妥当なものだったといえよう。

そのせいで、この一二二九年に起こったサン・チェザリオの戦いのような、「夕方前」や「夕方ごろ」、あるいは完全に「夕日が落ちた後」（おおむね十八時ごろと言えるだろう）に戦いが始まるというのは、あまり一般的ではなかったようだ。「夕方あるいはもっと遅い時刻」つまり十八時から二十一時ごろに戦いが開始されるという例も皆無ではないが、こうした場合しばしば不測の事態によって「深夜まで」戦闘が引き延ばされることがあり、そうなると戦闘の決着がつくことはほぼなかった。当時の軍隊が好機に乗じようと待ちの姿勢を取った理由は、別の観点からも説明できる。十二世紀以降、西ヨーロッパ世界の戦争行為を左右するものの中に、占星術の判断という新しい要素が加わるようになった。この点について、史料や記録類は決して雄弁ではないが、少なくとも十三世紀初頭には、すでに占星術が戦闘を行う日時を決定する上で影響力を発揮するようになっていた、とみなして間違いないだろう。十三世紀の例としては、エッツェリーノ・ダ・ロマーノが軍事行動中にしばしば占星術へ依存していたことが語られている。

「開戦のタイミングを助言する占星術師」の図
タッコラ『機械論』パリ写本（1453年頃）
パリ、国立図書館

エッツェリーノは、自分が動員可能な最大の兵力を召集したのち、一二五九年八月三十日、みずがめ座が昇るのに合わせてオーリオ川を渡った、とロランディーノ・ダ・パドヴァは語っている。彼は「堂々たる様子でオルツィ城の城壁前を通り過ぎ」、ロンバルディア地方の中核部へと攻め込むことで、カール大帝以来の大遠征を成功させようとしたのである。彼がこの日に進軍を開始すると決定したのは「天文学者(占星術師)と賢者たちの助言」によるものであった。とはいえ、そのエッツェリーノ自身が「オーリオ川を渡るタイミングや、敵と交戦すべきとき、あるいは交戦すべきでないとき」について何人もの軍事顧問の意見を聞かなくてはならなかったように、占星術以外の色々な要素が遠征の時期と方法に影響を与えていた。顧問たちが満場一致で反対すれば、エッツェリーノにこの遠征を断念させることもできたかもしれない。だがエッツェリーノは決断した。「私の意見より顧問諸氏の意見の方が優れていることは分かっている。だが私は川を渡りたいのだ」と。こうして「彼ははっきりと分かったうえで自分から死地へ出発したのである」と年代記は結んでいる。

ここでは占星術の役割がはっきりと語られているが、これ以外のエッツェリーノの大胆不敵な戦術の数々もおそらく「天文学者の助言を信頼し、これに従った」ためと考えられる。占星術師はかならず良い結果がもたらされると請け負ったのだろう。そして星占いを信じた軍事指揮官はエッツェリーノだけではなかった。たとえばフリードリヒ二世は軍事に限らず様々な決定を下す際に、宮廷に召し抱えられた賢者と占星術師の意見とすり合わせを行った。少なくとも十三世紀の初め頃から、史料の中で「幾何学者」や「数学者」と呼ばれている人々が、天空を研究し星の運動を観測することでシエナやフィレンツェ政府から給料をもらっていた。それは重要な政策を着手するのにふさわしい場所や日時を決定するためであり、その重要な政策には当然、戦争における軍事行動も含まれていた。現存する史料にはっきりと現れるわけではないが、北イタリアの各コムーネでも同じような占星術の政治利用が規定されていた可能性は高い。

占星術のような不確かなものを何も考えず受け入れるという態度は、何か才能のいることでもないし、軍事的な決断を下すための経験や技能でもなく、あるいは軍事指揮官としての名声や「プロとしての能力」にも相いれないものだろう。だが現実には、十三世紀に最も高名な職業占星術師であったグイド・ボナッティは、エッツェリーノ・ダ・ロマーノの顧問団の一員を勤めたあとも、グイド・ノヴェッロやグイド・ディ・モンテフェルトロといった当時の戦争のエキスパートたちに仕えた。伝承によれば、ボナッティはフォルリのサン・メルクリアーレの鐘楼にこもり、星々を観測しては甲冑を身に着けるべきタイミングや馬に乗る瞬間、そして敵に向かっていく時刻をモンテフェルトロに直接指示していたという。こうした光景はなんとも奇怪に映るが、それ以上にモンテフェルトロが占星術師の指示に従っていたという事実は、この高名で誇り高い傭兵隊長が行った軍事行動の多くが、彼の責任に帰するものではないということを意味する。つまり軍事行動にまつわる最終的な責任は、経験豊かで名声を博している「科学的な」訓練を積んだ人物が担っており、彼らこそが重大な軍事的決断を下す意思決定者になっていたということである。エッツェリーノの身に降りかかった運命*が示すとおり、当時の軍事指導者は非合理的で危険な信仰を抱いて、「星辰の助け」と「騎馬の駿足さ」にすべてを賭けたのだった。

「事後に」、星占いの予言に意図せぬ誤りや取り違えを指摘するのはたやすい。だから占星術は、計画が失敗に終わった場合の「贖罪の山羊」にされる危険もあったが、一方で勝利の栄光を不当に独占することもできたわけだ。実際、「軍事的」占星術は非常に重要な助言を行った。「科学的な」手順に従って、軍を動員したり出征する日時・場所を決め、軍の野営する場所や時間を選び、城攻めするかどうか、敵と戦うかそれとも撤退するかを決定した。だからこうした占星術は、平野での会戦を回避する場合にも都合のいい言い逃れをたくさん用意してくれたに違いない。(2)

敵と対陣したときに直接矛を交えずに済ます方法は、何もこの時代の発明というわけではない。西暦八九三年、イタリア王ベレンガーリオ一世は、ライバルのグイド・ディ・スポレートと対決するのにカランタニア〔ケルンテン〕のアルヌルフ王の援助を求めた。アルヌルフの息子ツヴェンティボルト率いるドイツ人の軍勢は、イタリアに到着するとグイドが立て籠もるパヴィーアを包囲した。クレモーナのリウトプランドによれば、グイドは「都市を防柵とヴェルナヴォーラという支流によって守っていた」。この川はパヴィーア市のほど近いところにあり、「両軍の中間地点を流れているため、相手に突撃をかけることはお互い不可能だった」。両者は何日もの間対陣し続けたが、グイドは相応の額の銀を支払うことでツヴェンティボルトに軍を引くことを承知させた。ヴェルナヴォーラ川は今日我々の目で見れば、通行不能というには取るに足りない水の流れである。そしてその流れは九世紀末でも大して違わなかったと考えられる。つまりこの川は、両陣営を支配していたやる気のなさを誤魔化す口実に使われただけなのだろう。上記の事例が典型的だが、取るに足りないような川の流れでも、対戦者にとっては自分たちの無気力ぶりを正当化するには十分だった。それどころか、ときにはその口実すら必要ではなかった。

オットーネ・モレーナの語るところでは、一一六〇年十月二十六日ローディで、ミラノ騎兵の一団がローディの騎兵部隊を発見したのだが、互いに先に手を出すべきではない相手と認めたので、対峙したまま動かなかった。結局夜になったので、どちらもが本拠地に引き上げるちょうど良い理由を得たのであった。これが一般的な遭遇戦であり、戦闘の結果が読めずにためらったあげく、戦う機会を逃してしまうことはよくあった。それどころか、互いに矛を交える意志があり、戦闘準備が整っている場合ですら、そうだったのだ。一二八七年五月の終わりごろ、レッジョ・エミーリアの騎兵・歩兵が町を出発した。彼らはカンポーラ川の近くで待機して、地方の村落を荒らしまわる反乱軍を攻撃することにした。反乱軍も戦いを求めており、彼らは交戦すべく行軍していった。二つの軍隊は半マイルほど離れて布陣し、互いに敵軍の編制や弱点を探ろうと「スパイや斥候を」放った。「そうこうしているうちに一日が過ぎ、面倒になったので彼らは戦わずに引き上げた」と年代記は伝えている。どちら

＊有力な皇帝派でパドヴァ・ヴェローナ等の領主だったエッツェリーノは、一二五四年教皇インノケンティウス四世に破門され、対エッツェリーノ十字軍が結成されてしまう。不利な状況を覆すため、一二五九年八月に前頁に触れられているとおりロンバルディア遠征を決断するが、戦場で負傷し、捕虜となった。彼はこのときの傷がもとで同年十月に死亡した。Ⅰ章六七頁、Ⅱ章一四五頁の訳註も参照。

の陣営も、どのように撤退を正当化したのかはよく分からないままだが、臆病なふるまいについては筆をついやす必要すら感じなかったのだろう。

豪胆で練達の傭兵隊長カストルッチョ・カストラカーニ*ですら、この手の逡巡からは逃れられなかった。一三二〇年、彼は「部下を引き連れ、意気揚々とグイシャーナ運河沿いの町カッピアーノに陣を張ってフィレンツェ軍と対面した」。両軍は、一日どころかなんと半月にもわたって運河の岸で対陣を続けた。そして「小競り合いで時間を費やし、敵に圧力を加えるために堡塁や砦、橋や建物を作ったが、どちらもまったく前進しようとしなかった」。結局両軍は決着をつけることなく撤退したが、「それは冬が来て雨の季節になったからである」。こうしてフィレンツェ人は「わずかな名声」すら失ったが、それでもあのときはジェノヴァを包囲しようとしていたカストルッチョ軍の機先を制したのだ、と主張し続けた。

一三三九年十月フランスで起きた状況もこれに似ているが、より物議を醸した例である。このときオワーズ川沿いのビュイロンフォスで、フランス軍とイングランド軍は数日にわたって対陣した。イングランド王は一戦交えようと訴え、フランス王もこれに同意し、十月二十三日に戦うと決まった。ジョヴァンニ・ヴィッラーニによると「それぞれの軍隊は武器を手に取り鎧を身に着け、イングランド王は部下をそれぞれの部署に配置し、夕方まで戦場に留まった。フランス王とその軍も武装したが、兵士を戦場に配置しなかった。だが、フランス王が計略と戦場の知恵で敵に勝ったと信じられている」。実際に何が起こっていたのかと言えば、フランス軍がイングランド軍の補給路を発見し、封鎖しようとしたのだが、すでに配置されていたイングランド軍守備隊に阻まれていたのだった。ところが結局イングランド軍の食料は不足し始め、さらにフランス軍が現れないので「繰り返し進軍ラッパが吹き鳴らされたが」、会戦は発生しなかったのだった。こうしてフランス王は「傷ひとつなく、無事に、しかしわずかな栄誉を携えて」パリへと帰還した。

この出来事を間近で観察していたフロワサールは、フランス人の逡巡と戦闘放棄を指揮官同士の対立のせいだとしている。ある者は戦闘の回避を言い逃れようのない不名誉だとみなし、またある者は、もしフランス王の武運拙ければこの戦いで王国そのものを失ってしまうだろうし、勝ったとしてもイングランド王国を手に入れられるわけでもないと考えた。この意見は、開けた平原で会戦に訴える危険性について警告したウェゲティウスの焼き直しといえよう。さらに大占星術師ロベルト・ディ・シチリアの不吉な予言も余計に指揮官たちの不安を高めた。それによると、もしフランス王がここで戦えば、間違いなく敗北するであろうというのだ。[3] この意見のせいで、最終的に撤退を決断するまでさらに逡巡が長引いたことは否定できまい。ちょうどイタリアのコムーネが占星術に従って政策決定したのと同じように。

平原での会戦が稀なものになったせいで、会戦に代わる何かが求められるようになった。そのためにはまず、すでにウェゲティウスも強調していたとおり、十分な兵力を整えなければならなかった。そうすれば「敵は自分たちに対陣している軍隊を見て恐れを抱く」からだ。そこでウェゲティウスは指揮官に向かって次のように語りかける。「貴官は今や隊列を整え戦う準備ができた。貴官は軍に命令を下し、不安におののく敵に奇襲をかける。実際、敵を動揺させておけば、すでに戦う前からいくらかの勝ちを収めたようなものである」。とはいえウェゲティウス自身が推奨しているように、二つの軍隊の直接対決は可能な限り避けるべきものなので、実際の戦いに代わって「閲兵式」が行われるようになった。

トロサヌスの年代記によれば、一二〇七年ファエンツァ人は、メルドーラの城塞都市を占領したラヴェンナ軍に対して、意気揚々と軍を出発させた。「急報を受けた敵は城塞都市近くの平原に布陣した。一本の小川が両軍を隔てているだけであり、各人がそれぞれ所属している部隊の軍旗の下に集結した。そして戦闘の開始を予感し

＊ルッカの皇帝派貴族の家に生まれる。政争により家族ごと亡命を余儀なくされ、若くしてウグッチョーネ・デッラ・ファッジョーリに仕える。モンテカティーニの戦いなどで皇帝派の勝利に貢献し、一三一六年にはルッカの領主となる。マキァヴェッリが伝記『カストルッチョ・カストラカーニ伝』（一五二〇）を書いたことでも有名（一二八一―一三二八）。

平原での会戦
（1429年2月、オルレアン郊外でフランス軍がイングランドの輜重隊を急襲した、いわゆる「ニシンの戦い」）
1470年頃の写本、パリ、国立図書館

て、声と身振りで敵を挑発し始めた」。だがその後、彼らはお互いの挑発にも聞こえないようなそぶりで、結局「誇らしげに歌いながら家に帰って行ったのだった」。その様子はまるで輝かしい勝利を得たと確信しているかのようであった。ところが、平原でこうした「閲兵式」をしている裏で、戦争の定番どおり破壊と略奪が繰り広げられていた。またすでに述べたように「閲兵式」は城壁の目の前で展開されたが、それは敵対する都市から住民を逃げ出させるためだった。別の例では、一二二九年にパドヴァが、エッツェリーノ・ダ・ロマーノに扇動されたトレヴィーゾと戦うため「敵の領土を抹殺するための大軍を」派遣したことがあった。パドヴァのポデスタは部下の兵士と荷車隊を「堂々たる様子で」ピアーヴェ川まで率いていき、敵対するトレヴィーゾ市の城壁前に到着した。そこで「パドヴァ人たちはトレヴィーゾの城壁と塔を見、都市の喧騒や鐘の音を聞いたが、一兵の敵とも会うことはなかった。こうして無傷の軍隊は意気揚々とパドヴァに凱旋を果たしたのだった」。

敵軍を戦場へ引きずり出すためにどうやって挑発するかは、一二五六年八月、エッツェリーノ・ダ・ロマーノが、ヴェネツィアの支援を受けた教皇同盟軍率いる「対エッツェリーノ十字軍」からパドヴァを離脱させようとしたときの例を見ればよく分かる。エッツェリーノは大軍を率いてパドヴァ市の城壁前に現れ、騎兵を七つの隊列に分けて整然と配置すると、武器を誇示させた。さらにグアスタトーレ部隊に命じてあらゆる森、下生え、ブドウ畑、耕作地を荒廃させる一方、都市の外濠を埋め立て、攻撃用の突入路を開くよう命令した。「それは騎兵による攻撃を準備し、犠牲の大きい平原での決戦を決意したかのようであった」。だが、ロランディーノ・ダ・パドヴァの説明によれば、教皇同盟軍はいきなり立って都市から打って出ようとする兵士に出撃を禁じたので、エッツェリーノの騎兵は敵を待ち受けて一日中まったく動かなかった。その結果、戦闘は歩兵同士の小競り合いと騎兵による略奪騎行《グアルダーナ》のレベルに留まった。騎士道精神に染まった年代記作者ロランディーノにとって、こういった挑発を無視して戦わないという振る舞いはなかなか受け入れ難かったようだ。なにより、エッツェリーノがパドヴァの領内を荒廃させるよう命じたのも、敵の戦争資源を破壊するためとか、騎兵同士の対決を準備するためなどではなく、間違いなく挑発目的であった。結局エッツェリーノは当初の目的を果たすことなく戦場を後にしなければならなかったが、こうした経緯の結果、精神的には勝ったと自らみなしたのである。

一二九五年六月にローディに立て籠もるクレモーナ軍に対して、ミラノ同盟軍が行ったのは、より俗っぽい挑発の例である。ミラノ同盟軍は「町の外濠から数えて弩の射程の四倍ほどの距離まで近づき、ラッパを鳴らしながら叫んだ、〈出てこい！　クレモーナのポン引きども！　出てこい！　ほら吹きども！　出てきて戦え！〉と。だが挑発された側は出てこなかった。ミラノ人は正午まで待機したが、結局戦うことなく引き上げた」。それどころか、クレモーナ軍は夜の闇に紛れて「密かに、おっかなびっくりで退却した」のであるが、この振る舞いについてパルマの年代記は厳しく批判している。一二九七年五月、ファエンツァの平民隊長*マギナルド・ディ・スシナーナは、ボローニャ軍の居るカステル・サン・ピエトロを目指してイーモラから軍を出発させた。そこで彼は軍を布陣させ、敵に軍使を送って今すぐ城から出て戦うよう通告したのだが、「ボローニャ人はこれを完全に拒否した」。そこでラッパ手と鼓手の一隊が、ボローニャ軍の野営地があるシッラーロ川へと派遣され、マギナルドもそこに陣地を張って夕方まで留まった。「このような事があった後、上述のロマーニャ人たちは堂々と、しかし注意怠りなく陣地を引き払い、イーモラへと帰っていった。その結果、ボローニャ人は大いに面目を失い、恥をかいたのであった」。(4) これぞ議論の余地ないほどの完全なる「虚像の勝利」である。

戦闘することなく敵と対峙し続ける場合、敵を刺激することなく相手の視界内に留まる能力がとくに重視された。一二三七年ジェノヴァのポデスタは、アルクアータ・スクリヴィアでトルトーナとパヴィーアの連合軍と対陣した。連合軍はその場所に布陣し、ジェノヴァ軍から一マイルほどのところで野営していた。「こうして両軍が互いの姿を認めたのである」。それから数日彼らはその場に留まっていたが、やがて「パヴィーアとトルトーナの軍は戦場を引き払い」暗に敗北を認めたのだった。一一五六年、ミラノ軍がノヴァーラ平原にあるチェラーノを占領し破壊したときも、「パヴィーア人とノヴァーラ人は全軍を率いてミラノ軍の近くに姿を見せた」。また、先述のサン・チェザリオの戦い(一二二九年)のとき、ボローニャ軍は敵陣の目の前で城を占領したが、何の邪魔も受けなかった、とあるボローニャ市民は報告している。またブレシャのポデスタも、一二四二年にポントリオを制圧したとき「そこに軍を集結させていたベルガモ人の眼前で」それをやったと強調している。(5) この戦いの報告者は、敵のやる気のなさを強調し、その臆病さを大げさに驚いてみせて、勝者となったブレシャ市民およびその同盟者と対比している。

現代の動物行動学によれば、動物には逃げ出すことも攻撃することもできる、一定の距離をとって威嚇するという習性があるが、個々の動物研究によって「逃亡する距離」と「危険とみなす距離」は種によって様々であることが分かっている。戦争に従事している人間の振る舞い方について、同様な限界距離を考えてみることは無価値ではあるまい。戦争における振る舞いには様々な示威行動が含まれており、その結果戦士たちは直接矛を交える前段階で本能的な恐怖を感じ、戦うことなく逃亡すると考えられる。堂々たる戦闘隊形に布陣することもそうした示威を目的としており、そのような陣形の見事さが、実際の戦闘における機能よりも示威機能の点で重視されたのは明らかである。これまで見てきたとおり、敵に対して規律の正しさや団結の固さ、練度の高さを示すことは、相手を降伏させるのは無理だとしても撤退する気を起こさせるのに有効な手段なのである。

カーンのラウールは、第一回十字軍に参加したガリラヤ公タンクレードの戦士たちについて、タルスス近くの渓谷で戦ったとき、際立った武装を身に着け完璧な方陣を組んでトルコ人の目を驚かせたと書き残している。彼らは鋭い鉄の穂先を付けたトネリコの槍、それから兜、盾、胸当てを身に着けていた。堂々たるタンクレードの騎馬戦士の威容が地平線の向こうに浮かび上がった瞬間、

＊コムーネの行政官の一種。都市貴族と商人・職人との抗争で、後者が自衛のために結成した軍事組織の隊長を起源とする。カピターノ・デル・ポーポロ。

イスラム勢力との会戦
14世紀半ばの写本、ウィーン、国立図書館

敵のトルコ兵は「この兜、盾、鎧に向かって」突撃する意思も失せて逃げ出した、とラウールは述べている。西洋の騎士の外見は、まるで武器そのものであるかのように敵を恐れさせたのであった。シュジェール*の語るところによれば、一一二六年モンフェラン城の守備兵は、ルイ六世の「驚異的な軍隊」を前にして大いに動揺した。敵軍の甲冑が日の光に輝いただけで、守備隊はまるでもう戦いに負けたかのように、大慌てで外側の城壁を放棄して城の内陣に撤退したのである。

テオドロ・ディ・モンフェッラートは、イタリアの都市コムーネ軍の慣習について『教訓集』で触れているが、そこで彼は騎士や従士（盾持ち）は「緊密な戦闘隊形を取った一団となるよう」一か所に集めるべきだとしている。なぜならそうすれば兵士が「互いに緊密となり、より良く、そしてより強く助け合う」だけでなく、こうした集団を見た敵は「より恐れを抱く」からである。実際一二一五年にカザーレが包囲されたとき、攻撃側が「非常に緊密な隊形で」突撃しようと前進してくるのを見て、市民たちは降伏するしかないと判断したのだった。また一二七五年にボローニャ軍がタイヴァーノ城を取り囲んだとき、グイド・ディ・モンテフェルトロが編成した「騎兵たちの壮麗な隊列」が「姿を見せつけるために」戦場に現れた。彼らが整然と規律正しく行軍する姿に、包囲された側は大いに勇気づけられただけでなく、包囲したボローニャ側は撤退を決めたのだった。軍事遠征が単純な軍勢の誇示に終わることは稀な話ではなかった。兵士の数や整然とした戦闘方陣、武器や甲冑のきらめき、無数の旗幟や装飾や徽章類、鬨の声や軍楽隊の調べは、心理的に絶大な圧迫効果をもたらしたのである。すなわち優れた隊長とは、まず初めに「劇団」の名演出家として自分たちの軍容を誇示するものなのだ、と断言してよいだろう。

だが当然、こうした演目が常に成功するとは限らない。エッツェリーノ・ダ・ロマーノは一二三九年、エステ侯に包囲されたチェッロとカラオーネ城を救援するそぶりを見せた。彼は抜身の剣をひらめかせ、「ロンバルディア人がマクターレと呼ぶ」挑戦を示す軍旗を振ってみせた。しかし「エステ侯は山の上にいて、エッツェリーノは平野にいた」ので何の影響ももたらさなかった、と年代記は伝えている。一二四二年ベルガモ市の軍隊も、ブレシャに攻撃されたポントリオ守備隊を勇気づけようして、同じ失敗をしている。ブレシャのポデスタの証言によると、ベルガモ人はその全兵力を持って、自分たちから半マイルほどの距離まで前進してきて、騎兵と歩兵からなる戦闘隊形を取った。そこで「我が方は敵に対面しながらも、攻撃を自重して一日待った。いつでも戦うことはできたのに、ベルガモ人はほとんど動くことはなかった」。こうしてベルガモ人が見守るなかで、包囲された城への攻撃は続けられ、包囲側は最後まで抵抗したものの、ついに同胞たちの助けも得られないまま降伏を余儀なくされた。ベルガモ軍が救援に送ったのは「太鼓の響きと軍旗のはためき」だけだった、とブレシャのポデスタは皮肉っぽく結んでいる。

とはいえ、会戦が常に回避されたと考えてはいけない。またイタリアのコムーネ同士の軍事衝突が、しばしば主張されているような「ある決められた時期にだけ起こる季節行事」に堕していたというわけでもない。よく言われるように、イタリアでは毎年夏に収穫が終わったあと市民軍が編成され、馴染みの敵と戦闘を再開し、軍旗を取ったり取られたりしていて、戦争はまるでスポーツ競技か年一回の演習のようなものだった、などと考えてはならないのだ[6]。一見、軍事パレード（それは自分たちの特権と栄光を保持するために必要なものだ）のようにみえる戦争風景は、実はそれほど単純なものではなく、常に経済的利害に基づいて競われるゲームであり、政治上の対立者に自分たちの実力や凶暴さを認めさせようとするものだった。「真の戦争」では、ときに血が流れることは避けられなかったが、「真の戦闘」にいたっても常に血が流れるとは限らなかったのである。

＊サン＝ドニのシュジェール（一〇八一頃―一一五一）。サン＝ドニ修道院長。歴史家。フランス王ルイ六世ならびにルイ七世の側近であり、彼が書き残した『ルイ六世伝』と『ルイ七世伝』は現在でも重要な史料とみなされている。

2 戦場の恐怖

敬虔王ルートヴィヒ一世の大使だったワラン伯とアデルキス伯は西暦八三五年、パヴィーアを訪れたさいに司教オジェの邸宅に泊まり、思いもかけず口にはできないほどの恐怖体験をした。二人が青白い顔をして震えているのを見た司教が理由を尋ねると、彼らはおびえながら答えた。「おそらく私たちの命はここで終わるのでしょう。というのも我々は戦時に敵と対面したときに認められるような、戦火の煙をはっきりと見たのです。だからこのように恐れているのです」と。すると司教は彼らを元気づけるように言った。あなたがたの恐怖はこの街に保管されている聖遺物への敬意を欠かしたことによるのです、と。そして事実、彼らが聖人の遺骸の前に頭を垂れるとたちまち恐れの感情は消えてしまったのである。ここで証言されたような感情が当時一般的なものであったのかどうかは判断し辛い。だが当時間違いなく西ヨーロッパの支配者であった勇敢なフランク戦士にも、戦争で敵と対面した瞬間、「恐怖」に打ちのめされることがあったのだ。

戦場の兵士が感じていた真の感情を知りうるか、という問いについて「少なくとも記録され書かれたものから、現実の感情を知り尽くすことはできない」という点は了承していただけると思う。何といっても「実際に生じた予感、恐怖、狼狽、気の逸り、臆病、卑しさ、苦悩、そして名誉といった感情をはっきりと描写した物語はめったにない」[7]のだ。それは歴史上のあらゆる戦いについて言えることだが、とくに中世の戦いについてはよく当てはまる。たとえば、開けた戦場で敵と戦闘隊形をとって向かい合ったとき、コムーネ軍の騎兵や歩兵は何を感じていたのだろうか？　このとき忘れてはならないのが、彼らはプロの戦士ではなく、普段の仕事を離れて数日、あるいはせいぜい数週間ほど兵士の身分になったに過ぎないという点である。ここでは、自分たちを待ち受けている運命に対し、兵士たちが集団としてどのように振る舞ったかが語られている、わずかな記録に注目してみよう。

まず、大ランドルフォ*の伝える話を取り上げよう。一〇三七年、ミラノ人は皇帝コンラート二世の軍隊から自分たちの町を守ることになった。「騎兵や歩兵たちは、敵が発射する飛び道具を巧みにかわしつつ、教官から教わったとおりのやり方で持ち場を守り、用心深く慎重に戦った。だから誰一人として判断を誤って敵の攻撃に当たった者はいなかったし、敵の猛攻撃にあいながらも、負傷でもしない限り誰一人として持ち場を離れる者はいなかった。また敵に撃たれることが分かっていたので、一人で外へ打って出ようとする者もいなかった。またある地区に敵が圧力を加えてきたときは、全員があわてて増援に向かうのではなく、指示をうけた部隊だけが適切に駆けつけた」。ここに現れる兵士はほとんど自分の感情を表さず、よく訓練され、規律正しい。だがこの「操典どおり」の行動は、過去の栄光や事績を読者に思い起こさせることで、筆者が市民に模範となる兵士像を提供しようとしたのではないか、という疑いを拭い去ることができない。

『ランベルタッツィ家とジェレミア家の叙事詩《シルヴェンテス》』は一二七九年、ボローニャで対立関係にあった二つの党派が実際に矛を交えた平原での会戦を、真に迫る調子で表現している。だが当然ながら、こうした文学作品から、当時の兵士たちの感情を再構成するのはあまり妥当とは言えない。これによると、まず両派の先鋒が「槍を掲げて／緊密な隊形を」組んだ。それから互いに鬨の声をあげると「ただちに騎兵部隊を集合させ／互いの槍兵方陣の両脇に配置した。／またその他歩兵は大きな集団となり、意気揚々としっかり隊列を組んだ」。そうして両軍勢

＊ミラノの年代記を残した司祭（一〇五〇―一一〇〇頃）。彼の史書は誇張や政治的中傷も多いとされる。同じくミラノの暦史書を執筆したサン・パオロのランドルフォ（小ランドルフォ、一〇七七頃―一一三七以降）と区別するため「大ランドルフォ」と呼ばれる。

が向かい合うと「大きな叫び声があがり／ラッパが激しく速い調子で鳴り響いた。／彼らは剣や槌鉾を携えて／激しく衝突した。／だが両軍とも大軍であり／どちらも各々の陣地を譲らなかったので、／どちらの側も殴られたり傷つけられたりしてひどい打撃を被った」。結局この戦いは一方が敗北してボローニャの町をあきらめるまで続いたのだが、ここではわずかに歩兵たちの「意気揚々と」という一節で、戦闘における兵士の感情も明らかにしている。歩兵部隊は明らかに彼らの兵力や方陣の堅固さに自信を持っているように見えるし、そこから勝利への確信さえも透けて見える。

戦場における兵士たちの振る舞いについての間接的だがより重要な示唆は、上で述べたような文学作品とはまた別の、ある意味ではあまり役立たない類の史料から得られる。十三世紀後半の都市条例で、コムーネ軍の戦列が規律正しく整然と維持されるための規則を定めているものはかなりの数にのぼる。そこでは、歩兵も騎兵も区別することもなく、戦闘で方陣を組む人々のとるべき振る舞いが定められている。そうした条文で最初に現れるのは、作戦地域へと行軍する軍隊は可能な限りきちんと整列したかたちで移動しなくてはならない、というものである。ここでは条文によって軍の行軍隊形が制定されている。行軍隊形を定義づけるにあたって、好まれたのは「スクレーラ sclera*」という単語であり、それに劣らずよく用いられるのは「アキエース acies**」という同義語である〔いずれも「隊列」「部隊」の意〕。一方、多くの口承文学で好まれるような古典的軍事用語、たとえば「レギオ（軍団）」、「コホルス（大隊）」、「アグメン（戦列）」、「トゥルマ（騎兵隊）」、「カテルヴァ（部隊）」は数の上でそれほど一般的ではない。また、イタリア語の「スキエラ（隊列）schiera」という単語（これはジョヴァンニ・ヴィッラーニが頻繁に用いている）が、フランス語の「バタイユ（戦闘隊形）」と同じくらい見つかる。

こうした単語は、それ自体がきっちりとした組織・編制の定義を持っているわけではないし、部隊の定数と対応しているわけでもない。この点については『モンタペルティの書』にみられる記述をとりあげておけば十分だろう。それによれば一二六〇年、フィレンツェ軍の騎兵「スキエラ」は、フィレンツェ市の三つの「六分の一街区」から来た人間で構成されていた。もうひとつの「スキエラ」は歩兵全員から構成され、軍全体はさらに多くの同盟軍部隊を含んでいた。彼らは六つの「スキエラ」に分かれて行軍していたという。同様に、一二八二年フォリーニョへと行軍したペルージャ軍は五個の「アキエースすなわちスキエラ」に分かれて配置され、それぞれのスキエラは同じ編成だった。また彼らが撤退する際にも同様の隊列が組まれたことが分かっている。ジョヴァンニ・ダ・ヴィテルボの『支配についての書』は、当時の都市条例の用語が多く反映されているが、都市コムーネのポデスタに向けた一般論として「装備を整えた騎兵部隊には、行軍するにあたっては規律正しくスキエラを組み、用心深くあれと命じられるべきである」と要約している。彼がとくに規律の概念について強調したかったのは明らかだろう。

3 戦闘隊形

軍隊の隊列は、軍旗の視認性ともかなり密接に関係していた。たとえば隊列の先頭では、いかなる歩兵も騎兵もコムーネやポデスタの軍旗の前に出てはいけないし、全員が「軍旗や旗印の後ろに付き従い」そのすぐそばに留まる義務があった。また隊列の最後尾には公式に定められた「隊列衛兵」の軍旗があって、これより後ろに「尻尾のようにくっついている」のは禁止された。隊列内での各歩兵や騎兵の位置も、個々の状況によるのではなく、

＊ギリシャ語のスクレロス（硬い）に由来。
＊＊ラテン語で「戦列・戦闘」。

あらかじめ定められた規律に基づいていた。ポデスタやコムーネの当局は、隊列内で自分の位置に着こうとしなかった者や、そこから外れようとした者に重い罰金刑や打擲刑を下す権限を持っていた。さらに行軍する場合、各兵士はそれぞれの部署で一列になって「軍旗の後ろを詰めて前進し」なくてはならないと定めたのに加えて、隊列が後ろに伸び広がってしまわないよう、「最後尾をきちんと定めて」全員がまとまって行進できるようにしたのであった。こうした規則は行軍についてのものであるから、前方に敵の姿を認めた場合には、軍は必然的に行軍隊形から戦闘隊形へと移行しなければならなかった。

この二つの隊形がそれぞれまったく違うものであることは明らかであり、その後の戦闘結果についてもはっきりと影響した。一二六〇年、モンタペルティの戦い*の勝者自身が次のように述べている。フィレンツェ軍に対して「我々は念入りに、そして知恵を傾けて戦闘隊形を取った」と。だがその一方で、行軍中に奇襲されることなども考慮して、いついかなる瞬間でも「知略を尽くした」「強固な隊列を」組まなくてはならなかった。たとえば一二六八年のタリアコッツォの戦い**で、シャルル・ダンジューが勝利したことに関して教皇クレメンス四世は、シャルルがまず行軍のための「適切な隊列」を組むよう指示し、その後敵を発見すると「行軍とは別の、戦闘用の隊形」を指示したと述べている。このとき敵軍は「とくにいかなる形の隊形を組むわけでもなく」、平原で真正面からシャルルを待ち受けていたという。また一二五七年にファエンツァ領のサン・プロコロで起こった戦いでは、グイド・ディ・モンテフェルトロも、彼と戦ったボローニャ軍も「きちんとした戦闘隊形を取った」。また一三一五年のモンテカティーニではウグッチョーネ・デッラ・ファッジョーラが「戦闘隊形《アキエース・プレリアレース》」を取るよう命じ、これは行軍用の隊形とはまったく違っていたので、一目で戦闘用のそれと識別できたという。

『支配についての書』でも、ポデスタは敵と衝突する前に「騎兵と歩兵を戦闘配置に」つけるよう勧めているが、それがどのようなものだったのかは正確には分からない。こうした戦闘隊形の具体的な兵の配置について詳細を述べた史料はなく、わずかな要約程度のものがあるだけである。たとえばジョヴァンニ・コダニェッロによれば、一二二九年パナーロ川のサン・チェザリオの戦いで、ボローニャ軍は奇襲を受けて「戦場でまったくの散り散りになってしまい」、散らばった兵を集めて「隊列を組み直す」のに非常に苦労した。この隊列は「彼らがこれまで慣習的に使ってきたものと同じ」であったという。さらに、このころ著されたウェゲティウスの註解や軍事理論家の記述も、戦闘隊形の詳細を知る助けとはなるが、個々の戦闘隊形はむしろ実戦経験を通じて得られたものだと考えた方が理にかなっている。十四世紀初めにイタリア中北部で成立したと考えられる『戦争の諸要素について の卓越せる論述』では、適切な瞬間に、喧噪や騒音が「戦闘隊形を組むよう命じる」声を聞き

＊十三世紀になって対立を繰り返していたフィレンツェ（教皇派）とシエナ（皇帝派）がトスカーナ地方のモンタペルティで激突した戦い。シエナ軍が大勝し、一時的にトスカーナの覇権を握った。

＊＊シチリア王シャルル一世（シャルル・ダンジュー）とシュヴァーベン公コンラディーンの戦い。コンラディーンが敗死し、シチリア王位の奪取に失敗した。

行軍風景
15世紀後半の写本、ブリティッシュ・ライブラリー

取る妨げにならないよう配慮しなければならないと強調している。そしてもし声による命令がうまくいかない状況ならば、太鼓や角笛、軍旗といった音声や目印を使って指示を出さねばならないとする。つまり戦場では、指揮官の声やあらかじめ取り決められた補助的な信号を使って、戦闘隊形を取るように命令が発せられたと分かる。こうした連絡手段の助けがなければ、ろくに隊列を組む教練すら行っていなかったであろうコムーネの軍隊が軍事作戦を行うことは著しく困難になるか、あるいはまったく不可能だったに違いない。

ふたたびエジディオ・ロマーノの『君主の統治について』を参照してみよう。エジディオは一二八〇年ごろに「大規模な軍隊でなければ実行不能な」戦闘隊形を目撃したと述べている。また彼はこうした軍隊のために、いくつかの簡単な隊列の例を紹介している。それによれば、まず騎兵と歩兵を直線に配置し、それぞれの隊列は距離を置く。そして、希望どおりの戦闘隊形になるように、歩兵と騎兵の列を何層もの横列に折り重ねる。こうやって作られる隊列は主に次の四種類である。方陣、楔形、逆V字[*]、そして円陣。まず方陣はあまり役に立たないという判定が下されている。二番目と三番目の隊形は兵力で勝る敵を攻撃する際に推奨され、四番目の円陣は優勢な敵軍の攻撃を防御する場合に必須であるという。この解説は、実はウェゲティウスの『軍事論』のそれを簡略化・合理化したものであるが、実際の戦場からの報告を読むと、とくに時間が切迫している場合は、ある程度の数の歩兵が大きな集団にまとまり「丸みを帯びた長方形あるいは正方形に近い隊形」を形成している。そのときはよりよく武装し、勇敢で信頼のおける兵士が最前列に並び、「彼らの背後には、数の力で隊の団結を補強し、後ろから部隊の前進を後押しするために平民出身の兵が群れ集まった」。しかし、リエージュの歩兵部隊が採用したような、楔形や長方形、正方形の方陣などのより洗練された戦闘隊形が用いられなかったわけではない。そうした洗練された隊形でも、よりよい甲冑と武器を持った兵士が隊列の外側に配置された。

経済的な理由から、都市コムーネの歩兵部隊が平時からしっかりと訓練に励むことができなかったとすれば、そうした新兵たちの軍事訓練はまさに実戦で行われるか、あるいは当時の市民生活をしばしば脅かした政治闘争や社会闘争、それに当時よく行われた戦争を模した競技を通して行われたに違いない。「バッタリオーレ」と呼ばれたある種の戦争競技は、多くのイタリア都市で開催されており、木製の武器と投石が用いられた。これは陸戦を行う上での、真に迫った戦闘訓練として機能したはずである。十三世紀中ごろのイタリア中・北部の都市では、戦士のあるべき姿について次のように述べられている。すなわち軍事に奉仕する際の様々な素質の中でも、第一にあげられるのはきちんと隊列に並ぶことができるという能力であった。これは戦場ではずっと以前から求められた技能であり、これ以降も変わらず求められ続けた。たとえば数世紀のちには、スイス傭兵やランツクネヒト（ドイツ傭兵）のような勇猛で戦場慣れした職業歩兵が、戦場できっちりとした戦闘隊形を組んでみせた。彼らはおのずから「行進の際は二列になり、前の兵士とぴったり間隔を詰めて並ぶよう」規律を保ち、「行軍隊形から戦闘隊形へと移行するときは、それぞれの列が左右へと展開した」。彼らはそうやって戦闘隊形の右翼と左翼を形成することができたのである。一方都市コムーネの騎兵の大部分はといえば、行軍から戦闘へと隊形を変形させる場合も、一列の行軍隊形から単純な一直線の横隊へと広がることができるだけだった。

隊列・隊形を組む際の歩兵と騎兵の関係は様々であった。先述の『卓越せる論述』では次のように述べている。「近年では、騎兵は自分たちだけでまとまって歩兵を入れずに隊列を組み、歩兵も騎兵なしで隊列を組むよう命じることが多い。とはいえ、歩兵と騎兵の混成隊形が適切ならば、それを採用するものもいる」。その際、どのような隊列・隊形を採用するかで、軍事指揮官の個人的な能力や熟練度が明らかになる、と『卓越せる論述』の著者は言う。十四世紀初頭にドミニコ会士のジョルダーノ・ダ・ピサ（一二六〇―一三一〇）は、神と神が治めるこの世界を「優れた将軍と彼が命じた戦闘隊形」に例えた。彼は間違いなく当時人口に膾炙していた比喩としてこの例えを使っており、それは『卓越せる論述』の主張とも一致している。「優れた指揮官は軍をひとつの隊形

＊原文はforbice（はさみ）。

にまとめたりせず多くの隊列に分けるし、全員を第一線に配置したりもしない。最も精強な兵士には旗印を持たせ、弱兵はその後ろに配置する。騎兵は騎兵で、歩兵は歩兵で、弩兵は弩兵で、槍兵は槍兵でまとめる。これぞ良き将軍であり、良き主人たる知恵を持つ者である。あらゆる良き主人はこのように命令を発し、隊列の外に出るような人間は足を切って、隊列から離れる者がいないようにする」とジョルダーノは言っている。また敵と戦場で対面し隊列を組む場合について、ボローニャの都市条例は次のような混成隊形を定めている。「軍旗を持った二騎の騎兵は常に平民（すなわち歩兵）を先導すべきこと。そして別の二旒《りゅう》の旗は最後尾にあるべきこと」。こうした配置が「ロンバルディア風の」コムーネ軍の戦闘隊形としては望ましい姿とされた(8)。

4 ── 敵と向き合う瞬間

さて、いまや決定的な瞬間が訪れた。敵は適切な戦闘隊形を取ろうとしており、緊張した面持ちでわずかに離れた距離にいるのが見える。まもなく戦いが起こるのだろうし、それは大規模なものとなるだろう。行軍中に隊列を規律正しく維持することすら難しかったとすれば、戦闘目前となった今では困難さの種は無数に増えている。すでに見てきたように、いくつかの都市条例では軍隊が戦闘隊形をとる場合の配置について定めている。アレッサンドリア市では、通常ポデスタが市民を殴ることを禁止していたが、「軍事遠征から逃げた者、敵と対陣中の隊列から離れた者、戦場で敵と対したとき都市の旗の下から離れた者」は除外されていた。またヴィチェンツァでは「いかなる騎兵、ベッロヴィエーレ（ここでは軽騎兵のこと）、歩兵も、我が軍が敵と接触し戦闘隊形を取った場合」隊列を離れることは禁じられていた。フェッラーラでは「騎兵は戦闘隊形を取るよう命じられたのち、何者も敵の眼前で隊列を離れてはならない」とし、マントヴァでは「戦闘から勝手に退却した騎兵は」厳罰に処すと兵を威迫し、トルトーナでは「いかなる者も戦闘から逃げたり、戦闘中に都市の旗を見捨てたり、自分の部隊の軍旗を放棄してはならない」と定めていた。加えて、「隊列衛兵」に関してはさらに厳しい規定が定められていた。ほぼ間違いなく、彼らは敵の眼前に整列しなくてはならなかったのである。実際、この「将校」たちは常に戦闘隊形の最前列に留まるという義務を負っており、「方陣を組んで戦おうとしている者たちを監視し、隊列を維持」させねばならなかった。また逆に「騎兵であれ歩兵であれ、隊列衛兵がそう命じるならば隊列に留まらねばならず、彼らの命令に反抗することなく従わねばならなかった」。

とりわけ、軍旗や旗印を保持する役割を与えられた者に対する規定は厳格だった。戦闘における決定的な瞬間に、旗印がちゃんと掲げられているのは何より重要であることから、厳格な規則が定められたのである。たとえば「もしマントヴァの騎兵が戦闘に参加したならば、都市の旗手は決して戦闘から撤退してはならないし、背を向けて逃げることも、旗を捨てることも禁止する」。モデナの都市条例でもほぼ同様の文言の規則がみられる。トルトーナではより厳密に「敵との戦闘が始まる前に、都市の旗手およびその他軍旗の旗手は都市の旗および軍旗をまっすぐ掲げ、適切な持ち方で周囲に示さなければならない。

ボローニャに入城する、フィレンツェ、マントヴァ、フェッラーラ、ファエンツァなどの軍旗
G. セルカンビ『ルッカ年代記』、15世紀前半、ルッカ市文書館

そして戦闘中決してその旗を下してはならない」と定められていた。また各旗手は滞りなく戦闘へ参加できるように軍旗衛兵の護衛を受けた。彼ら旗手が隊列を離れることは許されず——とくにヴィチェンツァではこの点が厳格に規定されていた——、後方へ下がろうとすることどころか、「敵と戦うために」隊列を離れてもならなかった。ようするに、「前方への逃避」すら許されなかったのである。この種の禁則は騎兵に対してとりわけ厳しかった。「騎兵が軍旗手に選ばれた場合」、その騎兵は自分の馬から馬銜《はみ》を取り外すことや鞍から降りることも特に禁止されていたからである。一方、歩兵部隊について規定で明言されることはなかった。それはおそらく歩兵がそれほど重要と思われていなかったか、彼らは素早く移動する手段を持たなかったので、戦闘から逃亡しようにも簡単にはできなかったからではないだろうか。

ただしキエーリのサン・ジョルジョ団（民兵組織のひとつ）は都市民からなる歩兵部隊全体に適用される、戦闘中の軍規を策定する必要を認めていた。それによると一二五九年、サン・ジョルジョ団のコンソリは、隊列の最前列にすぐ発射できるように矢をつがえた弓や弩を持った射手を並べ、そのすぐ後ろに軍旗を掲げなければならなかった。そのすぐ背後には選抜された四〇〇人の装備優良な兵士の部隊が続く。彼らは鎖帷子か鋼鉄製のうろこ鎧*を着込み、鉄兜を被っている。この選抜部隊の次に来るのが「平民」兵の大部分であり、その後ろには最優秀の兵士二五人からなる部隊が続いた。この二五人は他の平民兵を「隊列に押しとどめる」こと、そして逃亡を阻止することを任務としていた。さらに軍規は「逃亡した兵士には五〇リラの罰金を科す。また前述の二五人の兵士はそうした逃亡兵が誰であれ、逃亡を阻止し隊列に戻らせ、ふたたび敵や反逆者たちに武器をもって立ち向かうようにするため、彼を殴打して処罰することが許可される」と規定している。またこの軍規では、本書で分析した他の軍規には見られない規定として、戦闘を前に、行軍状態から戦闘隊形への隊列変更は切れ目なく行わなくてはならないという理由で、軍隊は小さくまとまり、それぞれ独立した「軍団」として編成されるべきだと述べている。(9)

棍棒と不名誉

それがたとえ戦士であれ、人間の本性とは「鉄ではない」、なぜなら長期にわたって自分自身を支え続けることはできないのだから、とすでに十四世紀にテオドロ・ディ・モンフェッラートは『教訓集』に書き記している。実際、彼が懸念しているのは、長時間戦闘に参加する兵士がわずかな休息だけで肉体的な疲労に耐えなければならない事態である。なぜなら「いかなる兵士も人間の限界を超えることはできないのだから」。こうした兵士の人間的要素に注意が向けられることは珍しい。たいていは兵士のことを心と体を持ち、肉と骨からできた実態のある人間ではなく、シャルル・アルダン・ドゥ・ピク大佐**が批判したように「戦場を構成する抽象的な一要素」と考えがちなものなのである。

「どれほど精神が強かろうと、身体を完全に支配することはできない。破滅的な事態を前にしても精神が動揺せず、肉体が反逆を起こさないなど誰が保証できよう」。それゆえ「神経質になり、感受性が高まり、感情的になり、動揺し、放心状態となり、極度に緊張し、浮つき、逃げ腰になる」のが戦場における兵士なのだ、とテオドロは述べている。人が恐怖に耐えきれず逃走をはかるまで、ある程度その恐怖に耐えられることは経験的に知られている。そして訓練だけが「ほんのわずかでも長く敵と向き合い続けられる」力を与えてくれる。だが結局自己保存の本能がそれを上回り、人は恐怖にとらわれる。戦闘員の大部分は規律と訓練による強制ゆえに戦う。規律と訓練は、まさに戦闘員が自らの意思に逆らって、戦闘を継続するためのものだ。すなわち、人は普通死を恐れるものであるから、軍事訓練は生存本能を封じ込め、恐怖から逃走へと至るメカニズムを抑止するよう兵士に求める。すなわち死の恐怖より大きな恐怖、厳罰による威嚇か、逃亡者に対する公的な不名誉という手段を用

*鎖帷子は鋼製の小さなリングを連結し服の形にするか、布の短衣にとじつけたものだが、うろこ鎧は金属製の小片をうろこ状に短衣に貼りつけたもの。
**十九世紀フランス陸軍の軍人・軍事理論家(一八二一―一八七〇)。戦争における人間(兵士)の心理的側面に注目した。

行軍風景
ヴォルフエック城の『ハウスブーフ』、1480年頃

いるのである。

ふたたびテオドロ・ディ・モンフェッラートの意見を借りるなら、全軍をひとつにまとめ完璧に秩序のとれた隊形をとらせる方が、部隊ごとに秩序の欠けた様々な戦闘隊形をとらせるよりはましである。「なぜなら兵士たちは全員一緒になってひとつの集団に配置されると、その隊列から逃亡することを大変恥と思うからである」。この点でテオドロはアルダン・ドゥ・ピクの五〇〇年先を行っていた。ただしテオドロは恥という観念だけでは不十分であり、逃亡兵は罰する必要がある、とくに「戦闘中に戦いを放棄した兵に対して、彼らの君主は当然罰を与えなくてはならない」と付言している。君主は「戦場から逃走し、ぶざまにも脱走した恥知らずや臆病者を捕らえた場合、法が定め求めているとおりにその場で彼らを処罰しなければならない」のだ。

敵と対面した場から逃亡した者に対して、

コムーネの都市条例が定める威嚇的な文言は決して生易しいものではなく、見せしめとなるような重い処罰を課している。一般な逃亡兵に対する罰金は、騎兵ならば一〇〇リラ、歩兵ならば五〇リラであり、ボローニャとトルトーナでは逃亡兵の名前と人相書きが都市コムーネの宮殿に掲示されることになっていた。こうした不名誉に加えて、逃亡兵は公的な役職からの永久追放に処された。その他の都市、たとえばマントヴァでは、逃亡兵自身とその財産に対する処罰はポデスタの専権事項であった。すでに見たとおり修道士ジョルダーノ・ダ・ピサは「隊列の外に出るような人間は足を切る」と述べているが、つまり逃亡兵は罰として足を切断されたことを示している。

単なる一歩兵や騎兵と比べると、軍旗手は一般的に倍額の罰金を課せられた。もし支払いができない場合、彼らを斬首刑に処すると規定されていた。マントヴァやモデナでは、逃亡した軍旗手に有罪が宣告された場合、死刑以外なかった。また彼の馬と武具一式は焼却され、その遺児や子孫は永遠に公的な役職に就くことができなかった。もし有罪となった者が司法の場から逃亡した場合は、都市からの永久追放と財産没収刑が下された。十四世紀初頭になっても、〔傭兵隊長〕ウグッチョーネ・デッラ・ファッジョーラやカングランデ・デッラ・スカーラは、戦列からの脱走を死刑でもって禁じていた[10]。

このような厳格な規則は、きっと脱走兵の抑制に効果的だったと思うかもしれない。だが実際の効果は、軍事契約や罪人の名前を記録した史料に明瞭に表れている。『ロンバルディアにおける皇帝フリードリヒの事績』には、一一五五年五月トルトーナで、パヴィーア軍の襲撃を前に「多くのミラノ人が教会へと逃げ込んだ。その不名誉ゆえにその者たちの名前は記録された」と書き残されている。これは逃亡兵に対する一般的な慣習について記述したものと思われるが、現在各地の文書館にはこの種の脱走兵リストは残っていないようだ。また『フリードリヒの事績』は、ティチネーゼ門とヴェルチェッリーナ門を守っていた騎兵と歩兵が、他の二つの市門を守備していた戦友が強力な敵の攻撃を受けたときに救援に行かず、自分の持ち場に留まろうとしたことについても、隠さず記録している。作者は「彼らはその理由について、怪我をしたり、あっという間に皆殺しにされてしまうのが怖かったのです、と述べた」と書いているが、どうも兵士たちは戦闘中ではなく、戦闘後に自分たちが負った心理的トラウマを吐露しているようにも感じられる。

軍が兵士を隊列に押しとどめるにあたり、死刑、重い罰金、さらに消えない不名誉に加えて、広範囲な体罰刑に訴えたことは明白である。たとえばパルマやアレッサンドリアでは、従軍中や略奪騎行に従事している市民が隊列に並ぶのをためらったり、隊列の外に出ようとした場合、ポデスタとその役人たちは彼らを殴打することが出来た。ジョヴァンニ・ダ・ヴィテルボの『支配についての書』は、政府の役人たちが「警告し、処罰し、殴打する」広範囲な権限を有していることをためらいもなく認めている。すなわちポデスタ自身は常に軍の隊列の先頭、最後尾あるいは側面にいて「兵士に注意をし、励まし、勇気を与え」なくてはならないが、必要な場合は「不服従を示した兵や、その他罪を犯した者を恐れさせ、脅迫し、打擲しなければならない」。すでに紹介したキエーリのサン・ジョルジョ団でもそうだったように、兵士を押しとどめ「その顔と武器を敵の方に向き直させ」なくてはならないのだ。

さらにポデスタと彼の配下の〔ジョヴァンニ・ダ・ヴィテルボに言わせれば「忠実で、賢明で、節度ある」〕役人に加えて、「隊列維持兵」や「隊列衛兵」もそうした任務を果たせる権限が与えられる。彼らはまさに「棍棒を携える者」であり、のちに棍棒（杖）は軍事指揮権の象徴となった。一二九七年のアレッサンドリア都市条例は、従軍中あるいは略奪騎行中に棍棒や杖を手にすることを禁止している。条例はそれ以上何も述べていないが、この条例が制定された目的は、おそらく一部の騎兵が本来は与えられていない指揮権を僭称し、〔兵士を殴る〕権利を行使することを警戒していたのではないだろうか。こうした暴力による強制は騎兵も歩兵も関係なく行われた。だが一番に強制の対象となったのは、戦列を組んで敵と対面する「ストレス」にさらされた経験の乏しい、歩兵隊の新兵であったと考えるのが当然だろう。槍を装備した兵士は、戦闘では集団を形成して緊密な隊形を組まねばならない。「人数は多いが武器の扱いに慣れていない兵士の部隊が、これと逆に数では劣るものの装備が優秀で、よく訓練された熟練兵の部隊と開けた場所で対決しなければならない場合、典型的な隊形は単一の大集団を形成することである」とジョヴァンニは述べている。

経験に乏しく恐れを抱いた兵士に、暴力でもって隊列を維持するよう強制する場合、実際にはどのような手段が用いられたのであろうか？　こうした非熟練兵たちは戦場ではまさに「その数の多さによって」対面した敵兵に存在感を示し、恐怖感を与えるために徴兵されていた点を忘れてはならない。プロコピオスの記述によると、西暦五三七年ビザンツ軍がローマ郊外でゴート族と対陣したとき、一部のローマ市民は武器をとって一緒に戦いたいと希望を述べた。だがベリサリウス将軍は彼らを正規兵と一緒に配置したいとは思わなかった。彼らは事実上一切の軍務経験を持たなかったので、将軍は経験上、新兵がパニック状態になって全軍を混乱させるのを懸念したのだった。だから市民兵部隊は単一の密集戦闘方陣を組まされ、〔主戦場の〕サン・パンクラッツィオ門とトラステヴェレ地区から離れた場所で、命令があるまで待機させられた。遠目から市民兵を見たゴート人たちは彼らを正規兵部隊だと考え、そんな正規兵の大軍とはあえて戦おうとしなかったので、活発な動きをみせなかった。

こうしてビザンツの有力な部隊は戦闘から解放され、他の地域に展開することができたのである。[11]

もし必要ならば、棍棒による打擲と重い刑罰による脅迫を使ってでも、新兵たちは隊列に留まるよう強制された。つまり、すくなくとも戦術レベルでは、軍隊が「よく訓練されたように見える」ことが肝心であり、そう見えるようにするのが「訓練する」意味だった。すでに見てきたとおり、よく鍛えられた軍隊だという印象を敵に与えられればそれで充分だったのである。

騎兵と歩兵

個人や、持ち場を離れた人間を容易に見分けられるような小さな部隊に対しては、これまで述べたような様々な強制手段はたしかに有効だったに違いない。だがこうした手法は、脱走兵を特定することが非常に困難ないし完全に不可能な、兵士の集団逃亡に対しては有効ではなかったから、結果として脱走兵を処罰することもできなかった。こうした集団逃亡は決して珍しいものでもなかったようだ。通常、真っ先に逃亡するのは騎兵だった。馬は攻撃をかけるのに優れた手段であるが、一方で危険から素早く身を遠ざけ、無様に逃走するにも役立った。騎兵たちは、その光輝く甲冑や色とりどりの槍旗を子供のように誇る面があったものの、何があっても命をかけて戦うとは限らなかった。そのため戦場での非常にきわどい局面では、歩兵隊だけを死地に残して逃げることもしばしばあった。

一一一八年の夏、コモ市の目の前で奇襲を受け、コモ人たちに叩きのめされたミラノ軍はその典型である。この戦いで「死地に取り残された／徒歩の者たちは騎兵に続いて逃亡した。捕縛された者は／多数にのぼり、一〇〇〇人以上が殺された」。一一五五年、パヴィーア軍はミラノ人に奇襲されるや否や「騎兵たちは歩兵を見捨て、逃げた」。その一年後パロスコではベルガモの騎兵が歩兵隊を戦場に残して逃げたため、莫大な数の歩兵が死ぬか捕虜になった。一一六七年五月、ローマのコムーネ軍と皇帝フリードリヒ一世の間で戦われたトゥスコロの戦いの第二段階で、ドイツ人の反撃にあった「ローマの騎兵たちは歩兵を戦場に残して逃げ出した。歩兵隊が、自分たちを残して騎兵が逃げ出すのに気づいたときには、もう彼らは非常に遠くに逃げ去っていた」とオットーネ・モレーナは伝えている。そこで歩兵隊も敵に背を向けて逃げ出したが、皇帝軍に雇われていたブラバント人傭兵によって大部分が虐殺された。オットーネはそれまで武勇を誇っていたはずのローマ騎兵の無様なふるまいについて、その遠い祖先である古代ローマ兵とは比較にもならない、と結んでいる。

敵と対陣し緊張が高まっていくと、後から見れば理屈に合わないほどのパニックが巻き起こることもあった。一一五四年八月ヴェルナヴォーラ川沿いで対決したパヴィーアとミラノの戦いでは、一日中続いた戦闘によって両軍に死傷者や捕虜が発生していたが、日が暮れると突然戦闘は中断された。ミラノ軍は自分たちの野営地に引き上げたのだが、そこで「ミラノ人とその軍隊に対して神が奇跡を起こした」ことが明らかになった、とオットーネ・モレーナは語っている。きっかけは、あるミラノ軍の負傷兵が、戦友たちに自分をミラノ市に送り返してくれるよう頼んだことであった。そこで彼らは野営地の中でもパヴィーア軍の方にあった自分たちの天幕を解体して、地面に放り出しておいた。だが実際に何をしているのか知らなかった他のミラノ兵は、パヴィーア人が攻めてきて、それに恐れをなした人間のせいで天幕が地面に倒れたのだと考えたのだった。たちまちのうちに「全兵士が大きな恐怖にとらわれ逃げ出した。わずかな者は武器だけ持って逃げたが、大半は武器すら投げ捨ててミラノまで逃げ続けた」。恐怖を招いた出来事の誤解を解く暇もなかったのである。

こうした逃亡が一時的な撤退で済んで、その後再び戦場に戻ってくるということもあった。レニャーノの戦いの第一段階で、ロンバルディア人の最精鋭からなる騎兵部隊は大部分がミラノまで逃げ去った。だがその後「彼らは元気を取り戻し、そこに到着したばかりの兵士も一緒につれて、戦場へと勇敢に戻っていった。そして歩兵部隊とともに皇帝軍と激突し、一致団結して敵を退却させた」。似たような経緯は一一九一年のルディアーノの戦いでも見られた。この戦いで、クレモーナ軍の攻撃に直面したブレシャ騎兵は、当初「勇敢に戦っている市民同胞を見捨てて卑劣にも逃げ出した」が、その後これを恥じた騎兵たちは戦場に戻り、そのおかげでブレシャは勝利を収めたのであった。もちろんどんな兵士でも戦場に戻る勇気を備えていたわけではない。戦場での武勲について歌った詩には、いくつかの都市条例の規約を思い起こさせるような言葉が出てくる。「恐怖ゆえに戦場に戻らない者は永遠に軽蔑され、居酒屋の亭主のごとき臆病で卑屈な人間とみなされるであろう。またいかなる役職にも就けず、永遠に汚名を着せられ、無様で哀れで臆病極まりない人間とみなされるだろう。おお、そうした者たちはどうして汝に顔向けできようか、おおよきブレシャよ。汝のごとき麗しき祖国のために戦うことを拒んだ者は、すべての美徳を捨てたも同然。恥辱にまみれる以外に何が許されようか」。おそらくこれは、すでに解説した事例が示しているように、すべての逃亡兵が容赦なく有罪とされたわけではなく、逃亡したあとで戦場に戻ってこなかった者だけが有罪とされたことを示しているのだろう。ただし当然ながら、逃亡した軍旗手は容赦されなかった。なぜならどんな場合であれ、旗手が逃げ出すことは戦闘に決定的な悪影響を及ぼしたからだ。

　レニャーノでも、その二〇年後のルディアーノでも、戦闘の趨勢は歩兵たちの粘り強い敢闘精神に救われた。レニャーノでは歩兵たちは「盾を構え、槍を突き出し」、味方の騎兵が混乱から立ち直るまで敵の騎兵部隊を食い止めた。その後味方の騎兵とともに強力な逆襲をかけ、敵に痛撃を加えたのであった。またルディアーノでは「よき歩兵たち」が義務を果たしたおかげで敵軍が粉砕されるまで戦闘を立て直すことができたのだった[12]。しかし徒歩の兵士は、しばしば勇敢にも戦場に踏みとどまり、自分たちだけで戦線を支え、敵を食い止めたにもかかわらず、最終的な勝利をつかみ取る能力は欠けていることを露呈するのが常であった。一一五六年パロスコでは、ベルガモの歩兵部隊は楔型隊形をとって突撃しブレシャ歩兵を敗走させたが、すぐに敵の騎兵が支援に駆け付けた。そのせいでベルガモ人は挟み撃ちにされたが「背を見せることを拒み、戦場の中央に固まって敵歩兵の攻撃も騎兵の攻撃も押し返した。彼らはこの戦いで一騎当千の働きを見せた」とある詩人は歌っている。しかし結果的にベルガモ軍は敗北し、一〇〇人ほどの歩兵が捕虜となったが、それに倍する歩兵が戦場に斃れた。

一二六〇年のモンタペルティの戦いもこれとあまり変わらない。シエナとともに戦ったドイツ騎兵は最初の衝突でフィレンツェ騎兵に勝利し、フィレンツェ側は味方の歩兵や輜重隊を捨てて逃げ出した。「フィレンツェの騎兵は散り散りになったが、歩兵は数時間にわたって英雄的な防戦をみせた。だが歩兵たちも遂に降伏させられた。ドイツ騎兵は逃げたフィレンツェ歩兵の大部分を殺戮することができた」。同様の出来事は一二七五年ファエンツァ近くのサン・プロコロの戦いでも起こった。この戦いではボローニャ軍が、グイド・ディ・モンテフェルトロ率いるボローニャの亡命者とその支援者からなる軍隊と激突した。ここでも最初の騎兵同士の衝突で大勢のボローニャ騎兵が無様に逃げ出したのであった。

この戦いで起きた無数の出来事の中でも、ヴェネツィア人マリン・サヌード・トルセッロが書き残したボローニャ歩兵の行動は際立っている。「ボローニャの平民、すなわち徒歩の兵士たちは逃げることを拒んだ。彼らはその代わりに一か所に集まって密集隊形をとり、意気高く敵を待ち受けた」とサヌードは書いている。そこへグイド・ディ・モンテフェルトロは騎兵を率いて接近し、彼らに降伏勧告を下した。だがボローニャ歩兵はそれを拒絶し、代わりにこう答えた。「グイドも、真正面から向かってくる彼の騎兵も恐れはしない」と。実は歩兵たちは、味方騎兵が「なんらかの戦略的理由によって戦場を離脱したのであって、逃亡したのではない」と信じていた。「そしてモンテフェルトロ伯は、ボローニャ歩兵が堅固な隊列を組んで戦う準備をしており、壊滅させるのは容易でないだろうし、多くの騎兵の命が費やされるかもしれないと考えており、もし恥にならないのであればそんな攻撃はやりたくないと思っていた。その代わり彼はより安全な手段として、ファエンツァに使者をやって、引き絞るのも大変なほど大きな弩を持つ部隊を呼び寄せた。この武器の放つ太矢によってボローニャ歩兵の多くが斃れた。なぜならそれを防ぐ手段を持たなかったからである。ボローニャ人たちは矢を避けようとして散開したので、密集隊形はばらばらになってしまった。そこでモンテフェルトロ伯は配下の者たちに突撃を命じ、敵を打ち破った。こうして伯はボローニャ人の大部分を降伏させたのであった」。[13]

Or vous dirons de ceulx de bruges q̃ par droit auoient fourfait corps et auoir et pensoient bien que la chose ne pooit mie ensi demourer si enuoierent querre guillame de Julers et lui requisent que pour dieu il venist vers eulx et emprezist la guerre a la deliurance du comte guy son oncle qui en prison estoit. et lui offrirent or et argent a grant foison. Tantost guillame ot conseil. si y vint a tout lesfort quil y pooit auoir. Aprez manderent le comte iehan de namur et monsigneur guy et monsigneur henry son frere les quelz tantost emprendirent la guerre auecquez eulx. Puis assambla guillame de Julers son ost et prinst auec lui vne partie de ceulx de bruges et sen vint a dicsmue a ypre et puis a furnes. les quelz se rendirent tous a lui. puis se traist vers berghes a tentes et a pauillons. et quant monsigneur Wale paiele lentendi. qui de par le comte dartois y estoit. et sceut quil auoit ia enuoiet a lencontre pour eulx rendre si fist armer ses gens et se parti de la ville et sen vint a cassel. Illuecquez trouua le castel tout vuit et y fist entrer de par le Roy monsigneur Jehan de haueskerkie et monsigneur guillon son frere. et puis le fist garnir

ここでは「大弩」が大きな戦果をあげたことが読み取れる（この武器は会戦や平原での戦いではきわめて限定的な場面でしか役に立たなかった）。またイタリアの都市コムーネ軍の歩兵単独では、騎兵の攻撃に対して効果的に立ち向かうことはできなかったことも示している。だがイタリア歩兵が戦場で味わった経験は革新的であり、それは失われることなく他のヨーロッパ諸国での歩兵部隊の発達を促した。フランドル歩兵は一三〇二年、クルトレーの戦い〔金拍車の戦い〕で世界最強のフランス騎兵を開けた戦場で打ち破れることを証明した。そして中世が終焉を迎えようとする頃、スイス歩兵が、古代の歩兵部隊が備えていた戦場での優越性を決定的に復権させた*のであった。

＊一四七四年に始まったブルゴーニュ公国との戦争で、スイス歩兵はブルゴーニュの騎兵軍を何度も打ち破った。一四七六年のグランソンの戦いでは火器や弩の援護を受けた重騎兵の突撃を撃退し、同年のミュルタンの戦いでも勝利した。翌年のナンシーの戦いでは、ブルゴーニュ公自身を討ち取る大勝利を収めた。以降スイス傭兵の名声と需要も大いに高まった。

クルトレー（金拍車）の戦い
『フランス大年代記』、15世紀半ばの写本

第Ⅳ章

季節と時刻

1 四季と農作業

春は戦争の季節

まず原則論として、優秀な戦士とは、一年のどの季節であっても悪天候や暑さ寒さに耐え、乗り切らなくてはならないものだ。だから実践上の問題として、軍事作戦を展開するについては極端に気候の悪い時期を可能な限り避けるべきとされた。気温という要素は、露天や野営地で生活するうえで十分考慮しなければならなかったし、雪やぬかるみを避けて道を進むにも、輸送用の畜獣のために新鮮な飼い葉を手に入れるにも、適切な季節を選ばなくてはならなかった。また海や川を安全に航行しようと思えば、昼間が十分に長くなければならなかった。こうした状況をすべて加味すると、春季には戦闘を行う上で他の季節を圧する利点があったことは明らかだろう。

ピアチェンツァの年代記作者ジョヴァンニ・コダニェッロは、十二世紀から十三世紀にかけての五〇年間に起こった騎馬による軍事遠征について、約七〇例を記録している。そのうち二月に作戦が開始されたとみられるのはたった一例、三月と四月は二例、そして最も顕著に数が突出しているのは五月で、一三例である。この数は続く三か月間とほぼ等しい（六月と七月は一二例、八月は一一例）。九月と十月には八例と減少し、その後急落する。十一月に行われた遠征はたった一例。十二月と一月は皆無である。

とはいえ、軍事遠征の開始時と、実際に遠征を続ける際とで考慮すべき要素は異なる。トスカーナ地方では一二二九年から三五年にかけて、シエナとフィレンツェが、「毎年休戦と再開を繰り返す」古典的なやり方のコムーネ間紛争を戦っていた。彼らの間で行われた一四の遠征のうち、五つは詳細な文書記録が残っているが、それらは三月から五月にかけて遂行されている。また少なくとも六つは六月から十月に行われたと確認できるものの、冬季に活動した例は存在しない。こうした作戦可能期間はアルプス山脈の北側でもあまり変わらないようだ。たとえばカロリング朝の軍事遠征はしばしば晩春に行われたが、明らかに八月から十月は避けられている。つまり中世初期では、軍事活動は四月から九月に集中するのが一般的だった。最も多いのは六月で、少ないのは十二月と一月である。西欧の国々は広範囲の緯度に広がり、地域ごとの習慣もはっきりと異なっているにもかかわらず、同じ原則は西ヨーロッパ全体で広く受け入れられていた。ただし次に見るように、冬季になっても戦闘を継続したり、あるいはそれどころか冬季に戦闘を開始したりといった「新奇な」軍事行動もまた、例外的ではあるが行われていた(1)。

　史料から裏付けられる戦闘活動の少なくとも七〇パーセントが、五月から八月に集中しているのは明白である。もちろん史料に現れる戦争の季節については、年代記の記述が限られた地域に偏っていることや、すべての戦闘で現実をありのままに記載しているわけではないという点を考慮しなく

遠征への出発
1480年頃の写本
ブリティッシュ・ライブラリー

てはならない。そうした留保はあるものの、春季は軍を動員し遠征を行う上で最も好まれた季節だったと結論づけてよいだろう。もっとも、年代記の作者たちは何世紀ものあいだ、自ら好んで戦争を決まった物語の枠組みに沿って語り続けた。その構図のせいで戦争はいつも同じような言葉や文字で表現され、それはあっという間に戦争に関する確固とした文学的ステレオタイプと化していった、という面もあるだろう。

十世紀末のフランス人修道士リシェールは、ロタール王がラン市に対する戦争で勝利を収めた季節について次のように述べている。「そのころ厳しい冬は去っていた。やがて気温が上がってくると、春の女神が自然の風物に微笑み、牧草地にも畑にも緑が生い茂った」。またフライジングのオットーは十二世紀中ごろに、第二回十字軍の出発時期について次のように述べている。「厳冬期の厳しい気候は去った。そのかわり春の湿気と温暖さによって地面は芽吹き、平原には草花が微笑み、天地に向かって幸せそうな姿を見せていた」。一二二九年、フランス南部で異端のアルビジョワ派と戦うための十字軍を率いたシモン・ド・モンフォールは「彼の軍隊は冬のあいだ時間を浪費し続け、気候が良くなってふたたび気温が上がり穏やかな季節がやってくると」作戦を再開した。その数年後、アラゴン王はシモンに対して「穏やかな季節が近づき、畑や牧草地に緑が現れ、森やブドウ畑が徐々に葉に覆われ始めるような」時期に荷車や畜獣を手配するよう命じた[2]。

「春は戦争の季節」と繰り返し語られるうちに、それはある時期から、まるで「バラ色の日々」のごとくに物語られるようになってしまった。そこでは戦争で困窮する多くの人々についてではなく、他のどんな人間たちより恵まれた暮らしを送る、物質的に豊かな貴族階級や限られた社会集団について多くが語られていた。こうした恵まれた暮らしを思い起こさせる象徴のひとつが、戦士たちによる騎馬略奪であった。彼らは洗練された武器と色とりどりの紋章を身につけ、軍旗をはためかせながら隊列を組み、春のぬくもりに目を覚ました草花や小鳥のさえずりの中、喜び勇んで略奪・放火を繰り広げた。春は、はるか昔に過ぎ去った時代の愉悦をはっきりと思い起こさせるものであった。かつては性が解放されるこの季節に、若い男たちが夢中になって敵の女を略奪したのだった。

こうした欲望は、吟遊詩人《トルバドゥール》のベルトラン・ド・ボルンの歌の中で、大いなる喜びとともに高らかに歌われている。「新しい季節は草花が芽吹く楽しい季節」、森の小鳥がさえずる喜びの歌を聴きながら「野原にテントや大天幕が立ち上がる」様子を眺め、そこで「野原に馬にまたがり武装した騎兵たちが整列する」のを見出すのだ、と。春と戦争が結び付けられ、それが確固としたものになると、詩人や年代記作者たちは戦争場面についても空想を巡らすようになり、それは現実に訪れた戦争の季節とは何の関係もないものになっていった。彼らの作品ではただ戦争の愉悦のみが語られ、はるか古代末期のゲルマン人文化に、そうした喜びの起原を求めていた。

戦争とは先祖伝来の衝動が湧き上がってくる祝祭、あるいは現実の生活からかけ離れた夢のようなものだ、とどれだけ語ってみたところで、複雑で多様な戦争の現実を、知的で耽美なゲームに単純化することは決して許されない。こうした単純化はすでに述べたような理由で生じるわけだが、軍事史学はこうした単純化を警戒しなくてはならないし、もっと言えば、語られる愉悦にのみ目を向けて中世の戦争を分析しようとする態度とは距離を取らねばならない[3]。実際の春は、単に戦争が目を覚ます季節だっただけでなく、人間の活動全般が活気を取り戻す季節であった。「よき季節が戻ってきた」と高らかに語るのは文学作品だけでなく、その他のあらゆる人の活動について言えることだった。十二世紀の叙事詩『ニームの輜重』の作者は「五月、この新しい季節」から登場人物の行動を語り始める。それは「森に葉が茂り、野原は緑を取り戻し、小鳥たちは優しく甘く歌う」季節である。二世紀後になってもジェフリー・チョーサーの作品に同様の決まり文句がある。「四月の優しい雨は、三月に乾ききった木の根にまで染み渡り」、花が咲き、西風が穏やかに吹き、「鳥たちは美しい調べを歌う」。どちらにも春が戦争の扉を開こうとしている様子はない。『ニームの輜重』の主人公ギョームは春になったので再び楽しい狩りへと出かけ、『カンタベリー物語』ではこのよき季節に「巡礼のため、遠く聖地を求めて外国の地へと旅立とう」と思い立つのである。

春は軍隊以外にも、巡礼者や定期市を目指す商人、巡回裁判所を開くために派遣された判事や役人たち、教会会議に呼び出された聖職者が移動する季節である。他の移動と同様、戦争に向かうことも一種の旅といえる。カロリング朝の史料にはよく「訓練の旅（イテル・エクセルキターレ）」ないし「敵対的な旅（イテル・ホスティレ）」という表現が出てくるが、このイテルすなわち「旅」は当然「軍事遠征」と解されるものであろう。また同様の表現としてアムブラーレつまり「長距離を旅する」というラテン語も現れるが、中世後期にはこの言葉はしばしば「軍役奉仕の義務」を意味した。もちろんこうした特別な旅は必要に応じて行われるものであり、その旅立ちも普通ではなかった。十五世紀イタリアで活躍した傭兵隊長たちは、冬営地から兵士を出発させる際に、戦争の再開や傭兵隊の移動を財政的に裏付けるものとして、次の一年分の傭兵契約から支払われる前払い金を要求した。そのため、こうした前払い金は「春の税」と呼ばれた。これに限らず、春の訪れを待って軍事作戦を開始するようになったのには、具体的かつ実際的な多くの理由があったのである。[4]

「5月」の月暦図
『ベリー公のいとも豪華なる時禱書』1411-16年頃
シャンティイ、コンデ美術館

牧草の芽吹く五月

さきに紹介したジョヴァンニ・コダニェッロの記述からも分かるとおり、軍事遠征を始めるのに適したいくつかの月のうち、総合的に最も良いのは五月だった。その優位性を裏付ける証言はいくらでもあげることができる。「戦争に好ましいのは五月だ。この時期になると王たちは軍事遠征を行うのが常である」と十一世紀の終わりごろ、グリエルモ・ディ・プーリアは書いている。一一一八年から二七年まで続いたコモとミラノ間の紛争では、休戦期間になると両軍は「次の五月に備えて休養を取る」ことに決めていた。また年が改まるとコモの市民たちは「五月に必ずやってくる戦争」に備えた。ミラノ市民もこれと同様に「次の五月まで指折り数えていた」のである。そして両者の緊張が高まってくると「五月に開戦を予定している戦争に向けて」参戦してくれる同盟国を探し出すのであった。また第二回十字軍は一一四七年五月二十九日にレーゲンスブルクから出発したが、その約五〇年後の一一八九年五月十日、同じくレーゲンスブルクからフリードリヒ一世に率いられた第三回十字軍が出発している。さらに一二一八年五月一日、「大変気候の良いこの日」に、アルビジョワ十字軍はトゥールーズで軍事作戦を再開したのだった。(5)

すでに紀元前十七世紀には、近東地域で軍隊での馬の利用が始まっていたが、十分な量の秣《まぐさ》を軍隊へと運搬・補給するのは困難な作業だったから、軍事作戦の大部分は作戦地域に畜獣を養えるだけの餌がある時期に行われた。とくに遠方への遠征では騎兵の役割が重要だったため、秣の確保が常に前提条件となった。必然的にこの種の軍事遠征は農業生産力に制限されたし、さらに雨で通行不能になるような地域は避けて進軍しなければならなかった。そうしたわけで、ここでも軍事作戦を開始するのにふさわしい季節は夏の初めということになっていた。夏の初めはまさに「王たちがよく戦争を開始する季節」であり、聖書にもあるとおり、この季節にダヴィデ王は「アモンの末裔の国を滅ぼし、ラバの都を襲うため、ヨアブとその配下と全イスラエルを」召集したのだった。

少なくともカロリング朝時代には、中世ラテン語作品にこうした聖書の叙述が頻繁に反映されるようになっていた。とはいえ、中世の叙述が、聖書のそれと同じ事実を指しているとは限らない。たとえば『シロス年代記』では、アストゥリアス王アルフォンソ三世（在位八六六―九一〇）がトレドへと遠征した際に、「それは王が戦争に行くのを常とする季節だった」と述べており、この言い方はイベリア半島の習慣によれば「夏の初め」を意味した。またこの少し前に、ランス大司教のヒンクマールは『聖レミギウスの生涯』の中で、有名な「ソワソンの壺」の話を紹介している。この話の中で、クローヴィス王は軍隊を「マルスの野営〔軍事集会〕」に召集したのだが、ヒンクマールはこの名称が戦争の神マルスに由来すると説明したあとで、それに加えてフランク族は「王が戦争を行うのを常とする季節ゆえ」、これを「五月の野営」と呼ぶことに決めたと述べている。* 十三世紀後半に書かれたサリンベーネ・ダ・パルマの著作にも聖書と同じ表現がみられるが、もはやそれは「春は戦争の季節」という文学的ステレオタイプと分かち難く溶け合っている。「五月は王が戦争を行う季節と呼び習わされている。それは穏やかで温かく心躍る季節であり、ナイチンゲールが歌う」。さらにそのあとに「五月の草木は牛馬を肥やす」という印象的な表現が続く。これを文字どおりに受け取ってはならないが、それでもサリンベーネは、これまで紹介した文学作品には見られなかった実際的な理由をあげて、軍事作戦を開始する季節を選ぶのであれば五月が最も適していると説いているのである。(6)

この「五月は戦争の季節」とする当時の言説は、先に論じた「西洋において騎兵が主要な兵種となった理由を、カロリング期における鐙使用の開始に求めるかどうか」の論争〔第Ⅱ章9節参照〕と並んで興味深い論点である。一説によれば、「マルスの野営」すなわち「マルスの月＝三月の野営」への参集（年一度のフランク王国軍に対する召集）は、のちに西暦七五五年のカール・マルテルの決定で、五月に行うよう習慣化されたという。すでにこの時代、彼の軍隊は明らかに騎兵を主力としていて、軍の活動を維持するのに十分な量の秣を確保しなくてはならなかったから、五月以前では行動不能だっただろう、というわけだ。とはいえ、この仮説は、「五月の野営」という表現がすでに西暦六一二年には史料に登場していること、さらに重要な点として「マルスの野営」というラテン語

＊ここで「野営」と訳したCampo は元々の野原、平地、広場といった意味のほか、（そうした場所で開催された）集会の意味もある。現代イタリア語では、「マルス広場 Campo di Marte (Marzio)」とは一般に「練兵場」の意味である。

マルス（火星）の子供たち
ヴォルフエック城の『ハウスブーフ』、1480年頃

は「マルスの月＝三月」ではなく古代ローマの軍神マルスを象徴しているということ、以上の二点から反駁されている。ようするに、「野営」とは単なる場所を指しているに過ぎないのだから、「野営」が行われた時期について考察している仮説は無視してしまってかまわない。なにしろ、例の西暦七五五年（この年はカール・マルテルが軍の主力を騎兵と定めた年ともされている）以前から、フランク王国の軍事遠征は一般的に五月より早い時期に始まるようになっており、しばしば冬の到来まで続いたのだから。

西暦五九六年以降、フランク族の年一回の召集は「マルスの野営」と呼ばれなくなり、「カレンダス・マルティアス」すなわち単に「マルスの暦月」という表現が頻出するようになる。これは疑いもなく三月に由来する呼び名だ。他方、七世紀中期に騎兵が重要性を確立するうえで大きな役割を果たしたアレマン人やランゴバルド人について、考古学調査が示すところでは、彼らの間で軍の召集は三月一日に行われており、騎兵が活動するうえで必要な秣についてはいた関心を払っていないのである。とくにランゴバルドに関していえば、アギルルフ王は西暦五九一年五月に軍を召集しているが、アダルヴァルド王は六月、ロータリ王は六四三年の十一月、グリモアルド王は再び六月に行っている。そして西暦七一二年から七四四年まで統治したリウトプランド王は、一年ごとの軍の召集を規則化した人物であるが、これを三月初旬に定めた。まさにメロヴィング朝が行っていた「マルス（三月）の野営」と同じだ。そしてこの習慣はリウトプランドの後継者であるラキ王とアストルフォ王、そしてベネヴェント公国の下でも続けられた。

中世において騎兵が軍隊の主力になったのは、（まさにカール・マルテルの時代にフランク族が始めたこととされている）領地の分配によって封建制が確立していったせいでも、ましてや軍の召集時期が五月に移動したせいでもなかった。この「軍制革命」というほどでもない、騎兵への転換が起こったのは、一説ではイタリアに多くの都市商人層が成立しており、彼らはさほどの金銭的負担も感じず騎兵軍の兵站を維持できたからだ、とされている。さて、現在でも多くのイタリア都市の広場に残る、「マルス広場」という地名の問題についても付言しておこう。というのも、一般にイタリア都市のこれらの広場は（たとえば十二世紀のベルガモでは）、軍の編成作業を行うといったこととはほとんど無縁の存在となっていたのだ。しかしヴェローナの「マルス広場」は十四世紀の初めまで弩手の訓練を行う場所であり、都市コムーネが軍を動員する際には牛やその他役畜を集めておく場所として使われ続けた。一一九四年にヴェローナの都市政府はパルーという新しい村を建設するのだが、その中心部には馬の牧草を育てるという特別な目的を持った「マルス広場」という場所が設けられていた。はるか後の時代に起きた、他とも独立したヴェローナの事例ひとつで、一般論にまで敷衍しようとするのはあまりに恣意的すぎるだろう。しかし、ヴェローナの「マルス広場」という地名がかつて軍馬を養うための場所につけられた名前に由来する、という可能性は否定できないだろう。

軍馬の衰弱を防ぎ、戦闘での活躍を期待するなら、青草だけでなくカラス麦や大麦といった飼料は必ず与えねばならないものだった。十二世紀のオルデリークス・ヴィターリスによれば「西洋の風土は馬の活力を維持するのに苦労するもの」[7]なのだ。そしてこれらの必須穀物は、兵馬を移動させ軍を召集する三月から五月の間には容易に入手できるものではなかった。それでもカロリング朝時代のいくつかの文学作品は、五月と

「3月」の月暦図
『ベリー公のいとも豪華なる時禱書』1411-16年頃
シャンティイ、コンデ美術館

戦争の密接な関係を強調していた。プリュムのヴァンダルベルトは一年の各月に捧げた短詩の中で、五月を「新兵が選抜され、野営地で点呼・訓練を受けたのち、傲慢な敵に向かって隊列を組んで攻撃をかける」季節としている。こうした叙述は当時の著述家が手本とした古代の作品にはまったくみられない。つまり実際の軍事活動が現実を反映させた文学表現の刷新を生み出したのだった。

『十二か月の義務』の著者も、五月は「草葉が生い茂り、悼むべき戦争を生み出す」季節としている。であるからして、十二世紀から十三世紀にかけて西ヨーロッパで作成された図像のなかで、五月がしばしば盾と槍を構えた騎兵の姿で表現されていたとしても驚くことではない。ボンヴェジン・デ・ラ・リーヴァの『月々の歌』でも、五月はその秣で「馬を肥やし」、「軍務に備え」、「馬と武器で祖国を守る」月である。この書では五月は平原でテントを張る準備をする一人の騎士の姿によって表現されている。

五月は草葉が手に入れやすくなる季節であるという点は、フランク王国での「ヴィンネマノース」という呼び名にも暗示されている。これは「牧草の月」とでも理解すべき語だが、カール大帝自身が五月に付けた呼び名である。これ以外にも、軍事遠征と秣の準備に密接な関係があったことは、フランク王国のいくつかの年代記でも見て取れる。少なくとも西暦七九八年の記述に、この年は「軍隊を冬営地から出発させることができなかった。なぜなら牧草が乏しかったからである」とある。カロリング期の法は、軍隊が自らの要求に基づいて秣を徴発することの合法性について深刻な疑義を差し挟んでいるが、だからといってこうした叙述の真実性を揺るがすものではない。なぜなら「五月は軍馬に牧草を食ませる月」という認識はフランク王国の年代記だけでなく、たとえば、早くはユリウス・カエサルの『ガリア戦記』など、多数の著作にもその痕跡を残しているからだ(8)。

フランク王国以外で、戦争と馬の牧草の手配について直接的な関係を明解に述べているのは、アラブ世界の史料である。十世紀の前半にビザンツ帝国のキリキア地方へとむけられた大規模な略奪行は、完全に季節性のものであり、暦に従って行われた。実際、「冬の遠征」と言われるものはあったが、これは二月に最大三週間程度行われるもので、敵地深く侵入することもなかった。だが「春の」略奪襲撃は「軍馬が春になって五月の草葉を食み、十分肥太った後の」毎年五月十一日に開始され、その後一か月続いた。この時期は「ローマ人たちの国で豊富な牧草が見つかる」からだ。続く夏の遠征は七月十一日に始まり、二か月間にわたって行われた。

ここで一六四一年に書かれたライモンド・モンテクッコリの『戦争論』の、明らかにカロリング朝の習慣をモデルとした引用部分について触れておくのも無駄ではないだろう。「軍隊を遠征に出すならば、草葉が多く小麦の類も豊かな時期に行う。それはまさに五月の初めか、あるいはそれ以降である。この時期は戦争を行う地域がそれにふさわしく豊かである。それゆえ騎兵は牧草地を必ず見つけることができる。なにしろ牧草というものは軍需倉庫からの補給に頼るのが難しい物品であるから」と彼は述べている。とはいえ、この少し前の箇所で、モンテクッコリは大麦やライ麦、カラス麦、干し草を補給するための軍需倉庫の必要性について注意を喚起しているのだが。

いついかなる時代であっても、きちんとした軍事組織は何より彼らが肥育すべき動物の総数、さらにそうした動物の状態、習性、能力と限界について考慮しておかなくてはならなかった。西ヨーロッパの馬小屋で育てられる馬が穀物を餌として必要とする一方で、ステップ地帯の騎馬民族の乗り回す馬は青草のみで養うことができた。九世紀の終わりごろ、五〇年にわたってヨーロッパ全土を覆ったハンガリー人の襲撃で使われた騎馬も同じ飼育法で養われていた。ハンガリー人は継続的かつ周期的に襲撃を行ったが、街道などの交通網にも地面の状態にも依存せず素早く移動できる点、さらに暦どおりに襲ってくる点で人々を悩ませた。十四世紀になってもフィリッポ・ヴィッラーニは、当時のハンガリー人が馬を「青草、干し草、藁そしてわずかな穀物を飼料として」養っていると記している。(9)

「軍事的」刈り入れと葡萄摘み

当時の史料からは、カロリング朝時代の軍事作戦がしばしば晩春になって召集されたこと、一方で遠征の終了時期はどの季節でもありえたこと、しかし遠征を終えるには冬が来る前で秋の刈り取りのあと、すなわち八月から十月が好まれたことなどが読み取れる。中世後期のイタリアの傭兵隊長《コンドッティエリ》も、しばしば春ではなく夏や秋に軍事行動を行うのを好んだ。一年のうちでもこの時期は気候が穏やかであり、また刈り入れたばかりの収穫物を掠め取ることができ、一方で敵の収穫作業を妨害することができたからだろう。

ジャン・フロワサールは、ベルトラン・ドゥ・ゲクランが一三七五年、「麗しの季節、夏が再び巡ってきて、戦争に行くにも野営をするにも適当な時期」になるや否や、軍事行動を再開した、と書いている。ここではステレオタイプ的な「戦争の春」が夏に置き換わっている。十二世紀の初めごろ、コモ人はしばしば五月を「その後やってくる夏」に遠征を行う準備期間として利用した。またライバルであるミラノ人も、コモ人と同じ時期に軍事作戦を行うことを受け入れていた。イタリアの都市コムーネ全盛期には、「刈り入れが終わった直後」の時期に軍事活動を再開するという習慣が他の都市にも広まっていた。たとえば、エジディオ・ロマーノが推奨しているとおり、夏は城郭を包囲するにも他の季節よりふさわしかったが、その場合は敵軍が新しい収穫物で備蓄食料を満たす前に包囲網をめぐらさねばならなかった。さらに夏季ならば、雨でも降らない限り籠城側は水の蓄えをより早く使いつくしてしまうし、城郭を守る水濠は干上がる。その一方で、包囲側は開けた場所に野営地を設けても悪天候に悩まされることがなかった。一一七三年、ダッセルのライナルドがアンコーナを包囲した季節が「五月の終わり、貯蔵品が最も底をつく時期」であったのも特別な話ではない[10]。

戦争が季節のめぐりに従って行われたのは、農業のサイクルが社会の様々な活動の前提条件となり、影響を及ぼしていたからである。イタリア都市コムーネの全盛期は、半島全体が不安定な状況に覆われた時期でもあったから、コムーネに従属する農民を守るため都市民は武器を取って農作業を警護した。都市に従属する農村は都市の維持にとって欠くべからざるものだったからだ。一一五九年の秋、クレーマの包囲に動員されたドイツ人部隊が、ミラノの領内で兵士に守られながら畑を耕している農民を襲撃したとき、捕らえた捕虜の中にきらびやかな軍衣と武装を持ったひときわ麗しい騎士さえいたことを、ケルンの年代記作者は驚きを込めて語っている。

サリンベーネ・ダ・パルマは、十三世紀中期に北イタリア全体を荒廃させた多くの戦争で「都市民出身の武装した騎兵が、農民が畑で仕事ができるように一日中警備兵の仕事を務めた」と繰り返し語っている。またグイド・ディ・モンテフェルトロは一二八一年六月、「フォルリから騎兵部隊を出動させ、サン・バルトロメオの善男善女が安全に農作業をし、果物を収穫できるように毎日警備に就かせた」。こうした恒常的な警備をもってしても、都市同士の抗争が風土病のように蔓延した時代では、安全を確保することは難しかった。『パルマ年代記』の記録によれば「多くの有力都市は、町の内でも外でも、武力や奸計を用いて多くの人間を働かせたり、所有者の意思に反して穀物を収穫したり干し草を刈ったりさせている。それは木材やその他の物品についても同様だ。神をも恐れぬ所業である。力なき者はこれに抵抗することもできず、涙にくれるしかない」。たとえばコレッジョのパトロール隊はこうした暴力装置として活動し、その結果、エンツァ街道沿いの住人は「彼らの穀物や作物を、カステルヌォーヴォなどのコレッジョの領主が統治する土地に無理やり提供させられている。そのため望むと望まざるとにかかわらず、あらゆる穀物がコレッジョの領地に流れ込んでいた」。穀物だけでなくブドウについても似たような話が知られている。一三二九年のことだが、パルマの支配地は例年どおりどこも白ブドウと黒ブドウが豊作であった。天候も良かったのだが、戦争の難を恐れてブドウ摘みは大急ぎで行われた。実際、毎日のように「パルマから亡命した一派の放った歩兵や騎兵が、まるで山賊のように人や動物を略奪して回っていた」のである。(11)

すでにカロリング朝時代、『十二か月の義務』の中で、九月は「敵からブドウを守る」務めの月と定められている。この文献では、敵の軍隊は悪天候や害鳥、作物泥棒のように象徴化されているが、実際ブドウの摘み取りが戦時の重要な攻撃目標だったことは間違いなく、ブドウ摘みの防護は常に憂慮すべき問題であった。ヴィスコンティ家の支配下にあった時代、ベルガモ近郊のリーパ・ダッダでは特別な騎馬弩兵の部隊がブドウ摘みの警護任務に就いていた。それでも一三九八年に教皇派の部隊によってブドウ畑が襲撃されたときには、破壊を免れることはできなかった。一四二三年にはヴィスコンティ家の派遣した有力な騎兵部隊が、フォルリからフォルリン

ブドウ摘み（「10月」の月暦図）
フレスコ画、15世紀初、ブオンコンシーリオ城

ポーポリへとブドウ摘みに向かう「多くの荷車と人間」を警護した。この「ブドウ摘み遠征」の結果、敵対するフィレンツェから来た大部隊との衝突まで招いている。また一三〇九年六月に行われたトリノ軍の遠征では、軍の部隊が干し草の刈り取りを警護する必要まで生じたのだった。

十四世紀の初頭にテオドロ・ディ・モンフェッラートは、「戦争を遂行する第一の手段」とはまさに「畑を耕している人間たちを捕まえることで、彼らを恐怖させ仕事を邪魔する」ことだ、と述べている。そうすれば「領地も都市も物資が逼迫し、より貧しくなる」だろう。なぜなら、農作業なしには「普通の人間は長くは生きられず、それ以外の方法はこの世にない」のだから[12]。

さて、軍事行動を行ったり、軍隊を動員するのにふさわしいとされた季節は、多くの重要な農作業が行われる時期と一致していた。そのため、一年間の農業スケジュールが軍事作戦の策定に重大な影響を及ぼすのは当然であった。一〇一六年、皇帝ハインリヒ二世のイタリアにおける「長い手」、と言われたヴェルチェッリ司教レオは、ピエモンテの南東にあるオルバ城で一五日間包囲したときの話として、城を攻略できなかったのは配下の兵士に命じて「敵のブドウ摘みを絶えず妨害させておかねばならなかったからだ」と証言している。またロンバルディアの教皇領総督であったオッタヴィアーノ・デッリ・ウバルディーニ枢機卿は、一二五二年九月、教皇に対して新しい軍隊を募兵させてくれるよう求めている。なぜなら「ブドウ摘みと秋の種まきをする」時期が迫っているせいで、パルマ人があらかじめ取り決められた数の兵士を提供できないからであった。

こうした不都合を避けるため、フィレンツェの都市条例は軍務に就くよう召集を受けた人物のうち、その季節に畑やブドウ園でするべき仕事がある労働者は、自分の教区や村に留まることができると定められていた。農繁期に軍役奉仕を免除された人間の穴埋めというのが、都市コムーネ全盛期に傭兵制が導入されたひとつの要因であった。以降、傭兵は次第に数を増やしていき、最終的には全面的に市民兵と置き換わることになる。ミラノの年代記作者ガルヴァーノ・フィアンマは一三四〇年ごろに「毎年、特に刈り入れとブドウ摘みの季節になると、平民たちはその稼業から引き離され、敵都市を包囲するために動員されて多くの労苦と出費を負い、これによって計り知れない損害を受けていた」と書いている。だからこそガルヴァーノはミラノの君主ヴィスコンティ家を称賛するために「ヴィスコンティ家は平民をあまり戦争に動員しないよう定めた」と書き残したのである。

とにかく農業は人手を取られるものであったから、ときには動員された軍隊でさえ、一時的に兵士を農夫代わりにして直接収穫作業を行わなくてはならなかった。グリエルモ・ディ・プーリアによればチヴィターテの戦いが終わった直後の一〇五三年六月、「穀物の収穫期が近づいていたが、まだ青く、市民たちが刈り取る前に」食べるパンも欠乏したノルマン人たちが「火を起こしてそれを炒って食べてしまった」。オルデリークス・ヴィターリスは、軍隊の食料が逼迫し、急いで補給する必要に迫られた場合は、「軍隊自身が」作物の収穫を行えばよいと繰り返し言及している。一〇九八年ノルマン人がル・マンを包囲したとき、軍馬の食料が尽きてしまった。なぜなら「季節が収穫と次の収穫の端境期だったためで、その結果一スタイオのカラス麦の値段が一〇ソルドまで跳ね上がった。そこでノルマン人の王は配下の兵士たちに畑に行って麦を刈り取り、収穫が終わったら都市の包囲に戻るよう命じた」。

その数年後、モルテン伯ギョームはタンシュブレーに駐屯する部隊を救援に向かうため、まだ実っていないにもかかわらず急いで作物を刈り取り、配下の軍馬の飼料とした。またこれもノルマンディの例だが、一一一九年八月イングランド王ヘンリー一世は、エトレパニー周辺であらかじめ食糧徴発隊に穀物を刈り取らせておき、それを軍馬に担わせて安全に運搬できるよう手配した。またアスティ人たちも一二七五年六月「敵の畑を刈り取り」、フォッサーノに運んでそこの住民の飢えを癒した。

当時の西ヨーロッパには効率的な補給組織など存在していなかったから、とくに収穫期から次の収穫期までのあいだに敵地で作戦を行う場合、このような「青田刈り」はありふれた光景だった。ようするに、作戦遂行地域の土地を利用できるだけ利用するか、さもなくば敵が利用できないようにあらゆる手段でその土地を荒廃させてしまうのである。一四七六年、傭兵隊長ドナート・デル・コンテは、スフォルツァ家の尖兵として、ピエモンテのフルットゥアリア修道院領を襲撃し、その中核であった城塞都市モンタナーロをやすやすと征服した。六月二十一日、ドナートはミラノ公ガレアッツォ・スフォルツァに次のように書き送っている。「敵が以前に収穫した食料は乏しいと分かり、また食べ物を必要とする人間も手元に多く留めていたものですから、私は畑に実っている小麦だけでなく、地面に生えているものなら何でも刈り集めさせました。そのおかげで毎日十分な量の食べ物を得ることができたのです」。それにもかかわらず、この手紙を送ってからしばらく後になってドナートは、ガレアッツォに補給品を送ってくれるよう依頼している。「なぜならこの時期、兵士たちは毎日食料を探しに行くわけにもいかず、畑で小麦を手に入れることができないからです」。そんなわけでドナートの兵士は、町の住人が収穫した穀物を自分たちで脱穀し、横取りするようになったという。

すでに見てきたように、ブドウ畑もまた重要な軍事目標であったが、その収穫に関しても興味深い例がみられる。一四二三年の秋、ブラッチョ・ダ・モントーネがアークィラを包囲していたとき、ブドウが実るのを見て都市の住人たちは絶望し「父と子と聖霊の御名において／彼らは言った〈主よ、お見捨てにならないでください！／小麦とブドウを収穫させてください〉」と。だがこの祈りは無駄であった。ブラッチョは急いで配下に命じてブドウを収穫させ、次のようにうながした。「さあ、立派なワインを作るのだ。／各自が急いでやれ。／どうやって冬や夏にワインを作るかは知っていよう」。残忍なブラッチョの兵士たちは実際大部分が農村出身者であったから、おそらくそれほど熱心にではなかっただろうが、やれと言われればかつて生業としていたブドウ摘みに戻ることができた。ブドウの収穫もまた、純粋な軍事作戦と同じくらい重要な「戦争行為」だったのだ。

軍隊がいつも宿営している地域の農業資源を自分たちで収穫しなくてはならなかったわけではなかった。ときにはこれに関して余禄を得ることもあったのだ。フロワサールによれば、一三八八年の八月初旬に、アルマニャック伯とダルブレ伯率いる五〇人の重騎兵がパミエ近郊まで進出した。そのとき「彼らは畑の作物と熟したブドウを収穫しなくてはならなかった」。特にこの年は穀物もブドウも豊作だった。傭兵たちは自らの武力を誇示してから、もし作物を刈り取って持ってこなければ小麦もブドウ畑もすべて荒廃させ焼き払うと、パミエの市民に通告した。市民たちが一五日のうちに領主のフォア伯に助けを求め、六〇〇〇フランを支払うと、彼は領民を救うべく大軍を率いてパミエに急行した。敵はあえてフォア伯と戦おうとはせず遠くへと逃げたので、穀物の収穫もブドウ摘みもいつもどおり行うことができた。しかしパミエの市民がフォア伯の兵士に支払った六〇〇〇フランの追徴金は彼らの手元に戻ることはなかったのだ[13]。

煩わしい夏

軍事行動は春に開始されると、当然夏まで続く。夏はたしかに良い季節であるが、戦争に都合がよいとは必ずしもいえなかった。特にイタリアの夏の酷暑は、アルプス以北の国出身の兵士から耐えがたく有害だと思われたとしても不思議ではない。西暦五九〇年の夏にランゴバルド王国を攻撃したフランク人は、ポー川流域の平野部にたどり着いたとき「今まで体験したことのない気候のせいで、次々と重い赤痢にかかり、そのせいで大勢が死んだ」とパウルス・ディアコヌスは述べている。西暦八六六年にイタリア南部へと遠征したロタール二世の軍隊でも、「これまで体験したことのない酷暑と、空気の悪さ」によって悪質な赤痢が発生し、多くの死者を出した。

それから数世紀後、一〇三七年六月にコンラート二世はミラノへの軍事作戦を中断し、部下を解散させねばならなくなった。彼らを「夏のひどい暑さゆえに、涼しさを求めて山地の方へ」避難させねばならなかったのである。それに対して、十二月にパルマへと侵攻した神聖ローマ皇帝はこのような苦労はしなかっただろうが、翌年七月になると、例年どおりの猛暑によってこのドイツ人の軍団もやはり伝染病に打ちのめされた。つまり夏はとくに酷暑と病気の蔓延する季節であり、彼らには未知のものだったのだ。一方、地中海地方特有の気候に慣れているはずのイタリア人自身も、例外的な暑さや長期の旱魃、寄生虫の蔓延など、軍事作戦の展開を妨げる原因になりうる事象には気をつけなくてはならなかった。

一一一四年六月、バレアレス諸島で軍事行動中のピサ軍は、イビザ島の城郭を攻略するにあたって「日が昇るや否や」攻撃を開始した。しかし時間がたつにつれ「真っ赤に燃える太陽がピサ人たちを苦しめ、暑さに焼かれたため彼らは野営地へと引き返した」。こうして、南ヨーロッパの夏の気候のせいで、必然的に正午は休戦することになったという。一一九八年ピアチェンツァ人は、大旱魃のせいでボルゴ・サン・ドンニーノへの侵攻をその意に反してあきらめざるを得なかった。夏の間中、井戸という井戸は干上がり、一滴の水も得られなかったのだ。一二一六年の八月、クレモーナ軍がピアチェンツァ領内で略奪を行っていたとき、敵軍の奇襲を受けて多くの兵が斃れたが、それは戦闘の損害よりも「暑さとそれによる極度の疲労」のためだった。一二四三年九月、ミンチョ川沿いで生じた戦闘のひとつでも、多くの馬が暑さのせいで死んだ。一二五〇年七月にミラノ人が行ったローディでの軍事作戦では、彼らはまさに「火あぶりにあった軍隊」のごとき体験をすることになった。ミラノに帰還したとき、夏の土ぼこりのせいか、あるいは酷暑のためか、二〇〇人以上の歩兵が命を落とすことになった。また一二六六年六月、クレモーナのコヴァォ城を包囲していたブレシャとマントヴァの連合軍も、暑さのために多くの死者を出している。[14]

土ぼこりや乾き、日射病の危険などと並んで、害虫の類も夏に戦争するうえで当然つきものの要素である。こうした昆虫は人間が集まる場所だけでなく、軍隊に必ず随伴している役畜の群れにもまとわりついてきた。西暦八六六年にロタール二世がイタリア南部へと侵攻したとき、すでに紹介したとおり赤痢で多くの損害を受けたのだが、それに加えて毒蜘蛛にも苦しめられ、大勢の兵士が蜘蛛に咬まれて死んだ。一二三八年の夏にブレシャを包囲したフリードリヒ二世は絶えず疫病に苦しめられたが、その原因は大量の蚊であった、とクレモーナの年代記作者のひとりは述べている。「食事の際に蚊が口に入ることはほとんど不可避だった、なぜなら奴らは直接口に飛び込んできた」し、「皇帝の大天幕もその他のテントの屋根も、夜の闇に染まったかのように見えた。なぜなら大量の蚊がたかっていたからである」。

予想外の寄生虫発生を軍事作戦が失敗した理由にあげるのは幼稚な議論にみえるかもしれないが、しかし寄生虫は軍馬や牛をまとめて使い物にならなくしてしまう要素であるし、もしそうなれば当然、包囲戦はあきらめざるを得ない。サリンベーネ・ダ・パルマによれば、一二六八年プリマーロでヴェネツィアと対戦したボローニャ人も慣れない「海風が体に支障をきたしたせいで」多くが死んだ。さらにプリマーロのような沼沢地では「無数の蠅、蚤、蚊、虻」も猛威を振るったのだった。こうした環境の下では、反対に虫がまったくいないことは大変重視された。一例をあげれば、一二一七年七月にクレモーナ領で作戦中だったピアチェンツァ軍は記録しておくべき奇跡的な出来事として、自分たちが「一匹の蚊にも蚤や蠅にも」遭遇しなかったと書き残している。

壊滅的な結果に終わったフィリップ大胆王〔フランス王フィリップ三世〕のカタルーニャ遠征でも、フランス兵は暑さと蚊に苦しめられた。一二八五年四月の終わりごろに遠征が始まったとき、フランドル伯はこれから暑くなることを予想し、前もってフィリップにも警告していた。だがフィリップの軍は六月二十八日にようやくジローナの城門前に到着し、その後二か月半にわたってここを包囲し続けた。そして猛暑のせいで、普段はもっと穏やかな気候しか体験したことのない包囲陣の兵たちは百人単位の犠牲者を出した。それだけでなく、フランス人が見たこともないような、とてつもなく大きく、病気を媒介する蚊の大群が戦場にはびこった。この蚊に咬まれるか、あるいはただ接触しただけで大勢の兵士と軍馬が病死していった。蚊は鼻や口にも入り込み、これを防ぐことはできなかった。こうして数千の馬とその他動物が死んだ。その無数の死骸は伝染病の温床となり、これがさらに犠牲者を増やしていった。アラゴンのいくつかの年代記では、これらの死をもたらす虫は、フランス兵が聖ナルキッススを冒瀆したせいで彼の墓から出現したものと考え、その被害は旧約聖書にあるエジプトにもたらされた虫の災いの再来であろう、と述べている。

一二〇九年、アルビジョワ十字軍に包囲されたカルカッソンヌでも同じような出来事が起こっている。つまり

「その年は厳しい夏で猛暑だったため」都市は抵抗をあきらめざるを得なかった。ギレーム・ド・トゥデラの『アルビジョワ十字軍の歌』によれば、カルカッソンヌは水を絶たれ、周囲の土地から避難してきた畜獣がひしめきあい、家に押し込められた女や子供が甲高い泣き声をあげ、さらに蚊の群れがわんわんとうなり声をあげており、この虫の苦しみには誰も耐えられないほどだったという。市民の一人は、カルカッソンヌでこれほど暑い夏を経験したことはかつてなかったと言っている。

夏が害をもたらすのは地中海地方に限った話ではない。オルデリークス・ヴィターリスがいくつも記録しているが、十一世紀終わりごろのノルマンディでは、夏になると深刻な旱魃が起こり、城も都市も攻撃に対して意外なほど弱体化してしまい、抗戦能力を失ったという。たとえば一〇九〇年六月、それまで年単位の抵抗を何度も経験していたブリオンヌ城も乾燥のせいで陥落している。ブリオンヌ城の建物の屋根に敵の焼夷弾が撃ち込まれると火はたちまち燃え広がり、守備隊はたった一日の包囲戦で降伏してしまったのである。その一年後、イブリーにある要塞化されたノートルダム修道院も「五旬節《ペンテコステ》ごろの夏の猛暑の中」包囲攻撃され、陥落している。また一一〇〇年六月にはル・マン市も乾燥のせいで瞬く間に焼き尽くされてしまった。

イングランドでも虫害の蔓延には事欠かない。一〇八八年ロチェスターが包囲されていたとき、町に避難してきた人間や馬を宿主として無数の蚊が発生し、夏の暑さと狭いところに閉じ込められた人々のせいでその数はますます増えていった。これは国王に反抗する籠城側に対する「神の御意思」によるものと考えられた。蚊は目や鼻にも入りこみ、食べ物を口に入れたり飲み物を口にすることすら危険な行為となった。昼夜を問わず蚊に悩まされたせいで、市民たちはお互いに羽団扇で虫を追っ払いながらでもなければ、まともに食事すらとれなかった。このような有様だったから、ロチェスターはきわめて短期間に降伏へと追い込まれたのだった。

夏に戦争をする厄介さは、フランス中部でも真に迫った様子で語られている。がっしりと太った体格の国王ルイ六世（そのためしばしば「肥満王」と呼ばれた）〔在位一一〇八―三七〕は、伝記によれば誰からも乗馬を控えるよう忠告されていたという。それにもかかわらずルイ王は、一一二六年にオーヴェルニュ伯の反乱を征討する遠征を率いたのだが、なにしろ馬にも乗れないような肥満であったから、オーヴェルニュの湿地帯を貫く街道を進むのにも難渋し、腕っぷしの強い陪臣に抱え上げてもらわねばならないほどだった。だが彼はその熱意から「若武者たちですら恐怖するような六月と八月の夏の酷暑に耐えた」。王は彼らの堪え性のなさをからかうほどであった」。ところが、ルイの後裔であるフィリップ・オーギュスト〔在位一一八〇―一二二三〕は酷暑には耐えられない人であった。一一八八年の夏、フィリップはイングランド王と和平を話し合うため会談をもたねばならなかったが、その際にジゾー近郊の開けた野原で「耐えがたいほどの太陽の熱に焼かれながら」会談を続けるはめになった。一方イングランド側の席は快適な楡の木陰に隠れていた。そこは十分に涼しいだけでなく、その一帯を見渡す素晴らしい眺望にもめぐまれていたのだ。フィリップは太陽に苦しめられただけでなく、なかなかまとまらない会談にしびれを切らし、ついに堪忍袋の緒が切れたのか武器を抜いてイングランド人に詰め寄った。フィリップはイングランド人を追い散らすとさらに腹立ちまぎれに、豊かに葉を生い茂らせた例の楡の大木を切り倒したという。

さらに北方のベルギー地方では、一三六七年八月にリエージュの軍隊が遂行した一連の作戦は、いくつかの年代記の中で「酷暑の騎行」と呼ばれている。一四六四年六月二十六日には、リエージュ軍が小舟でムーズ川を下っていたとき、多くの兵士が日射病に襲われたために遠征を中止しなければならなくなった、という記録がある。イタリア半島からブリテン島まで、あるいはアルプスやピレネー山脈の北側でも南側でも、軍事活動に参加したあらゆる人間にとって夏は予期せぬ出来事を引き起こす季節であった。ただしある一定の標高を超えた場所でなら、夏の猛暑はなんとかしのげるものとなった。たとえば一三九〇年夏にフランス王の軍隊は、「略奪者の王」と呼ばれた元傭兵エメリゴ・マルシェスをオーヴェルニュのヴォンデ砦に包囲したとき、そこは標高千メートル以上の高さにあったので「八月だというのに天気はよく、空気は乾燥していて、気候が穏やかで涼しい」ことに気づいた。そこで包囲軍は「新鮮で青々とした草木を刈り取って好きなだけ手に入れることができた」とフロワサールは書き残している[15]。

夏に戦争を行う者たちをさらに苦しめたのは、中世では甲冑を装備しなくてはならないということであった。重さと通気性の悪さのせいで深刻な問題を引き起こした点で、中世の甲冑は古代ギリシャの重装歩兵の比ではない。甲冑は「小さく強固になるよう、隙間なく板金を組み合わせてあるので、暑さや寒さを防ぐ役には立たなかった」。とくに夏になると、甲冑を着た人間は「あっという間に汗だくになり、とても耐えることはできないほどだった」。西暦八六七年、ノルマン人の略奪者がフランス北西部のブリサルト聖堂を占拠したとき、これを包囲したロベール伯は「太陽が地平線の向こうに沈んでしまったのに、なお非常な暑さに苦しめられ、兜と鎧を脱いでわずかな風で涼を取った」。そのときノルマン海賊たちが包囲を突破しようと突撃を仕掛けてきた。伯は不注意にも防具を何ひとつ身に着けずに戦闘へと舞い戻ったため、聖堂の入り口で殺されてしまった。西暦九九九年六月にも、これとさほど変わらない状況でブルターニュ公コナンが戦死している。彼はアンジュー伯の追撃を受けているなか、つかの間の戦闘休止時に「彼の体の火照らせている空気を入れ替えようと鎧を脱」ごうとした。だがその無防備となった瞬間を敵に奇襲され、剣で刺殺されてしまったのだ。

夏の太陽の下で甲冑を身にまとうことを余儀なくされる人々にとって、酷暑もまた危険な敵であったといえよう。太陽は、一二七五年七月十三日にファエンツァ近郊で行われたサン・プロコロの戦いでも重要な役割を果たした。マリン・サヌード・トルセッロの記述によれば、この戦いで「多くの者が敵の武器にかかって死んだ。というのも七月の猛暑のせいで炎熱に痛めつけられたので、多くの兵士が甲冑を脱ぎ棄てて裸身を敵にさらす方を選んだからだ」。こうした状況を知ると、十二世紀に〔ビザンツの天文学者〕ニケフォロス・グレゴラスがヴェネツィアの水兵たちに送った称賛の意味がよく理解できる。それは、ヴェネツィア海軍は他国と比べても抜きんでて規律正しく、彼らは必要ならば太陽の苦痛にも耐えることができた、というものだ。十五世紀の冶金学の発達によって、甲冑はより防御力が高く、さらに動きやすい物が作れるようになり、甲冑師の技能がより重要視されるようになった。だがそうした発達は、通風性をよくするという面ではまったく進歩しなかった。イタリアに限らずヨーロッパ全土で、甲冑の必要性は衰えることがなかった。それゆえ兵士たちが夏のもたらす苦痛から解放されることも最後までなかったのである。

一三九一年、アルマニャック伯の命を受けたフランス人傭兵隊が気力十分にイタリアへと南下してきた。ロンバルディア人は「裕福だが臆病な気質だから」、傭兵たちは容易に利を得られると思い込んでいた。彼らはアレッサンドリアの近郊でヴィスコンティ家の兵士の迎撃を受け、七月のある暑い日に激しい戦闘へと突入した。「それは聖ヤコブと聖クリストフォルスの日〔七月二十五日〕のことだった。天空からは非常な熱気が下りてきて、かくも熱く風がない状況では、鎧を着ている人間は誰もがかまどで焼かれているような気分になった」とフロワサールは書いている。「地面から巻き上がる土ぼこりと土煙は炎熱同様、兵士たちの息を詰まらせた。だが敵兵よりもアルマニャック伯の兵士の方がより苦しめられた」。他の事例同様、ここでも酷暑がアルマニャック側の大敗北を招いたのであろう。[16]

厳しい冬

戦争は人間の都合によってだけでなく、自然の法則によっても制限されるものだ。とくに厳冬期になると戦争には様々な制限がついた。冬になると必ず軍事活動が停止されたという記録があるわけではないが、一般的には、気温がある一定の水準を下回ってくると、軍事活動の停止が決定された。たとえば一二一五年、クレモーナ人は同盟国ブレシャとの国境地帯に軍を派遣するため、オーリオ川に橋を架ける準備をしていた。だが十月七日に両都市のコンソリたちは「今年の冬は大変寒そうなので軍の騎行を中止し、これ以上何もしない」ことで同意し、オーリオ川の橋も破壊することにした。

そのため軍事作戦を遂行するうえで、晩秋以降というのはあまり適切な時期とは言えなくなる。とくに徒歩の兵士、たとえばリエージュが召集した市民軍のような歩兵部隊にとって、九月中旬以降というのは兵士の体が消耗しやすくなる季節であり、「冬に徒歩で戦争に行くのは」ふさわしくないとみなされていた。実際一二三六年二月には、行軍中のリエージュ歩兵が氷に足をとられたため、戦闘を中止せざるを得なくなっている。しかし歩兵よりも装備面で恵まれている騎兵ですら寒さと雨に打ちのめされてしまうことも多く、相手を完全に撃破できたはずなのに、和睦を結ばなくてはならないこともよくあった。

特に難しいのが冬季の包囲戦であった。アルビジョワ十字軍が進行中だった一二一一年、主顕節《エピファニア》の日〔一月六日〕という冬の真っただ中に、十字軍はサン・マルセルを包囲しようとした。だがある叙事詩人に言わせれば「これは大いなる狂気の仕業であった。というのもこんな季節には誰も何もできなかったから」ということになる。そして冬が深まるにつれ、詩人の言葉どおり兵士たちは何もしなくなってしまった。一二一七年から翌一八年にかけて、アルビジョワ十字軍はトゥールーズを包囲することに固執し、再び冬季の包囲戦に臨むこととなった。『アルビジョワ十字軍の歌』の著者は、この戦いでトゥールーズ市民は城壁に守られ、妻とベッドで過ごしていたのだろう、と考えている読者にむけて「この冬は厳しく、辛く、凍てつくような寒さで、暗いものだった」と訴え、さらに彼は「冬の間、我が兵士と軍馬は命の危険にさらされ続けていた」とも述べている。また、十字軍側は明け方に奇襲をかけることを好んだが、そのたびに守備隊に押し戻され、多くの十字軍兵や馬は氷の浮かんだ水濠の中で戦うはめになったのだった。一三七八年から翌七九年にかけて、フランス騎士たちはまたもや冬季の包囲戦を選び、シェルブールを囲んだ。だが恐るべき寒さに直面して軍馬は斃れていき、食料の不足にも苦しめられたあげく、彼らは「包囲をするべき時期、季節ではなかった」と認めざるを得ず、作戦は失敗に終わった。

つまり、十六世紀の初めになってもなお、フィリップ・ド・クレーヴが書いた『戦争稼業の書』が、冬季に包囲戦をやったり野営地に軍隊を留め置いたりすべきではないと強く訴えているのには理由があったわけだ。フィリップは兵士、特に歩兵は装備が不十分であるから、たとえば番兵の任務を言い渡されたとしても寒さに耐えて遂行するのは難しい、と語る。そんなとき兵士たちはまず、それなら給料を倍にしてくれと言って抵抗し、それから宿営地に冬ごもりして出てこなくなるのだ、と。一方貴族や上流階級はといえば、歩兵たちより上等な服を着こんでいるにもかかわらず「寒さ、雨、悪天候のせいで自分も体を壊すし、馬も同じく駄目になってしまう」とやはり大いに不満を言う。そんなわけだから、より良い選択肢は包囲戦を止めて軍隊を冬営地へと撤退させることである。とはいえ、もしも君主が一人きりで戦場に残っていると分かれば、それが戦争への熱意のせいか恐怖のせいかは関係なく、とくに貴族たちは名誉にかけて君主と同じく軍務を続けるであろう。だがそれでも、やはりフィリップは冬季の軍事行動を決して推奨しない。なぜなら「すべてのことには適切な季節というものがあり、それを外れたらうまくいかなくなる危険が大きいのだから」。

フィリップ・ド・クレーヴのこうした意見は、同時代の作品であるマキァヴェッリの『戦争の技術』に出てくる対話者ファブリツィオ・コロンナの意見とも一致している。ファブリツィオは「ある軍事指揮官にとって無分別で危険な行為とは、冬季に戦争をすることだ」、なぜなら、とくに寒さと雨のせいで軍隊が分散して宿営することを強いられると、「軍の秩序や規律、そして闘志」といった軍隊を団結させる要素が発揮できなくなるからだ、と言う。そこで彼は古代ローマ軍を模倣して、とにかく「冬季の戦争を避け、それだけでなく険しい山岳地や難所といった、兵士が身に着けた戦闘技能と闘志を発揮できないようなところは避ける」べきだとしている。さらに一世紀ほど後になって、自身も経験豊かな軍事指揮官であったライモンド・モンテクッコリは、書簡や著作の中で繰り返し同様の意見を述べている。「冬季は軍の秩序を維持できない。冬の労苦と、その際に規律を維持するための諸々の行為のために、軍隊は不満だらけになってしまう。部隊は危険にさらされ続け、敵を攻撃して打倒する前に消耗してしまう。なぜなら重要な包囲戦をやることもできないし、敵の領地を略奪・破壊して損害を与えることもできないし、その他あらゆることが不快な季節なのだから」と。

以上から分かるとおり、少なくとも冬季の戦争には「強い反対理由があった」。そこで指揮官は、厳冬期にはあらゆる季節の不利を乗り超えて、過酷な戦場へと軍隊を率いていかねばならなかった。たとえば冬季には、将軍は馬から降りて「雪や氷の上を徒歩で行軍」しなければならないし、自分自身で斧を振るって氷や雪に道を刻まなければならない。スエトニウスによれば、かのユリウス・カエサルもこうしたやり方で部下の兵士に自ら範を示し、名を残したのだという。またポワティエのギョームも「よく言われているように、冬というのは夏と並んで戦争をするのに適した季節ではない」とみなしていた。しかし征服王ウィリアム配下のノルマン兵たちは、夏にブリテン島を征服したローマ軍団以上に見事に、冬にイングランド征服を成し遂げた。だから冬は「戦争をするのに適した季節ではない」だけであって、完全に軍事活動を封印したわけではない(17)。

つまり、冬に戦闘は決して行われなかった、と断言することはできないが、当時の政治的あるいは軍事的な条件により、厳寒期は戦争を避けるべき「強い反対理由」があったとは言える。たとえば十四世紀から十五世紀にかけて、リエージュ軍が十一月から三月の間に軍事作戦を行った例は四〇ほど見つかる。これらの作戦が決行された状況について述べた史料はほとんどないものの、こうした冬季の軍事作戦が定石破りなものとみなされていた証拠ははっきりと残っている。オルデリークス・ヴィターリスも『教会史』の中で、冬に戦争を企てることの不利について繰り返し述べている。その一世紀にわたる叙述の中には、クリスマスをその年の軍事召集の終わりないし次の召集が始まる日とするか、本格的な冬が来たので軍事遠征を終わらせた日として言及した箇所が頻繁に現れる。

「冬営の月」でも、ノルマンディ地方のジェルブロア城は一〇七八年のクリスマスの直後から七週間にわたって敵に包囲されたし、一〇九〇年一月の第一週に、ベレームのロベールは「冬の寒さと雨の中」四日かけてエム城を攻略した。イングランドの例でいえば、ウィリアム王は反乱が起こったりデーン人が上陸してきた場合、たとえ冬の真っただ中であっても自ら進んで騎兵を率い戦った。だがとくに道路事情が悪い地方へ遠征しなくてはならない場合、王は対面する敵の危険性や食料の不足に並んで、冬のもたらす不利も十分考慮せねばならなかっ

英仏軍による、シェルブールとモントブールの争奪戦
15世紀の写本、ブリティッシュ・ライブラリー

た。一〇七〇年一月の寒さが厳しい時期に、ウィリアムは雪の降り積もった山岳地を抜けてヨークまで撤退する事態に陥り、気候のせいで多くの軍馬を失っている。王自身も道に迷い、痩せこけた従者を一人連れただけで一晩野宿しなければなかったが、年代記作者は王がそのときに示した意志の強さを、ユリウス・カエサルに例えている。

すでに見てきたように、冬は包囲戦でも不利を生じさせる。それにもかかわらず、北イタリアのポー川流域では、皇帝の権威を失うまいとする政治的な判断が優先されたため、何か月も続いた包囲戦が真冬になっても続行されたことがあった。フリードリヒ一世によって一一五九年一〇月から一一六〇年一月二十五日まで続けられたクレーマ包囲戦である。またフリードリヒ二世も一二四〇年、「寒さと氷の中」八か月にわたって自ら軍を率いてファエンツァを包囲した。百年戦争中のカレー包囲戦(一三四七年)やオルレアン包囲戦(一四二八―二九年)も同じように政治的判断が優先された例とみなせよう。このときイングランド側にとっては、フランスでの優位がかかっていたのだ。それはまさに死力を尽くした戦いだった。イングランド軍は前者では勝利するまで、そして後者では大敗北を喫するまで戦ったのだった。

当然、包囲された側は冬の訪れまでなんとか抵抗しようとするのが普通だった。季節が悪くなれば、予期される困難を避けようとして敵が戦場を離脱すると期待できたからだ。だがしばしばそうした希望は打ち砕かれた。というのも包囲側は最後まで包囲をやり遂げる意思を示すため、冬営用の小屋を建て始めることがあったからだ。西暦八〇一年、ルートヴィヒ敬虔王に包囲されたバルセロナの守備隊は、飢えに苦しめられながらも、冬の訪れに希望をつないで戦っていた。冬になればフランク人たちは撤退するはずだった。実際、フランク側もそのつもりだったのだが、彼らは最後の試みとして、冬営用の兵舎を守備隊に見せつけるように建て始めた。するとこれが守備隊の最後の希望を打ち砕き、バルセロナは降伏したのだった。

一〇八一年、ドゥラッツォの市民はロベルト・イル・グイスカルドが冬の寒さに備えて宿営地を建設するのを見て、敵が撤退する可能性は低くなり、都市を征服するまで包囲戦を続けるつもりだということを理解した。一一五九年の冬にクレーマを包囲中のフリードリヒ一世は「寒さに耐えられるような屋根や家を準備せよ」と命じているし、同じことは一二四〇年ファエンツァを包囲したフリードリヒ二世も命じている。

イタリアでもそれ以外の地方でも、真冬に平原地帯で作戦を遂行しなければならないという事態は起こりえた。たとえば一二三〇年一月二十四日から二十六日にかけて、シエナ軍はヴォルテッラ司教の軍をガンバッシで包囲した。さらに同じ月、フィレンツェ軍によるキアンチャーノ攻撃の先手を打つため、スティエッラ城に奇襲をかけて破壊しており、シエナ人は大量の雪が降っても軍事活動を放棄することはなかった。一二五一年の二月、モンタイア城の反乱軍鎮圧にむかったフィレンツェの歩兵と騎兵は「厳しい気候にも大雪にもひるむことなかったが、城全体を包囲することはなく」、反乱軍が城から出入りするのを阻止するため、投射兵器で砲撃を加え続けた、とジョヴァンニ・ヴィッラーニは述べている。そこにシエナとピサの軍隊が、包囲された反乱軍の救援に駆けつけた。するとフィレンツェ軍は城を監視するのに有利な地点を離れ、「フィレンツェ騎兵と選抜された歩兵は」積雪と「丘の勾配」にもめげることなく、決然と敵の正面へと進軍した。その結果、シエナとピサ軍は「兵士と装備に大損害を被って、尻尾を巻いて逃げ出した」のであった(18)。

一二二六年二月、エッツェリーノ・ダ・ロマーノ率いる選抜された騎兵の一隊は、大胆不敵にも冬季にアルプスの渓谷を抜けて進軍を開始した。敵の不意を突くことに成功した彼らは、まったく損害を受けることなく目的地ヴェローナに到着し、占領することができた。史料によれば彼らのとった街道は「石が多く未知の道路で、非常に寒く、雪が積もっていた」ため、雪かきをするために雇われた除雪部隊《スパラトーリ》の支援によって道を開かねばならなかった。彼らは「何年もかけて一帯の山々について習熟した」人々だった。無数の困難が予想されるにもかかわらず、冬季に寒冷地を行軍するというのは、奇襲を成功させるという点では非常に有益な決断だった。同様の軍事作戦には、一二三六年のクリスマスの夜にマルカリアに駐屯するクレモーナ軍を奇襲したマントヴァ人や、一二四二年の十二月二十三日にオーリオ川沿いのパラッツォーロ城を占領したブレシャ人の例などがある。また一二九一年のクリスマス前日に、グイド・ディ・モンテフェルトロの指揮の下、ピサ人たちはポンテデラの攻略を目指したが、それは、ここを守るフィレンツェ兵の多くが、家族と休日を過ごすために持ち場を離れていると知っていたからだった。ピサ人は城の外縁にあった塔を占領すると、広い濠を小舟で渡り「質の低い歩哨の不手際に助けられたおかげで」縄梯子を使って城壁によじ登ることができた。本来一五〇人いたはずの守備兵は五〇人しかおらず、奇襲攻撃によって城の住人ともども全員が殺害された。

一三一四年の一月一日に、プロヴァンスにおけるアンジュー家の家令トンマーゾ・ディ・スクイッラーチェはアスティ騎兵五〇騎を引き連れ、ドロネーロの町(クーネオ県)を包囲した。彼らは同盟者であるサルッツォ侯の援軍も得ていたものの、包囲側が木製の柵に加えて大量に積もった雪で防壁を作っていたため、町にはたどり着けなかった。トンマーゾたちは四月になるまで町を厳重に包囲したが、結局目的を果たすことはできなかったのだった。一三三九年二月にレニャーノとパラビアーゴの間で起こった戦いはより劇的である。このとき、ミラノの領主アッツォーネ・ヴィスコンティが、いとこのロドリジオ率いる傭兵隊を打ち破ったのだ。大雪の積もる中で激しい戦いが繰り広げられ、多くの年代記作者が、兵士たちは腰まで雪に埋まっていたと語り伝えている。アッツォーネを助けようと行軍中であった同盟軍部隊の多くは到着が遅れた。というのも彼らは降り続ける雪に足を取られ、降った雪のせいでレニャーノからパラビアーゴまで続く敵軍の足跡が覆い隠されてしまったからだった。「それは冬のことであり、計りしれないほどの大量の雪が降っていた。雪は兵士たちの膝まで積もっていた。泥ものすごく、武具甲冑から旗印まで泥まみれになってしまった」と『無名ローマ人の日記』は活写している。そしてこれにより「四四〇〇もの兵が川に落ちたり雪の深みに埋まったりして命を落とした」が、この戦闘から敗走した者たちにも同じ運命が待っていた。

　一三七一年一二月二〇日、サヴォイア家のアメデオ六世はドイツ人傭兵隊長ヨハン・バウムガルテンと、次の一月一日から四か月間の契約を結んだ。そしてもし、ヨハンと彼の兵士たちが戦場に留まれないほど雪が降った場合や、圧倒的に数で勝る敵と対戦することになった場合は、城壁で守られた場所に宿営することが許可され、そこでは正当な価格に基づき十分な量の食料が提供されなくてはならないと定めてあった。この場合サヴォイア伯は、否応なく真冬に軍事活動をしなくてはならない日を、一連の作戦の開始時期として選んだことになる。(19)

　アルプスの北側にいた人々は、イタリアの夏については暑さが酷過ぎると不平を唱えたが、毎年ある季節の間だけ戦争するイタリア半島の習慣については非常に「快適なこと」とみなしていた。なぜならアルプスの向こう側では季節には関係なく雄々しく戦うのが常であったからである。十二世紀のフランス人は、戦争は春に行うことを常としており、「もし厳しい寒さを感じるようになれば」何はなくとも戦争は避け、その代わり騎馬槍試合《トーナメント》で溢れんばかりの情熱を満たす方を好んだという。一四五二年、ロンバルディア地方で作戦中だったフランス軍の一部隊も、かつてフランチェスコ・スフォルツァが部下から要求されたように、冬季の戦闘を避けたことが知られている。

とはいえ、イタリア半島で受け入れられていた季節ごとの軍事活動の制限は、他のヨーロッパ地域でもあまり変わらなかったように思われる。十五世紀末のフランスでは、軍の部隊は通常二月か三月、あるいは四月になると冬営地を離れた。そして軍務の大半は七月と八月に実行され、作戦は十月ないし十一月に中断された。つまりフランスの戦争の暦は、北イタリアの慣習と比べてもほんのわずかにずれていたにすぎない。とはいっても、アルプスの北側では、十六世紀の初めにフィリップ・ド・クレーヴが著作の中で披瀝した意見、すなわち「スペインやイタリアその他暑い国々では、戦争は夏より冬に行った方がよい」を受け入れる人が多かったようだ。

フィリップ・ド・クレーヴはナポリ王国の東地中海艦隊指揮官とジェノヴァの執政官を務めた人物だが、本拠地はおそらくイタリア南部に置いていたに違いない。なぜなら、とくに十五世紀の初めごろの南イタリアでは、軍事作戦を春、初夏ないし初秋に限定して行うという慣習が根付いていたからだ。一四二六年から一四三二年までヴェネツィア共和国に雇われていた傭兵隊長カルマニョーラ*も、ロンバルディア地方で戦った経験をもとに、同様の戦争慣習をヴェネトに持ち込もうとしたが、セレニッシマ〔ヴェネツィア共和国政府〕の激しい抵抗にあっている。十五世紀中ごろになると夏季休戦の習慣は減少していくが、ではいつ軍を宿営地に戻すのか、どれだけの期間軍事作戦を続けるのかという問題は未解決なままだった。傭兵に金を払う列強国《ポテンターティ》**は露骨に軍務の期間を拡大しようとしたし、傭兵隊長側は逆に短くしようとした。

一四三一年から三二年にかけて、傭兵隊長ミケレット・デッリ・アッテンドーリはフィレンツェに雇われていたが、冬営地を三月終わりに出発し、十月半ばにそこへ戻っている。これが他の多くの傭兵隊長にも遵守されていた軍務期間であった。だがこの時代、冬のさなかでも傭兵隊長が戦争を続けたという証拠に欠くことはない。たとえば『アークィラ戦役』の著者は、一四二三年から二四年の厳冬期に傭兵隊長ブラッチョ・ダ・モントーネがアークィラの包囲を試みたとき、一月二十八日になって「非常に地位の高い」三人のブラッチョ軍高官を捕虜にしたと誇らしげに記している。またフランチェスコ・スフォルツァに雇われたバルトロメオ・コッレオーニは、一四五三年一月十四日トルトーナ領で作戦中、雇い主の命令に対して作戦遂行に必要な物資が足りないと不満げに書き送っている。しかし同時に彼は手紙の締めくくりに、「家畜の飼料の不足やその他の不便があろうと、寒さや雨、雪、悪天候があろうと」決して作戦を中止するつもりはないと請け負っている。また最後に注目すべき事例をあげておこう。一四七八年十二月二十八日、スフォルツァ家の軍隊はジョルニコでスイス兵と戦うことにしたが、それは純粋に政治的な理由によるものであり、軍事的な合理性には反する判断だった。戦場はアルプス山中の雪と氷だらけの渓谷地帯で、スフォルツァ側が敗北するのは必然だったのである。

冬季の戦争は東地中海の国々でも避けるべきものであった。たとえば一〇八四年、ロベルト・イル・グイスカルドはギリシャに冬を過ごすための兵舎を設営したいと考えたが、彼の軍隊は例年になく厳しい寒さに苦しめられた。多くの兵士が寒さと飢え、病のために死んだのだ。パレスチナ地方でも、雨季は軍の移動が不可能になるため、必然的に軍事作戦は停滞した。一一二九年と一一七〇年に行われたダマスカスへの攻撃が失敗したのも悪天候が原因であり、十字軍はシリアの冬に散々苦しめられることになった。十字軍兵は「この地の冬は、我々が召集された地域のそれより過ごしやすくない」と述べているが[20]、それはトルコ人たちも同じだった。彼らも西洋人同様、冬に軍を動員する慣習はなかったのである。

＊現在の北イタリア・ピエモンテ州にある都市カルマニョーラ出身の傭兵隊長（一三八二頃―一四三二）。本名フランチェスコ・ブッソーネ。
＊＊ミラノ、ヴェネツィア、フィレンツェ、教皇庁、ナポリの五大国を指す。

2　過酷な天候

オルデリークス・ヴィタ―リスによれば、一〇九八年九月のある夜、イングランド王ウィリアム二世がフランス王に対して大規模な軍勢を召集したそのとき、「世界中で恐ろしい兆しが現れた。西ヨーロッパのほとんどあらゆる国で、空がまるで血のように赤く染まった」ことがあった。またこの日はアンティオキアで大規模な戦いがあり、十字軍が勝利を収めた日としても知られることになる。しばしば戦争による大規模な流血を予告するものと考えられた、こうした不吉で謎めいた天の兆しについてこれ以上語ることはしないが、突然現れたこれらの大気現象によって進行中の軍事活動が影響されたり、兵士たちの脳裏に不吉な結末がよぎったりしたのである。

西暦八八二年七月二十一日にフランク王国の一部隊が、自分たちの城へと逃げ込んだノルマン人海賊の一団を包囲した。そのとき空がにわかにかき曇り、嵐と雷鳴の中、これまで見たこともないほど大きなゴツゴツとした岩が両軍の上に落ちてきた。興奮した軍馬は跳ね回り、落下で生じた衝撃によってノルマン人の城も大部分が破壊されたため、ノルマン人は茫然自失となった。両軍の陣地は死者と負傷者であふれ、まるで疫病が突然大流行したかのようだった。こうしてどちらの軍もすみやかに講和を結ばざるを得なくなったのであった。

一〇三七年の五旬節の日、つまり五月二十九日に皇帝コンラート二世はミラノのコルベッタ城を包囲していたのだが、そのとき奇跡と考えられる兆しを目撃している。空は完全に晴れ渡っていたのに突然大きな雷鳴がして雷が落ち、皇帝軍の野営地にいた多くの人馬が雷に打たれて死んだのである。さらに生き残った者たちもその後何か月も気を失っていたという。犠牲者の中には皇帝の義理の娘もおり、その結果コンラートは遠征を中止することにした。似たような出来事は一一〇二年シャニブリ城を包囲していたフランス王ルイ六世にも起こっている。ある夜、大きな雷鳴がして恐ろしいほどの豪雨が降り、多くの馬が殺された。これに動揺した人々のあいだでパニックが発生し、夜が明けるとともに誰もが逃げ出したが、これを押しとどめる手段はなかった。

一二三八年九月、フリードリヒ二世に包囲されていたブレシャ軍の城郭が、嵐によって損傷を受けたが、包囲側もこの機会を利用することはできなかった。またジョヴァンニ・ヴィッラーニによると、一二八八年の洗礼者ヨハネの日〔六月二十四日〕の前日に、アレッツォ近郊のブドウ畑や菜園を略奪しようとしていたシエナ軍部隊が「これまで誰も記憶にないような強い風と雨を伴った嵐」に打ちのめされた。嵐はシエナ軍の小屋や天幕をなぎ倒し、引き裂き、宙に舞いあげた。シエナ人はこうした出来事を「近い将来、自分たちも略奪を被ることを示す」予兆ととらえたのだった。一〇八三年、ビザンツ軍はラリッサにて、ボエモン・ダルタヴィッラ率いるノルマン人の攻撃にあって退却中であった。だがそこで両軍は厚い砂煙に包まれ、どちらも敵がどこに行ったのか分からなくなってしまった。キプロス島では一二二九年七月ニコシアの戦いが起こったが、強い西風が吹き、「濃い砂埃のせいで何も見えなくなってしまった」。その後「砂埃が落ち着くと」兵士たちは互いに敵の姿を認めたが、皇帝フリードリヒ二世の兵士はこの混乱のせいで敗北を喫したのだった[21]。

ウェゲティウスの『軍事論』では、兵士たちの健康管理との兼ね合いでのみ、気候や天気の問題に言及している。つまり、兵士に軍事活動を続けさせるためには、気候条件が悪い場合に備えて十分予防策を取らなくてはならない、というわけだ。夏であれば太陽の下で兵士たちを行進させたり、天幕その他日除けなしに宿営するのは避けるべきこと、冬に地面が凍ったり雪が積もっているときは、夜間の行軍はさせるべきではない、などである。たとえば兵士が寒さに耐えているという状況は、軍事遠征はもちろん、普段の訓練を行わせるのにもふさわしくないのだから、屋根の下で休ませるべきだとされている。しかし、今まさに戦闘に臨もうとする軍隊が布陣するときには、彼らは日差しや砂埃、強風にも耐えられるようになっていなくてはならない。まぶしい日差しは目をくらませ、逆風は味方の飛び道具の力を弱めたり狙いを狂わせる一方、敵軍に対するそれは、味方に有利となる。砂埃が目に入れば兵士たちは目を開けていられなくなる。

さほど軍事に通じていない者でも、戦場に布陣するうえでこうした不都合は避けるべきだということは分かるだろう。まして賢明な指揮官ならば、日中行軍するなら太陽によって兵士が害を受けないように考慮するし、戦闘中ならば逆風が吹く位置を避けるようにするものである。戦闘でも邪魔な物体が隊列の前方を妨げないよう布陣し、できるだけ敵がよく見えるようにする。もしラテン語で書かれたこのウェゲティウスの著作を知らなくても、戦場で経験を積むことで、同じような判断力を養うことはできただろう。こうして中世ヨーロッパでは戦術に関する共通見解が形成されていったのだった。たとえばリエージュ地方には、ウェゲティウスの影響はまったく及んでいなかったが、想定される戦場に軍隊が到着したときは、何をおいてもまず「地形、風、そして太陽の利点」を得られるよう努めるべし、と考えられていた。この種の助言は十四から十五世紀の軍事理論書でも繰り返し論じられているが、ウェゲティウスへの言及がない場合でも、彼の著書から着想を得たかのような表現が見られた。だから、そうした戦術上の助言が有名な戦いで実践されていたとしても、ウェゲティウスを直接規範としたかどうかは判断できない。

一二一三年十月十三日の日曜日、ベルギーのステップ渓谷で、ブラバント公は配下の軍隊に太陽を背にした高所に布陣するよう指示した。だが日が高くなるにつれて曇り空になり、彼らの真正面に布陣したリエージュ軍は、太陽によってさしたる不都合を被ることもなく勝利を得たのであった。一二一四年七月二十七日、これもまた日曜日であったが、皇帝オットー四世はブーヴィーヌの戦いで、「その日は非常に暑かったにもかかわらず、太陽が直接兵士の目を刺し、どこよりも真っ先に灼熱にさらされるような」具合の悪い場所に軍を停止させた。一方彼の対戦者であるフランス王フィリップ・オーギュストは配下の軍勢に「太陽を背中に背負うように」命じた。とはいえ両者とも必死に勝利を得ようとした中で、こうした細かい配慮がフィリップの勝利に決定的に重要な役

ブーヴィーヌの戦い
14世紀の写本、パリ、国立図書館

割を果たしたのかははっきりしない。また薔薇戦争中の一四八三年、ヘンリー・テューダー〔のちのヘンリー七世〕もボスワースの戦いで、敵のイングランド王リチャード三世が正面から風と太陽を受けるような位置に前衛部隊を布陣させた。だが実際にヘンリーが勝利を収めた理由は、こうした配慮とはまた別のところに求めるべきだろう[22]。

他の例をあげれば、傭兵隊長オルソ・オルシーニは一四七六年ナポリで編纂した『軍隊の管理と運営』の中で、戦闘に関する様々な助言をあまり文字どおりに受け取ることはないと述べている。むしろ必要なのは「その時々の必要や、対戦する敵の数や質、地形や布陣」に基づき、それぞれの場合に必要な処置を講じることである。しかし一般的に言えば、優れた指揮官は地形や城郭から得られる利点を考慮すべきであり、さらに「時間や天候に従い、太陽や風、地形についても」考慮すべきである。ようするにここで述べられているのは、戦争における他のあらゆる物事と同様、天候に関連する諸要素を統合して考慮すべし、ということなのだ。フィリップ・ド・クレーヴにとっては、戦場に火砲が登場したことで、こうした天候の要因は既にやや重要性が減じていたようである。フィリップは言う。もし可能なら太陽と風の利点を得るのは常に正しいことだ。しかし何が何でもそうした利点を得ようとして混乱を招くのはまずい。たとえば戦闘が長引いた場合、向かい風は兵士たちに涼を提供してくれるだろう。また戦闘に際して敵の正面に太陽が来るようにしておけば、その暑気によって敵を苦しめてくれるだろう。だが戦闘はそうした天候の影響が出るよりもっと早く決着するものだし、こうした利点を得ようとして時間を浪費することは、戦闘の助けになるというよりむしろ妨げになる、と。

中世の軍隊にとって非常に厄介なもののひとつに、秋の雨があった。なぜなら秋雨は、地面を踏み固めただけの道路をあっという間に通行不能にしてしまうからである。たとえ軍事活動には理想的とみなされた季節でも、短期間の激しい集中豪雨でもあれば作戦遂行を困難にするには十分だった。またこうした異常気象は、神が人間活動に直接関与しようとしている証であるとしばしば考えられた。

西暦八九六年の冬、トゥーシア*では天候が非常に不安定となり、激しい雨によって洪水が引き起こされた。これはカランタニアのアルヌルフ王率いるドイツ人の軍勢がイタリアに南下しようとするのを大いに妨げた。多くの軍馬が死んだせいで、騎兵たちは馬の代わりに牛に鞍をつけて乗る羽目になった。一一六〇年八月にミラノ軍とフリードリヒ一世の軍勢はロンバルディア北部のカルカーノ近郊で交戦した。ある年代記によれば、皇帝軍の野営地は太陽の光に包まれていたのに対し、ミラノ軍は無数の断崖や切り立った渓谷といった厄介な地形に加え、非常に強い雨のせいで皇帝軍の野営地にたどり着くことができなかった。こうして時間を浪費したあげく、酷い寒さに苦しめられたせいで、ミラノ軍は戦術的に勝利することはもはや不可能と悟って、自分たちの野営地に戻ったのだった。

一一五五年五月、突然の「大雨」が大地を水浸しにしたせいで、パヴィーア軍はトルトーナを守るミラノ軍の布陣を打ち破ることができなくなった。このときのミラノ人たちにとって、雨はまさに神の恩寵であったといえよう。一二一八年の夏、トゥールーズはシモン・ド・モンフォール率いるアルビジョワ十字軍に包囲されていたが、三日三晩に渡って吹き荒れた大嵐に見舞われ、増水したガロンヌ川のせいで守備隊も包囲側も等しく大変深刻な被害を被った。強い雨が長引いて川や潟を頻繁に増水させると、軍事作戦全体を危険にさらすばかりでなく、本当に軍隊を壊滅させることすらあった。とくに低地にある平原で数日にわたって雨が降ると、軍隊は麻痺状態となり、たやすくその任務を放棄させてしまった。一二一五年「前代未聞の雨」のせいでヴェネト地方の潟があふれ、洪水となったため、パドヴァ軍は大損害を被り、自分たちの国境まで押し戻されてしまった。一二三八年十月、五日間降り続いた雨はポー川を氾濫させ、その結果フリードリヒ二世はミラノとピアチェンツァへの攻撃を断念することになった。一二九八年十月にはボローニャ軍が「大雨と洪水のせいで」マッサロンバルディアからの撤退を余儀なくされている。

対ピサ戦争を遂行中の一二九一年、カステル・デル・ボスコに野営したフィレンツェ軍は「八日間も雨が降り続いたせいで、陣営を引き払って後退しなくてはならなかった。軍を召集し、布陣したばかりだったというのに」とジョヴァンニ・ヴィッラーニは述べている。ジョヴァンニ・コダニェッロがしばしば告発しているように、実際には勇気と決断力の不足によって作戦が失敗したのに、それを正当化する言い訳として様々な理由があげられることは多かった。しかしそれらの言い訳に、「天候や河川がもたらす危機による」軍事作戦の失敗を含めてはならないだろう。とはいえ、たとえそれが真冬であっても、敵に対して完全な奇襲を仕掛けるといった限定的な目的でならば、雨の降りしきる中を進軍することはあった。西暦八七六年、ザクセン王ルートヴィヒ三世と戦争中のシャルル禿頭王は、夜間に兵士や軍馬を行軍させたとき、旗を掲げて通るべき道を示した。道は狭く険しく、兵士たちは「一晩中降りしきる雨を浴びて」疲労困憊しながらも困難な行軍をやりとげた、と『サン・ベルタン年代記』では語られている。彼らは十月八日アンデルナハで敵軍と対面した。だがこれほど大きな犠牲を払って得た戦術的優位は、敵の反撃によって結局失われてしまった。

一二七八年、マギナルド・ディ・スシナーナの兵がピアンカルドーリ一帯に広がる丘や断崖、森を抜けて行軍していたとき、「絶え間なく降りしきる強い雨を一身に浴びながら」進んだ。これが年代記作者の目には尋常でないことに映ったことは間違いない。パルマ騎兵もまた一二九六年の作戦中、丸一日昼夜を問わず雨に打たれ続

＊エトルリア南部のこと。現在のイタリア、ヴィテルボ県あたり。

けながら、レッジョのモンテヴェッキオ城とモンテザーネ城を攻略した。アルプスの北側で活動した軍隊も、悪天候には苦しめられた。リエージュの戦争慣れした兵士たちも一三三三年四月に、豪雨を避けるため、すでに負けを認めた敵と和睦を結んだことがある。また彼らは一三七九年にも同じ理由でルクセンブルクでの騎馬略奪行を中止しているし、その他にも入念に計画済みの遠征を天候が回復するまで延期した例がいくつもある。[23]

甲冑を着こんだ兵士にとって夏や冬は不快なものであったが、雨に降られた場合も不愉快さでは劣るものではなかった。現代の実験によれば、「濡れた衣服は短期間で冷たく不快に感じられるようになり、肌に貼りつく」ため、体温の急激な低下を招くことが分かっている。こうした実験は、十四世紀初頭に使用されていた精巧な鎖帷子を着た状況は想定していないが、湿気にさらされ続ければこういったものは簡単に錆びてしまうだろうし、そうすれば修繕不能なほどのダメージを鎧に与えただろう。高価な軍馬の健康を保つのも、鎧の管理に劣らず難しい問題だった。これは本当に重大な問題だったから、十七世紀のライモンド・モンテクッコリも「天気が悪く雨が降って寒い夜に、屋根も壁もないところに一晩さらすだけで馬は簡単に体調を崩してしまう」と指摘しているほどだ。

気温や天候が、飛び道具の性能に強く影響したことも軽視すべきではない。軍事に精通していたマリン・サヌード・トルセッロも十四世紀初めに指摘しているように、動物の角で作った弩が「湿潤な地方より乾燥した地方でよりよく作動し、気温が高いときよりも寒いときの方がより遠くまで矢を飛ばす」ことは経験から知られていた。そして熟練の射手ならば、どんな種類の弩でも「それが角製であれ木製であれ、太陽や風雨、あるいは霧からも常に守られるような場所に保管しなければならない」ことをよく理解していた。

火薬兵器が導入されるようになると、軍隊は突然の雨に対してより脆弱な存在となっていった。この点については次の一例を示せば十分だろう。一四九五年七月、イタリア同盟軍がタロ川河畔のフォルノーヴォで、フランス王シャルル八世率いる軍勢の渡河を待ち伏せたとき、イタリア側は状況から判断して容易に勝てると確信していた。だが戦闘開始後すぐに降り始めた大雨が、二つの重要な影響を及ぼした。ひとつは湿気た火薬のせいで両軍の砲兵隊が戦闘に介入する好機を失ったこと。そしてもうひとつはタロ川が増水したせいでイタリア側が選んだ渡河地点が通行不能になったことである。第一の問題は両軍に不利な影響をもたらしたが、第二の問題はイタリア軍総大将ロドルフォ・ゴンザーガの用意していた精緻な作戦計画を破綻させ、敗戦必至とみられていたフランス軍が敗北を免れる大きな要因となったのだった。

霧も当然、軍事行動に干渉してくる悪天候のひとつだ。一〇八二年五月、ジャンニーナでビザンツ軍の司令官、皇帝アレクシオス一世コムネノスは、荷車と鉄のマキビシを使って自分たちの野営地に通じる道を封鎖していた。だが敵のボエモン・ダルタヴィッラは、霧で身を隠しながらブドウ畑と物資集積場を通り抜けてビザンツ軍の野営地に接近し、彼らを追い散らすことができた。ハインリヒ四世は一〇九二年十月に、「濃密な霧のせいで砦を見つけることができなかったので」カノッサからの撤退を強いられた。この文字どおりの天祐について、防衛側は修道院長ジョヴァンニの祈禱が通じたおかげだと考えたようである。

またミラノとコモの戦争中に、ミラノ人がコモ湖沿岸のある砦を包囲したことがあった。だが「長く苦しい包囲のすえに、霧と雨のせいで何の成果も得られなかった」という。霧の悪影響を被ったのはパヴィーアの騎兵部隊も同じである。彼らは一一五五年六月の終わりごろ、トルトーナの西でミラノ軍に待ち伏せを仕掛け、これによって数百の人間を捕えた。だが年代記作家は確信をもって、もし霧が妨げとなって敵の逃亡を助けることがなければもっと大勢を捕えていたはずだ、と述べている。一四四七年十月、バルトロメオ・コレオーニはボスコ・マレンゴの平野でフランス軍と対戦したが、濃い霧のせいで敵の隊列がかろうじて見分けられるような状態だった。戦闘が始まってしばらく経つと霧は晴れはじめ、太陽が顔をのぞかせた(と、同じく傭兵隊長であったアントニオ・コルナッザーノが書いた伝記には語られている)。するとバルトロメオには敵の軍旗の旗竿がよろめくさまが見えた。そこで彼はもう一押しすれば敵軍は崩れると確信し、その生涯でも最も輝かしい勝利のひとつを収めたのであった。[24]

3 日没から日の出まで

戦士の短い休息

中世の軍隊では、戦闘が長引いて戦える兵力が減ってくるにつれて、参加している兵士もみな体力を使い切ってしまい、その結果、夕方になれば否応なしに戦闘を中断せざるを得なかった。夕刻に戦闘が中断されたのは、兵士の疲労だけでなく、暗闇では敵味方の区別が難しくなり、同士討ちが起こりやすくなることも理由のひとつだった。こうした問題を古代末期の戦争術がどのように解決し、また中世盛期に向けてどのような解決策が編み出されていったのかを知るうえで、ビザンツ＝ゴート戦争は多くの情報を示してくれている。たとえば西暦五五二年、ビザンツ軍とゴート軍がモンティ・ラッタリで戦ったとき、戦闘中に夜になったので両軍は「互いに距離を取り、戦場で野営をした。次の日の早朝、両軍は急いで前日と同じように隊列を組み、また夜が来るまで戦い続けたのだった」とカイサレイアのプロコピオスは書き残している。さらにプロコピオスによれば、タジーナの戦いの最終局面で、ゴートの歩兵部隊はビザンツ軍の攻撃の前に総崩れとなり「まるで夜戦のときのように同士討ちしあった」。つまり明るい日中だけが「戦闘に臨む戦士にふさわしい」のであり、こうした慣習があったことは広く文章に残っている。

一〇八一年七月にヴェネツィア海軍は、ロベルト・イル・グイスカルド率いるノルマン兵に包囲されたビザンツ軍を救援するため、ドゥラッツォへと出撃した。「すでに夕闇が下りていた。ロベルトの艦隊は前進を続けたが、夜が迫っていた」ので、二つの艦隊は戦いを延期したのであった。翌日「朝日が闇を払うと」両軍は合戦の準備を始めたが、ノルマン側は散り散りに逃げ出した。さらに次の日、ヴェネツィア艦隊は三度目の正直でドゥラッツォの港を攻撃し、そこを防衛するために残っていたロベルトの艦隊と戦闘が発生した。ビザンツ軍はその年の秋にもドゥラッツォ包囲網を破るべく行動を開始した。しかし今回もドゥラッツォに到着したときには夕方になっており、「敵も味方も戦端を開くことを望まなかったので、ビザンツ兵たちは体を投げ出して休息を取った」。そして次の日に太陽が昇ると、ロベルトが「先手を打って彼の軍隊を戦闘配置につけた」のだった。

一〇九八年三月七日、十字軍は町から出撃してきたトルコ軍とアンティオキアの城壁下で激しく戦った。そしてこの戦いに参加したある記録者が語っているように「夜が訪れて初めて両軍は距離を取った。両者が槍や剣や矢を交えて戦い続けることを妨げたのは夜であった」。『マヨルカの書』によれば、一一一四年六月イビザ島にピサ艦隊が到着したのも、まさに夜の帳が下りようとしているときだった。そして次の朝「太陽が波間から上がり、明るくなって兵士が戦うのに適切な時間になった後で」ピサ軍はイビザの城壁前に布陣し、攻撃を開始した。しかしそれも「夜が戦士たちを互いに遠ざける」と中断された。七月になってイビザの外城壁が破られてからは市内で戦闘が繰り広げられたが、夕方になると「これ以上戦っても利点はない」と確認されたので、ピサ人たちは占拠した家屋に引き返し「次の朝日が昇るまで」休息を取った。

一一一八年の夏、コモとミラノが戦ったレッビオの戦いでも同じような展開がみられた。両軍は一日中戦闘を繰り広げ、ようやく「太陽が沈もうとするころになった。すると両軍で静かにしろ、と命令が発せられた。兵士たちは武器を置き、地面に座り込んだ。夜の帳が下り、空には星々が瞬くなか、戦士たちは戦場を離れた。部隊は野営地の天幕まで引き返し、ワインをがぶ飲みした」とある報告には述べられている。一一五四年八月十二日、ミラノとパヴィーアがヴェルナヴォーラ川沿いで激しく衝突した。夕方になると両軍はそれぞれの野営地へと引き返し、夕食をとり、負傷者の手当てをした。その二年後、パヴィーア人はトルトーナ近くでミラノ軍の野営地を略奪したが、そのときも似たようなことが起こった。「もう日も暮れていた（……）そこで彼らは自分たちのテントへと引き返し、元気を回復した」。こうした原則に忠実に、十四世紀初頭テオドロ・ディ・モンフェッラートは戦争について論じた著作『教訓集』の中で、夜間に戦うことは「いかなる方法でも勧められない」としている。なぜなら「適切な戦闘隊形を維持することは不可能であり、闇のせいで、必要なときに敵や反乱者どもに対して兵力を集結させることもできないからである」。[25]

長い夜

戦争において、夜が休息のためだけに使われたと捉えるならば、それは一面の真実にすぎない。平原で双方が堂々と隊列を組んでやるような大戦闘が（これはたとえ昼間であろうと行われること自体が稀だったわけだが）、夕闇のせいで続行不能になってしまったとしても、夜の間にすべき軍事活動は様々なレベルで存在していた。それらはむしろ闇の中でやり遂げる方が好ましいと考えられていたわけだ。一二六〇年にロランディーノ・ダ・パドヴァが書いた『年代記』に残るのはそうした一例である。それによると、エッツェリーノ・ダ・ロマーノ配下の指揮官だったゴルツィアがピオーヴェ・ディ・サッコにいたときのこと、「ある晩」彼は（敵であるトレヴィーゾ側には死体からの戦利品漁りに夢中になっていると思わせておきながら）ひそかに相手の野営地に関する情報を集めさせた。それから夜の闇を利用して敵軍が領内に陣地を築くのを妨害したのである。またこの時期、国境付近の城のひとつひとつに分屯したトレヴィーゾの略奪兵が、夜ごとエッツェリーノの領地を略奪していた。そこでパドヴァ側もすぐさま真似するようになり、機会を得ては略奪に出るようになった。また夜は「野営地がひっそりと静まり返っているから」エッツェリーノは参謀役からの報告を聞き、次の日の作戦について議論するのが常であったという。たとえば一一五六年三月にパロスコで、ブレシャ軍が翌日の戦いの準備をしている「ベルガモの騎兵集団を、夜のうちに密かに」発見したときも、彼はただちに作戦会議を開いたという。

敵軍が近くに存在していて攻撃を受ける恐れがある場合は、武装した歩哨に夜間も絶えず警戒・監視させねばならなかった。たとえば一二一六年六月ボーケールの城下では、シモン・ド・モンフォールの軍とアルビジョワ派が一晩中互いに夜襲を警戒し合って、「日が昇り、ふたたび明るくなる時刻まで」軍馬に鞍を置いたままにし、両軍とも戦闘態勢を取り続けた。一二三六年九月には、皇帝フリードリヒ二世に従う都市コムーネの歩兵と騎兵が、敵であるロンバルディア同盟軍から二マイルも離れていないキエーゼ河畔に集結した。そこで彼らは「一晩中、隊列を組み武器を携えて」皇帝の到着を待った。その二〇年後の一二五六年、エッツェリーノ・ダ・ロマーノがふたたびパドヴァを攻略しようと行動を起こしたとき、教皇側の神聖同盟軍とそのポデスタたちは、エッツェリーノがバッキリオーネ川を渡って自分たちの背後を突かないように、配下の兵士に戦闘準備をして一晩中起きているよう命じた。そしてこのときエッツェリーノも同様の処置をしていた。彼もまた敵の夜襲を恐れていたのである。

夜はとくに、あらゆる形態の奇襲作戦に適した時刻だった。また、包囲された城郭に補給品を運び込んだり、物資以外にも伝令や使者を送り込むことができる時刻でもあった。また包囲戦が最終段階を迎え、敵に城を明け渡さざるを得なくなったときに、包囲されていた住人や守備兵が敵に見つからずに脱出することもできた。オルデリークス・ヴィターリスの話によれば、一〇九〇年一月、ノルマンディ地方のエム城がベレームのロベールに包囲されていたとき、レーグルのジルベールは夜のうちに八〇騎の騎兵を率い、兵士と武器、補給品を伴って守備隊を増援したため、攻撃側は攻略をあきらめたという。またヴァットゥヴィルの包囲戦では、ある騎兵大隊が一一二四年三月二十五日の夜に包囲網を突破し、城内に補給物資を運び込んだだけでなく、次の日の朝には包囲軍に攻撃まで加えた。同様に一二二八年、モデナ軍は包囲されているバッツァーノ城に対して夜を徹して救援を行い、食料を補給するとともにそこに閉じ込められていた子供たちを脱出させた。また一二三一年六月にはモンフェッラート侯が、包囲され救援を待つキヴァッソに対して夜の間に穀物を送り込んでいる[26]。

夜間は部隊の移動・配置転換にも好都合だった。実際、翌日の作戦地域へと移動するための夜間行軍は（その困難さにもかかわらず）一般的なものであった。一〇九七年六月の終わりごろ、ニケーア攻略からドリレウムの戦いが起こるまでの間に、十字軍は夜明け前の時刻に行軍を続けた。「それはまだ夜と言える時刻であったから、暗闇のせいで味方が通った道を見分けるのも大変であった」と、逸名作者による『十字軍史』は述べている。その結果、十字軍は意図せずして日中二つの集団に分断されてしまったのだった。その約一年後、アンティオキア攻略を前に十字軍兵士たちは、町を自らの手中に収めるため「朝日が昇るまで夜を徹して行軍し、馬を駆けさせた」。一一〇六年八月、イングランド王は七〇〇の兵を率いて夜間行軍を続けディヴェス城へと向かった。そして日の出とともに城を取ったのだった。このディヴェス城攻略に限らず、オルデリークス・ヴィターリスの著書には、日の出前に城を急襲するために夜間行軍が行われた例が多く見られる。

一一五九年六月、三〇〇騎の騎兵を率いるフリードリヒ一世はクレーマを発って日没にローディへと到着した。だが彼は夜のうちにミラノ軍に追いつこうと、その後も行軍を続けている。また一一六〇年にはカルカーノの皇帝軍を救援するため、ローディとクレーマの軍が八月十日の夕刻出陣し、翌十一日の夕方まで行軍し続けたが、結局敵軍の迎撃によって進路を阻まれている。一一六一年三月十二日の前夜、ピアチェンツァとローディの騎兵部隊が、互いの存在を知らないままボルキニャーノの森のあたりを行軍し続け、日が昇るまで気づかなかったということもあった。ファエンツァの年代記も、しばしば市民から編成された騎兵部隊が夜間行軍を企図したと述べている。たとえば一一五一年にはファエンツァからイーモラまで、一一七〇年にはカスティリオーネを目指して「意気揚々と、しかし粛々と」夜間行軍した。また一二三五年にはまずバッツァーノを目指し、その後ボローニャ軍に援軍するため「夜を日に継いで大急ぎで」行軍した。一二一二年、若き皇帝フリードリヒ二世に付き従ったパヴィーア人部隊は「一晩中馬を駆けさせて」ランブロまで行軍した。さらに一二六八年には「夜間に物音ひとつ立てず」行動して、敵に気付かれることなくピアチェンツァの城門前にたどり着いている。一二三一年、キヴァッソで包囲されていたロンバルディア連合軍は夜のうちにポー川へと移動し、トリノ橋を渡って左岸にいたモンフェッラート侯の陣地を焼き討ちした。このときロンバルディア人は焼き討ちを選んだわけだが、別の作戦をとっていればキヴァッソの前面に野営していたモンフェッラート侯とその配下をまとめて捕虜にすることだってできただろう、とある年代記作者は所感を述べている[27]。

このような行軍や配置転換のせいで、兵士は昼夜を問わず行進を強いられた。たとえば一二一六年六月にシモン・ド・モンフォールはボーケールに包囲された味方を解放すべく「昼夜を問わず、悪天候もその他の不都合も無視して」騎兵部隊を進軍させた。またエッツェリーノ・ダ・ロマーノは一二三七年、ヴィチェンツァ側にたって戦争に参加したとき、明け方に始まる戦いに合わせてカルトゥーラまで進軍した。同様に一二四一年には「一晩で」ヴェローナからロニーゴへ、さらにモンタニャーナまで軍を移動させている。一二五八年には、配下の全軍を夜のうちに「誰にも気づかれることなく」奇襲渡河させてオーリオ川を越え、ブレシャへと向かわせた。その一年後には、自らの生涯を閉じることになるロンバルディアへの侵攻を「夜のうちに敵の不意をついて、しかも密かに」開始した。

それから十数年ののち、テオドロ・ディ・モンフェッラートは、既に見たように夜間作戦に対して疑義を表明する一方で、騎兵を用いた夜間作戦だけは有効と考え、そうした作戦を適切に展開するうえでいくつかの助言を残している。特にテオドロは状況不明か敵が予想される地点に対しては、騎兵による夜襲がよいとみなしている。この場合、部隊は必ずひとまとまりになって行軍し、しっかりと武装を身に着けておく。またあらかじめ味方の間で合言葉を決めておき、隊列の先頭と末尾にはその土地の地理に通じた道案内を置くといった措置が必要である。もしこの状態で敵と接触したならば、ただちに鬨の声をあげ、ラッパや太鼓を鳴らして決然と敵に向かって突撃しなくてはならない。テオドロによれば、とくに楽器は二つの理由で欠かせない。ひとつは我が方の軍勢の数が多く優勢であると敵に誤認させられること。そしてもうひとつは夜の闇で視界が悪くなるせいで、鬨の声や鳴り物の合図なしでは統制や団結は保てないという点である。さて、この作戦で期待通りに敵が混乱し逃走し始めても、追撃はしてはならない。なぜなら味方は敵地にあって地理がよく分からないのだから、敵の村落や城に気づかず、まるで野生動物のように農民や村人に捕縛されてしまうことにもなりかねないからだ。

夜間に実施される秘密作戦でも古典的なものは、敵の城郭などを占領する際に、内部にいる人間を使って城門を開けさせるというものだ。ビザンツ＝ゴート戦争中の西暦五三六年夏、ベリサリウス将軍側に属するナポリ市は次のようにして占領された。まず「灯りをともさなければいけない時刻に」手に手に松明を持った一部隊が、包囲戦が始まって以来水をせき止められ、干上がった上水道を通って市内に潜入した。そして夜が明けるまでにナポリの都市城壁にある二つの塔を占拠したのである。その数年後、リーミニで包囲されていたビザンツ軍は、敵が眠っている間に密かに町の周りに濠を掘って、包囲側が準備していた攻城塔を無力化した。またヴェローナでは、深夜に町へ侵入するため敵の歩哨を寝返らせたが、このときは完全に占領することはできなかった。タジーナの戦いでは、戦いの前日深夜に、ビザンツ歩兵の一隊が敵の不意をついて戦略上重要な丘を占拠した。そして彼らは丘を奪回しようとするゴート騎兵の攻撃に対して勇敢に防戦し、その陣地を保持し続けたのだった。

こうした夜間作戦はビザンツ＝ゴート戦争以外でもみられた。たとえば十世紀ベルギーでのモンス城攻撃について、年代記作者リシェールは、自分の父親が地の利や守備兵の習慣までも知り尽くした精緻な作戦を立てたおかげで城を占領できた、と書いている。一〇六六年、イングランドのハロルド王は、（イングランド征服を目論む）ノルマンディ公ウィリアムの上陸を斥候の報告で知ったとき、最初は夜襲で敵を壊滅させようと考えたが、その後考えを改めた。また一〇九八年六月、アンティオキアは内部からの手引によって第一回十字軍に占領されたが、そのときの様子をこの戦いに参加した兵士のひとりは「夜の闇の中を手探りで探し回り、我が軍は城門へとたどり着いた。我々はそこに殺到し、強襲で奪うと市内に突入した」と述べている。

一一七五年春に皇帝がアレッサンドリアを包囲したとき、多くのドイツ兵が夜のうちに密かに市内へと侵入したが、この奇襲は成功しなかった。一一九九年の「ある晩」ウグッチョーネ伯は、ヴィチェンツァの市民兵がスキオに野営している間に、まったく察知されることなくヴィチェンツァ領のトッレベルヴィチーノ城を占領した。またチェレアのパリシオの年代記は、一二三六年四月エッツェリーノ・ダ・ロマーノによってガルダの砦が「夜のうちに密かに」奪取された、と伝えている。一二四六年には、パヴィーアとローディの軍隊が「夜のうちにこっそりと」ポー川沿いのポンテ・ヌォーヴォ城を占拠した。そしてそれから数年にわたって、ピアチェンツァ軍は何度も同じく夜襲で奪回しようと試み、果たせずに終わったのだった。さらにジョヴァンニ・ヴィッラーニは、一二五〇年九月二十一日すなわち聖マタイの日の夜、教皇派がモンテヴァルキを出発し、フィレンツェ軍の駐屯するフィリネの町へと侵入した話を伝えている。「教皇派の兵士は速やかに突撃し、それがあまりに迅速であり、さらに夜だったこともあって、まともな防戦もできず駐屯部隊は打ち破られ、多くが殺され町は占領されたのだった」[28]。

一二八五年六月の終わり、カタルーニャ遠征中のフランス王フィリップ三世は、夜間行軍でピレネー山脈の険しい頂マッサーナとバニュスを超えたことで、その後長く称賛されることとなった。そのときのことを年代記作者ベルナト・ダスクロットは次のように述べている。「夜が深まり周囲が暗くなると、フランス王は八〇〇〇の騎兵を連れて野営地を出発した。兵士たちはそれぞれ四日分の食料を携行していた。そこで王は配下の部隊にあの場所を通れ、あそこで隊列を組め、あるいは斥候や歩哨を放っては、通行できないところを見つけたら静かに帰隊せよ、などと命令を出した」。結局、この強引な行軍はさしたる障害に出会うこともなく完了している。

一一一四年イビザでのピサ人の攻撃は、当初もっぱら日中に行われていたが、戦闘が熾烈になってくると昼も夜もなく戦いが続くようになった。そして八度目の総攻撃で内側の城壁が陥落したときには「もう夜も終わり、次の日の朝を迎えようとしていた」。その後、「日が昇り、朝日が次の日の扉を開くと」、「それから昼も夜も休み

＊リシェールの父ラウールは西フランク王ルイ四世（在位九三六—九五四）の封臣で、軍事面の助言者として仕えたとされる。

なく戦いが続いた」。とくにピサの投射兵器が延々と砲撃を続けた結果、守備隊は八月十日「聖ラウレンティウスの日」についに降伏したのだった。一一一二年のトゥリー城包囲戦でも、フランス王ルイ六世が「昼も夜も激しく敵を苦しめた」し、逆に一一二六年クレルモンの守備隊は「一晩中攻撃を繰り返し、矢や投げ槍を絶え間なく撃ち込んで包囲側を妨害し続けた」。このように包囲戦でも夜戦が行われたのだから、もし開けた平野での夜戦が必要ならば、それは選択肢から必ずしも排除されるとは限らなかった[29]。

十三世紀を通じて、夜間の会戦はあちこちで起こっていたが、とくに十三世紀初頭の約一〇年はきわめて頻繁に夜戦が行われていたようだ。たとえばアスティの年代記作者グリエルモ・ヴェントゥーラの『回想録』を見てみよう。これによるとビアンドラーテ伯エマヌエーレは一二九〇年のある夜、アスティの都市コムーネが領有するブッティリエラ村へと侵攻している。一三〇三年七月にも、アスティから亡命した一派がカステルチェブロ城を夜戦で占領している。一三〇五年には、アスティ人は「夜のうちにコッソンブラートに入城し、武力でその村を占領しようとした」。アスティはそのすぐ後にモンティリオも同じ方法で占領しているが、村を取られたロッケッタ伯家は、逆に一三一七年三月モンテグロッソへと「夜間に力ずくで入城した」。

これと似たような夜間作戦は、同時期のロンバルディア戦争でも多く見られた。一三一二年五月には、パヴィーアの亡命者たちがフィリッポーネ・ディ・ランゴスコを捕えるため夜に待ち伏せを仕掛けたり、ブレシャ軍がカサルマッジョーレに夜襲をかけたりしたが、どちらも不首尾に終わった。一方でマッテオ・ヴィスコンティは一三一五年十月に夜襲を決行して首尾よくパヴィーアを占領し、世間を騒がせた。マッテオはこの作戦で内通者を活用しただけでなく、わざと遠く離れた場所で松明を灯し、いつわりの声をあげさせることでパヴィーアの守備隊をそちらにひきつけ、彼らが正体を確認しているすきに本当の作戦を遂行するという、古典的なおとり作戦を用いた。

夜戦に反対していたテオドロ・ディ・モンフェッラートも、実はこのような夜間作戦にいくつも従事しているというのは興味深い。たとえば一三〇六年十月の「ある夜」、テオドロはモンカルヴォに侵入しようと試みて失敗したのだが、二か月後にはまたも「夜のうちにこっそりと」キヴァッソ城の占領を試みて成功し、以降ここを自らの拠点として確固たるものにした。彼は『教訓集』で二言目には夜間の軍事作戦を思いとどまるように述べているが、実際のところ適当な機会が巡ってきて、作戦にとって都合がよければ夜のうちに行動を起こすことに同意している。たとえば包囲した城郭や都市を占領する際には、朝日が昇る直前に敵を奇襲せよ、といったように。「もしある地域や城郭が侵略され、敵がそこに駐屯しているのに、日中にこれと戦って打ち負かすだけの兵力をあなたがたが持っていないとしたら、そのときは夜に襲撃をかける。ただしそのときはあらゆることに秩序と規律を保ち、整然と行われなければならない」。このとき夜間攻撃を準備するにあたって、任務にあたる兵士を二つの部隊に分けなくてはならない。一隊は敵の哨兵の交代時刻を狙って真夜中に攻撃し、敵の監視地点を奪取する。一方、第二部隊は第一部隊と逆の方面で活動し、「大きな音を鳴らして敵を驚かせる」ことで第一部隊の任務達成が容易になるよう支援する。

夜、上陸作戦を行う場合も大した違いはなかった。一三五五年六月、ジェノヴァの提督フィリッポ・ドーリアは、夜間にトリポリ港へ奇襲上陸を仕掛けた。「次の日がくると、朝日の中で武装し隊列を整えた」ジェノヴァ兵は町を手中に収め、莫大な略奪品を手に入れた。その約一〇年後、ナポリ王アルフォンソ・ダラゴーナ＊は、夜襲の利を活かしてタンジールを攻略すべしと進言した同盟者たちに対し、暗闇を利用して戦うのは自分の名誉にふさわしくないと答えた。なぜなら「王は堂々と戦うのがふさわしく、罠や夜戦は小人物のやり方だからである」。アルフォンソ王は歴史上「マニャニモ〔高潔王・寛大王〕」と呼ばれるが、タンジールにおいてはその高潔さはわきに置いておくべきだった。なおこれと似たような問答は、アレクサンドロス大王も繰り広げている。[30]

＊アラゴン王アルフォンソ五世（在位一四一六―五八）。一四四二年以降はナポリ王アルフォンソ一世も兼ねた。

一三六〇年、イングランド傭兵の「白軍団」がイタリア半島にやってきたとき、イタリア人たちは彼らの得意とする「夜間の乗馬襲撃」や「真冬における戦闘」をすでに知っていた。しかし白軍団の活動が、イタリアにおける夜戦や、冬季戦向けの戦法・装備の発達を促したのは間違いない。十五世紀になると夜戦はイタリア傭兵隊長たちの間でも普通の戦法となっていた。アントニオ・コルナッザーノは、傭兵隊長バルトロメオ・コレオーニの傭兵としての経歴を語り始めるにあたり、その最初の戦歴は、夜間出撃してきた籠城軍を迎撃したことだと述べている。それは彼が傭兵隊長カルマニョーラの配下だったときのことで、バルトロメオはクレモーナのある砦の城壁に、夜間よじ登るよう命じられたのだった。その後バルトロメオは無数の夜戦を計画し、実際に戦うことになる。

また傭兵隊長ブラッチョ・ダ・モントーネはカンパニア地方での体験を元に次のように語っている。「我々傭兵隊長は自分の欲求や自然の周期に従って深く眠らない。なぜなら、不寝番の兵士が何か知らせてくればすぐ起床せねばならないのだから、我々は誰よりも遅くベッドに入り、誰よりも早く起きなくてはならない」。実際、彼は一四二四年アークィラで「夜も昼のように軍務に就いた」。アークィラ人の方は夜間の乗馬襲撃にはさほど精通していなかったので、ブラッチョは十月十九日にロッカ・ディ・カーニョで彼らを待ち伏せし、多くの捕虜と役畜を手に入れたのだった。他方、十二世紀のピサ人兵士は、古代の兵士のやり方を見習って「眼を閉じて短い睡眠をとる方法を知っていた」という。これまでの説明で理解してもらえたと思うが、ようするに「昼夜を問わない軍事作戦」というものは、現代の発明ではないのである。

いかなる騎士道精神に基づく規範も、夜間戦闘についてはよいとも悪いとも述べていない。戦闘に適した季節と悪い季節について定めた、明文化された規範が存在しないことは前節までで確認した。それと同様に、夜間戦闘の可能性や利便性、特別な規則についても、国や時代を問わず明文化されたものは見あたらない。実際、一二五一年八月十日ローディで対戦したミラノとクレモーナの射撃部隊は「夜が訪れ、闇が下りても」砲撃の応酬を停止しなかった。これはまさしく「良き戦争の慣習に反する」とみなされる行為であった。だが、そのようになされた理由は、それが騎士道精神に反しているからというよりも、おそらく戦闘が行われた場所や時刻がしつこく砲撃を繰り返すには向いていなかったというだけに違いない。再びテオドロ・ディ・モンフェッラートの意見をみてみよう。彼は、夜間戦闘は推奨できないという点では確固とした意見を持っていたが、それはこれまで述べたような実際的な理由というより宗教上の理由からであった。彼は言う。夜は悪魔が人間の精神を誘惑して、神がお認めにならないことをさせようとする時刻なのであり、もしそうした行いをするならば、それは単に自然に反したことではなく、まさに悪魔的振る舞いなのである。なぜなら罪は日中ではなく夜間に行われるのだから、と。だが結局のところ、テオドロがその後何を書こうが、あるいは実戦でどのように振る舞おうが、夜戦に対する彼の嫌悪感は薄れていった。そして、とってつけたように騎士道を持ちだすことがあったとしても、テオドロが夜戦を忌避した理由と騎士道精神には何の関係もなかったことは間違いない[31]。

暁の攻撃

日中活動可能な時刻の中で、日没と日の出の瞬間こそが最も危険な時間帯である。それゆえ戦士にとっても、この時間帯が最も責任重大で注意を要することになる。ジョヴァンニ・ダ・ヴィテルボは次のように勧告している。もし軍隊が遠征中ならば、コムーネの軍隊を率いるポデスタは「一日の始まりと、夜が訪れる瞬間、とりわけ朝日が昇る時刻である暁に」とくに警戒を厳重にしなくてはならない。彼はこうした警戒任務を二交代制で行うのがよいと述べているが、これは他の軍事理論家も同意している点である。最初の当番は真夜中まで任務に就き、次の当番が真夜中から日が昇るまで警戒任務に就く、「すると敵は日が昇ってから攻撃するしかなくなるが、その点は最大限に警戒しておかねばならない」ともジョヴァンニは言っている。

「ちょうど曙の瞬間」つまり朝の最も早い時刻に開始される攻撃は、日が昇った瞬間で明るくなっているという利点に加え、まだ敵に十分な防御態勢が整っていないという奇襲効果が期待できた。事実、待ち伏せや敵地への侵入、あるいは最初の交戦で不利に陥った味方を助けるための救援は、しばしば早朝に計画された。たとえば第一回十字軍では、トルコ人も西洋人も似たような規範に従っていた。一〇九七年十月の終わりごろ、アンティオキア近郊でトルコ軍は「まさに曙のころ」に十字軍と対戦できるよう準備を整えていた。とはいえこのときはトルコ側の敗走で終わっているが。また一〇九八年二月には、ボエモン・ダルタヴィッラは「まさに曙」を狙って斥候隊を出発させている。さらに一〇九九年八月九日〔の早朝〕、十字軍は差し迫った決戦に備えてアスカロン近くの渓谷に布陣し、戦闘隊形で戦端が開くのを待ったのである。

一一五五年六月トルトーナ一帯で繰り広げられた戦争において、ミラノ軍はシツィアーノで「朝日が差す直前に」パヴィーア軍を奇襲した。その直後のポッツォール・グロッポの戦いでも、ミラノは敵を降伏に追い込んだが、それも「太陽が昇る前」のことだった。ミラノ軍は一一六〇年三月にもローディ軍を襲撃しようと、「朝の最も早い時期に」行軍を開始した。また同じ年の八月二十四日の「まさに曙」に、フリードリヒ一世はピアチェンツァ軍がポー川に架けた舟橋を攻撃し、成功を収めた。この戦役の末期、一一六一年三月にフリードリヒ一世は「日が昇る前」にローディへと入城し、敵騎兵が武器を手に取ったり馬に乗ったりする暇も無いうちに襲撃をかけた。さらに一一九八年九月には、「まだ朝日も顔を出さない朝のうちに」ヴィチェンツァ軍がブレンタ川沿いのカルミニャーノでパドヴァ軍を敗走させた。このように「日が昇る前」に行動する利点を理解していることは、優れた戦士の素質のひとつであった。特に一〇八〇年、ファエンツァ人に奇襲攻撃を仕掛けたフランス人はそうした素質に優れていた、とトロサヌスの『ファエンツァ年代記』は述べている。またフランス王ルイ六世も、一一二六年のクレルモンの包囲戦で「朝早く」すなわち朝日が昇ったばかりの時刻に奇襲をかけるよう命令を下し、大いに敵を狼狽させたのだった[32]。

こうした早朝作戦の例は十一世紀から十二世紀にかけて無数にみられるが、時代が下るに従ってさらに普及していくことになる。たとえば一二一三年、ヴィチェンツァの市民はサンドリーゴで「朝の、時宜を得た瞬間に」ヴィチェンツァから亡命した一派を壊走させている。一二一八年の冬には、暗いうちに攻撃を仕掛ける不利をあえて承知のうえで「日が昇る前に」作戦を開始したトゥールーズの市民たちに対し、シモン・ド・モンフォール率いるアルビジョワ十字軍は「暁の時刻に」待ち伏せ攻撃を仕掛けている。皇帝フリードリヒ二世やその子エンツォ*も、暁の時刻に作戦を仕掛けることを得意としていた。たとえばフリードリヒ二世は一二三七年十一月、コルテヌォーヴァの戦いに至る行軍の途中で、「朝のごくごく早い時刻に」オーリオ川を渡るよう歩兵隊に命じた。同月二十七日には、渡河中の皇帝軍の前面に現れた敵部隊に対し、これまた「朝早くに」迎撃のための騎兵部隊を送り出している。さらに一二三九年十月には、フリードリヒはミラノに対する軍事遠征の劣勢を打開すべく、最後の一手として「朝早くに」敵の野営地を襲撃することを決めている。

彼の息子エンツォ王も、ミラノと戦争中の一二四五年十一月四日、新たな攻勢を開始するにあたって、アッダ川の対岸を目指して「朝早く」に渡河地点を通過した。また皇帝に対して反乱を起こしたパルマ人も、「朝早くに」最初の軍事行動を開始した。まず一部隊が「朝日が昇る時刻に」「こっそりと不意を突いて」パルマの城門へと接近し、先端に鉤爪のついた鎖を放った。この道具を使って、反乱軍は城門を守っていた防柵を三ペルティカ**（約九メートル）の幅にわたって引き倒したのだが、結果として早朝の攻撃にもかかわらず奇襲は失敗した。こうして長く苦しい包囲戦の戦端が開かれたのである。

エッツェリーノ・ダ・ロマーノも一二三七年二月、カルトゥーラで「朝早くに」攻撃を仕掛けてパドヴァ軍を打ち破った。ある記録によれば「それは朝の、まだ朝日が昇る前の時刻」であったという。ブレシャ人は一二四

＊非嫡出子。のちのサルデーニャ王（在位一二四三―七二）。
＊＊一ペルティカは一〇ピエディ（一ピエディは約二九・六センチメートル）。

二年の真冬に、オーリオ川沿いにあったパラッツォーロの城郭を攻撃すべく、「もうすぐ朝になろうとする時刻」に進軍を開始し、成功を収めた。一二六五年、パヴィーア人が「朝早く」に仕掛けた作戦も、これと同じくらい成功を収めた事例に数えられる。彼らは麦わらを運ぶ荷車の中に兵士を潜ませて、ヴェルチェッリ市内へと侵入することに成功したのである。最後に一二三八年の例を紹介しておこう。この年の六月、ザヴァッタレッロ*の兵士たちは「日が明けようとする間際の夜間」にパヴィーア領ロルトレ・ポーにあるモンテ・ピオジョ城へと侵入した。そして彼らは城を占領し、徹底的に略奪したのだった。

このように「暁の攻撃」は時代を問わず実行されており、実際に一定の効果をあげていた。ジャン・ド・ビュエイユは、十五世紀の前半に行われたある「騎行」の話を残している。そのフランス騎兵の一部隊は日が昇る時刻に敵の都市を襲い、占領するのを得意技としていたという。この騎兵部隊は夜のうちに行軍し、目標とする都市を見つけると、敵都市の哨兵に馬のいななきを聞かれないよう、適切な距離を取って停止する。朝日が昇ると、危険が迫っているとも知らない守備隊は市門を開き、自分たちの馬に水を与えるため町の外へ連れて行く。その瞬間、騎兵の襲撃班がすばやく町へと突進し、たやすく市門を占領してしまう。彼らは突撃の雄たけびをあげ、城壁から合図を送って本隊を市内に迎え入れるのである。だがそうしたやり方が予想されていた場合、彼らは日が昇るころには捕虜になってしまうか、大規模な反撃にあって撃退されてしまうだろう。とても都市を略奪するどころの話ではない。完璧なタイミングで組織された襲撃だけが、こうした攻撃を成功させうるのである[33]。

*パヴィーア県の小さなコムーネ。

第V章

身体

1　食料

軍事作戦中の耐乏生活

ゴート人がローマを包囲していたときのこと、一日中続いた戦闘が終わり「深夜を迎えてもベリサリウス将軍は何も食べておらず、市内にいた妻と家族は将軍にわずか一かけらのパンで飢えをしのいでもらうしかなかった」。ビザンツ軍の偉大な司令官も飢えに耐えたという模範的な話はプロコピオスによって有名になり、以降何世紀にもわたって高名な軍事指揮官たちは彼を手本とした。たとえばオットーネ・モレーナは、一一六七年九月二十六日、皇帝フリードリヒ一世がミラノ領からピアチェンツァ領へと軍を急行させねばならなかったとき、パヴィーア郊外のサン・ピエトロ・イン・チェルドーロ聖堂で短時間の歓待を受けたのだが、皇帝は馬から降りることなく飲み食いし、ただちにポー川に架設された橋への行軍を続けた、という逸話を書き残している。

ロランディーノ・ダ・パドヴァは一二三六年、フリードリヒ二世が騎兵を率いて戦争へ向かう途中、サン・ボニファチオで休憩を取ったのだが、わずかパンひとつをかじっただけでヴィチェンツァへの行軍を続けたと書き残している。またベルナルディーノ・コリオが語るフランチェスコ・スフォルツァは、一四四九年ミラノを降伏させようと躍起になっていたとき「馬を降りる暇すらなかったのでいつも馬上にあり」、「わずかなキビで作ったパン」で飢えをしのぎ「水で薄めすぎたひどい飲み物としか言いようがない代物」でそれを流し込んだという(1)。

通常の食事を採るためには作戦を一端休止しなくてはならず、それが状況的には許されない場合、あるいはあらかじめ備蓄された食料が足りない場合（もちろん常に不足しているとは限らないが）、兵士や軍人には飢えや乾きに耐えることが求められた。そしてこうした態度は、戦士たるもの悪天候や厳しい暑さ寒さに加えて、常に飢えと渇きに耐える準備ができていなくてはならない、という伝統的な教育と密接に結びついていた。

将来戦士となる人間には、幼少のころから戦争におけるありとあらゆる辛苦に慣れさせておくことが効果的な訓練法であった。たとえば九世紀の中ごろにラバヌス・マウルスは、フランク人はまだ若いころから騎馬戦士となるため「艱難辛苦に耐え、飢えや寒さ、炎暑にも我慢できるよう」教育されていると述べている。こうした慣習はその後イタリアの諸都市でも行われるようになった。たとえば十二世紀初頭のベルガモの子弟は、真夏の太陽の下でも、厳しい冬のさなかであっても、武器の重みや飢えと渇きに耐えるよう育てられた。また一一一三年、バレアレス諸島の征服に乗り出したピサの市民たちは、「その生涯を／武器を握って過ごし、さらに苦難に耐えるのに慣れている、／すなわち疲労や寒さ、暑さに。猛烈な雹も／雪も雨も、敵軍や城壁に激しく突撃する彼らを止めることはできない。／ピサの若者は、武芸とその豪胆な精神が称揚される。／彼らは大食漢を軽蔑する、／またあまりに平穏な生活も」と描写されている。

こうした戦士の理想像は、古典古代を模倣しようとする伝統的習慣に影響されており、人文主義の時代には完全な復活を遂げた。十五世紀の初め、ピエル・パオロ・ヴェルジェリオは、古代人を模範として、若者たちは「狩りや乗馬や体操を通じて、飢えや乾きに耐え、寒さ暑さをしのぐよう教育する。なぜならこのような教育を受けた者は、たやすく戦争に備えることができるから」と提案している。そしてマントヴァやフェッラーラの宮廷では、上流階級の子弟に実際そうした教育を施すことが広まった。それは「軍事的な規律に体と心を」親しませることを目的とし、「暑さや寒さをものともせず、戦時の環境を模したような」肉体的鍛錬を通じて教育を施すというものであった。注目すべきは、あの偉大なフェデリーコ・ダ・モンテフェルトロ*もそうした教育を重んじる

＊イタリア中部ウルビーノの領主で傭兵隊長（一四二二―八二）。文武に秀でた人物として知られ、傭兵隊長として活躍する一方、領地をよく治めた。また学問・芸術の庇護者としても有名で、ヨーロッパ随一といわれる蔵書も有していた。理想的なルネサンス君主とされる。

一派だったということである。

とはいえ、フェデリーコに限らず戦場で多彩な経験を積んで鍛えられた傭兵隊長《コンドッティエリ》たちは、古典文化によって理想化された貴族像に影響されただけでなく、常に戦争の現実と向き合っていた。一四七五年に執筆されたアントニオ・コルナッザーノの『軍事論』で論じられている戦士教育法も、単なる文学作品の枠に収めていいものではない。実際この本で論じられた教育法を通じて、多くの人間が十五世紀イタリアで活躍する指揮官に成長したのである。この本によれば、「傭兵は絶えず空腹に苛まれながら行動し／寒さに歯をガタガタ言わせながら戦争の技を習得する」。そして傭兵たちは愛馬の足元でそのぬくもりを感じながら、糞の匂いに包まれ、藁や草葉を寝床に眠りにつく。ナイフも使わずパンを引きちぎり、「美食を夢見ながら」水、ニンニクと一緒に腹を満たす。敵が明け方に現れたならば、太陽より早く起床し、霜や氷で髪を真っ白にしながら冬でも裸足で歩き回る……。

すでに一三七六年から七八年にかけて、イタリア傭兵たちの手練れぶりには次のような称賛が与えられていた。「太陽の暑さにも冬の厳しさにも慣れている。長期にわたる空腹にも耐え、その他の困難に直面しても動揺せず、戦闘の熟練者ばかりであり、武器を巧みに操る」。たとえこれが文学的な修辞にすぎないとしても、次のように結論してかまわないだろう。すなわち現実の軍隊生活による鍛錬は、よりお上品な人文主義的教育にも何ら遜色のないものであった、と。

職業兵士が経験した、こうした厳しい生活環境に関する慣用表現は、たとえばブルゴーニュのシャルル豪胆公が戦争で体験したと語る内容と完全に一致しているが、それはもちろん偶然ではない。たとえば部下のブルゴーニュ兵が寝ているときも公は起きていた、兵士たちが暖を取っているときも公は屋外で風雨に身を晒していた、そして兵士たちが大いに飲み食いしているときも公は飢えに耐えなくてはならなかった、等々(2)。十六世紀の初頭になると、フランスの詩人ピエール・グランゴールは兵隊詩人として次のように歌っている。「兵士は飢えや乾き、暑さ寒さ、さらに土ぼこりや／雨、あるいは雪やひどい嵐にも耐える。／手足はずぶぬれ、体は芯まで凍りつき」、ときには「隊長や軍の監督官たちに鞭打たれ、絞首刑にかけられて」しまう、と。軍隊生活のどこにでも現実の労苦が待ち構えていて、それは普通の暮らしや文学的修辞の示す苦労とはかけ離れていた。こうした労苦は、人文主義者の学識豊かな教育を施された者にも劣らないほどの、人格的陶冶をもたらしたのだった。

肉とパン

中世当時、軍事行動中の部隊を十分に維持し続けられるほどの補給能力を備えた兵站組織は存在していなかったけれども、それは常に需要が無視されていたとか、あるいは民間人からの略奪と暴力が放置されていたというわけではない。たとえばカロリング朝時代の兵士は三か月ごとに生活必需品を申請しなくてはならなかったし、あらゆる軍事動員には小麦やワイン、その他農産物などを積んだ車両隊が同伴した。バイユー・タペストリーには、一〇六六年征服王ウィリアムの軍隊がイングランド遠征を行うにあたり、ワインの樽を船に積み込む様子が描かれている。とはいえこれは敵の領地で食料を調達する必要性を感じていなかったというわけではない。実際、同じくバイユー・タペストリーには、ウィリアム軍の上陸後しばらくして「食料

武具やワイン樽を積んだ荷車を曳き、船へと向かう兵士たち
バイユー・タペストリー（11世紀後半）

を略奪するためにヘースティングズへと急行する」騎兵の姿が見て取れる。

都市コムーネ成立以前のイタリアで慣習的に行われていた方法も見ておこう。ノルマン・コンクエストと同じ一〇六六年、ミラノの扇動家エルレンバルドは、市民たちに武器を取るよう呼び掛けたときに、生活に必要な物資は本人が用意し持ち運ぶよう強く訴えている。「使者が放たれ、急いで市内をくまなく巡り、戦うことのできる者は武器を取って集まるよう説得して回った。農民たちは参集するにあたって、一人が兵士となるなら、別の一人は武器や食料を運ぶ人間となり、どちらも荷車を持ってくるように忠告を受けた」。十二世紀から十三世紀のイタリア中北部では、コムーネの軍隊が「食べ物と武器」や「パン、ワイン、その他の物」を運ぶために引き連れていた荷車について、こまごまと指示を出すことは決して珍しくなかった。

一二五六年、エッツェリーノ・ダ・ロマーノを討伐するための十字軍がパドヴァへと出陣したとき、隊列の後ろには武器と食料を運ぶ車列が続いた。この輸送隊はバッサーノ市の隊長の指揮でエッツェリーノ軍目指して行軍していたが、その後すぐに「ワインを積んだ四〇台の荷車が、それを曳く牛と牛飼いともども」敵に捕獲されてしまった。一二七八年イーモラ近郊で壊滅した、ジェレミア家*を支持するボローニャ人部隊は、「パン、ワイン、天幕、平衡錘式投石機《トラブッコ》」を満載した荷車を放棄して逃亡したという。また十三世紀のフィレンツェ軍でも必需品の入ったパンの袋を各人が持ち運び、専門の委員たちが輸送手段を手配していた。フィレンツェ軍に動員された各兵士は給料を受け取っており、彼らが野営地に開設された「市場」で食料を購入できるよう、「軍の市場の主人」と呼ばれる役職が常に気を配っていた[3]。

自分たちの領土の外で行動する軍隊は、このような「市場」が適切に機能するかどうか、つまり十分な量の物資を適切な価格で供給できるかどうかを、広い分野にわたってしっかりと見積もっておかなくてはならなかった。だがそうした仕組みが期待どおりに機能するとは限らなかったし、実際には準備不足と甘い見積もりが横行していた。一三〇五年、アスティのコムーネ軍に属する二〇〇〇人の歩兵部隊が、町から少し離れた地点で任務にあたっていた。そこはモンフェッラート侯の領地であったが、彼らは野営をするにあたり、その近くにあったポンテストゥーラの住民から、一切の危害を加えないという約束を取り付けてあった。そのときアスティ歩兵の指揮官代理であったグリエルモ・ヴェントゥーラは、のちに著した年代記で次のように書いている。「そこでアスティ人たちが、蕪以外に何も食べるものがないと怒り心頭になっているという話を私は耳にした」。そして兵士たちは甘い見通しを立てた指揮官代理に対して悪口雑言をぶちまけた。とくに言われたのが、グリエルモが飢え死にしそうな兵士に向かって胡椒を売りつけようとしたことであった。しかしこれらの非難が全部誤解というわけではなかった。というのもグリエルモ・ヴェントゥーラは、まさに軍隊を指導しなければならない立場に置かれた一介の商人にすぎなかったのである。一方でリエージュ公の軍隊は、国境を越えてしまえば、食料は敵の資源で賄えると考えていたのに対し、領地内で軍事遠征を行うときはそれが短期間であっても必要な食料を自ら持ち運んでいる。

たとえ軍の規模が小さく、根拠地からわずかに離れた地域で活動するだけだったとしても、軍を維持するための予測を立てるのは困難だったから、もし動員された兵員の数が大きく、また彼らがよく知らない、敵に回る可能性のある土地を移動しなければならない場合は、より深刻な問題が生じた。定期的にイタリア半島へと侵入した神聖ローマ皇帝軍がまさにこうした状態にあてはまる。一一五四年、フリードリヒ一世はロンカリア平原（慣習的に皇帝軍の「草刈り場」とみなされていた）を東から西へと移動したが、そのときは協定に従いミラノが皇帝軍に食料補給を行うことになっていた。最初の宿営地はランドリアーノであったが、「その夜、軍馬に食べさせるものはほとんど何も手に入らなかった」。そこで苛立った皇帝は、食料を運んできたパン屋や商人たちを身ぐるみはいで後方へと送り返した。

*ジェレミア家はボローニャを支配していたランベルタッツィ家と争った貴族。教皇派。

出発に備え、武具や食料を積み込む車両隊
13世紀半ばの写本、ピエポント・モーガン図書館

その後の宿営地でも、馬の飼料がないどころか兵士のための食料もなく、皇帝は配下の騎士たちに対し、自分と一緒に近くにあるロサーテ城に避難するよう命じた。それは「飢えをしのぐことのできない」騎士たちに何か食べ物を与えたい一心からであった。その結果、城の住人はみな、雨が降っているというのに家を皇帝と騎士たちに明け渡すはめになった。また城の周囲に広がる家屋は略奪され、火をかけられ、破壊されてしまった。このように、食料不足はしばしば略奪を正当化した。またこれは裏切ったミラノに対する復讐心を掻き立てることにもなり、皇帝軍とミラノが早晩戦闘状態に陥るのは誰の目にも明らかとなったのである[4]。

食料供給の問題、さらに補給不足を克服する方法は、西洋による十字軍遠征の全期間を通じて深刻な意味をもった。第一回十字軍が空前絶後の進軍を開始したとき、従軍者は、この遠征に参加するにあたって次のようなことに気を付けるよう、教皇からの忠告を受けていた。「兄弟たちよ、キリストの御名において汝らは困難に耐えねばならない。すなわち物の不足、貧しさ、衣服の欠如、迫害、疫病、飢え、乾き、その他あらゆる種類の災いに」。十字軍兵は実際にそれに耐えた。そして彼らだけでなく、十字軍が通過した地域の住民たちもまた、しばしば意思に反して十字軍に日々の食料を提供させられたのである。ある無名の従軍者が残した報告によれば、この大遠征では、行軍中に食料を入手できるかどうかはいつも予想がつかずあやふやで、食料入手の可能性が高く比較的物資が豊富な瞬間と、遠征の継続を危ぶませるほどの長い窮乏生活とが繰り返されたという。そして第二回以降の十字軍でもまったく同じように、こうした飢餓と飽食が交互に訪れたのであった。

中世のように飢餓が一般的だった時代では、大軍が移動するだけで「人為的な」飢饉を発生させるには十分であった。そうした状況では、従軍する兵士は飢饉の原因であり、かつ犠牲者でもあった。そしてもちろん、そこに住む人々も飢饉に巻き込まれたのである。比較的豊かな地域というのは、たいてい長期の軍事活動でも支えることができたから、軍の策源地として収奪されつくされる危険が大きかった。たとえば、一一五八年と六〇年にフリードリヒ一世の軍事遠征が行われた直後の北イタリアは、「二年間にわたる皇帝軍の軍事作戦と、それに伴う頻繁な略奪と衝突の結果、友軍すら養えないほど深刻な状況に陥っている」というありさまだった。そこで皇帝が合理的に「この北イタリアの地をある程度休ませ、収奪せずに放っておく」ことにしたのは、なにも彼の博愛主義からではなく、「北イタリアの人々が再び畑に種をまけば、一年後にはまた軍隊のもたらす不幸にも耐えられるようになり、たやすく軍隊を養えるようになる」からであった。

中世後期のヨーロッパでは、一般的に肉とパンが、主要な、欠くべからざる食事の要素であるとみなされていた。こうした食事構成は何世紀にもわたって変化がなく、異なる社会や文化のもとでも変わらなかったから、もちろん「軍用の」食事も同じだった。この肉とパンの食事は、一時的な徴募兵からも職業兵士からも、特別な食事とは区別されるべきものと考えられていた。では、第一回十字軍における東方遠征で勝利を収めたと人々が考えたとき（そして祝宴を開くべきだと考えたとき）、一体彼らは何を食べたのであろうか？　ある報告者は太守《アミール》ケルボガ[*]の口を借りて「彼らは一度の食事に二〇〇〇頭の雌牛と四〇〇〇頭の豚を食べた」と述べている。この文脈からは当時の西洋人が牛肉と豚肉が好んだということはほぼ明らかだと思うが、その他の食事、とくにパンに関してははっきりとは分からない。

一〇九六年、ロンバルディア人とドイツ人からなる十字軍部隊が占領したクセリゴルドン城に食料として蓄えられていたのは「小麦、ワイン、肉その他豊富な物資」であった。その後の十字軍遠征を通じて、宿営のたびにこれと似たようなリストが作成されているが、そうした文書で、小麦、小麦粉、パンについて触れたものは一三点、ワインは七点、肉は四点（肉になる前の家畜も含む）であった。また大麦（これはおそらく馬の餌となった）と油について述べているものはそれぞれ三点ずつ、チーズと果物について述べているのは一点だけである。一〇九八年、十字軍がアンティオキアでトルコ軍に包囲されたとき、市内ではパン、ワイン、鶏、ブドウ、クルミなどが（もちろんそれに大枚をはたいて購入することができる人間に対して、だが）流通していたという。また一〇九九年三月に、エルサレムへの行軍中、十字軍兵士は実がついたばかりのソラマメで飢えをしのがねばならなかった。このようなことになった理由は、軍の指導者たちが慎重に検討し、最終目標であるエルサレムへの行軍が完了する時期を、ちょうど農作物の収穫が済んで、収穫物を自分たちが利用できるころ、と定めたからであった。

深刻な食料危機が訪れれば、当然非常用の食事が供された。一〇九七年の夏、ちょうど十字軍が小アジアを苦労して行軍していたころ、兵士たちは手を傷だらけにして棘の生えた野草から棘をこすり落とし、調理して食べることを覚えた。だが飢餓の頂点は一〇九九年一月に訪れた。それはマッラの町を強襲で攻略した直後だったが、飲み込んだ金貨を取り出すためトルコ兵の死体が解剖されたとき、十字軍兵士の何人かは「死体を切り刻んでその肉片を調理して食べた」。包囲側と籠城側の食料事情が一致して悪化していった事例は他にもいくつも見つかる。だが当然、水の欠乏の方がより大きな災いと苦しみを招いたのはいうまでもない[5]。

一一〇〇年、ロンバルディア人主体の十字軍がバグダッド攻略を目指してミラノを出発した〔四四頁以下参照〕。

彼らはビザンツ帝国領内で食料を売買する許可をあらかじめ得ていたのだが、ブルガリア領内に入ったとき、軍はパンとワインそして肉を大量に入手しなくてはならなくなった。だが商業と流通に関する権利はビザンツ皇帝の軍隊が把握しており、わざと十字軍の要望を後回しにしたため、たちまち十字軍兵士の間で飢餓が蔓延した。またいよいよ敵地に侵入する直前のニコメディアでは、彼らは小麦粉、パン、乾燥肉、ベーコンすなわち「プロシュート」を調達せねばならなかった。他に助けもなく、荒涼たる地をひたすら行軍する事態に陥るや、十字軍の大部分がたちまち食料の不足に苦しむようになった。兵士たちが生きるために略奪に走るのもたびたびのことであり、彼らはいつも野生の木の実や果実、まだ実っていない麦穂でしのがねばならなかった。本隊から離れて食べるものを探しに出かけた者は、ほぼ間違いなくトルコ兵の待ち伏せにあって殺された。生活物資の不足とくに食料不足のせいで、ついに雄牛の皮に二〇ソルドもの値段が付くまでになり、手のひらほどの丸パン一個はルッカ貨で三ソルド、馬やロバ、ラバの死骸は〔銀〕六マルコで売買された。こうして遠征は完全なる失敗に終わったのだった。

一一八九年五月、聖地に向かって軍を進めていたフリードリヒ一世は、ハンガリー王のベラから小船と荷車の提供を受けたが、そこには「パン、ワイン、馬や牛や羊の餌となる大麦が満載」されており、そのおかげで貧しい巡礼者（十字軍兵士）に小麦粉と飼料を配給することができた。だが前進を続けた十字軍はさらに素敵な歓待を受けることになった。彼らを罠に嵌めようと毒を盛ったワインをすんでのところで飲まされるはめになったり、家畜泥棒を懲らしめたりしたあげく、軍は飢餓状態に陥り、ここでも肉とパンの高騰が起こった。イコニア市に到着したときようやく「十字軍は再びパンや肉、さらにバターやチーズを手に入れられるようになった」のだった。

＊第一回十字軍と戦ったモースルの領主、マムルーク。

海を移動する場合でも食料問題はさほど変わりはなかった。一一一四年三月にピサ艦隊がイビザ島へ上陸したとき、「下級の兵士たちは／略奪に夢中になり、それによって／食料を得た」。ピサ人は家屋に押し入ると、「サラセン人たちのワインで喉の渇きを癒し、／干しブドウと／干しイチジクをむさぼり食った」。つまり、ピサ人は長い航海のあとで新鮮な食べ物を欲するあまり乱暴狼藉に及び、その結果住人たちには不幸な結果をもたらしたわけだが、その間フォルメンテラ島でも別のピサ人が島を荒らしまわっていた。「彼らは食料を探し／気ままに略奪を楽しみ、たっぷり餌を食べて肥えた牛を／手に入れようとした」。それはまるで四旬節の断食後のようであった。八月のマヨルカ島でも「よくあることだがたちまち」ワインの買い占めが発生した。さらに「たくましい勇士たち」が町を包囲している間に、「怠惰な下層民ども」は食べ物のことにかかりっきりになっていた、と『マヨルカの書』の作者は失望を隠そうともせず、声高に非難している。「奴らはなんとも貪欲な値段でパンを売りつけ／そうやって財布を満たしたのだ！」だがやがてワインが不足するようになった。すると、「諸部隊はもはやワインを／飲めず、かわりに病気になる危険を冒して水を飲んだ。／変質した食べ物のせいで／兵士たちは腹を下し／大変苦しんだ」。

ピサ人の指揮官たちは、一二〇〇年に、九か月分の食料を船積みするようヴェネツィア人と契約を結んだ第四回十字軍を見習うべきであった。従軍者は各人「六スタイオのパンないし小麦粉、その他穀物、豆類に、半アンフォラのワイン」が割り当てであった。「また馬一頭につきヴェネツィアの単位で三〇モッジョの餌と十分な水」が与えられる予定であった。十字軍がコンスタンティノープルへ上陸した直後に開かれた評議会で、ヴェネツィア元首《ドージェ》エンリコ・ダンドロは口火を切って次のように断言した。「食料を与えられた人間は、そうでない人間よりちゃんと戦う」と。自分は遠征の全期間を通じて十分な量の食料を供給したいと思っていたが、現実には食料が豊富な時期と重大な飢餓とが交互に押し寄せた、とジョフロワ・ド・ヴィルアルドゥアンは書き残している。パンと肉はときおり略奪することで手に入れたが、うまくいくとは限らなかった。そのためコンスタンティノー

船出に向けて物資を積み込む十字軍船
14世紀半ばの写本、パリ、国立図書館

プル包囲が最高潮を迎えていたまさにその瞬間、十字軍は「弩の矢が届く距離の四倍も遠くまで出かけても食料を見つけることができず、小麦粉と塩漬け肉以外はほとんど何もなく、その小麦と塩漬け肉すら本当に少しかなかった。新鮮な肉が手に入るのは軍馬が死んだときだけで、誰もがこのままでは三週間以内に軍の食料が尽きると分かっていた」[6]。

十三世紀初頭のアルビジョワ十字軍と、その対戦相手のアルビジョワ派はどちらも、物資の豊富さ、とくに肉類の多様さと豊かさに関しては優れていたようである。カルカッソンヌ包囲中も食料が不足することはなく、パン三〇個は銀貨一枚ほどであり、さらに十字軍は近くの製塩所から塩を得ていたので、塩の値段も抑えられていた。そういった状況であったから、アラゴン王が戦場に到着したときなどは宴席で肉のローストが供せられ、その他の客にも「十分な量の雄牛の肉と豚肉が」ふるまわれた。その光景がまるで桃源郷での出来事のような調子で語られることも珍しくなかった。たとえばモワサックの包囲ではボードゥアン伯が気前よくふるまったおかげで「兵士たちは鶏とガチョウのローストを食べ」、ワインもその他の食料も豊富にあった。一二一〇年に包囲されたテルムの住人たちも「新鮮な肉、塩漬けの脂身《ベーコン》、飲み物にはワインと水、そして十分なパン」を用意していた。フォア伯も自分の城を教皇に自慢したとき、堅固に守られた我が城には豊富なパン、ワイン、肉、穀類があり、さらに「岩から湧き出る透明な清水」もあると述べている。

また、一二一六年の四月、シモン・ド・モンフォールが包囲されているボーケールを救出に向かったとき、彼は容易に雄牛、雌牛、豚、羊、ガチョウ、鶏、ウズラ、去勢した雄鶏、その他野禽獣の肉に穀物、小麦粉、さらにジネストレ産のワインを集めることができた。「その豊富さはまるで約束の地カナンにいるかのようであった」。一二一九年十字軍によって二度目の包囲を受けたとき、トゥールーズのコンソリたちは気前よく、防衛線に参加する全員に「パン、肉、地下蔵に保存した良質なワイン、一モッジョか一スタイオ分のカラス麦と大麦、胡椒、肉桂、果樹園で取れた果物」を無料で与えると約束した。ようするに彼らはただ次のように言ったのだ。「何が欲しい？　何でも食え」と。一方、エジプトへの十字軍を率いたフランス王ルイ九世は何度も苦境を味わっている。一二五〇年の復活祭のあと、ムスリム艦隊の海上封鎖によって海路による食料供給が断たれたせいで、十字軍は飢餓状態に陥った。このとき騎士ジョワンヴィルは雄牛、羊、豚、ワインなどが値上がりしたと嘆いているが、穀物については何も述べていない。これはおそらく彼が高い身分に属していたおかげで、穀物の調達には苦労しなかったためだろう。

エジディオ・ロマーノが著書の中で掲げた、包囲戦に備えた城郭での食料配給計画は、当然これよりもっと厳格なものだった。エジディオの計画は古代末期の軍事理論を焼き直したものだったが、見るべき独自性も含まれていた。計画ではとりわけ小麦、カラス麦、大麦の供給が保証されねばならないと書かれていたが、そういった穀物類の中でも特に長期保存が効くキビをエジディオは推奨していた。塩と塩漬け肉も同様に蓄えられた。役に立たない動物もつぶして食べてしまうか、あるいは塩漬けにされた。そうした普段なら食べ物とはみなされないものでも、緊急時に備えて貯蔵しておくことが絶対に必要であると考えていたのだ。湧き水や井戸、貯水槽を利用して水を蓄えておくのはもちろんだが、「水ばかり飲んでいると兵士は衰弱してしまうから」、酢やワインも大量に貯蔵されなければならなかった。肉やパンを作るための穀物以上に、兵士がワイン抜きですごすことは不可能だったから、ワインもそれ以外のあらゆる食料も、籠城戦の当初から合理的な計算に基づいて分配されたのだった。

一三〇五年六月、カリポリス防衛の責任者となったラモン・ムンタネーは、町がジェノヴァ軍の攻撃を受けたとき、「水と酢で割ったワインと十分な量のパンを、食べたい者が食べられるだけ」用意させて兵士たちの命をつないだ。鶏肉が調理されることもあったが、それは負傷兵にだけ与えられるもので、肉は一切支給されなかったという。ラモンが徹底させた食事法は、十三世紀に医者の間では議論の的となっており、ランフランコ・ディ・ミラノも一二九六年、『外科大全』でそのことに触れている。そこでは負傷者には誰でも区別なく「良いワインと良質な去勢雄鶏か雌鶏、ないしアヒルの肉」を与えるとされており、そうでない者は少なくとも一〇日間パンと水、炊いたリンゴが供せられるが、これは特別な人間に限られる。また負傷したばかりのころ、とくに頭部や神経がたくさん通っているところを怪我した人間にはワインを与えない方がよい。飲み物や煎じ薬は誰にとっても良いものだが、「熱および湿の体質を持つ者」*は少し扱いが異なり、特別な場合を除いては肉や魚、卵そして牛乳は与えない方がよい。また逆に「冷および乾の体質を持つ者」や胃の弱い者には、負傷の三日後から肉やワインを与えることができる……などと説かれている。(7)

食事の配給量

当時配給されていた食事がどれだけの栄養価を持っていたか、我々が知ることはできるだろうか？　たとえばカタルーニャ傭兵団アルモガバルスは、略奪騎行も一日一個のパンでこなすことができ、「そうしたパンにわず

*中世医学の主流だった、ヒポクラテスおよびガレノスの四体液説に基づく考え方。これによると人体は血液・粘液・黄胆汁・黒胆汁からなり、それぞれが空気・水・土・火の四大元素と対応していて、人間の体質もこの四体液のバランスによって決まると考えられた。「熱および湿の体質」とは、空気すなわち血液気質の者を指す。同様に、冷と乾が土（黒胆汁）、冷と湿が水（粘液）、熱と乾が火（黄胆汁）を表す。

かな水と野菜があれば彼らの必要は十分すぎるほど満たされた」とラモン・ムンタネーは述べている。だが、彼らがギリシャに向かって出発するときには、アラゴン王はアルモガバルスの各兵士と妻や子供に対して「一人当たりビスケット一カンタロとチーズ一〇リブラ、また四人ごとに塩漬け豚肉一頭分とニンニク、玉ねぎ」を割り当てた。とはいえこれは航海中の割り当て量であって、戦闘中のものではない。このしばらく後に、同じくアラゴン王はジローナ守備隊に対して「塩漬けの羊肉、生きた豚と雌鶏を病人に」供給している。

軍の配給については、一四四五年、法律家マルティノ・ガラーティがシエナで編纂した軍法にその規定が残っている。そこでは兵士に対してパン、ビスケット(ブケッラトゥム bucellatum と表記)、ワイン、酢、ラードを供給すると定められていた。そして二日ビスケットで過ごしたならば、三日目には本物のパンが与えられた。またワインが出される日と酢が出される日は交互に、ラードの日が一日に対して肉の日は二日とされていた。しかし実際のところ、この規定はユスティニアヌス法典の忠実な模倣であり、古代末期のローマ軍団の習慣を伝えてはいるが、十五世紀の実態を表すものではない。

実際に行動中の軍隊における配給規則について、ある程度具体的に分かる史料が残っているのは、中世末期の二〇〇年間に過ぎない。そのころのフランスでは、平時・戦時・籠城中における食事はたいして区別されなかった。また時代や地域によって有意な変化があったという記録もない。食事の内容はそれまでの数世紀と同じ、肉とパンが支配的であった。ただしパンとは上質な「小麦」で作られたものを意味していた。つまりライ麦やキビなどの混ぜ物がされていないということである。パンはビスケットで代用されることもあったし、より低質な穀物やソラマメ、エンドウマメは粥ないしポタージュにされた。生肉、塩漬け肉、燻製肉といえば牛肉のことが多いが、もちろん羊や豚も食べられた。白パンと豊富な肉が重視され、添え物としてはラードあるいはバターが用いられた。

戦士とは、上質の肉とくに肉のローストと、強いワインで腹を満たすべきだという「蛮族」由来の信念は、中世末期になってもまだに根強かった。十五世紀の初頭にシエナの年代記作者は、一二六〇年にシエナがモンタペルティの住人を打ち破った戦いを想起し、戦場にいた兵士がシエナの町から受け取った食料のことを詳しく述べている。それは「シエナで手に入るなかでも最も上質で完璧なワインと、たくさんのロースト肉だった。そこでローストされたのは手に入れられる限り最上の鶏や若鶏、その他の肉であった。それは野原の真ん中でこんがり焼きあげられた。なぜ焼肉にしたかといえば、それが男を強くし、欲望に火をつけ、活力をみなぎらせ、身体を害しないからだ」。

キリスト教徒の聖務として定められた「節制」を軍隊でも行うために(とはいえ、聖務の中でも「断食」そのものはあまり守られなかったが)、肉の代わりに魚の燻製や塩漬け、卵やチーズが供されることもあった。また塩、酢、ニンニク、玉ねぎといったものも頻繁に使われたが、香辛料や甘味料、防腐剤などはめったに見られなかった。ワインは指揮官や騎兵たちにとって日常的な飲み物だったが、部隊全体に配給されるのは祝祭日か、戦闘中だけだった。なおフランスの北部ではワインの代わりにビール、西部ではリンゴ酒で満足せねばならなかった。つまり軍の食料配給制度は「単調で、量ばかり多く、バランスが悪い」ものだったと言えるだろう。しかし兵士が日常的に受け取っていた食事は、カロリーの面では十分すぎるほどのものだったことは間違いない。つまり軍の配給は豊かで、かつ「繊細というより質実剛健」なのだった。

これまでみてきたように、ワインは通常、兵士たちにとって栄養の面でも、また水より安全だという意味では衛生面でも、欠かせない飲み物だとみなされていた。戦闘に参加する部隊にとって、配給されるワインが何らかの興奮剤の役割を期待されていたことも見過ごされるべきではない。実際、アルコールは「一般的に言って戦闘における重要な」要素のひとつとみなされており、多くの兵士はおそらく「頭脳明晰なままよりは、むしろ完全な泥酔状態で闘争の場へと投げ込まれた」と考えられるのだ。とはいえ我々が今利用できる史料の中で、そうした兵士の泥酔について明言しているようなものはない。逆に日中戦闘に参加した兵士たちが元気を取り戻し、心を和ませて眠りにつけるよう、ワインが夕刻に支給されることもあった。

現実問題として、中世末期には、常に豊富で栄養価の高い食事を配給することが困難になっていた。一四七六年にオルソ・オルシーニが執筆した『軍隊の管理と運営』では、兵士にきちんと定期的に給料を払うことが重要であると説かれているが、一方で給料よりもまず、兵士のパンを欠かせないようにすることが強調されている。そのためには君主やその役人たちは、必要とあらば「何はさておきパンとビスケットを配給するためにあらゆる手を打たねばならない」とされている。とくに歩兵たちは自らの力で食料を確保する能力に乏しいので、配給されるパンの質が悪化することは避けねばならない。「なぜなら軍に病気が流行るのも、兵士たちがおびえやすくなるのも、ひとえに悪いパンのせいだからだ」。またパンと同時に「良質な水」も必要とされた。さもなくば「パンと水の不足は兵士の心を打ちのめし、彼らの不屈の精神を失わせる」。そしてもし軍が良質なパンと水を得たならば、「兵士たちは必要なときに手慣れた方法でたやすく新鮮な肉を手に入れ、野営地に持ってくるであろう」。オルソは「パン、水、肉の三点があれば、他の物が不足していても問題にはならない。逆にこれらの配給が難しくなれば、軍隊にとって危険なことであり、災いをもたらす」と確言している。こうしてみると、必要な栄養素をしっかり取れるメニューとはとても思えず、むしろ兵士たちも、中世では当たり前の貧しい食事に毎日耐えなければならなかったということが分かるだろう(8)。

食事と戦術の関係

人間は食べ物を口にしなければ絶対に生きていけない、というのは、戦争で戦術を組み立てるうえでも必ず考慮される要素であった。西暦五五三年、ゴート人とビザンツ軍が戦ったタジーナの戦いで、合戦が始まる前に両軍は整列するのに長い時間をかけた。そこでビザンツの将軍ナルセスは全軍に「食事や仮眠を取ること、まして や鎧を脱ぐことや馬から銜《はみ》を外すこと」を禁じ「全部隊が完全な禁欲状態に置かれた。ただ一度だけ、武装し、古代の戦術書にはっきりと記されている。

戦闘隊形のまま軽食をとる命令が下った」。ナルセスが恐れていたのはあきらかに、自分たちが食事を取っている最中にゴート軍が奇襲を仕掛けてくることだった。ただし、彼の行った配慮は、すでに何世紀も前に書かれた古代の戦術書にはっきりと記されている。

またローマ攻撃の際も、ゴート軍は「敵の警戒が弱まる食事時を待って、はしごや可燃物を準備したうえで」都市城壁を乗り越えようとした。ただしこの奇襲は、油断なく任務に就いていた歩哨のおかげで阻止することができた。九世紀から十世紀には、サラセン人やハンガリー人もこうした食事時を狙った奇襲攻撃を実行した。西暦八四六年八月、アラブ人の遠征軍がオスティアに上陸し、町を占領したことがあった。オスティア港の近くには、ローマから急派されたサクソン人とフリース人の部隊が駐屯していたが、サラセン人は駐屯部隊の歩哨がかまどの火を起こしている間に「町の中に嵐のごとく突入し、守備隊を取り囲み、殺してしまった」。それから約五〇年後の西暦八九九年九月二十日、イタリア王ベレンガーリオ一世率いる軍は、東方から襲来したハンガリー人の軍隊と対陣した。そこでハンガリー側は逃走を開始し、ブレンタ川まで後退した。だが彼らはイタリア軍に対して数で劣っていたものの、「軍を三つに分けて待ち伏せを仕掛けることにし」、川を渡ると、まさに食事中だったイタリア軍の不意を襲った。その瞬間、彼らの勝利は決まったも同然だった。ハンガリー人の攻撃があまりに急だったため「イタリア兵はまだ食べ物が喉を通っている間に殺された」。生き残ったイタリア兵はほとんどおらず、こうして戦場の支配者となったハンガリー人は、その後一年にわたってイタリア北部一帯を思う存分荒らしまわったのだった。

この数十年後、西暦九二三年六月十五日の日曜日に、フランスのシャルル単純王*はソワソンで西フランク王ロベール一世と矛を交えた。攻撃を仕掛けたのは正午ごろだったといわれ、配下の兵士の多くは食事に気を取られ

*西フランク王（在位八九三―九二二）。ソワソンの戦いの前年に廃位され、王位はロベール一世へ移っていた。

ていた。もし食事時を避けていれば彼は決定的な勝利を得たかもしれない。一〇九八年のノルマンディ地方ではウィリアム赤顔王［イングランド王ウィリアム二世］がバロン伯の軍隊を奇襲で破ったが、そのとき伯は食卓に着いており、武器も持っていなかったという。さらに下って一二九三年九月十二日、包囲下にあったミュレに到着したシモン・ド・モンフォールの軍隊は、「敵の騎兵たちが昼食中で、武装を解いた状態であった」のを好機とみてとり、その日のうちに大きな勝利を収めたのだった。(9)

食事時を狙うという策略は、コムーネ時代のイタリアでもよくみられた。一二七〇年六月二十日タロ渓谷の住人たちは、騎兵四〇騎と「勇敢かつ頑強な」歩兵五〇〇人の軍隊でフィエスキ家とピアチェンツァ人からなる軍*相手に大勝利を収めた。敵は圧倒的に優勢であったが、タロ側は「敵軍が昼食をとろうとしている」まさにその瞬間に攻め込んだのである。グイド・ディ・モンテフェルトロが、自分を裏切ってフォルリを占領したフランス傭兵を撃破したときの話は、これよりさらに世間一般の注目を集めた。フランス傭兵たちは一二八二年五月一日、「昼食をとっている最中に」グイドの奇襲を受け、根絶やしにされてしまったのだった。ジェノヴァ人に雇われたドイツ傭兵の逸話も、食事中に攻撃されたという点で有名である。彼らはある戦いに勝利したという成果を盾に、ジェノヴァ側に二倍の給料を払うよう要求していたが、一三一六年六月のある日、雇い主に食事中を襲われ、五〇〇人以上が殺されたと伝えられている。

中世では、食事時は一時休戦するものだと考えられていたが、こうした策略に関しては常に攻撃された側が迂闊だとみなされた。では食事時は何であれ攻撃を控えるという暗黙の了解は一般的なものであったのだろうか？これについては一一六〇年七月十八日のローディの戦いが参考になるだろう。この日、ミラノ人は午前中一杯、ローディの町に繰り返し突撃を仕掛け、守備を破りなんとか市内に入ろうとしたものの、住民によって完全に阻止されていた。だが衝突は両軍が昼食をとることで一時中止され、その後「ミラノ人が食事を終えると」午後からはまた激しい戦いが再開され、両軍とも執拗に戦い続けたという。これは中世のある時期に、夜戦に適用された慣習とたいして変わらない。つまりそうした休戦はある地域では習慣として広まっていたが、決して一般的なものではなく、時期や地域によってもかなり変動があった。そしてそうした習慣は何の予告もなく破られる類のものでもあったのだ。

ジョヴァンニ・ヴィッラーニによれば、一三〇二年、クルトレー（コルトレイク）でフランス王とフランドル軍が戦ったとき、戦闘の前にシモーネ・ディ・ピエモンテやボニファチオ・ディ・マントヴァといった「外国人の歩兵隊長や弩隊長、戦場慣れして戦争を知り尽くした者たち」は、フランス元帥に対して、「死に物狂いのフランドル農民兵や騎士たち」に勝つためには「騎士道の精華」**を発揮するのではなく、食事時の奇襲戦法を使うべきだと提案したという。やがて、フランドル兵が自分たちの行李や物資を放置してクルトレーの町から出撃してきたとき、フランス軍は「ロンバルディア人傭兵」にフランドル軍の相手をさせる一方で、騎士たちは戦闘隊形のまま一日じっと待機させるべきであった。なぜなら傭兵隊長たちが言ったように、フランドル兵は「大喰らいで、一日中飲んだり食べたりする習慣があるが、我々ロンバルディア人が奴らを苦しめて腹ペコにすれば、奴らは疲労困憊し、一致団結していられなくなるだろう。そうすれば奴らは気力を失って戦場から後退し、隊列を乱すに違いない」からだった。その瞬間に背後からフランス騎士が突撃をかければ、勝利は確実なはずであった。だが〔フランス軍司令官のひとり〕アルトワ伯はこうした「ロンバルディア人の助言」を卑怯だとして嘲笑い、「騎士道の精華」を発揮したあげく、騎士道が被った中でも最悪の大敗北を喫したのだった〔二九六頁の図版参照〕。(10)

＊ジェノヴァの貴族家系。十三世紀から十六世紀半ばまで、タロ渓谷一帯を領有した。
＊＊正面からの騎馬突撃のこと。

2 傷と病

戦争では当然、傷つけ合い、殺し合うことも想定の範囲内である。わずかな損害で大きな戦果をあげることができれば人々も満足するはずなのだが、なぜか血の流れない戦争は真剣さに欠けるものだとみなされがちである。とくにマキアヴェッリは「血の流れない戦争」を嘲笑し、当時の傭兵に対して不審の念を投げかけているが、現代の歴史学では彼のこうした意見は否定されており、ルネサンスのイタリア傭兵隊長たちは戦争の真のプロフェッショナルとして、称賛に値する忠誠心も真剣さも備えていた、と再評価されている。

戦いでは「兵士は殺されることを覚悟するだけでなく、自ら殺すことも覚悟しなくてはならない」とよく言われる。だが中世の人間は日常生活のあらゆる局面で絶えず暴力に取り囲まれていた。ゆえに、彼らが暴力を振るい、振るわれる環境を受け入れるのは、さほど難しくはなかっただろう。つまり、あらゆる権利が剣によって維持される世界では、隣人との諍いも武器で解決されるのが普通であり、誰かが日常生活で暴力の犠牲になっても誰も驚かなかった。だからこそ人々はあらゆる機会を通じて殺し殺されることをあまり嫌悪しないよう教育され、あるいは実際の経験からそう考えるようになっていった。ただしこのやや性急な三段論法を受け入れるには、何らかの証拠を提示しなくてはならないだろう。

まず、殺すか、殺されるかしか選択肢がなかったわけではない。むしろ命を落とすほどではない怪我を負う、ないし四肢に永久に不具となるほどの傷を受けることがまず人々の念頭にあった。当時、そうした不幸な出来事は平和的に日常生活を送っていても誰にでも起こりうるものであった。だから労働や遊びにおいても（もっと正

激しい戦闘で傷つき倒れる兵士たち
13世紀半ばの写本、ピエポント・モーガン図書館

確に言えば、「容易に戦争の代償行為となりうるような行為とは別の」労働や遊びにおいても）人々は不具になる可能性を理解しており、それを恐れつつも、一方で自発的にそれを意識の外へと追いやろうとしていた。

といってもこれだけでは、人を殺さねばならなくなったときの中世人の心性や、殺される危険にさらされたときの反応について考察し尽くしたことにはならないだろう。そこで以下ではいくつかの事例や逸話をとりあげ、心理学や外科学的知見も活用しつつ、主に中世人の「肉体」と人間性の問題に限って論じてみたい。人を傷つけ殺すこと、あるいは怪我をさせられ殺されることに関しては、その際に兵士たちが使っていた武器の種類および防具の種類によって、大なり小なり状況が異なってくる。もちろん武器や防具がそれぞれの場合でまったく違っていたわけではなく、時代ごとの経済や社会的要因によってある程度類型化される。しかしそこからより普遍的なモデルを作ろうとすれば、それは不正確で具体性に欠けたものとなってしまうだろう。

美化され、劇的な装飾が施された殺人が氾濫して

123
Qndo Comes Ricc. pdictos capuã igrediens plurimis ĩfectis marchione & pene suorum reliquias asseruauit.
Teutonic' uiso comite Ricc. a su
usque deorsum sponte labitur uolens se p
perdere.
Tancridini
Imperiales
Comes Ricc.
Cadauera mortuorum proiciuntur in flumine

いるがゆえに、当時の叙事詩から例をひくことは不適切である。たとえば伝説の騎士ローランは敵と対決したとき、手綱を手放し「敵の盾を砕き、鎧を断ち、／胸を斬り、骨を砕き／背中まで真っ二つにした。／その手槍で敵の肉体から魂を抜きとり、／鉄の穂先で体をバラバラにし、／槍の一撃を喰らった敵はみな馬から叩き落された。／そしてローランは敵の頭を半分に叩き割った」。この大殺戮によって血が川のように流れ、「ローラン卿は戦場を馬で駆け回った、／素晴らしい切れ味の愛刀デュランダルを握って。／そしてサラセン人を皆殺しにした。／そこでは敵の死体が折り重なり／流れた血がそこら中に血だまりを作っていた！／彼の鎖帷子と腕は血に染まり／彼の馬の首や背中も同様だった」。

戦場に多くの手足が転がっているのは珍しくもなかった。たとえば住民虐殺が行われた後のイビザ島では、「ここに頭と手が／あそこに足と太ももが、といったように、人間の手足が／体から切り離されて散らばっているのが／一歩足を進めるごとにいたるところに見えた。／血に飢えた兵士の一団が、無数の死にゆく者を踏みにじっていた」。またボーケール包囲戦が終了したあとでは、「地面には肉片、太もも、足、腕、内臓や肺、頭、あご、頭髪、脳みそが転がっているのが見えた」。視覚的証拠が必要ならば、有名なバイユー・タペストリーに描かれたヘースティングズの戦いの一シーンに、手足を失って地面に倒れる兵士たちの姿があるのを見れば十分だろう(11)。

傷ついた騎士

中世の叙事詩では、当時の大衆が好むように死も見世物風に誇張されており、十九世紀フランスのグラン・ギニョール劇場*も顔負けといったところだった。これでは戦争の悲惨さや汚さから目をそらさず戦闘後の戦場の光景を描き出すことなど、まったく不可能とは言わないにしても、非常に困難だろう。しかしながら十二世紀から

＊一八九七年から一九六二年までパリに存在したグロテスク専門の大衆見世物小屋。

カプア包囲戦（12世紀末）の激闘のあと、戦場に残された頭や手足と、戦場の清掃（下段）
エブロのペトルス『皇帝陛下の栄光についての書』、13世紀前半、ベルン市立図書館

十三世紀の史料をみれば、馬上で戦い負傷した場合の逸話が、英雄叙事詩の誇張に冒されていないかたちで多数残っている。

ここで、二人の騎士が互いに挑発的言辞を叫び、対決した瞬間を見てみよう。騎士の騎兵槍はやすやすと胸を貫き、その際に槍が折れてしまったり、傷口に穂先が残ったりすることはきわめてまれであった。傷は大変深く、ほとんどわき腹にまで達する。次に、槍が盾の上部に命中したとする。その場合も槍はたやすく腕と肩を壊し、少なくとも腹部や脚、あるいは頭部も傷つける。こうした騎兵槍が与える鋭い一撃にくらべて、刀剣を使った場合、何度も打ち合いを繰り返すことが多く、頭部への打撃が致命傷となった。兜や盾は斬撃、とくに敵の目、顔面、顎を狙った攻撃を防ぐうえで効果的な防具であった。上から下へと剣を振り下ろせば、頭、肩、腰、腕、とくに右腕に当てるのは容易なことだった。だが頭蓋骨の骨折や激しい出血を伴う負傷によって死に至ることはめったになかった。

しかしながら、騎士の持つさまざまな武器が常に期待したとおりに働くとは限らない。一二二七年、キプロス島で二人の騎士が決闘したとき、一方の騎士は槍で相手を落馬させようとして失敗し、槍を折ってしまった。だが彼はさらに折れた槍を握って敵の兜の面頬に三度突きを放った。「そしてその騎士は突かれるたびに顔面に傷を負った」とフィリッポ・ダ・ノヴァーラは語っている。この決闘では、槍の穂先近くを握ったにもかかわらず、槍は敵を落馬させるだけの強烈な一撃を繰り出している。こうした場合、たとえ相手が重い鎧を身に着けていたとしても体は宙に持ち上げられ、兜に槍の打撃を受けた側はその時点で戦闘不能となっていたはずだ。

一方で明らかに致命傷と思われる傷から短期間で立ち直った例もある。フィリッポ・ダ・ノヴァーラは一二二九年のキプロス島で「無数の槍傷、矢傷、石傷を負った。とくにある槍の一撃は鎖帷

子の袖に当たって腕を完全に貫通し、肉を腋まで切り裂いた。そして槍の穂先は砕けて腕の中に残ったままになった」。そのときキプロス城にいた者は「我らが詩人は死んだ、医師からも見放された！」と叫んだ。だがそれは間違っていた。次の日の夕刻、フィリッポは二連の詩をしたため、「城の外郭の前まで出かけて行って、その歌を大声で吟じた。こうして城内の者たちは彼が元気で死んでいないことを知ったのだった」。

逆に、軽傷と思われた傷でも命を落とすこともあったから、取るに足らない負傷も侮れなかった。ジョヴァンニ・ヴィッラーニの話によれば、一三三七年八月モンセリチェでパルマ人ピエロ・デ・ロッシは「配下の兵を勇気づけるため、他の騎兵と同様に馬から降りて徒歩になり」、モンセリチェの外門を攻撃していたが、「そのさなか飛んできた短い槍に鎧の継ぎ目を刺され、腋に傷を負った」。だがこの勇敢な隊長は戦意を失わず「彼は切れた脇腹の肉を引きちぎり、そのまま城門の防御線を突破するために濠へと飛び込んだ。そうす

ヘースティングズの戦いで負傷し倒れる兵士たち、バイユー・タペストリー（11世紀後半）

れば勝てると確信していたのだ。その結果傷口から水が入り、無慈悲にも大量の血液が失われたので、勇敢で優れた指揮官だったピエロは激痛にあえいだ」。配下の兵が彼を濠から引っ張り出しパドヴァへと後送したが、まもなくピエロはそこで亡くなり、友軍である都市同盟にとっても大きな痛手となったのだった。

騎士が槌鉾やその他鈍器で怪我をしたという記述は大変珍しいが、集団での乱戦中には無数の投石による負傷を覚悟せねばならなかった。一三五五年スペインで起こったリオ・サラドの戦いでは、騎兵槍や刀剣、矢以上に「手のひらほどの川石が雪のように降り注いだ。そこにいたトルコ軍の主力は投石機と石以外に何も持っていなかった」と、『無名ローマ人の日記』は報告している。その数年後、同じ著者はローマで、リオ・サラドでのスペイン十字軍の様子を次のように伝えている。「そこであったことを申し上げるなら、ある騎士は前髪をかき上げて、額の真ん中に丸い傷を負ったのを見せてくれた。それは石傷だと言っていた。また別の騎士は、今話した騎士と同じように尊敬される戦士であったが、フードを脱いで剣で斬られた三つの傷と、額にできた石傷ひとつを見せてくれた」。

中世の兵士について、考察の材料となりうる考古学や人類学的データはかなり限られている。だが中世末期の約二〇〇年に関しては、古戦場の発掘による人骨の調査が行われている。一三六九年のウィズビーの戦い（スウェーデンのゴットランド島の地名）で死んだと思われる骨格から判明した負傷例では、四四パーセントが振り下ろされた武器（おそらく刀剣）によって頭蓋骨に裂傷を負っていた。その一方、騎兵槍でつけられたと思われる負傷は見つからなかった。またいくつかの頭蓋骨は五、六本の弩の矢によって穴を開けられていた。当時の弩は兜を貫き、頭蓋骨すら貫通するほどの能力があったと考えられる。一四一〇年グルンヴァルト［タンネンベルク］の戦いの後で土葬された二五〇〇体の遺体からは、白兵武器による斬撃と、弩の矢による負傷痕がほぼ同じ割合で見つかっている。(12)

弓矢の隠れた危険

歴史家プロコピオスは、人の興味を引くような脚色を施してはいるものの、ビザンツ＝ゴート戦争中にベリサリウス将軍の配下にいた重装騎兵と従士の戦傷について記録を残している。それによるとクーティラとアルツェという兵士は、ゴート人弓兵によって一人は頭の真ん中を、もう一人は右耳と鼻の間を射抜かれたが、それでも彼らは戦いを止めなかった。そして最後まで二人とも頭に矢が刺さったままで自陣に帰ってきたのだが、戦友たちは「傷の手当もせずに馬を乗り回したことに驚いた」という。またマッサゲタイ〔古代中央アジアの騎馬民族〕のボカという兵士は、すでに負傷していたうえに、さらに十数人の敵兵に取り囲まれ、一斉に騎兵槍で刺されるという経験をした。だが「鎧がそれを防ぎ、かつての傷に障ることもなかった」。敵の一人はボカの背後から襲いかかって「上腕骨に近い、右脇腹の鎧に覆われていないむき出しの部分に確実に命中させた」し、別の敵は不意打ちで「左の太ももを刺し、筋肉を切断した」。だがボカはすぐに手当てを受けて命を救われている。

帰陣するや否や、これら三人の負傷兵全員に治療が施された。アルツェを診た医師は「髄膜や神経を傷つけてしまい」その結果死に至るかもしれないと治療を躊躇したという。結局医師テオクニストゥスが「首の後ろを圧迫し、痛みを止めた。アルツェは楽になったと答え、医師は〈上々だ。これで君は助かった。これでもう顔が痛むこともないだろう〉と言った。その後傷から飛び出している矢を折って投げ捨て、痛む筋肉を切開すると、三又に尖った矢じりをやすやすと取り出した。これは太矢の先端に取り付けられていたものだった。こうしてアルツェは完全に治った。そして顔の傷跡も綺麗に消えてしまったのだった」。

アルツェ以外の負傷者は彼ほどうまく矢が抜けなかった。たとえばクーティラは矢を摘出されたとき、それがあまり深く刺さっていたため気絶してしまった。その後髄膜が炎症を起こし、しばらくして亡くなったという。またボカも出血が激しく、三日後に死んでしまった。トラヤヌスという重装騎兵も戦闘中顔面に矢を受けたが、彼の取った道は他の三人とは異なっていた。「矢じり全体が深く刺さっており、それは大変長く大きい矢じりにもかかわらず、完全に体内に潜り込んでいた。矢の残った部分は誰かが折ったわけでもないのに、砕けてなくなっていた。それはおそらく矢じりが深く刺さるような工夫であった。それでもトラヤヌスは何も気にせず、敵を追撃し殺した。そんなことは誰もやったことがなかった」。そのわずか五年後「矢じりはトラヤヌスの顔面からひとりでに顔を出し、さらに三年かけて少しずつ外に出てきた。そして矢じりが完全に抜けると、表面を綺麗に皮膚が覆った。彼がもはやその傷に悩まされることはなかった」とプロコピオスは結んでいる。

こうした逸話は、非常に珍奇な話だからこそ語られているわけだが、それでもゴート人弓兵の強さと危険性をはっきりと示している。さらにビザンツ騎兵が十分な頭部の防具を着けないまま活動していたことや、兜が重要だったこと、さらに槍の攻撃に対して鎧の防護には限界があったことなどが分かる。軍の治療活動は迅速であったが、負傷者が突然ほかの症状を併発した場合は、どんなに優秀な医者でも無力であったようだ。

プロコピオスとは反対に、中世盛期に西ヨーロッパで書かれた史料は、騎兵が飛び道具で負傷した例についてあまり雄弁ではない。とくに都市や城郭の包囲中に集団での乱戦が起こると、そうした負傷はよく起こったはずなのだが。すくなくとも十一世紀以降になると弩の使用が急速に拡大し、甲冑も以前より進歩していたにもかかわらず、矢の殺傷力は非常に強く、致命的になっていた。弩の威力は、十字軍に参加した西洋人が味わった複合弓の威力に劣るものではなかった。アーヘンのアルベルトは一〇九六年、ニケーアで七本もの矢に鎧を射抜かれて死んだ兵がいたと述べているし、似たような例は一〇九七年ダマスカスの橋や、一一〇二年ラムネスの包囲戦でも見られた。また十二世紀初頭にあるコモ人によって書かれた年代記は、多くの騎兵が矢に射られて死んだと述べているし、オットーネ・モレーナによれば、一一五九年のクレーマ包囲戦で、攻撃側は守備隊の弩で次々と傷つけられ、「鎧はまったく役立たず」であることが判明したという。特筆すべきはどんな偉大な人物でも例外ではなかったという事である。かのイングランド王リチャード獅子心王も一一九九年、弩に射られて死んだ。エッツェリーノ・ダ・ロマーノも一二五九年九月に同じようにくるぶしを射られ、数日のうちに死んでしまった。

そして一三一一年のブレシャ包囲戦では、皇帝ハインリヒ七世の弟で「ルクセンブルクのヴァルラム*〔ワレラン〕殿下が、突撃中に大弩の太矢に当たって戦死した」。

もちろん、兵士に対して浴びせられた射撃がすべて致命的だったわけではない。それはその兵士の身に着けていた防具や、射られた距離、そして矢が命中した場所によって変わった。カタルーニャの年代記作者ラモン・ムンタネーの書き残した話では、一三〇五年、カリポリスの城は名高いジェノヴァ人弩部隊の攻撃を受けたが、しっかりと甲冑で身を固めたわずかな男女によって守り通されたという。この戦いに参加したある兵士は批判を込めて次のように書いている。「戦闘の間ずっと大量の矢が補給されていたが、まったくの無駄遣いであった。なにしろ敵は常に射撃し続けていたものだから、カタルーニャ人が一〇回の戦いで使うより多くの矢を一回の戦いで使ってしまった」。さらにラモンによれば、上陸してきた敵に反撃しているとき、「私の馬は一三もの傷を受けて死んだ。だがすぐに私は別の馬にまたがり、従士と一緒に戦ったが、城に戻ったときには五か所に傷を受けていた。どれも大した傷ではなかったが、剣で足を斬られた傷だけは深かった」。

いったん上陸してしまうと、攻撃側は「天を覆う雲

*ルクセンブルク伯ハインリヒ六世の次男で、デュレール領主（一二八〇頃―一三一一）。

ニケーア包囲戦
攻め手の十字軍側だけが弩を用いている
13世紀末の写本、ラウレンツィアーナ図書館

のように無数の太矢を我々に降らせた。それから第九時*まで矢を打ち続けたので、城は針山のようになった。これについては語る言葉もない。あえて城外に出た者はほとんど負傷してしまった」。調理場にこもって働いていた料理番すら「太矢に射られた。その矢は暖炉を通り抜けて、彼の筋肉に指二本分も突き刺さったのだ」。また城壁で敵に石を投げ落としていた女性たちの一人は「五本の太矢で顔面を負傷したが、何事もなかったかのように戦い続けた」。だが午後に入って、攻撃側は武器弾薬を使い果たし、そこで無傷だった城内の男女はようやく甲冑を脱ぐことができた。誰もが七月の暑さに我慢できなくなっていたのだった。

ラモンの語る話では、負傷者はみな快癒したようにみえるし、射られた結果重い傷を負った者もいないようにみえる。だが実際には、飛び道具によって殺されることはなかったとしても、ビザンツ＝ゴート戦争の例でみたような重傷を負うことは少なくなかった。『ロカマドゥールの聖母マリアの奇跡』には、目を矢で射られ、それを取り出すのに大変往生したある騎士の話が出てくる。また別の騎士は胸に刺さった矢じりが取れるのに三年かかり、さらに別の騎士はへその下に矢が刺さって、生涯矢じりを体内に入れたまま過ごしたという[13]。

戦場での外科治療

十二世紀から十三世紀にかけて現れた医学書を読むと、当時普及していた外科技術がどれほど適切に矢の摘出や傷の手当を行っていたか知ることができる。とくにこれらの医学書が負傷者を救う上で重視したのは、なにはさておき傷口表面の観察であった。一一七〇年から八〇年ごろに成立したルッジェーロ・デ・フルガルドの『外科実践』には以下のようにある。「もし顔面を矢で射られた者がいたら、矢が鼻を貫通していようが、あるいは目のそばや頬に刺さっていようが、それ以外の場所であろうが、矢じりは傷の深いところにあり、狭く入り組んだ非常に繊細な部位まで達しているだろうから、摘出は大変困難になるであろう。なんであれ矢じりを取り出す手段についてよく考え、適切な技でもって集中してやらなくてはならない。もし矢じりに矢柄が残っていれば、優しく引き抜いていく。こうして二つがしっかり固定されたら、少しずつ、ゆっくりと、矢じりと一緒に覆うように包帯を巻く。こうして二つがしっかり固定されたら、少しずつ、ゆっくりと、優しく引き抜いていく。そうやって矢と矢柄を動かして、細心の注意を払って摘出する。もし矢じりから矢柄が外れてしまっていた場合は、患者から何の武器でどのように射られたのか尋ねたうえで、傷の上や下、前や側面などあらゆる角度から〈細長い布切れ〉を差し込んでみる。こうして矢じりがどこにあるか探り当てたら、それが取り出せるのなら摘出すればよいし、患者を苦しめずに摘出できないのであれば、そのままにしておくがよい。実際、多くの人間が体内に矢じりを残したまま生き延びたのだから」。

最も注意を要するのは「ギザギザに」加工された矢を摘出する場合だった。たとえ治療可能と診断されても、頭蓋骨の穿孔を伴う場合は、大手術に発展した。こうした治療行為の結果、もし傷が致命的なまでに悪化しなければ、六日か七日の間に「治癒の兆候」が現れた。当時の外科医学書は、顔面や頭から足の先まであらゆる部分について、矢で射られた場合の治療法について論じているが、そのなかでも致命的なものとしてよく取り上げられたのが首の負傷であった。

十三世紀後半に執筆されたローランド・ダ・パルマ、テオドリコ・ダ・ルッカそしてグリエルモ・ダ・サリチェートの外科医学書にも、今述べたような頭部を治療する際の手順が述べられているし、当時の図像にもそうしたシーンが再現されている。たとえばバイユー・タペストリーにおけるヘースティングズの戦いで、イングランド王ハロルド

＊第九時＝昼の三時ごろ。教会の、日々の祈りを行うべき時刻に基づく表記。

頭に刺さった矢をやっとこで引き抜く外科医
ローランド・ダ・パルマ『外科医学』
1300年頃の写本、カサナテンセ図書館

ナポリ包囲戦で頬を射抜かれ、治療を受けるリッカルド伯
エブロのペトルス『皇帝陛下の栄光についての書』、13世紀前半、ベルン市立図書館

が目を射られて死にかかっているシーン〔八二頁以下の図版参照〕や、エブロのペトルスが執筆した『皇帝陛下の栄光についての書』の、一一九一年のナポリ包囲戦でアチェッラ伯リッカルドが負傷するシーンがそうだ。後者ではリッカルドが城壁によじ登ったとき、頬の上部を射抜かれる瞬間が描かれている。彼に外科治療が施される場面では、二人の女性が皿と小ビンを掲げて手伝い、医者は矢をつかんで傷から引き抜いている。さらに同書では、サレルノの包囲戦で城壁の影から顔を出した守備兵が城壁下から放たれた弩によって兜を射抜かれるシーンも描かれている。またローランド・ダ・パルマの『外科医学』には、外科医がやっとこで患者の頭から矢を引き抜く様子を描いた挿絵が載っている。

テオドリコ・ダ・ルッカは矢の形や種類に応じて摘出法を分類している。すなわち矢じりの大小、先端がU字かそれとも丸いか、断面が平らか、三角形かあるいは四角か、そし

サレルノ包囲戦で兜を射抜かれる守備兵
同右

てまた射られたのが頭か、あるいは心臓、肝臓、肺、腎臓、胃、膀胱、腸、背中なのか。さらにそれが致命傷ならば、とくに色々な症例と比較対照し「よく観察しながら矢を摘出しなくてはならない。なぜなら摘出の後で患者が急に死んでしまうことはよくあるからだ」。専用の鉗子といった特別な道具を使おうと使うまいと、矢の摘出は多くの点で大変厄介だった。とくに矢じりが骨まで達している場合、「私は摘出にも成功せず、その結果二人の頑強な男が疲労困憊してしまった例を知っている」。この場合、結果的に矢じりが体内に残ったままになって正解だった。なぜなら矢じりはその後ひとりでに排出されたからである。さらにテオドリコは、のちに司教にもなったドメニコ会士らしく、跪いて主の《パーテル・》祈り《ノステル》を三度唱え、それから矢を引き抜くように勧めている。いわく、「ニコデモは我らが主の手足から釘を引き抜いた。かくの如く負傷兵の矢も摘出される」。だからこの方法でうまくいくと、彼は読者に請け負っている。

グリエルモ・ダ・サリチェートの『外科医学』でも矢の摘出に多くの紙幅を割いている。彼は矢の摘出に関して長々と分析し、さらに様々な臨床例をあげ、治療法について詳しく論じている。その中で、クレモーナのエンリコ・チンザリオの兄弟が首を矢で射られたとき、傷から下の身体がすべて麻痺してしまい、両親にはもはや彼は死ぬしかないと説明したものの、患者は回復し、さらに一〇年かけて二本の松葉杖で歩けるようになったと語っている。同じくクレモーナ人のガブリエーレ・プローロも弓で射られて足の骨にまで達する傷を負った。彼も一か月の間「ほぼ死人同然」だったが、最終的には治癒している。一方、伯オベルト・パッラヴィチーノの甥ボニファチオは喉を小さな矢で射られ、たちまちそこから血が噴き出した。「私は彼が一時間以内に死ぬと診断した」とグリエルモは述べている。だが最初の診立てとは異なり、彼は体に毒素が回ったためではなく、肺の合併症

で死んだのだった。またあるベルガモの兵士は太い矢で喉を射られ、その傷は左の肩甲骨まで達していた。グリエルモは従軍するにはまだ若い年齢だったが「いつものやり方に従い」自らの手で矢を引き抜いた。こうして負傷兵は完全に治り、末永く生きたという。同様の幸運は「あるピエモンテ兵」にも訪れた。彼は太矢で胃から背中まで貫かれていたが「根気強く傷をワインで洗うという治療で」快復した。

一般的に、矢傷だろうが刀傷だろうが、あるいは「それ以外の武器による」傷だろうが、当時の医学書の描写自体にはあまり違いはなく、むしろ彼らはそれが治療可能かどうかで区別していた。たとえば頭蓋骨への負傷は、矢、刀剣、打撃、落馬のいずれによる場合も、あるいは骨折していないことが明白な場合でも、譫妄状態を引き起こす可能性があった。ルッジェーロ・デ・フルガルドの言葉を借りれば、こうした患者は「敵と戦っていると錯覚し、立ったまま眠り、まるで起きているかのように武器を握ってそれを振り回す」。また首への負傷は「骨から髄が漏れ出している場合」、文字どおり治療不能である。一般的に丸い形の傷も治療が難しく治りも遅い。しかしながらテオドリコ・ダ・ルッカは、師匠のウーゴから受け継いだ知識と経験に基づき、あらゆる患者をワインと包帯で治療したという。「ワインは最良の薬であり、傷に染み渡る」と彼は語っているが、一方「剣やそれに類する武器で斬られ、垂れ下がった」鼻をくっつけるのもためらいなくやってのけた。そのために彼は用心深く、細心の注意を払って、「鼻を元の場所に戻し、患者に熱々のワインを飲ませてから鼻の穴にガーゼを丸めて詰め込み、そして縫い合わせねば」ならなかったという。

もし傷が腸に達し、その一部が腹腔から飛び出すような場合は、腹膜炎を起こすことはほぼ間違いなかった。だがグリエルモ・ダ・サリチェートは、ジョヴァンニ・ブレデッラというパドヴァの兵士を治療したときは幸運だったと認めている。その兵士は腹を短剣で傷つけられ、「長く切り裂かれた傷からは腸がだらりと飛び出していた」。グリエルモは、まず患者を熱いワインの風呂に入れて体を洗ってから、保存用の細かい粉末〔塩のことか〕を振りかけながら「皮革職人の使う糸と針で皮膚をくっつけて縫合した」と語っている。そして傷がくっつくと

さまざまな傷の診察
ルッジェーロ・デ・フルガルド『外科実践』
1300年頃の写本、ブリティッシュ・ライブラリー

グリエルモはその上に「卵黄、バラの油、そしてサフランを少々」塗った。兵士は快復しただけでなく、その後も長生きし、結婚して子供を儲けたという。

騎兵同士が槍や剣を振るって戦った場合は頻繁に落馬が起こったから、それに起因する負傷もまた絶えなかった。甲冑を身にまとった騎兵がギャロップで走る馬から落ちた場合、たいてい肩や四肢の脱臼か骨折、あるいは鎖骨や肋骨の損傷を招いた。治療が大成功でも収めないかぎり、こうした重傷が治ることはなかった。とくに脊椎を損傷していた場合、ほとんど希望は持てなかった。「もし頸椎や胸椎を折っていた場合、すみやかな死が訪れることはほぼ確実であると考えねばならない」とグリエルモは警告している。一方、肋骨につながっている椎骨か腎臓のあたりの椎骨が折れているだけと分かれば、優れた医者が素早く処置することで助けることができる。そして治療後五日経っても異常がなければ、患者の包帯を解いて、徐々に日常生活へと戻すようにして構わない、と彼は述べている(14)。

医者にかかるべきか否か

すでに見たように、六世紀にイタリアで戦ったビザンツ軍は負傷者を治療するために、十分な能力のある医者を従軍させていた。しかしそうした軍医の存在がいつの時代でも史料的に裏付けられているわけではない。たとえば一〇八四年冬にボエモン・ダルタヴィッラがギリシャで病に倒れたとき、彼は父親に「医者と薬が豊富な」イタリアへ移送してくれるよう頼んでいる。これは明らかに彼らがそうした医療設備を携えていなかったことを意味する。一一一四年にマヨルカ島で戦ったピサ人たちも同様で、ある旗手が投石で負傷したとき、「ボーノと旗手の息子たち、すなわちウーゴとゲラルドそしてピエトロらは、医者の手当ての仕方を思い出しながら看護し、シャクヤクの汁で旗手を治した」。これと同じ年、フランス王ルイ六世はローマ皇帝との戦争に備え、傷つき疲れた兵士たちのために水やワインを積んだ大小の荷車を、王冠の旗印を掲げた場所に用意しておくよう何度も指示を出している。これによって「もし負傷兵の誰かがそれでも戦い続けるよう命じられた場合は、飲み物で力を回復し傷には包帯を巻いて、勝利を得るために戦場に戻れるようにした」のだった。これは休息と応急処置の場所ではあったが、いかなる医者の類も用意されてはいなかったのは確かだ。

　反対に、一二一七年トゥールーズがシモン・ド・モンフォールの包囲をはねのけたときは、「知識の豊富な医者たちが召集され、苦痛にうめく負傷兵の命を救うため膏薬を作ったり塗ったりした」。同じ負傷兵でも大量に出血している者には「ひどい裂傷に対処するため」外科手術が施された。また十三世紀中ごろのイタリアにおける、ほとんどすべてのコムーネ軍は、最低一名の医者を配置していた。一二四〇年のクレモーナ軍は、「裂傷や骨を治す」医者一名と医者用の荷車を用意し、市民兵やクレモーナに従属する農民兵が無料で彼から治療を受けられるように、一日二ソルドの給料を支払っていた。前節で紹介したグリエルモ・ダ・サリチェートはまさにそうして雇われた軍医のひとりで、一二七六年に著された『外科医学』では、一人の「ベルガモ市民兵」を手当てしたときのことを書いている。「私自身、部隊の中ではまだまったくの若

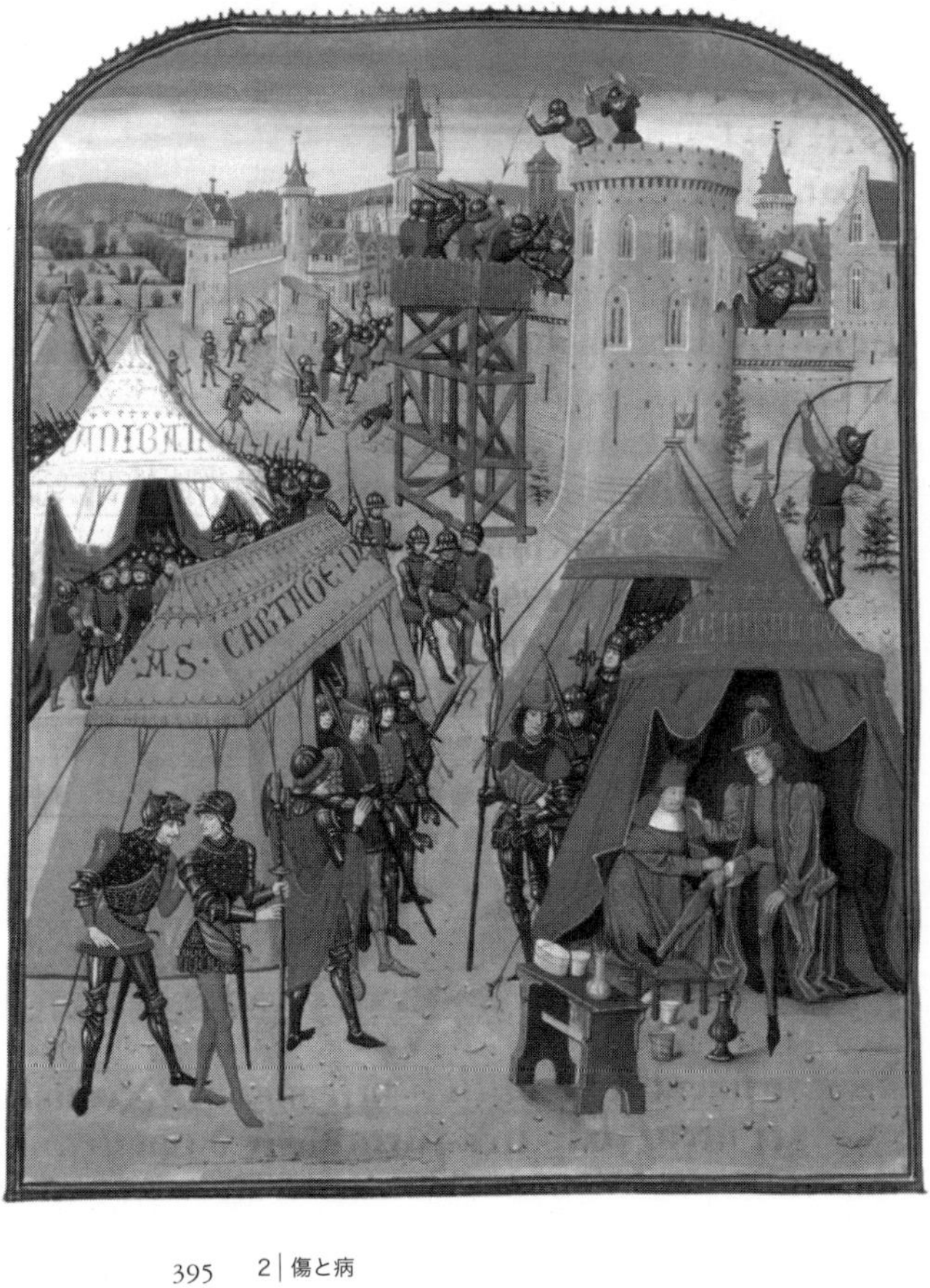

戦地で治療する外科医
写本、1465年
ラウレンツィアーナ図書館

輩であった」が、その兵士の治療を成功させた後には「私はたっぷりと褒美をもらい、軍務を解除された」という。[15]

一二六〇年、対シエナ戦争に動員されたフィレンツェ軍は三人の軍医と契約した。彼ら三人の名前は『モンタペルティの書』に残っており、その一人「ロゲリウス博士」だけは三リラの契約金を受け取り、「熱病やその他の病気を治療する」ことができた。あとの二人はそれより契約金は低く、扱えるのも外科分野に限られていた。一二八二年にフォリーニョとの戦争に動員されたペルージャ軍には一人の医者が従軍していたが、一二八七年のフェッラーラ都市条例では、市内の医者は通例この種の従軍義務を免れていた。しかし、もし都市コムーネの、あるいはフェッラーラを治めるエステ侯の命令で騎兵二〇〇、歩兵一〇〇〇を超える軍が動員された場合、二名の医者――内科医と外科医各一名――が従軍しなくてはならなかった。それぞれの医者は一日に騎兵三人を治療すると最大二〇ソルドを受け取り、さらに騎兵二人を治療するごとに一五ソルドが支払われた。一三〇〇年三月二十八日の記録によると、ヴェネツィアは「従軍の結果失われた」医学書類やその他の物品への賠償として、ピエトロ・ダ・パヴィーアに三リラを支払っている。また十四世紀初頭のシエナでは、軍務奉仕に就いている市民たちは無料で医療が受けられただけでなく、戦傷が原因で障碍者になったり、自分の力だけで生きていけなくなった者は、サンタ・マリア・デッラ・スカーラ施療院で余生を過ごすことができた。[16]

この時代のスペインで活動した軍隊でも、外科医（ようするに「傷の手当の親方」）と医者（内科医）は互いに協力し合っていた。彼らは治療した患者の傷の程度によって報酬を査定されていたが、それはおそらく他のヨーロッパ地域でも同様だっただろう。一三〇五年、カリポリスに駐屯していた軍隊は、「負傷した人間を治療する」のに準備万端整った医者を備えていたため、負傷兵はすぐ戦いに復帰することができた。また一四一五年アジャンクールで勝利したイングランド軍は、少なくとも二〇名の外科医を引き連れていたが、敗れたフランス軍側も同じ規模で医者を従軍させていたという。

アジャンクールの戦い
15世紀後半の写本、ランベス宮図書館
イングランド王ヘンリー5世が長弓兵と防御陣地を活用し、
三倍近い兵力を有するフランス騎兵軍に圧勝したことで有名。

とはいえ、軍の衛生・治療部門について雄弁に語ってくれる史料は限られている。たとえば一二四五年モンテベッルーナ包囲戦に参加したトレヴィーゾ軍の軍医団に関しては、ただ治療を受けた者のリストのみが残っている。そのリストには全部で四六人の名前が載っており、大半が弩兵である。また一三二七年、サンタ・マリア・ア・モンテをフィレンツェ軍が包囲したときに、従軍した医療関係者の一覧が現在に伝わっているが、そうしたきわめて少ない史料からでは、当時の軍の衛生活動の実態やその有効性を解明することは不可能である。こうした史料は明らかに短期間治療を受けた人間の概略を伝えるためのもので、大規模な戦闘ののちに生じた大多数の重篤な負傷兵などについて扱ったものではないのだ。たとえば、一二六〇年のモンタペルティの戦いで、戦闘中あるいは戦闘終了後に例の三人のフィレンツェ人軍医が何をしていたか、どうやって知ることができようか？

長期にわたる遠征では、様々な伝染病も当然流行っただろうが、そうした対策も当時は十分ではなかっただろう。そうした伝染病はしばしば簡潔に「軍隊の病気」と呼ばれたが、これはどんな戦闘よりも多くの命を奪った。マヨルカ島では一年に及ぶ遠征の結果、ピサ人たちは腹下しから起こる伝染病によって多くが命を落とした。これは食事の変化に加えて、ワインの不足から水を飲まざるを得なかったことが原因だった。一二五〇年、エジプトへの十字軍に加わったフランス人たちの間でも「軍隊の病」が猛威を振るった。この病気にかかった者は、まず脚の肉が「まるで古びた脚絆のような茶色や黒に」変色してしまう。次に歯茎も同様に変色し、さらに病状が悪化して鼻から出血するようになると死は確実だった。現在ではこれは壊血病の一種だろうと考えられている。騎士ジョワンヴィルは、こうなったときに必要な処置は、外科医に口内の腐った肉を切り取ってもらうことだったと述べている。そうすれば少なくとも病人は食べ物を飲み込むことぐらいはできたからだ。「軍の陣内で、腐肉を切除される兵士の悲鳴を聞くとなんとも哀れな気持ちになった。彼らはまるで陣痛に苦しむ女性のように叫んだ」。[17]

イタリアでの状況については、一四七六年に傭兵隊長オルソ・オルシーニが著した『軍隊の管理と運営』が貴重な史料となる。これを読むと、当時の医者がその技能に関してあまり信用されていなかったのが分かる。オルソがまず一番に述べているのは「負傷やその他災難を被った患者のために、たくさんの医者や医薬品の類が必要になるというのは」真実ではないということだ。たとえば若者が熱を出したら、軍隊で普通に行われる対処法は九日間彼からパン、ワイン、肉そして砂糖を取り上げることで、それで十分だ。これに加えて下剤を与えさえすれば、一〇人中九人までは八日ほどで回復するという。その間「患者は医者の手当てを受けたり、薬を飲まされたりすることはない」のである。さらに負傷兵にとって最良の薬は上質な油、羊毛、清潔な布、そして節食であり、どうしても医者にかからなければならないのは骨折を治す場合だけだ、とオルソは言う。

だが彼はそのすぐあとで「どんな患者であっても、医者にかかったり薬を与えられたりするのは悪いことではない」のだから、軍隊に何人かの「命を守る」役目を持った人間を加えるのは有益なことである、と述べている。さらに前述の治療を行う際には「十字架を与え、いくつかの祈禱を唱えてやれば」、唱えられた側どころか唱えた側すらその意味が分かっていなくても「患者はそれが唱えられたというだけで、祈禱の力で奇跡的に治ると信じるであろう」。ここでは心理学的な作用が重視されていることを見逃すべきではない。この作用によって患者に治療行為とその効能を信じさせ、魔術的なものへの世俗の信仰を治療のためにうまく利用するのである。ここで言われる「命を守る」人々は、患者の治療を担当するのにあたって、学位を修めた医者である必要も、正式な聖職者である必要もない。彼らに必要なのはただ患者に希望を抱かせる力なのである。

ここで述べられているのはオルソ・オルシーニが実際の戦場で目撃し、体験したことなのだろう。たとえば、フランチェスコ・スフォルツァの軍隊はすくなくとも二〇〇〇以上の兵力を持ちながら、事実一人の軍医すら伴っていなかった。そこではすべての負傷者が「前述の方法で治療を受けたが、死んだ者はわずかで、非常に重傷だったり重い病にかかった者でも治療の結果はたいして変わらなかった」。軍の中でも裕福な層の人間たちは、軍の作戦地域から遠くないところに住む医者にかかることができたが「そういった者は死んだり長い間床に臥せったりした」。ようするに、十五世紀における大規模な軍事作戦では、医療・衛生組織が準備されることはなかったと言ってよいだろう。兵士たちは運が良ければ経験法則的な治療を施されるか、戦友たちの手当てを受けることができた。そして富やコネのある人間だけが「民間の」医師にかかることができたのだった（とはいえその効能もわずかなものだったが）。

さらにオルソは実体験に基づいて、治療の結果についても多くを述べている。一四四七年、ピアチェンツァの包囲中に彼は火縄銃で腕に重傷を負った。その傷は「静脈を切断し、動脈と腱にまで達していたので、私は四日間痛みで苦しんだ」。都市の占領と略奪の混乱の中では医者も見つからず、彼は一睡もできないままだったが、ついに彼は傷の上に巻かれていた包帯を引きちぎると「傷の上に油を塗り、清潔な布で押さえた」。するとたちまち「私はそれまでにはなかったほど深い眠りに落ち、一晩でかなり良くなっていた。それから私はずっと包帯など巻かずに治療を続け、簡単な薬品とほんのわずかな手間で、数日のうちに回復した」。またピニャーノ・ネッラ・マルカの戦いでは、弩の矢が鎧を突き破って太ももに刺さったが「油と羊毛だけで傷は六日後に回復した。私はいかなる魔術にも頼らなかった。なぜならそんなものを信じたことは一度もないからである」。その後十五年間で、たとえばパドヴァの戦いで一度ならず死にそうな目に遭遇しているが、彼は一度も医者にはかかっていない。彼は怪我をするたびに自分の勧める治療法だけで対処したが、そのたびにきちんと治している。

さらにオルソは語り続ける。いわく、自分が十分な稼ぎを得られるようになる以前は「私は自分の家族や子供たちも治療していたが、誰一人殺したことはない。ただペストの類は例外だ。というのはこれらの病気に治療法はないから、医者でさえあまり役に立たない。それ以外は何でも患者を節食と節制、金のかからない方法で治す。病状によっては少々の肉桂や松の実を与える。そうすれば九日のうちに治る……ときにはたった一日で」。オルソはその後裕福になったが、ケチと思われようと、時間が切迫していようと、彼は家族や子供を医者に診てもらおうと自ら積極的に働きかけることはなかった。だがその代わり「家族は私を医者に頼んで治療してもらったので、私は長く床に臥せることになり、多額の支払いをすることになったのだ」。

こうしたオルソ・オルシーニの証言から、十五世紀イタリアでの兵士への医療活動は「まったく未発達で、正しいやり方も間違ったやり方もずっと変わらなかった」と確認できる。あるいはその未発達ぶりは悪化しさえした。高い名声を有していた傭兵隊長でも、治療のふりをするのがせいぜいな床屋医者を一名抱えているだけ、ということはざらにあった。従軍医への信頼の欠如は当時の文学作品でも確認できる。たとえばマッテオ・バンデッロ*の作品では、あるペテン師が医者のかばん持ちをしていたときに、偶然軍隊で手術を成功させてしまい、外科医になるという話があるし、フランス元帥だった〔十六世紀の傭兵隊長〕ピエロ・ストロッツィにかわいがられた道化のブルスケットは、これ以上彼の気質に合った仕事はないという理由だけで、軍隊で医者の役を務める。

十五世紀は火器が急速に普及し始め、その結果軍医が鉄砲傷にも対応しなくてはならなくなった時代である。すでに紹介したオルソ・オルシーニもそうだったが、多くのイタリア傭兵隊長がその軍歴のどこかで鉄砲に撃たれている。とはいえ、彼ら傭兵隊長は戦場でのみ命の危険があったわけではない。陰謀や政治的な処罰で命を落としただけでなく、よく命を危険に晒すような個人的な喧嘩にも巻き込まれた。さらに頻繁な旅や行軍、とくに水上の移動時に生じる危険も軽視すべきではない。たとえばムツィオ・アッテンドーロ・スフォルツァはペスカーラ川を渡っているときに死に、ロベルト・ディ・サンセヴェリーノはアディジェ川で溺死した。二人とも甲冑を着こんでいたためである。また長時間甲冑を着たまま馬上で過ごしたため、彼らは椎間板ヘルニアになることもあった。これはまさに傭兵隊長の職業病というべきもので、多くの隊長は時々湯治に出かけてこれを治している。

滅多にあることではなかっただろうが、高名な傭兵隊長が戦傷がもとで死ぬということもまったくあり得ない話ではなかった。その一例は一四二八年のブラッチョ・ダ・モントーネの死である。叙事詩『アークィラ戦役』によれば、彼は火縄銃によって致命傷を受け、地面にうずくまった。彼は大きな盾に乗せられて自分の天幕に運ばれ「急いで医者が呼ばれたが／傷を治すことはできず／ただ快復を願い／死地から蘇りますようにと祈るばかりであった」。逆に若きフランチェスコ・スフォルツァは、難しい手術で命を救われたといわれている（ただしその伝承を聞く限り、その手術とやらもあてにならなそうだという点は念押ししておかねばなるまい）が、フランチェスコの仇敵アッテンドーロの息子は頭を負傷し、外科医はそこにメスを入れることができなかったために命を落とした。

兵士の身体に古傷が残っているのは当たり前のことであった。一四七六年にアントニオ・コルナッザーノが記

＊イタリアの修道士、文筆家（一四八五―一五六一）。北イタリア諸侯に仕え、二一四篇からなる『説話集《ノヴェッレ》』を出版した。

述した理想的な戦士像では「火傷の跡は戦士にとって不快なものではない」と認めている。彼によれば「戦士の身体は、たくさんの治りかけた火傷の跡によって市井の人間と見分けられる」。こうした痕跡は伝統的に武勇の証と考えられており、「戦争の人文主義化」がみられたこの時代、古傷という「戦争によって傷つけられた痕跡は、醜さと勇敢さの混ざり合ったもの」と受け止められた。それゆえ火傷の跡は「肉体に刻まれた勲章」とみなされ、同時に戦争の「醜さ、悪、非人間性」の証とされた。

中世末期の二〇〇年間に作成された兵士の名簿類には、兵士のはっきりとした肉体的特徴として髭や目の色、身長、歯並びなど、個人を識別するための指標が克明に記録されているが、その中でも顔面や手に残る火傷の跡は非常に重視されるものであった。一三七四年の秋、エクス・アン・プロヴァンスで召集された二〇一名の軍隊に関する記録では、そのうち五六名に少なくとも一か所の火傷の跡があった。火傷が手にある場合、それはたいてい右か左の人差し指であった。それは武器のせいかもしれないが、畑仕事や職人仕事によっても起こりうるものであったから、彼らは一時的に徴兵された兵士かもしれないし、あるいは略奪騎行の軍役奉仕を義務付けられた者かもしれないし、傭兵稼業ということもありえる。

一三九六年七月、リエーティのコムーネに雇われたフランチェスコ・ダ・バッツァーノ元帥配下の一八人の傭兵は、ペルージャ人モンテ・デッラ・フィーナとパオロ・ディ・ニコラ・ダ・モンテレアーレがそれぞれ「あごひげのところ」と「額」に火傷の跡があると注記されている。一四六四年、ローマのカステル・サンタンジェロ〔聖天使城〕の守備兵として雇われたスペイン、ドイツ、イタリアの傭兵では、六二人のうち三二人に火傷の跡があった。とくに傷が多いのは頭部で、一四人が顔面、額、目に火傷があり、ついで左手〔六人〕、右手〔四人〕、右膝、左腕、首〔各二人〕、そして肩、右腕、右足〔各一人〕と続く。少なくとも二人は二か所以上の火傷を負っている。アントニオ・コルナッザーノもこれにはきっと満足したことだろう(18)。

3
死

「勝利を収めた諸兄は、勝った後の戦場で敵が死んだりまだ生きていたりするのを見るであろう。すべての死者は埋葬されるだろう、とくに彼らがキリスト教徒ならば。これはできるだけ早くするべきだ。野獣がその死体を食い荒らさないうちに」と理想的な軍人君主であったテオドロ・ディ・モンフェッラートは述べている。さらに、戦場で敵の指揮官が死んでいるのを見つけたら、自分の部隊から最良の兵を選んで彼を担ぎ上げ、頑健で美しい軍馬に乗せる。もし彼が裸であるなら、できる限りよい布で死体を包んでやるのがよい、とも。「とにかく、裸で戦場に倒れている死体はそれが誰であれ、敵か味方かを問わず同じようにしてやって、恭しく埋葬すべきだ、と私は思う」。

テオドロの『教訓集』は、十四世紀初頭の北イタリアの君主たちが共有していた正しい振る舞いと習慣について述べているわけだが、これはキリスト教の博愛の精神と、それに加えて騎士道精神によって生まれたものである。しかしそれが必ずしも普遍的に広まっていた考え方であるとみなすことはできない。戦死者たちはそれが敵か味方か、キリスト教徒か異教徒かで区別されたが、とりわけ暗に認められていた区別は、彼がどの社会階層に属しているか、つまりあけすけに言えば貴族ないし金持ちであるかどうか、だった。実際、貴族身分か裕福な人間ならば名誉と礼儀をもって扱われた。この点、記録類は概して口が重いが、こうした区別は古代からずっと行われていた。しかし中世にはさらに別の区別が必要になっていった。それは戦死者の遺体を保存するうえで、その戦死者が出身地の近くで死んだか、あるいは遠方で死んだのかという区別である。戦死者の出身地が遠いか近いかは、平野での会戦ならば戦闘終了後すぐに問題化したし、遠征中や長期の包囲戦でも次第に顕在化していった。これは解決策次第で、敵味方を問わず軍事作戦の趨勢をも大きく変えうるものであった。

『マヨルカの書』の著者によれば、ピサ人によるマヨルカ島遠征の最中に「その輝かしい武勲ゆえに地位を得た有力家系の人々が／たくさん亡くなり／また同様に名声を得た者たちも死んだ。街道脇には墓が並び／野原もまた墓だらけだった。そこで浜辺や／それ以外の場所が貴族たちの埋葬地とされた」。こうして誕生した戦場墓地は、戦闘や伝染病が猛威を振るった結果、まるで止まらぬ出血のように増えていく死者のせいでますます大きくなっていった。死者は下層民の墓地にも埋葬されるようになったが、これは有力家系の死者に対してふさわしい扱いとはいえなかった。マヨルカ遠征がピサの勝利で終わると、艦隊は遺体を積んで出港したが、ピサで挙行されるであろう凱旋式が大規模な葬儀によって水を差されるのを避けるため、艦隊はマルシリア島に一時寄港し、そこのサン・ヴィットーレ修道院に戦死者をまとめて埋葬してしまった。だが埋葬されたのも有力家系の者だけだったらしく、その彼らでさえ外国の地に埋葬されてしまったのは納得のいく結果ではなかっただろう。この出来事の後、事件を記憶するための碑文がアウレア門の上部に取り付けられ、以降船で遠征に出かけるピサの軍隊はこの門を通って出発し、帰国するようになったという[19]。

十二世紀の初頭、コモとミラノが十年にわたって対立を続けていたころ、勇敢で生まれの良いコモ人の多くが、都市城壁での防衛戦やコモ近郊への軍事遠征で死亡したが、そうした戦死者の遺体は戦友たちの手によって回収されコモの町へと運ばれた。ある激しい戦いによってゲラルドという兵士が倒れたとき、「彼を運ぶために戦友たちが駆け寄った／しかし部隊の他の仲間たちは、なお激しく／戦場を確保するために他の敵と戦っていた」。その結果、彼らは撤退せざるを得なかった。そうこうしているうちに敵兵はゲラルドの死体から戦利品を漁り、彼の死体は肋骨が飛び出したまま放置された。かなり後になってコモ兵たちは「悲嘆にくれながらゲラルドの遺体を運び出す人間を派遣した」。

他にも、コマチーナ島〔コモ湖の島のひとつ〕の城郭をめぐる戦いで矢を受けたベルトランドという兵士は「血まみれとなってすみやかに戦場から運び出された」。またドレッツォの戦いで石礫を受けたジョヴァンニ・パレアーリは「そこで戦死したので、部隊の他の兵士が／集まって、乱戦から運び出した」。さらに矢で射られたアルデラーモ・デ・クワドリオの場合は、すぐさま「同僚の兵士たちはその死を悼んで、彼を／殺戮の場から運び出した」。「身分の高いコモ市民」オルドラードは敵騎兵と戦っているときに槍で突かれ、彼は「戦友たちに運びだされたが／みな言葉を失い、ただ口をパクパクとさせていた」。彼は、右目を貫いた矢が首から飛び出すほどの傷によって命を落としたパガーノ・ベッカリアと一緒に、コモ市の墓地に埋葬された。オットーネ・モレーナも、運悪く矢で射られて死んだパガーノは「彼の部下の一人が死体を運び出し／サン・アッボンディオ聖堂へと埋葬しに行った」と語っている。コモの同盟市グラヴェドーナの兵士たちは、ルチーノの塔をめぐる戦いがあった次の日の朝、戦友を捜索しに戦場へ戻ったが「塔から／矢がアッツォーネの胸へと放たれ、彼を貫いた。生暖かい血が彼の口から溢れ／彼は命を落とした。グラヴェドーナにもどると彼の亡骸はただちに埋葬された」。

　戦死者が発生したとき、可能な限り遺体を回収するよう命じられ

荷車で戦地から運び出されるアーサー王の亡骸
14世紀の写本、デン・ハーグ、王立図書館

るのは著名な人物の場合だけではなかった。たとえばミラノ軍に敗北したヴァルテッリーナの人々は「その被害を悼み／戦死した哀れな小作人たちを埋葬した」。またコモ人たちも、ヴィーコとコロニオーラ防衛戦のあとで「血塗れの死体を引き上げるために人間を送り出し／戦死者を家に送り返した／なぜならみなよく知った友人たちだったからである」。一一二六年の冬には、ミラノ軍の奇襲を受け壊滅したコモ軍の生き残りが「死んだ戦友たちを集め／彼らの家へと遺体を送り届けた／市民たちは嘆き悲しみ／死に打ちひしがれた人々を慰めた／そして亡くなった友人たちをコモにある立派な墓に埋葬したのだった」。

ミラノ人も同じように振る舞った。「あまりに多くの戦死者によって人々は悲嘆にくれた。／夜が更けてくると／多くの人が棺に納めるため／死者の遺体を切断した」。さらにオットーネ・モレーナの記述によれば、一一六〇年八月にカルカーノの戦いが決着のつかないまま終わると、「戦場に倒れた死者を集め、ミラノに運ぶためにたくさんの荷車に積み込んだ」。同様のエピソードは、皇帝フリードリヒ・バルバロッサがアクイレイア大司教に書き送った手紙にも垣間見える。皇帝は戦闘で大損害を被ったものの、敵方は「集めた戦死者をミラノに運ぶため七五台の荷車を使い、それぞれの車には少なくとも三人か四人の死骸が積まれていた」という。

とはいえ、いつでも戦死者の遺体を回収できたわけではない。たとえばミラノ軍は、コモの町を略奪中に敵兵の奇襲を受けて逃走した結果、戦場に「惨たらしくも皆殺しにされた／ミラノ人の戦死者を」放置するしかなかった。そのため「ミラノ兵の死体が転がり、はらわたからは腐臭がただよっていた」。コモ人たちはただ衛生上の理由から、これらの遺体を埋葬したのだった。またカントゥの騎兵部隊は、ある浅瀬の近くで奇襲を受けて皆殺しにされたが「七〇以上の死体が放置されるままになっていた」。[20]

非常に身分の高い死者だけが、故国から遠く離れた地で命を落としたとしても、名誉ある扱いを受けることができた。ローマ皇帝と知遇を得ていたドイツ人の伯エーレンベルトと彼の従士は、皇帝軍に従軍中の一一五八年、ミラノ軍の奇襲によってキアラヴァッレ修道院の近くで戦死した。ヴィンチェンツォ・ダ・プラーガの記録によ

フリードリヒ・バルバロッサの出征と死
エブロのペトルス『皇帝陛下の栄光についての書』、13世紀前半

れば、修道士たちはこれほど貴顕の士が野獣の餌になってしまうことは避けようと、死体を集めて「その肉を修道院に埋葬し、彼の骨は衷心から祖国へと送り返された」。ヴィンチェンツォは、修道士たちが慈悲を示さなければ、エーレンベルトの死体は埋葬もされず、野獣の餌になっていたことだろう、と書き添えている。

　死体の腐りやすい部分は戦死した場所の近くにある教会などに埋葬し、骨だけを祖国、あるいはもっと戦死者の身分にふさわしい場所へと運ぶというのは、君主や貴族の間では習慣的なやり方だった。聖地エルサレムへの十字軍を率いていたフリードリヒ・バルバロッサは一一九〇年六月十日サレフ川の急流で命を落としたが、その遺体は酢で処理したのちにタルススまで運ばれ、その地の大聖堂に内臓だけが埋葬された。それから「皇帝の遺体は煮られ、貴人が埋葬される場合の習慣に従って、肉はアンティオキアの大聖堂に埋葬された」。皇帝の骨は、彼の息子シュヴァーベン大公フリードリヒがテュロスまで持ち運んだことは分かっているが、息子のフリードリヒがアクリで没して以降の遺骨の足取りは杳として知れない。ようするに皇帝とその息子は、エーレンベルトとは異なり故国に再び帰ることはなかったのである。さらに一三一二年九月二十四日にシエナ近郊のブオンコンヴェントで亡くなった皇帝ハインリヒ七世の例を見てみよう。皇帝の肉はピサの町にある彼の妻の墓に埋葬されたが、遺骨は「カスティーリャ伯やその他皇帝に仕えた領主たちの手でドイツまで運ばれた」。

勝った側の、敵の戦死者に対する無関心と、高い身分の死者を戦場近くの教会に埋葬するというキリスト教徒としての慈悲深い態度は、イタリアを含むヨーロッパ各地で長く維持されたが、この二つが常にはっきりと区別できたわけではない。一例をあげれば、ヘースティングズの戦い（一〇六六年十月十四日）のあと、勝者のノルマン人は敵に対し「かの戦死者たちは神を信じぬものどもであったが」寛大な態度をとった、とポワティエのギヨームは伝えている。一方でアミアンのギーは敵の死体を「ウジ虫、狼、鳥、野犬の」なすがままに放置した。しかし死者が戦場で埋葬されたのならば当然その痕跡が見つかるはずなのだが、ヘースティングズに限らず大半の有名な戦いがあった場所でも、そうした痕跡は現在に至るまでに失われている。

一二三七年、コルテヌォーヴァで第二次ロンバルディア同盟の軍勢に勝利を収めたフリードリヒ二世は、いつもの饒舌な調子で「これほどの多くの人間が死んだ戦闘はかつてなく」「十分な墓を用意することもできなかった」と書いている。だが皇帝の書き残したもの以外に、コルテヌォーヴァで戦死者の埋葬が行われたという記録はなく、今では関係があるのかないのか分からない骨のかけらがたまに見つかる程度だ。古戦場で戦死者や埋葬の痕跡が見つからないのは、遺体の散乱のせいではないかとも考えられる。つまり戦闘で殺された者たちは現実には「戦場で折り重なるように倒れているだけでなく、敵の追撃から逃れようとしたせいで方々へと散らばっている」

のだ。この点については、一二六〇年のモンタペルティの戦いにおいて、敗北したフィレンツェとその同盟軍の兵士は、会戦の場所から一五マイル以上離れたところまで逃げたうえで殲滅された、という勝者側の証言をあげれば十分だろう。またジョヴァンニ・ヴィッラーニが語る、傭兵隊長カストルッチョ・カストラカーニのアルトパッショでの敗北（一三二五年九月二十三日）では「戦闘が始まった当初、戦死者による損害はフィレンツェ軍の若干の支援もあって小さいものだったが、その後カストルッチョの軍が逃亡し始めると多くが殺され、捕らえられた」。その結果「軍の損害、つまり戦死者と捕虜の大部分は、戦場から離れた場所で生じた」のだった。[21]

　リエージュ地方でも、カルカーノでのミラノ兵と同じように、戦争の中で斃れた戦死者は、生き残った戦友や同盟軍の兵士が祖国に持ち帰った。また十五世紀後半になると、戦死者の両親が戦場へ我が子の遺体を探しに出かけ、立派な葬式をあげてやるために、亡骸を石灰入りの樽につめて荷車で持ち帰るという習慣が生まれた。とくに騎士の場合、死体は略奪を受けてバラバラにされていることが多かったから、敵味方の死体の中から特定の死者を見分けられるのは実の親以外にいない、という単純な理由からであった。

　一二五〇年、フランス王ルイ九世率いる十字軍は、エジプトでのある戦いのあと、敵味方の死体をナイル川に投げ込んだ。騎士ジョワンヴィルによればその九日後、死体は胆汁の腐敗のせいで次々と浮かび上がったという。そのためナイル川は死体で埋まり、水流が弱かったので死体はある橋のたもとにひっかかった。そこで王の命令により一〇〇人の「ごろつきども」が八日間の悲惨な任務に就いた。彼らは川が三角州の方へ死体を押し流してくれるよう、サラセン人の死体を橋の向こう側へと放り投げ、キリスト教徒の死体は巨大な溝を掘ってまとめて埋葬した。「私はアルトワ伯の侍従やその他大勢が、死体の中から友人を探し回っているのを見た。しかし彼らが友人を探し出せたという話は一切聞かなかった」とジョワンヴィルは続けている。

　両親や友人、戦友たちの捜索にもかかわらず身元が判明しなかった死者は、大きな溝を掘って一緒に埋葬するのが一番良い扱いだった。しばしばこれは拙速な作業で、軍に付き従う「ごろつき・略奪者」たちの手で行われた。この手の不愉快な仕事で金を稼ぐ者たちのなかでも、死者の埋葬は最も汚くみじめで、卑しい者たちの仕事とされた。十四世紀のある年代記作家は次のような話を残している。モンタペルティでの敗戦でフィレンツェ軍が殺戮された後、勝者であるシエナ人は、この戦いで裏切り者とみなされたモンタルチーノの住人をモンタペルティの元戦場に召集した。そして「モンタルチーノの人々は戦死者の死体をすべて埋葬するよう命じられた」。戦闘があってからすでに数日が経過していた。「よく考えるがよい。もしこの仕事をやり遂げたら、お前たちの不名誉は回復されるだろう（とモンタルチーノの住人は言われた）。そこで彼らは三日間そこに留まり、死んだ者たちを地面に埋めた。死体はあまりに多く、とんでもない悪臭を放っていた。というのもこの地にずっと放置されていたからである」。この年代記の記述が真実であるかどうかは問題ではなく、それが示唆するところが重要である。すなわち戦死者は何日も埋葬されず戦場に放置されたこと。そして戦死者の埋葬という不快な仕事は、キリスト教徒としての慈愛の精神からというよりは、罪の償いや衛生上の理由から行われたということである。

一方、フロワサールは、一三四六年八月二十六日のクレシーの戦いで起こった、かなり例外的な出来事を語っている。この戦いで勝者となったイングランド王は、死体の身元確認をしやすくするため、許可なく死者から物をはぎ取ることを禁止する布告を出した。さらに王は衛兵を配置して一晩中戦場を見張らせた。次の日、王は騎士二名、貴顕の士を見分ける知識を持った紋章官二名、そして名前を書き留めるための聖職者二名を、特別な任務のために任命した。彼らは一日中働いたあとで、王に対してフランス軍の領主クラスの人間（高位聖職者を含む）一一名、バナレット騎士八〇名、騎士二〇〇名の名前と、多数のジェノヴァ人弩兵を含む六〇〇〇の死体を確認したと報告した。イングランド側の死者は騎士三人と二〇人の弓兵が報告されたに過ぎなかったという。その後、フランス王は死者を埋葬するため三日間の停戦を求め、イングランド王エドワード三世もそれに同意したので、戦死者は近くにあったマンテニー修道院に埋葬された[22]。

繰り返しになるが、すでにみたように宗教上の理由から戦死者の埋葬が行われることもあった。一二一七年十一月、トゥールーズ市の守備隊が多くの犠牲を払ってシモン・ド・モンフォール率いるアルビジョワ十字軍を押し返したとき、枢機卿の一人は「修道士たちを呼んで、戦死者の魂が救済されるよう葬儀を執り行わせた」。また一二七五年六月十三日、イーモラ近郊で起こったサン・プロコロの戦いで死んだボローニャ人たちは（セニオ川で溺死した者は除き）、町のフランチェスコ会士と「その他聖職者」によって葬られた。またアジャンクールの戦い（一四一五年十月二十五日）がイングランド軍の勝利で終わったあと、アラスの司教の尽力により、六〇〇〇以上の戦死者が近在の村々の墓所に埋葬された。

フェデリーコ・ダ・モンテフェルトロが教皇軍を打ち破った一四六九年のリーミニの戦いでは、三〇〇人の死者がサン・コルカ修道院の修道士たちによって集められ、埋葬されている。だが戦死者が埋葬もされずに放置されるのは珍しいことではなかった。たとえば一三〇四年、フランドルのモン・サン・ペヴェールで戦闘に勝利したフランス王の振る舞いを、ジョヴァンニ・ヴィッラーニは次のように記録している。「王は戦死したフランス人を埋葬するよう命じ、戦闘があった平野の端に建っていた修道院が埋葬場所に選ばれた。さらに、死体が見せしめとなって長く記憶に残るよう、魂と肉体への罰としてフランドル兵の死者はいっさい埋葬してはならないという布告が出され、大声で読み上げられた。これは本当にあったことだと著者である私は断言する。戦いののち数日以内に戦場へ行ってみれば、読者もすべての死体が埋葬もされずに残っているのを目撃しただろう」。

モリネッラの戦い（一四六七年）では、戦闘終結から何日もの間「戦場全体に死者の臭気が漂っていた。なぜなら戦死者は塹壕の中に放置されていたからである」。同様に一四九〇年のゾンホーヴェンの戦いでも、戦死者は埋葬もされず荒野に放り出されたままになっていた。さらに既に述べたように、死体が獣の餌にされたこともあった。一二一六年、ボーケール市の城壁で小規模な戦いがあったあと、「うち捨てられた死体は、野犬や鳥にとってまたとない栄養となった」とある詩人は皮肉っぽく書き残している。テオドロ・ディ・モンフェッラートが『教訓集』の中で死者を埋葬し、「彼らを野獣の好きにさせてはならない」と述べている理由も、こうした扱いが

死体の頭部を投石機で撃ち込む
13世紀後半の写本、パリ、国立図書館

決して珍しいものではなかったという観点から理解すべきだろう。ステップの戦い（一二一三年十月十三日、現ベルギー）では、戦闘後死者から物を奪おうと戦場を再訪した者たちは、棒で野犬を追い払わなくてはならないほどだった。

　死体漁りが終わってしまえば、敵の戦死者の亡骸についてはまったく無関心になるのが一般的だった。特にそれが異教徒の場合は顕著である。マヨルカ島遠征でのピサ人は「死体の悪臭が広がらないように、敵の死体は強い炎で燃やしてしまった」。それから彼らは「穴を掘ってそれらの灰を埋めた」。またこうした際、わざわざ薪を集めたりはせず、ピサ人は「穴を死体で満たした」。はっきりとは述べられていないが、これが現実的な敵の戦死者への取り扱い方であったらしい[23]。なにより、当時の埋葬法では死体の切断は一般的であり、その習慣はながく維持された。たとえば第一回十字軍では様々な動機とやり方で死体切断が何度も行われた。一〇九七年五月から六月のニケーア包囲戦で、敵の死体は頭を切断され、その頭は投石器を用いて都市の中に撃ち込まれた。それは「トルコ人たちを怖がらせるため」であった。同年十二月にはアンティオキア郊外で捕虜が「市内にいる者たちの苦痛を増やすために」城門前に並べられ、斬首された。翌年二月には、カイロのカリフが派遣した大使たちに十字軍の勝利を見せつけるため、アンティオキア郊外に一〇〇個の死者の頭が飾られた。

同年三月七日、前日の戦闘で敗北したトルコ軍は死者を町の外に埋葬し、「死体とともにマント、ビザンツ硬貨、金片、弓矢を一緒に埋めた」。十字軍兵はそれを知るや否や、なんのためらいもなく墓を暴いた。「死体はすべて穴から放り出され、頭を落とされた。兵士たちはそれを野営地まで持って帰った。というのも死者の数を正確に数えるためである。被害を免れたのは、太守《アミール》の大使が派遣した馬四頭に積み込んで、海の方へと送ったものだけだった」。こうした光景をみてトルコ人たちは激しい苦痛を感じ、「毎日泣き叫ぶ以外に何もできない」ほどだった。一〇九八年一月、マッラが占領されると、十字軍は「トルコ兵が胃の中に隠した金貨を探すために死者を解剖した」。それ以外の死体が、飢餓状態にあった十字軍兵士によって人肉食の対象とされたのはすでに紹介したとおりである。

『無名ローマ人の日記』は、リオ・サラドの戦い（一三四〇年）では死者（その多くはサラセン人だった）の骨が「平原の一角に集められ、大変大きな山を成したが」、それは自分がそこを訪ねた一三四三年になっても残っていた、と語っている。「私が訪ねたその日、農夫が畑に行って耕すと、土を耕すたびに頭や太ももや腕の骨がたくさん掘り出された」ほどだった。さらにこの地方を旅した人間の中には「森を通ると木の根元にまるで眠るように横たわる人間の骨を見つける者もいた。これはおそらく隊列から離れた負傷兵で、気力を回復しようと木の根元で休んだのだろう。あまりに疲労困憊していたので、この場に留まったまま、彼の魂は肉体を離れたのだ。こうして肉が失われ骨だけが残ったわけだ」。ところが「この人間の骨の頬に金が押し込まれていることがあった」。それはムーア人の習慣で、彼らは「死者の口にさまざまな硬貨や大金貨を入れるからだった。こうした金貨はキラキラと光っていた。これらの硬貨を見つけた人間は棒切れや棍棒で死者の頭を殴り、顎を砕いて破片を地面にばらまいた。こうして旅人は手早く硬貨を手に入れたのだった」。こうした強欲な行為は、リオ・サラドの戦場で行われた考古学調査によって本当にあったと裏付けられている。

敵の死体に損傷を与えて冒瀆するという習慣は、異教徒にだけ行われたわけではない。大ランドルフォは一〇三七年、ミラノの城壁前で起こった出来事として、ヴィスコンティ家のエリプランドが挑戦者バイグエリオを歴史に残る決闘で破ったとき、「ゴリアテを雄々しく打ち破ったダヴィデのごとく、敵の頭を切り落とした」と伝えている。だがこの程度ではミラノ市民兵たちは満足せず「さらに皇帝軍を侮辱するため、死体から内臓を抉り出し、それをミラノ市の凱旋門の上によく見えるよう掲げた」。またフライジングのオットーの後継者ラーエウィンは、一一五九年のクレーマ包囲戦で包囲側の行為に戦慄した経験を伝えている。「彼らは娯楽のために、敵から切り落とした首をボールのように使って遊んでいた」。そしてその復讐として、クレーマ人たちは城壁の上に捕虜を並べ、生きたまま寸刻みに手足を切断するという凄惨な見世物を行った。

ある日のクレーマへの突撃では、勇敢な騎士ウーラのバートルフが真っ先に敵陣へ飛び込んだものの突撃は失敗し、彼も敵兵に取り囲まれてしまった。彼は長い間敵と渡り合ったが、肩に振り下ろされた斧の一撃で殺された。英雄が倒れたとき、敵兵の一人はこう言った。「最も侮辱となるような醜悪な方法で、彼の頭の皮をはぎ、その髪の毛を兜飾りにしてやろう」と。この非道な行為に対してラーエウィンは自らの年代記の中で「このような行為は到底勇気ある振る舞いとは言えず、あの騎士の身分にふさわしい慈悲が与えられたとも言えない」と感想を述べている。一二一三年ステップの戦場でローツ〔別名ボルフローン、現ベルギー〕の兵士たちは、敵のブラバント人の死体から略奪を働いたあとで、死体の服をはぎ、切断し、去勢したうえで野犬の餌になるよう放置した。[24]

たしかに、こうした死体損壊には文字どおり敵への侮辱の意味が含まれていたかもしれない。しかしこの二つの事件に言及した当時の人々の認識を超えて、そこにはもっと人類学的な意味が含まれていたに違いない。つまり死体を辱めた理由は侮辱のためではなく、むしろ敵の英雄への称賛のためであり、敵の武勇を継承するための呪術的行為だった、という可能性である。中世において、こうした人類の原始的な気質はキリスト教や騎士道といった虚飾で覆い隠されていった。だが、そうした気質は戦争の中で脈々と受け継がれ、はるか後の時代になって表出したのである。

訳者あとがき

本書は Aldo A. Settia 著、*RAPINE, ASSEDI, BATTAGLIE. La Guerra nel Medioevo* (Roma-Bari, 2002) の全訳である。原題を直訳すると『略奪・攻囲・会戦。中世における戦争』となる。

さて、中世ヨーロッパの戦争といわれたとき、どのようなイメージを想像されるだろうか。甲冑で身を固め、色とりどりの旗印を掲げた騎士の軍団が平原で向かい合い、槍を構えて突進する光景。あるいは無骨な石造りの城に向かって石弾が発射され、守備隊の弓矢が降り注ぐ中、兵士が城壁にはしごを掛けてよじ登っていく光景。こうしたイメージは近年の高度なCG技術のおかげもあって、歴史映画やファンタジー映画、あるいはビデオゲームなどでお馴染みのものとなった。しかし、そうした中世ヨーロッパを特徴づけるような戦いが、なぜ行われたのかはあまり知られていない。

この「中世人はなぜ戦争をしたのか」という点については、わが国ではあまり紹介されてこなかったように思われる。たとえば中世の戦争では、王侯貴族は戦いに負けても身代金目的で捕虜にされることが多く、殺されることは少なかった、と言われるが、なぜそのような習慣があったのか。なぜ中世の人々は城ばかりでなく都市にまでも堅固な城壁を築き、そこに立て籠もることを選んだのか。なぜ中世の戦争では金のために戦う傭兵が活躍したのか。そういった「なぜ」の部分に答えてくれる書物は思いのほか少ない。

本書『戦場の中世史』は、まさにそうした疑問に答えてくれる。この本は歴史学の中でもとくに「軍事史」と呼ばれる分野を扱っており、当然、武器や戦法・軍隊の編制・指揮官の決断といった戦闘に直接かかわる要素も論じられている。しかし重点が置かれているのはむしろ、中世における戦争の動機や、戦争に対する通念、さらに兵士個人の生活や心情などで、戦争とかかわる中世ヨーロッパの社会全体を俯瞰した内容となっている。その点で本書は、これまで本邦で出版された多くの中世軍事史の書籍とは一線を画すものである。

その特徴は、目次を一見しただけでも理解できよう。原題に「略奪・攻囲・会戦」とあるとおり、まず「略奪」が戦争の最も基本的な要素として語られる。中世ヨーロッパにおいて、略奪は「戦争の一症例ではなく、原因そのもの」（第I章一七頁）であった——これがまさに本書を貫くメインテーマのひとつである。中世の人々は略奪のために戦争をし、戦術を練り上げ、略奪品を確保したり奪還するために死力を尽くして戦ったのだ。

ここで若干補足しておくと、現在では国際法等で明確に禁止されている略奪が、中世においては合法的行為とされていたのは、中世の戦争が本質的に、侵害された生命・財産・権利を自己の武力によって回復する「自力救済」だったためである。中世においては、一個人から都市や村落、王侯貴族に至るまで、武装能力を有するかぎり合法的に他者へ戦いを挑むこと（私戦）が許された。近代的な意味での公権力が存在しない（あるいは存在してもきわめて強制力に乏しい）以上、自らの財産や権利を守るのは自らの武力のみであった。社会の構成員が武力に基づいて相互に牽制し、抑止力を発揮することで、社会秩序は維持されると考えられていた。そしていったん自己の財産や権利が侵害されれば、その回復のためには奪われた財産を奪い返すか、それに見合うだけの財貨を相手から奪うか、破壊するしかない。それゆえ、戦争での略奪は正当であるとみなされたのである。

当然、これは一種の「復讐の連鎖」を産むことになり、逆に社会の安全を脅かした。実際、当時のカトリック教会はしばしば「私戦の停止」を呼びかけた（これを「神の平和」運動という）。さらに、国王や国家といった公権力が成長してくると、私戦は社会秩序を乱すものでしかなくなる。こうして次第に私戦（自力救済）は禁止され、その手段としての略奪も「非合法化」されていくのである（こうした経緯は山内進『略奪の法観念史—中・近世ヨーロッパの人・戦争・法』（東京大学出版会）に詳しい）。

続く第Ⅱ章は「攻囲」すなわち城や都市の攻略戦および防衛戦にあてられる。著者が中世を「城郭が騎兵にも歩兵にも優位を確立していた時代」と表現しているように、中世においては攻囲戦こそ主要な戦闘形態であった。この第二章が他の章に比して圧倒的なボリュームをもつことからも、中世における攻囲戦の重要性が分かるだろう。ここではローマ帝国の衰退から城郭が普及していく経緯や、各種攻城兵器、攻囲戦術、攻囲戦の実態から伝説まで詳しく紹介されている。投石機や攻城塔、「ギリシャ火」など、よく知られた中世の兵器も取り上げられるが、本書ほど詳細かつ精緻に論じたものは少ないだろう。また、攻囲戦術における威迫や侮辱といった、心理戦の側面に着目されているのも面白い。

第Ⅲ章「会戦」は、いわゆる平原での決戦について論じられている。だが、実際はそのような戦いが稀であったこと。そもそも中世人はなんとかしてそうした会戦を回避しようとしたこと。いわば「戦わずして勝つ」ために士気や団結といった形而上的要素や、戦闘隊形が重視されたとは、意外だが興味深い内容だろう。

第Ⅳ章・第Ⅴ章は一転して、軍事作戦における日常、兵士たちの生と死が紹介される。ここではとくに農業が、軍事作戦に決定的な意味を持つものとして現れる。たとえば農作業を警護するために軍隊が動員されたり、農業に専念させるために農民は軍役が免除され、代わって傭兵が雇われたという逸話は、当時の社会一般における農業生産の重要性を示している。海外交易など高度な経済活動が行われていたとされる中世イタリア都市も、結局は農業に依存した社会だったといえるだろう。その他にも、食事や飼料などの兵站補給に対する意外なほど細かな配慮や、実践的な外科治療の知識、所属する社会階層に応じた埋葬などから、中世の兵士が生きた「リアル」を感じることができる。

最後に、著者について経歴を紹介しておこう。アルド・A・セッティアは一九三二年、イタリア北西部のピエモンテ州アスティ県アルブニャーノに生まれた。一般兵役に加えてさらに一〇年間イタリア陸軍で勤務し、その後一九七一年にパドヴァ大学で近代文学の学位を取得している。一九七三年にトリノ大学文学部中世史講座の助手に就任し、同大学の中世史准教授を経て、一九八六年から二〇〇四年までパヴィーア大学文学部歴史地理学部の正教授を勤めた。

専門は中世イタリアの人口動態史、城郭史、そして軍事技術史。著書・論文は三九〇篇にものぼり、当然中世イタリアの戦争に関する著書も多い。本書は考察の地理的範囲をイタリアから全ヨーロッパへと広げ、時間的範囲も古代末期から中世末期までをとりあげたという点で、彼の中世軍事史研究の総決算といえよう。その他、多くの学術団体や郷土史協会メンバー、学術誌の編集委員も歴任し、とくに一九九七年から二〇一五年まで「カザーレ芸術歴史協会」の会長を務めた功績により、カザーレ・モンフェッラート市から名誉市民号を授与されている。こうした経歴からもわかるとおり、主な研究と活動の場を北イタリアに置いているが、それは本書の内容にも反映されている。パヴィーアやパドヴァなど、著者が実際に暮らし学んだ都市の逸話が多く登場する点も、特徴といえるだろう（なお、映画にもなった小説『薔薇の名前』で有名なイタリア人作家ウンベルト・エーコは、本書にも頻繁に登場する北イタリアの都市アレッサンドリアの出身である。彼の小説『バウドリーノ』（岩波書店）では、本書で論じられた皇帝フリードリヒ一世とロンバルディア同盟の戦争や、アレッサンドリア包囲での様々な駆け引き、皇帝の死と埋葬などが活写されている。ご関心のある方には一読して頂きたい）。

翻訳にあたっては、本書の扱う広大な地理的・時間的範囲が大変な問題であった。イタリア語で書かれた原著は、他の欧米の書物の例にもれず、人名・地名その他固有名詞を（イタリア以外のものも含めて）イタリア語で表記している。翻訳にあたっては、イングランドの人物・地名なら英語、ドイツならドイツ語、フランスならフランス語……といったように原則、現地語の読みに戻すことにした。ただしラテン語表記が一般的と判断した場合はラテン読みにしたが、そもそも何国人なのか判別困難だったり、名前の綴り方が複数ある場合などもあり、結果的におかしな表記になってしまったり不統一になった部分もある。この点については読者からのご助言・ご指摘が頂ければ幸いである。またマイナーなものも含めて登場する地名が無数にあり、そのすべてに正確な場所を訳注として付記することや、地図を挿入することも困難であるため、註釈は最低限とした。読者にはご不便をおかけすることになってしまい大変心苦しいが、この点についてもご容赦頂きたい。

軍事用語の類も訳出するうえで困難であった。たとえば、イタリア語には「略奪」を意味する言葉だけでも複数存在し、略奪行為全般なのか、略奪目的の軍事作戦なのか、騎馬なのか徒歩なのか、捕虜や死者から奪うのかどうかで使い分けられている。それぞれ「略奪」「略奪襲撃」「騎馬略奪行」「はぎ取り」などと訳し分けたが、やや煩瑣になった部分があるかもしれない。同様に、第II章で詳しく論じられる投射兵器すなわち投石機についても、名称が細かく区別されており、翻訳にも反映させた。たとえば、てこの原理を用いた投石機のうち、錘の反動で作動するものは通常ひとまとめに「トレビュシェット trebuchet」と紹介されることが多いが、本書では錘部分が固定されたものは「トラブッコ trabucco」、錘部分が可動するものは「ブリッコラ briccola」と区別しているので、それぞれ「平衡錘式投石機《トラブッコ》」「可動平衡錘式投石機《ブリッコラ》」と訳語をあてたうえで適時イタリア語も併記した。ただし、中世人自身がこれらの名称を厳密に使い分けていたわけでもないので、一部不統一な箇所もある。

本書を最初に手に取ったのは、私がローマに留学中の二〇〇四年のことであった。新刊書店で何気なく購入し、ざっと目を通すだけで済ましていたのだが、最近になって、イタリア傭兵隊長や軍事制度の論文を書くうえで、第I章にも登場する「荒廃部隊《グアスタトーレ》」について調べる必要があり、読み直す機会を得た。そこで改めてその内容の幅広さと面白さに圧倒されてしまった。このような視点から中世ヨーロッパの戦争を論じた類書は少なく、また扱う地理的・時間的空間も広いことから、中世ヨーロッパ史を学ぶ基本図書たりうると直感的に確信し、ぜひ翻訳・出版したいと八坂書房に打診したところ、快諾して頂いた。本書が日の目を見たのも、また図版等の面でより豊かな内容になったのも、八坂書房編集部の八尾睦巳氏のおかげである。ここに深く御礼申し上げたい。また、訳者のメールによる質問に対し、いつも丁寧に答えてくださった著者のアルド・A・セッティア氏にもこの場を借りて御礼を申し上げる。

二〇一九年十一月

白幡俊輔

関連書籍のごあんない

表示価格は税別価格です

あだ名で読む中世史
—ヨーロッパ王侯貴族の名づけと家門意識をさかのぼる

岡地　稔著　2400円

赤髭王・禿頭王・短軀王・青歯王・嚙跡侯・兎足王…中世の王侯はなぜ、「あだ名」とともに呼ばれることが多いのだろう？ 謎に満ちた「あだ名文化」の実態と背景を解明し、命名や家門にまつわる疑問の数々に光をあてる。巻末に《中世ヨーロッパ王侯「あだ名」リスト》併録。

中世仕事図絵
—ヨーロッパ、〈働く人びと〉の原風景

ヴァーツラフ・フサ編著／藤井真生訳　3800円

農村で、街角で、工房で、書斎で、鉱山で……中世の人びとが労働にいそしむ姿を求めて、図像資料を丹念に集成。　世界遺産の鉱山クトナー・ホラ等の貴重な図像資料多数を含み、英独仏各国語に翻訳紹介された、チェコの中世史家による古典的労作。図版250点余。

中世の時と暦

アルノ・ボルスト著／津山拓也訳　2800円

西欧中世の人びとは、どのような時間を生き、どのように時間をとらえ、また時間を利用するのに、どのような工夫を重ねていたのだろう？　暦の歴史などでも素通りされることが多く、われわれにとってなじみの薄いこの時代の「時」と「暦」の実状を、ドイツ中世史学の泰斗が、鮮やかに、かつわかりやすく説き語る。

図説　西洋護符大全

L・クリス＝レッテンベック／L・ハンスマン著／津山拓也訳　6800円

西洋古来の護符＝お守り850点を詳細な解説つきで紹介。鉱石、植物、動物由来の品から、魔術で用いられる呪符の類、さらには人びとのしぐさまで、不思議なパワーが宿ると信じられ、もてはやされてきた品々と、その文化的背景を詳説した名著。

［著者略歴］

アルド・A・セッティア Aldo A. Settia

イタリアの中世史家。元パヴィーア大学教授。

1932年アルブニャーノ（ピエモンテ州）生まれ。

専攻は中世イタリアの人口動態史、城郭史、軍事技術史。

主要著書に、*Chiese, strade e fortezze nel medioevo italiano* (Roma, 1991); *Comuni in guerra. Armi ed eserciti nell'Italia delle città* (Bologna, 1993); *Proteggere e dominare. Fortificazioni e popolamento nell'Italia medievale* (Roma, 1999); *L'illusione della sicurezza. Fortificazioni di rifugio nell'Italia medievale* (Vercelli-Cuneo, 2001); *"De re militari". Pratica e teoria nella guerra medievale* (Roma, 2008); *Castelli medievali* (Bologna, 2017) などがある。

［訳者略歴］

白幡 俊輔（しらはた・しゅんすけ）

1978年大阪府生まれ。

京都大学大学院人間・環境学研究科博士後期課程修了。

京都大学博士（人間・環境学）。

現在、京都造形芸術大学等非常勤講師。

専攻は15－16世紀イタリアの軍事技術史、軍事史。

著書に『軍事技術者のイタリア・ルネサンス』（思文閣出版、2012年）、主要論文に「中世城壁から稜堡式城郭へ―15世紀イタリアの軍事技術・建築家・君主―」（今谷明編『王権と都市』思文閣出版、2008年所収）、「15世紀イタリア傭兵隊長の戦術と戦略」（『西洋中世研究』2010年）「16世紀フェッラーラにおける火砲鋳造所の生産活動とその意義―『火砲帳簿』の分析に基づいて」（『西洋史学』2017年）などがある。

戦場の中世史―中世ヨーロッパの戦争観

2019年12月10日　初版第1刷発行
2020年 1月10日　　　第2刷発行

訳　者　白 幡 俊 輔
発行者　八 坂 立 人
印刷・製本　モリモト印刷(株)

発行所　(株)八坂書房
〒101-0064 東京都千代田区神田猿楽町1-4-11
TEL.03-3293-7975　FAX.03-3293-7977
URL.：http://www.yasakashobo.co.jp

ISBN 978-4-89694-267-5

索引

＊数字のあとの＊印は関連図版（もしくはその図版説明）のある頁を示す

【カ】

【サ】

【タ】

【ナ】

【ハ】

【ワ】

原 註

〔文献のうち邦訳のあるものはタイトル末尾に＊印を付し、
各邦題ならびに書誌等は資料末尾にまとめて掲げた〕

第Ⅰ章

(1)　「略奪 razzia」と「騎馬略奪行 raid」の区別については、J. Harmand, *L'arte della Guerra nel mondo antico*, Perugia, 1981, pp. 17-19, 107-108, 137-39.

(2)　この節の概略と引用は G. Duby, *Le origini dell'economia europea. Guerrieri e contadini nel Medioevo*, Roma-Bari, 1975, pp. 62-63, 96. および C. M. Cipolla, *Storia economica dell'Europa preindustriale*, Bologna, 1974, p.185. によった。

(3)　概略は C. Gaier, *Art et organisation militaire dans la pricipauté, Liège et dans le comté de Looz au moyen âge*, Bruxelles, 1968, pp. 214-15; レニャーノの戦いについては C. Vignati, *Storia diplomatica della lega lombarda*, Milano, 1866, pp. 281-82; テオドロ・ディ・モンフェッラートについての引用は C. Knowles (ed.), *Les Enseignements de Théodore Paleologue*, London, 1983, p. 91; 戦争による富の獲得については J. Keegan, *Il volto della battaglia*＊, Milano, 1976, p. 119. をそれぞれ参照。

(4)　カステレット・ドルバの裁判については A. A. Settia, *Gavi sveva*, in «Nuova rivista storica», LXXI (1987), pp. 629-30; バニャガッタについては Otto Morena et continuatores, *Historia Frederici I*, F. Güterbock (ed.), Berlin, 1930, p. 127; ジャン・ド・ヴェネッテについては *Continuatio Chronici Guillelmi de Nangiaco*, in H. Geraud (ed.), *Chronique latine de Guillaume de Nangis de 1113 a 1300 avec les continuations de cette chronique de 1300 à 1368*, II, Paris, 1843, pp. 313-16, 324-28. 345-46, 336-37;「(略奪の) 快楽は戦争の一症例なのか、原因なのか」という議論については Gaier, *Art et organisation*, cit. , pp. 89, p. 175; ユーグ・カペーについては Richer, *Histoire de France*, R. Latouche (ed.), II, Paris, 1937, p. 200. をそれぞれ参照。

(5)　黄金郷としての軍隊については F. Verrier, *Les armes de Minerve, L'humanisme militaire dans l'Italie du XVIe siècle*, Paris, 1997, pp. 43-44; エル・シッドについては L. Fiorentino (ed.), *Cantare del Cid*＊, Milano, 1976, I, p. 40; トゥールーズについては E. Martin-Chabot (ed.), *La chanson de la croisade albigeoise*, I, Paris, 1931, p. 237; 教皇輸送隊の待ち伏せ事件については Petrus Azarius, *Liber gestorum in Lombardia*, F. Cognasso (ed.), Bologna, 1926-39 (RIS[2], XVI/4), p. 262; アディジェ川での略奪については Iacopo Piacentino, *Cronaca della guerra veneto scaligera*, L. Simeoni (ed.), Venezia, 1931, pp. 99-100; ファチノ・カーネについては G. & B. Catari, *Cronaca carrarese*, A. Medin, G. Tolomei (eds.), Bologna, 1931 (RIS[2], XVII/1), p. 262; N. Valeri, *La vita di Facino Cane*, Torino, 1940, p. 4. をそれぞれ参照。

(6)　ベルトラン・ド・ボルンの詩は G. Guiran, *L'amour et la guerre. L'oeuvre de Bertran de Born*, Aix-en-Provence, 1985, n. 32, p. 652; エメリゴ・マルシェスについては *Oeuvres de Froissart*, K. De Lettenhove (ed.), *Chroniques*, XIV, Bruxelles, 1872, pp. 163-64; カリポリスでのアルモガバルスについては R. Muntaner, B. D'Esclot, *Cronache catalane del secolo XIII e XIV*, F. Moisé, L. Sciascia (eds.), Palermo, 1984, p. 287; コルナッザーノについては *De re militari*, in Venetia per Alexandro di Bindoni, 1515, libro IX, par. 1. をそれぞれ参照。

(7)　C. Battisti, G.Alessio (ed.), *Dizionario etimologico italiano*, Firenze, 1968. を参照。とくに「スケラーノ scherano」「ベッロヴィエーレ berroviere」「マスナディエロ masnadiero」「ブリガンテ brigante」「ラードロ ladro」については M. Cortelazzo, P. Zolli, *Dizionario etimologico della lingua italiana*, Bologna, 1988-91. の各項目も参照せよ。

(8)　「侵攻 incursione」と「略奪行 scorreria」の区別については J. Keegan, *La grande storia della guerra*＊,

Dalla preistoria ai giorni nostri, Milano 1994, p. 123. を見よ。「略奪 Rapine」については P. Bonnassie, *Les 50 mots clefs de l'histoire médiévale*, Toulouse, 1981, p. 31. も参照。

(9) トゥールのグレゴリウスの叙述については *La storia dei Franchi*, M. Oldoni (ed.), 2 voll., Milano, 1988. を参照。とくに vol. I, pp. 213, 371-73, 491, 395; vol. II, p. 355; vol. I, pp. 215, 493; vol. II, pp. 381, 509, 355-57; vol. I, pp. 177, 229, 221; vol. II, p. 161. を見よ。Paolo Diacono, *Storia dei Longobardi**, L. Capo (ed.), Milano, 1992, pp. 124-37. も参照。

(10) 本節については G. Dagron, H. Mihaescu, *Le traité sur la guérilla de l'empereur Nicéphore Phocas*, Paris, 1986, pp. 177-237. ならびに G. Dagron, *Guérilla, places et villages ouverts à la frontière orientale de Byzance vers 950*, in *Castrum-3. Guerre, fortification et habitat dans le monde méditerranéen au moyen âge*, Madrid-Rome, 1988, pp. 43-48. を参照した。

(11) 引用の大部分は A. A. Settia, *L'espansione normanna. Le incursioni saracene e ungare*, in N. Tranfaglia, M. Firpo (eds.), *La storia. I grandi problemi dal medioevo all'età contemporanea*, II, *Il Medioevo*, 2, *Popoli e strutture politiche*, Torino, 1986, pp. 263-304. による。とくにジェノヴァについては p. 934. を参照。L. Balletto (ed.), *Oriente e Occidente tra Medioevo ed età moderna. Studi in onore di Geo Pistarino*, II, Genova, 1997, pp. 608-609. も見よ。

(12) スペイン「国境」の特徴については J. Gautier Dalché, *La «reconquista» in Spagna*, in Tranfaglia, Firpo (ed.), *La Storia*, II, pp. 651-71. および Id., *En Castille pendant la première moitié du XIIIe siècle: les combattants des villes d'entre Duero et Tage*, in Société des historiens médiévistes de l'enseignement supérieur public, *Le combattant au moyen âge*, Paris, 1995, pp. 199-214; エル・シッドの逸話については Fiorentino (ed.), *Cantare del Cid**, cit., I, pp. 21-29. その他 A. Palomeque Torres, *Cotribución al estudio del ejército en los estados de la Reconquista*, in «Anuario de historia del derecho español», XV (1944), pp. 205-351; J. F. Powers, *A Society Organized for War. The Iberian Municipal Militias in the Central Middle Ages 1000-1284*, Berkeley-Los Angeles-London, 1988, pp. 136-285. も見よ。

(13) アルモガバルスについては以下を参照。Nicolaus Specialis, *Historia Sicula*, in *Rerum Italicarum scriptores* (RIS), X, Mediolani, 1727, col. 1050 (VI, 21); J. Lalinde Abadia, *La expansión mediterránea de la corona de Aragon (siglos XII-XV)*, in J. Jover Zamora (ed.), *Historia de España Menéndez Pidal*, XIII, 2, Madrid, 1990, p. 469; R. Sablonier, *Krieg und Kriegertum in der Crónica des Ramon Muntaner*, Bern und Frankfurt/M, 1971, pp. 57-61; C. Carrère, *Aux origines des grandes compagnies. La compagnie catalane de 1302*, in *Recrutement mentalité, société; Actes du colloque international d'histoire militaire*, Monpellier, 1974, pp. 1-7.

(14) P. Delogu, *I Normanni in Italia, Cronache della conquista e del regno*, Napoli, 1984, pp. 49-53. から引用。アンナ・コムネナの記述については B. Leib (ed.), *Aléxiade*, I, Paris, 1967, p. 38. を参照した。

(15) フォルノーヴォでの事件については M. F. Baroni (ed.), *Gli atti del comune di Milano nel secolo XIII*, I, Milano, 1976, doc. 196, pp. 295-97. 同時期のヴェネト地方の事件については Rolandinus Patavinus, *Cronaca in factis et circa facta Marchie Trivixane*, A. Bonardi (ed.), Città di Castello, 1905 (RIS^2, VIII/1), pp. 20, 25, 40, 44, 146, 148, 156. 1159年のクレーマの事例については Morena, *Historia Frederici I*, cit., p. 73. また A. A. Settia, *Comuni in guerra. Armi ed eserciti nell'Italia delle città*, Bologna, 1993, pp. 24-25, 85. も参照。

(16) 「グアルダーナ」については Battisti, Alessio (ed.), *Dizionario etimologico italiano*, cit., «Guardana» の項、および F. Menant, *Gli scudieri («scutiferi»), vassalli rurali dell'Italia del nord del XII secolo*, in Id., *Lombardia feudale. Studi sull'aristocrazia padana nei secoli X-XIII*, Milano, 1992, pp. 282-83. を参照。1247年のパルマ包囲については G. Bonazzi(ed.), *Chronicon Parmense ab a. 1038 usque ad 1338*, Città di Castello, 1902-04 (RIS^2, IX/9), p. 16; Settia, *Comuni in guerra*, cit., pp. 86, 196-98, 242. 13－14世紀のフィレンツェについては G. Villani, *Nuova cronica*, G. Porta (ed.), I, Parma, 1990, p. 330 および II, Parma, 1991, p. 79. 1260年のグアルダーナについては C. Paoli (ed.), *Il libro di Montaperti (an. MCCLX)*, Firenze, 1889, p. 376.

(17) S. Bongi (ed.), *Le cronache di Giovanni Sercambi lucchese pubblicate sui manoscritti originali*, II, Lucca,

1892, pp. 45-54.

（18） トゥールのグレゴリウスの逸話については*La storia dei Franchi**, cit., II, pp. 125, 491, 209. を見よ。

（19） オルシーニの主張については P. Pieri, *Il «Governo et exercitio de la militia» di Orso degli Orsini e i «Memoriali» di Diomede Carafa*, in «Archivio storico per le province napoletane», n. s., XIX (1933), p. 159. を。マキァヴェッリの主張についてはN. Machiavelli, *Dell'arte della guerra**, P. Pieri (ed.), Roma, 1937, pp. 12, 162. を。これに対するライモンド・モンテクッコリの反応は R. Montecuccoli, *Trattato della guerra*, in R. Luraghi (ed.), *Le opere di Raimondo Montecuccoli*, I, Roma, 1988, p. 275. を見よ。

（20） 概論部分は Gaier, *Art et organisation*, cit., pp. 53, 90. 1484年フランスの逸話は Ph. Contamine, *Guerre, État et société à la fin du moyan âge. Etudes sur les armées des rois de France*, Paris, 1972, p. 275. を参照。

（21） ブレシャでのボヘミア軍については Morena, *Historia Frederici I*, cit., pp. 46-47. ベリサリウス将軍の資質については Procopio di Cesarea, *La guerra gotica*, F. M. Pontani (ed.), Roma, 1974, p. 202. 征服王ウィリアムの逸話については Guillaume de Poitiers, *Histoire de Gullaume le Conquérant*, R. Foreville (ed.), Paris, 1952, pp. 113, 152, 212, 263.

（22） エルレンバルドの動員については *Vita S. Arialdi auctore Andreas abbate Strumensi*, F. Baethgen (ed.), in MGH, scriptores, XXX/2, Hannovarae 1934, pp. 1070-1071. 十字軍におけるミラノ人については Albertus Aquensis, *Historia Hierosolymitana*, in *Recueil des historiens des croisades. Historiens occidentaux*, IV, Paris, 1879, pp. 560-65.

（23） ブラバント傭兵についてはH. Grundmann, *Rotten und Brabanzonen. Söldner Heere im 12. Jahrhundert*, in «Deutsches Archiv», 5(1941), pp. 427-28. サリンベーネによる傭兵の逸話は Salimbene de Adam, *Cronica*, G. Scalia (ed.), Bari, 1966, pp. 939-40.

（24）「ヴェントゥーラ ventura」の定義については以下を参照。Ph. Contamine, *Les compagnies d'adventure en France pendant la guerre de Cent ans*, in «Mélanges de l'Ecole française de Rome. Moyen âge, temps modernes», 87 (1975), pp. 366-67. 傭兵たちの行動については R. Delachenal, *Histoire de Charles V*, II, Paris, 1909, pp. 27-28.

（25） フラ・モリアーレ、コンラート・フォン・ランダウについては *Cronica di Matteo e Filippo Villani*, Milano, 1834, pp. 107, 114, 261-62. アンブロージョ・ヴィスコンティについては B. Corio, *Storia di Milano*, A. Morisi Guerra (ed.), I, Torino, 1978, p. 842.

（26） 15世紀の傭兵団の特徴については M. Mallet, *Signori e mercenari. La guerra nell'Italia del Rinascimento*, Bologna, 1974, p. 42. 隊長コレオーニについては A. Cornazzano, *Vita di Bartolomeo Colleoni*, G. Crevatin (ed.), Pisa, 1999, pp. 19, 21, 23, 39, 65. カラファの意見は Pieri, *Il «Governo et exercitio de la militia»*, cit., p. 197. ミショーについては Contamine, *Guerre, État et société à la fin du moyen âge*, cit., p. 514. 1467年のコレオーニについては G. Brizzolara (ed.), *La cronaca di Cristoforo da Soldo*, Bologna, 1940 (RIS², XXI/3), p. 158. 彼の騎馬像については E. Ricotti, *Storia delle compagnie di ventura in Italia*, III, Torino, 1845, pp. 212-13.

（27） ピチェーノ地方でのヨハンネスの事例については Procopio, *La guerra gotica*, cit., p. 136. アキテーヌでのピピンについては M. Rouche, *L'Aquitaine des Wisigots aux Arabes, 418-781. Naissance d'une région*, Paris, 1979, pp. 136, 115, 104, 525-26. 同書の註 104, 123-28. も参照。

（28） 対サクソン戦でのカール大帝については A. Barbero, *Carlo Magno. Un padre dell'Europa*, Roma-Bari, 2000, p. 57. 征服王ウィリアムとユーグ・カペーについては M. Chibnall (ed.), *The Ecclesiastical History of Orderic Vitalis*, II, Oxford 1969, pp. 230-32; III, Oxford, 1972, p. 314.

（29） ゴッフレード・マラテッラの引用は Gaufridus Malaterra, *De rebus gestis Rogerii Calabriae et Siciliae comitis et Roberti Guiscardi ducis fratris eius*, E. Pontieri (ed.), Bologna, 1927-28 (RIS², V/1), p. 13. Delogu, *I Normanni in Italia*, cit., p. 13. も参照せよ。

（30） ミラノ人の略奪行については Morena, *Historia Frederici I*, cit., pp. 57, 135-38, 145-52.

（31） ジョヴァンニ・コダニェッロの議論については Iohannes Codagnellus, *Annales Placentini*, O. Holder

Egger (ed.), Hannoverae-Lipsiae, 1901, pp. 44-46, 49. 以下も参照のこと。A. A. Settia, *L'organizzazione militare pavese e le guerre di Federico II*, in *«Speciales fideles imperii». Pavia nell'età di Federico II*, E. Cau, A. A. Settia (eds.), Pavia, 1995, pp. 145-53.

(32) 「カヴァルカータ cavalcata」とフィレンツェにおける「軍隊 esercito」の違いについては R. Davidsohn, Storia di Firenze, II/1, Firenze, 1972, p.573.「シュヴォーシェ chevauchée」と「レイド raid」の区別については J. H. Hewitt, *The Organisation of War under Edward III, 1338-62*, Manchester, 1966, p. 99.

(33) 以下を参照。*Eulogium (historiarum sui temporis): Chronicon ab orbe condito usque ad annum Domini MCCCLXVI a monaco quodam Malmesburensi exaratum*, F. Scott Haydon (ed.), III, London, 1863, pp. 214-21; *Adae Murimuth continuation chronicorum*. Robertus de Avesbury, *De gestis regis Edwardi tertii*, E. Maunde Thompson (ed.), London, 1889, pp. 432-47; Delachenal, *Histoire de Charles V*, cit., II, pp. 123-28; S. Luce (ed.), *Chroniques de Jean Froissart*, IV, Paris, 1873, pp. 159-74.

(34) テオドロ・ディ・モンフェッラートについては Knowles (ed.), *Les Enseignements de Théodre Paléologue*, cit., p. 91. を参照。イングランド人の「騎行」の効果については C. J. Rogers, *The Age of the Hundred Years War*, in M. Keen (ed.), *Medieval Warfare. A History*, Oxford, 1999, pp. 152-53; C. Allmand, *La Guerra dei Cent'anni. Eserciti e società alla fine del Medioevo*, Milano, 1990, pp. 75-76.

(35) フィレンツェとシエナやピサとの戦いについては Villani, *Nuova cronica*, cit., I, pp. 282, 355, 594, 627. グイド・ディ・モンテフェルトロとファエンツァの戦いについては Petrus Cantinelli, *Chronicon (aa. 1228-1306)*, F. Torraca (ed.), Città di Castello, 1902 (RIS[2], XXXVIII/2), p. 47.

(36) ファエンツァの事例については Magister Tolosanus, *Chronicon Faventinum*, G. Rossini (ed.), Bologna (RIS[2], XXXVIII/1), pp. 44-46, 26. ポントレモーリ、サンタ・クローチェ城、ツィベッロの事例については Codagnellus, *Annales Placentini*, cit., pp. 18-19, 65-66. コッサーノ・ベルボについては Guillelmus Ventura, *Memoriale de gestis civium Astensium et plurium aliorum*, in Monumenta Historia Patriae (MHP), *Scriptores*, III, Augustae Taurinorum, 1848, coll. 710-711. パルマとピアチェンツァ間の事例については *Annales Placentini Gibellini*, in Monumenta Germaniae Historica (MGH), *Scriptores*, XVIII, Hannoverae, 1863, pp. 548.

(37) フリードリヒ1世の略奪行については Morena, *Hisoria Frederici I*, cit., pp. 182, 211-12, 191-93, 70-72. ボッビオでのピアチェンツァの行動については Codagnellus, *Annales Placentini*, cit., pp. 42, 91. アスティとモンフェッロについては Ventura, *Memoriale*, cit., coll. 712-713.

(38) パドヴァとバッサーノの戦いについては Rolandinus, *Cronica*, cit., p. 148. アゴーニャ川での待ち伏せについては *Annales Placentini Gibellini*, p. 545. ピアチェンツァ騎兵については E. Winkelmann, *Acta imperii inedita saeculi XIII et XIV*, I, Innsbruck, 1880, doc. 202, p. 558.

(39) ここで取り上げた文書群は以下で公刊されている。L. C. Bollea, *Documenti degli archivi di Pavia relativi alla storia di Voghera*, Pinerolo, 1909, docc. 45-57 (14 e 15 novembre 1184), pp. 73-194.

(40) 573年のサクソン人については Gregorio di Tours, *La storia dei Franchi**, cit., I, p. 375. 15世紀のパリ地方については C. Beaune (ed.), *Journal d'un bourgeois de Paris de 1405 à 1449**, Paris, 1990, pp. 38-39, 77, 102-103, 146-47, 156, 168, 178.

(41) ブレシャにおけるボヘミア軍については *Carmen de gestis Frederici I imperatoris in Lombardia*, I. Schmale Ott (ed.), Hannover, 1965, vv. 2018-2019.「火と鉄」という表現については Chibnall (ed.), *The Ecclesiastical History of Orderic Vitalis*, cit., II, p. 324; G. Scalia, *Epigraphica Pisana*, in *Miscellanea di studi ispanici*, Pisa, 1963, pp. 263-64.

(42) コモ人の活動については Anonimo Cumano, *La guerra dei Milanesi contro Como*, E. Besta, A. Roncoroni (eds.), Milano, 1985, pp. 36, 68-69. フリードリヒ1世の軍法については MGH, *Frederici I. Diplomata*, II, Hannoverae, 1979, doc. 222 [1158], p. 5.

(43) ボッビオでのピアチェンツァ側の行動については Codagnellus, *Annales Placentini*, cit., p. 91. パドヴァのグアスタトーレについては Settia, *Comuni in guerra*, cit., p. 196. フィレンツェのグアスタ

トーレについては Paoli (ed.), *Il Libro di Montaperti*, cit., pp. 16-17, 99. マテリカとファブリアーノについては C. Acquacotta, *Lapidi e documenti alle memorie di Matelica*, Ancona, 1839, doc. 77, p. 143; Zonghi, *Carte diplomatiche fabrianesi*, Ancona, 1872, doc. 230, p. 269.

(44) 1328年のキエーリについては P. Brezzi, *Gli ordinati del comune di Chieri, 1328-1329*, Torino, 1937, pp. 121-23. サヴィリアーノとカリニャーノについては F. Gabotto, *L'età del conte verde in Piemonte secondo nuovi documenti*, in «Miscellanea di storia italiana», XXXIII (1895), docc. 7 (1358), pp. 273; docc. 111 (1374), p. 301. 1396年のジョヴァンニ・セルカンビの行動については Bongi (ed.), *Le cronache di Giovanni Sercambi*, cit., I, p. 329.

(45) フォリーニョに対するペルージャの行動については A. I. Galletti, *La società comunale di fronte alla guerra nelle fonti perugine del 1282*, in «Bollettino della Deputazione di storia patria per l'Umbria», LXXI (1974), pp. 85-87. オノサンドロスの助言については *Dell'arte della guerra. Trattato di Onosandro Platonico, recato dal greco in italiano da F. Cotta*, Milano, 1863, pp. 25-26. 「〈荒廃〉用の長い槍」については B. Breveglieri, *Armamento duecentesco bolognese da statui e documeni d'archivio*, in «Bullettino dell'istituto storico italiano per il Medio Evo», 94 (1988), p. 111. を参照。

(46) 1260年のフィレンツェの事例は Paoli (ed.), *Il Libro di Montaperti*, cit., pp. 28, 64, 84, 90, 94, 98, 101. ペルージャの事例は Galletti, *La società comunale*, cit., p. 90. ヴェネト地方については G. B. Verci, *Storia della marca trivigiana e veronese*, X, Venezia, 1788, Appendice, doc. 1161, p. 119; XI, Venezia, 1789, doc. 1249, pp. 36-38.

(47) オルシーニとカラファの助言については Pieri, *Il «Governo et exercitio de la militia»*, cit., pp. 143-44, 183.

(48) サッコマンノについては Azarius, *Liber getorum in Lombardia*, cit., p. 55; L. A. Muratori, *Antiquitates Italicae medii aevi*, II, Mediolani, 1739, coll. 528-529. その他の記述については Gaier, *Art et organisation*, cit., p. 176.

(49) ビザンツ軍については Procopio, *La guerra gotica*, cit., pp. 264, 177. 戦闘中の「はぎ取り」禁止令については Dagron, Mihaescu, *Le traité*, cit., p. 233.

(50) パヴィーアのウバルドの逸話については Liudprandus, *Opera*, J. Becker (ed.), Hannoverae-Lipsiae, 1915, pp. 19-20 (I, 21). それ以外の逸話については A. Crépin, *Les depouilles des tués sur le champ de bataille dans l'histoire, les arts e la pensée du haut moyen âge*, in Ph. Contamine, O. Guyotjeannin (eds.), *La guerre, la violence et les gens au moyen âge*, I, *Guerre et violence*, Paris, 1996, pp. 15-24. アルコセルの逸話は Fiorentino (ed.), *Cantare del Cid**, cit., I, p. 40.

(51) タリアコッツォの戦いについては Villani, *Nuova cronica*, cit., I, p. 455 (VIII, 27). モンテカティーニの戦いについては Guillemus de Cortusiis, *Chronica de novitatibus Padue et Lombardie*, B. Pagnin (ed.), Bologna, 1941-74 (RIS[2], XII/5), p. 150. クアットルディオの戦いについては Albertinus Mussatus, *De gestis Henrici VII Caesaris historia augusta*, in RIS, X, Mediolani , 1727, coll. 517-518. テオドロ・ディ・モンフェッラートについては Knowles (ed.), *Les Enseignements de Théodore Paléologue*, cit., p. 75. 以下も参照。A. Pichler, *«Pulcher tractatus de materia belli». Ein Beitrag zur Krieg und Geistesgeschichite des Mittelalters*, Graz-Wien-Leipzig, 1927, p. 61.

(52) ブルステムの戦いについては以下を参照。Gaier, *Art et organisation*, cit., pp. 74-75; テオドロについては *Les Enseignements de Théodore Paléologue*, cit., p. 95; 1075年のファエンツァ人については Tolosanus, *Chronicon Faventinum*, cit., p. 25.

(53) ナバス・デ・トロサについては H. Grassotti, *Organisación política, administrativa y feudo vassallatica de León y Castilla durante los siglos XI y XII*, in J. Jover Zamora (ed.), *Historia de España Menéndez Pidal*, X, Madrid, 1992, p. 135. カゼイ・ジェローラの戦いについては L. T. Belgrano, C. Imperiale di Sant'Angelo (eds.), *Annali genovesi di Caffaro e de' suoi continuatori dal 1174 al 1224*, II, Genova, 1901, p. 128.

(54) モンタペルティの戦いについては H. M. Schaller, *Unbekannte Briefe Kaiser Friedrichs II. aus Vat.*

Lat. 14204, in «Deutsches Archiv für Erforschung des Mittelalters», 19 (1963), doc. 11 (4 sett. 1260), p. 431. サン・プロコロでの逸話については Cantinelli, *Chronicon*, cit., p. 21. ガメナリオでの逸話については F. Gabotto, *Appendice al libro rosso del comune di Chieri, Pinerolo*, 1913, doc. 158, p. CXLI.

(55) 1284年パルマ人の逸話については Salimbene, *Cronica*, cit., pp. 294-95. 1340年リオ・サラドの戦いについては Anonimo Romano, *Cronica. Vita di Cola di Rienzo*, E. Marzali (ed.), Milano, 1991, pp. 144-47. 1204年のコンスタンティノープル陥落については Villehardouin, *La conquête de Constantinople**, E. Faral (ed.), II, Paris, 1961, p. 52.

(56) カーンの略奪図については Rogers, *The Age of the Hundred Years War*, cit., p. 152. も参照。セルカンビの挿絵については G. Sercambi, *Le illustrazioni delle «Croniche» nel codice lucchese*, O. Banti, M. C. Testi Cristiani (eds.), II, Genova, 1978, figura 300. 同じ事件の別の挿絵は figura 308-310, 293, 298. を見よ。

(57) 1077年ピアチェンツァでの逸話については E. Falconi, R. Peveri(eds.), *Il «Registrum magnum» del comune di Piacenza*, I, Milano, 1984, doc. 24, pp. 40-41.（A. A. Settia, *L'europeo aggressore : tecniche militari in Occidente alla vigilia della prima crociata*, in «Studi storici», 38(1997), pp. 309-10. も見よ）1127年ブリュージュ市民の略奪については G. Duby, *La domenica di Bouvines, 27 Luglio 1214**, Torino 1977, pp. 130- 31. 1202年ロッビオ城での略奪については C. Manaresi, *Gli atti del comune di Milano fino all'anno MCCXVI*, Milano, 1919, doc. 285 (1 dic. 1205), pp. 393-94. 1237年モリモンドの修道院略奪については E. Occhipinti, *Fortuna e crisi di un patrimonio monastico : Morimondo e le sue grange fra XII e XIV secolo*, in «Studi storici», 26 (1985), pp. 324-29. ウゴリーノについては A. Castellani, *La presa italiana delle origini*, I, *Testi toscani di carattere pratico. Trascrizioni*, Bologna, 1982, doc. 44, pp. 409-11.

(58) 585年の逸話については Gregorio di Tours, *La storia dei Franchi**, cit., II, p. 187. 876年アンデルナハの戦いについては G. Waitz(ed.), *Annales Bertiniani*, Hannoverae, 1883, p. 132. 923年ソワソンの戦いについては *Les Annales de Flodoard*, Ph. Lauer (ed.), Paris, 1905, p. 13. モンジェイでの出来事については Martin-Chabot (ed.), *La chanson de la croisade albigeoise*, cit., I, pp. 169-71.

(59) 1257年ファエンツァの事例については Cantinelli, *Chronicon*, cit., p. 21. レッジョの農民については Settia, *Comuni in guerra*, cit., p.27. 1401年アルブニャーノの逸話は Id., *Proteggere e dominare. Fortificationi e popolamento nell' Italia medievale, Roma*, 1999, p. 54.

(60) テオドロの考察については Knowles (ed.), *Les Eseignement de Théodore Paléologue*, cit., pp. 75-76. ウグッチョーネやカングランデの事例については De Cortusiis, *Chronica*, cit., pp. 152, 163. ビザンツの軍法については Dagron, Mihaescu, *Le traité*, cit., pp. 233-34. 538年のベリサリウスの事例については Procopio, La guerra gotica, cit., p. 136.

(61) 「ソワソンの壺」については Gregorio di Tours, *La storia dei Franchi**, cit., I, pp. 161-63. エル・シッドの事例については Fiorentino (ed.), *Cantare del Cid**, cit., I, p. 25. 以下も参照。Palomeque Torres, *Contribución*, cit., pp. 255-65 ; Powers, *A society Organized for War*, cit., p. 136.

(62) 1204年コンスタンティノープル陥落時の事例については Villehardouin, *La conquête de Constantinople**, cit., pp. 107-109. テンプル騎士団の規則については T. V. Molle (ed.), *I Templari. La regola e gli statute dell'ordine*, Genova, 1994, pp. 59, 61.

(63) 1218年のカルカッソンヌ、トゥールーズについては Martin-Chabot (ed.), *La chanson de la croisade albigeoise*, cit., I, p. 81 ; III, p. 101. 1200年ジェノヴァの取り決めについては C. Imperiale di Sant'Angelo, *Codice diplomatico della repubbrica di Genova*, III, Roma, 1942, doc. 69 (25 feb. 1200), pp. 173-74. 1228年トリノの取り決めについては F. Gabbotto, *Cartario di Pinerolo fino all'anno 1300*, Pinerolo, 1899, doc. 94 (13 luglio 1228), pp. 123-31. ファブリアーノの事例については Zonghi, *Carte diplomatiche fabrianesi*, cit., doc. 62.

(64) 1204年アルバの結んだ合意については Settia, *Comuni in guerra*, cit., pp. 138-39. 1255年クレモーナ騎兵の事例については M. T. Pavesi, G. Carubelli, *Da castel Manfredi a Castelleone. La nascita di un*

borgo fortificato cremonese nel XII secolo, Casalmorano (Cremona) s. d., doc. 34 (4 genn. 1255), pp. 275-278. 1323年ヴェルチェッリでの逸話についてはS. Caccianotti (ed.), *Summarium monumentorum omnium quae in tabulario municipii Vercellensis continentur*, Vercelli, 1863, pp. 274-75. 1341年のジョヴァンニ2世についてはF. Cognasso, *Note e documenti sulla formazione dello Stato visconteo*, in «Bollettino della Società pavese di storia patria», XXIII (1923), doc. 5, pp. 129-31.

(65) 1372年アスティ防衛戦については*Anciennes croniques de savoye*, D. Promis (ed.), in MHP, *Scriptores*, I, Torino, 1840, coll. 325, 330. 1380年キオッジャの事例についてはA. Zug Tucci, *Le milizie terrestri*, in A. Tenenti, U. Tucci (eds.), *Storia di Venezia*, III, *La formazione dello Stato patrizio*, Roma, 1997, pp. 278-79.

(66) フラ・モリアーレについては*Cronica di Matteo e Filippo Villani*, cit., p. 114; Mallett, *Signori e mercenari*, cit., pp.41, 143. も参照。フィレンツェとミケロットの取り決めについてはG. Canestrini, *Documenti per servire alla storia della milizia italiana*, Firenze, 1851 (= «Archivio storico italiano», XV, 1851), p. 142. ヴェネツィアとカルマニョーラの例についてはRicotti, *Storia delle compagnie di ventura in Italia*, cit., III, p. 412.

(67) マルティノ・ガラーティの論文については以下を参照。G. Soldi Rondinini, *Il diritto di guerra in Italia nel secolo XV*, in «Nuova rivista storica», XLVIII (1964), p. 301. ドナート・デル・コンテの報告書は以下から引用した。A. Bertolotti, *Spedizioni militari in Piemonte sconosciute o poco note di Galeazzo Maria Sforza duca di Milano*, in «Archivio storico lombardo», X (1883), p. 562.

(68) 略奪品の分配法の三分類についてはJ. de Bueil, *Le Jouvencel*, C. Favre, L. Lecestre (eds.), Paris, 1887, I, p. 65, nota 1. デ・ラ・マルシェの語る逸話については以下も参照。Ph. Contamine, *Rançons et butins dans la Normande anglaise (1424-1444)*, in *Actes su 101e congrés national des société savantes*, Paris, 1978, pp. 247-48, 252-66; Id., *Guerre, État à la fin du moyen âge*, cit., p. 441.

(69) ド・クレーヴとモンテクッコリの論文についてはPh. de Clève, *Instruction de toutes manières de guerroyer*, Paris, 1558, p. 66; Montecuccoli, *Trattato della guerra*, cit., p. 248.

(70) 略奪の道徳的正当化についてはContamine, *Rançons et butins*, cit., pp. 241-46. ガブリエレ・ダ・カミーノの遺言書はG. B. Verci, *Storia della marca trivigiana e veronese*, I, Venezia, 1786, appendice, doc. 51, pp. 65-67. より引用した。ボナグリオ・ダ・オルティについてはG. Biscaro, *Attraverso le carte di S. Giorgio in Braida di Verona. Note storiche, seconda serie*, in «Atti del reale Istituto veneto di scienze, lettere e arti», XCIV (1934-35), pp. 641-42. より引用した。1328年カステッジョでの待ち伏せについてはR. Maiocchi, *L'assoluzione dei Pavesi predatori del tesoro papale, 1328-1345*, in «Bollettino della Società storica pavese», I (1901), pp. 69-74.

第II章

(1) 古代末期における城郭の発達と関連する諸問題についてはA. A. Settia, *La fortezza e il cavaliere: tecniche militari in Occidente*, in *Morfologie sociali e culturali in Europa fra tarda Antichità e alto Medioevo*, Spoleto, 1998, pp. 558-60. および以下を参照。農村地帯の防備集落についてはId., *Le fortificazioni dei Goti in Italia*, in *Teodorico il grande e i Goti d'Italia*, Atti del XIII congresso internazionale di studi sull'Alto Medioevo, Spoleto, 1993, pp. 112-18. フランスとドイツの一部地域の城郭についてはG. Fournier, *Le château dan la France médiévale*, Paris, 1978, pp. 26-34. イタリアについてはG. P. Brogiolo, S. Gelichi, *Nuove ricerche sui castelli altomedievali in Italia settentrionale*, Firenze, 1996, pp. 11-34.

(2) アキテーヌでのフランク人の戦いについては以下を参照。M. Rouche, *L'Aquitaine des Wisigoths aux Arabes, 418-781. Naissance d'une région*, Paris, 1978, pp. 354-57.「アルプスの柵 Chiuse alpine」についてはA. A. Settia, *Le frontiere del regno italico nei seoli VI-XI: l'organizzazione della difesa*, in *Frontière et*

peuple-ment dans le monde méditerranéen au moyen âge. Castrum 4, Rome-Madrid, 1992, pp. 201-209; Id., *La fortezza e il cavaliere*, cit., pp. 563-64.

(3)　4世紀のローマ帝国の防衛思想については E. Gabba, *Le strategie militari, le frontiere imperiali*, in E. Gabba, A Schiavone (eds.), *Storia di Roma*, IV, Torino, 1989, pp. 509-13. ゴート人については Settia, *Le fortificazioni dei Goti in Italia*, cit., pp.101-102. パウルス・ディアコヌスの伝える包囲戦については Id., *Aureliano imperatore e il cavallo di re alboino. Tradizione ed elaborazione nelle fonti pavesi di Paolo Diacono*, in *Paolo Diacono. Uno scrittore fra tradizione longobarda e rinnovamento carolingio*, Atti del convegno internazionale di studi (Cividale del Friuli-Udine, 6-9 maggio, 1999), P. Chiesa (ed.), Udine, 2000, pp. 498-501. 西欧世界での「包囲戦の持つ影響」については C. Gaier, *Art et organisation militaire dans la principauté de Liège et dans le comté de Looz au moyen âge*, Bruxelles, 1968, p. 204. を参照せよ。

(4)　フランク人の初期の姿勢とその後の「インカステラメント Incastellamento」については Settia, *La fortezza e il cavaliere*, cit., pp. 570-572, 578-80.「帝国のサイクル」については A. Joxe, *Voyage aux sources de la guerre*, Paris, 1991, p. 367.

(5)　フロンティヌスと古代の「ポリオルケティカ Poliorcetica」については Y. Garlan, *La guerre dans l'artiquité*, Paris, 1972, pp. 117-38. 古代以降の攻城技術については Settia, *La fortezza e il cavaliere*, cit., pp. 564-65. プロコピオスの叙述については *La guerra gotica*, F. M. Pontani (ed.), Roma, 1974, pp. 92-93.

(6)　古代の機械技術については F. Repellini, *Tecnologie e macchine*, in Gabba, Schiavone, *Storia di Roma*, cit., IV, pp. 356-57, 367. カロリング期の技術発達については Settia, *La fortezza e il cavaliere*, cit., pp. 569-570 ; P. Chevedden, Z. Shiller, S. R. Gilbert, D. J. Kagay, *The traction Trebuchet : A Triumph of four Civilisations*, in «Viator», 31 (2000), pp. 433-86; C. S. Smith, J. G. Hawthorne (eds), *«Mappae clavicula», A Little Key to the World of the Medieval Techniques*, Philadelphia, 1974, p. 113. イタリアでのランゴバルド人やフランク人の機械については P. Moro, *«Quam horrida pugna». Elementi per uno studio della guerra nell'alto Medioevo italiano (secoli VI-X)*, Venezia, 1995, pp. 50-53. ベネヴェント包囲戦の逸話については Settia, *Aureliano imperatore*, cit., p. 491, note 16-17. も参照せよ。

(7)　アッボの取り上げている話題については Abbon, *Le siège de Paris par les Normands. Poème du IXe siècle*, H. Waquet (ed.), Paris, 1942, pp. 18, 38, 22, 28, 32, 36, 42, 44.「人文主義者に典型的な」古代の模倣については E. Sander, *Der Belagerungskrieg im Mittelalter*, in «Historische Zeitschrift», 165 (1942), p.109. リシェの記述については Richer, *Historie de France (888-995)*, R. Latouche (ed.), I, Paris, 1930, p. 142; II, Paris, 1937, pp. 134 sgg., 178. イタリア南部の年代記については Moro, *«Quam horrida pugna»*, cit., pp.50-53, 84-88. も参照せよ。

(8)　11世紀の「ポリオルケティカ」の発達については特に以下を参照。A. A. Settia, *L'Europeo aggressore: tecniche militari in Occidente alla vigilia della prima crociata*, in «Studi storici», 38 (1997), pp.318-21; Id., *Pisa e la tecniche belliche mediterranee*, in M. L. Ceccarelli Lemut, G. Garzella (eds.), *«Pisani viri in insulis et transmarinis regionibus potentes». Pisa come nodo di comunicazioni nei secoli centrali del Medioevo*, Atti del convegno (Pisa, 23-24 ottobre, 1998), note 6-14; Id., *Comuni in guerra. Armi ed eserciti nell'Italia della città*, Bologna, 1993, pp. 256-315; Id., *Le mura e la guerra. Sviluppi medievali della poliorcetica*, in B. Ulianich, G. Vitolo (eds.), *Castelli e cinte murarie nell'età di Federico II*, Roma, 2001, pp.35-47; E. Cuozzo, *Trasporti terrestri militari*, in G. Musca, V. Sivo (eds.), *Strumenti, tempi e luoghi di comunicazione nel Mezzogiorno normanno-svevo*, Atti delle undecime giornate normanno-sveve (Bari, 26-29, ottobre, 1993), Bari, 1995, pp.37-66. トラブッコについては P. Chevedden, *The Invention of the Counterweight Trebuchet: A Study in Cultural Diffusion*, in «Dumbarton Oaks Papers», 54(2000), pp. 71-116.

(9)　4世紀のギリシャ人技師については Y. Garlan, *Recherches de poliorcérique grecque*, Paris, 1974, pp.211. を参照。中世の技術進歩については同書 note 6, 7, 8. を見よ。

(10)　ブレーヴァル包囲戦については M. Chibnall (ed.), *The Ecclesiastical History of Orderic Vitalis*, II, Oxford, 1969, p. 288. ランゴバルド人の逸話については以下でも取り上げている。Settia, *Comuni in*

Guerra, cit., p. 249; A. La Regina (ed.), *L'arte dell'assedio di Apollodoro di Damasco*, Roma, 1999, p. 54.

(11) 十字軍による1099年のエルサレム戦については特に以下を参照。L. Bréhier (ed.), *Histoire anonyme de la première criusade**, Paris, 1924, p. 200; J. Hug, L. L. Hill (eds.), *Le Liber de Raymond d'Aguiler*, Paris, 1969, pp. 146-147. ティルス包囲でのハヴェディクについては Willelmus Tyrensis archiepiscopus, *Historia rerum in partibus transmarinis gestarum*, in *Recueil des historiens des croisades. Historiens occidentaux*, I/1, Paris, 1844, pp. 569-70. イビザでのピサ人については P. Loi (ed.), *Il Libro di Maiorca (Liber Maiolichinus)*, Pisa, 1964, pp. 88-89, 93.

(12) コンポステラの司教については以下を参照。Settia, *Pisa e le tecniche belliche*, cit., note 1-5; Anonimo Cumano, *La guerra dei Milanesi contro Como*, E. Besta, A. Roncoroni (eds.), Milano, 1985, p. 94. アレッサンドリア包囲におけるジェノヴァ人については Iohannes Codagnellus, *Annales Placentini*, O. Holder Egger (ed.), Hannoverae-Lipsiae, 1901, pp. 9-10. アペニン山脈以北のジェノヴァ人親方についてはC. Imperiale di Sant'Angelo (ed.), *Codice diplomatico della repubblica di Genova*, II, Roma, 1938, docc. 78 (12, aprile, 1173), pp. 165-66, 131(26, aprile, 1181), p. 266.

(13) 1159年のクレーマ包囲については Settia, *Comuni in guerra*, cit., pp. 262-67, 283. を参照。マーリンの逸話については E. Viollet le Duc, *Engin*, in Id., *Dictionnaire raisonné de l'architecture française du XIe au XVIe siècle*, V, Paris, 1861, pp. 263-64. ランフレドの逸話については Chibnall (ed.), *The Ecclesiastical History of Orderic Vitalis*, cit., IV, pp. 158, 290; VI, p. 342. アンジュー伯ジョフロワについては *Historia Gaufridi ducis Normannorum et comitis Andegavorum*, in L. Halphen, R. Poupardin (eds.), *Chroniques des comtes d'Anjou et des seigneurs d'Amboise*, Paris, 1913, pp. 214-19. エッツェリーノの話については A. A. Settia, *Castelli e villaggi nell'Italia padana. Popolamento potere e sicurezza tra IX e XIII secolo*, Napoli, 1984, p. 356, note 47-49. ウー伯の逸話については Joinville, *Histoire de saint Louis*, in H. Pauphilet, E. Pognon (eds.), *Historiens et chroniqueurs du moyen âge*, Paris, 1952, p. 331. ギオ・ド・プロヴァンの証言については Guiot de Provins, *Oeuvres*, J. Orr (ed.), Manchester - Paris, 1915, p. 15.

(14) ボーケール包囲戦については E. Martin-Chabot (ed.), *La chanson de la croisade albigeoise*, II, Paris, 1957, pp. 159, 173. ブレシャ、ヴィテルボ、パドヴァの各包囲戦については Settia, *Comuni in guerra*, cit., pp. 288-93. ブリアナ包囲については L. Monreal y Tejada, *Ingenieria militar en las cronicas catalanas*, Barcelona, 1971, pp. 36, 54.

(15) ジョン欠地王については Ph. Contamine, *La guerra nel Medioevo*, Bologna, 1986, p. 155. ルイ9世については Joinville, *Histoire de saint Louis*, cit., p. 242. ポワティエのアルフォンスについては V. Mortet, P. Deschamps, *Recueil de textes relatifs à l'histoire de l'architecture et de la condition des architectes au moyen âge*, II, Paris, 1929. トゥールーズ市の事情については Martin-Chabot (ed.), *La chanson de la croisade albigeoise*, cit., III, p. 127. イーモラとアルビゾーラの例については Settia, *Castelli e villaggi*, cit., pp. 409-10, note 24, 38. オッドーネとセガティーノの逸話については Id., *Comuni in guerra*, cit., pp. 290, nota 9; 299-300, nota 54. タッコラについては Mariano Taccola, *De rebus militaribus*, E. Knobloch (ed.), Baden-Baden, 1984, p. 53. ノガローレ城での逸話については Magister Marzagaia, *De modernis gestis*, C. Cipolla (ed.), in Id., *Antiche cronache veronesi*, I, Venezia, 1890, p. 133. トルセッロとコルナッザーノの発言については Marinus Sanutus Torsellus, *Liber secretorum fidelium crucis*, in J. Bongars(ed.), *Gesta Dei per Francos*, I, Hanoviae, 1611, p. 79; A. Cornazzano, *De re militari*, in Venetia per Alexandro di Bindoni, 1515, VIII, 6.

(16) 進歩に関する引用はB. Gille, *Leonardo e gli ingeneri del Rinascimento**, Milano, 1980, p. 282. による。トリブルツィオの言葉については F. Guicciardini, *Storia d'Italia**, III, Bari, 1929, p. 72 (IX, 14).

(17) コロンナの助言については Aegidius Columna Romanus, *De regimine principum libri III*, Roma, 1607, pp. 598-601. ロベルト・イル・グイスカルドによるトロイア包囲については Gaufridus Malaterra, *De rebus gestis Rogerii Calabriae et Siciliae comitis et Roberti Guiscardi ducis fratris eius*, E. Pontieri (ed.) (RIS², V/1), Bologna, 1927-28, p. 23; V. De Bartholomaeis, *Storia de' Normanni di Amato di Montecassino*, Roma, 1935, p. 228. アンコーナの例については Bomcompagno da Signa, *L'assedio di Ancona del 1173 (Liber de*

obsidione Anconae), M. Morroni (ed.), Ancona, 1991, p. 55.（なお他の記録によればアンコーナ包囲は4月1日に始まったとされている。）

(18) フロンティヌスの引用は Iulius Frontinus, *Strategemata**, R. I. Ireland (ed.), Leipzig, 1990, p. 87 (III, 15, 5). カルカッソンヌでの寓話については *Guide du Pneu Michelin, Pyrénées*, Paris, 1957, p. 80. アレッサンドリアの寓話については F. Bima, *Storia degli Alessandrini*, Alessandria, 1965, p. 33. 以下も参照。Cornazzano, *De re militari*, cit., VIII, 5.

(19) ビザンツ＝ゴート戦争の経過については Procopio, *La guerra gotica*, cit., pp. 147, 167, 170-71, 179, 193-94, 219, 240, 278, 302. 南イタリアでのノルマン人の例については De Bartholomaeis, *Storia de' Normanni di Amato di Montecassino volgarizzata in antico francese*, Roma, 1935, pp. 228, 202, 294, 297, 311, 314, 354; Malaterra, *De rebus gestis*, cit., p. 58; Guillaume de Pouille, *La geste de Robert Guiscard*, M. Mathieu (ed.), Palermo, 1961, p. 297. バルバストロの事例については R. Dozy, *Recherches sur l'histoire et la littérature de l'Espagne pendant le moyen âge*, II, Leyde, 1881, pp. 335-53. モン・サン・ミッシェルについては Chibnall (ed.), *The Ecclesiastical History of Orderic Vitalis*, cit., IV, p. 250.

(20) 第1回十字軍については Bréhier (ed.), *Histoire anonyme**, cit., pp. 8, 77, 139-40. 以下も参照。A. Chroust (ed.), *Historia de expeditione Friderici imperatoris et quidam alii rerum gestarum fontes eiusdem expeditionis*, Berolini, 1928, p. 83. トルトーナでの事例については Otto et Rahevinus, *Gesta Friderici I imperatoris*, G. Waitz, B. de Simson (eds.), Hannoverae-Lipsiae, 1912, pp. 125-28. カスティリオーネの事例については Otto Morena et continuatores, *Historia Frederici I*, F. Güterbock (ed.), Berolini, 1930, p. 131.

(21) アンコーナの逸話については Boncompagno, *L'assedio di Ancona*, cit., pp. 53, 59, 75; アルビジョワ十字軍については Martin-Chabot (ed.), *La chanson de la croisade albigeoise*, cit., I, pp. 257-59; II, p. 171. カレー包囲戦については S. Luce (ed.), *Chroniques de Jean Froissart*, IV, Paris, 1873, p. XX. ミラノ封鎖については B. Corio, *Storia di Milano*, A. Morisi Guerra (ed.), II, Torino, 1978, pp. 1325-26.

(22) エムへの食糧補給については Chibnall (ed.), *The Ecclesiastical History of Orderic Vitalis*, cit., IV, p. 200. バッツァーノへの事例については Magister Tolosanus, *Chronicon Faventinum*, G. Rossini (ed.) (RIS², XXVIII/1), Bologna, 1939, p. 160. ウェゲティウスやエジディオ・ロマーノの主張については特に以下を参照。Flavius Vegetius Renatus, *Epitoma rei militaris*, A. Önnerfors (ed.), Stutgardiae-Lipsiae, 1995, p. 107 (III, 3); Aegidius, *De regimine principum*, cit., p. 600. ナポリでのベリサリウスの処置については Procopio, *La guerra gotica*, cit., p. 101. サン・カッシアーノについては Petrus Cantinelli, *Chronicon*, F. Torraca (ed.) (RIS², XXVIII/2), Città di Castello, 1902, p. 69. ピストイア包囲については G. Villani, *Nuova cronica*, II, G. Porta (ed.), Parma, 1991, pp. 165-68 (IX, 82).

(23) コルナッザーノとカラファの助言については特に以下を参照。Cornazzano, *De re militari*, cit., VIII, 1; P. Pieri, *Il «Governo et exercitio de la militia» di Orso degli Orsini e i «Memoriali» di Diomede Carafa*, in «Archivio storico per le province napoletane», n. s., XIX (1933), p. 194. ガイヤール城での事例については Guilelmus Armoricus, *Gesta Philippi Augusti*, in H. F. Delaborde (ed.), *Oeuvres de Rigord et de Guillaume le Breton historiens de Philippe Auguste*, I, Paris, 1882, pp. 216-18. ノヴァーラでの事例については J. R. Hale, *Guerra e società nell'Europa del Rinascimento*, Roma-Bari, 1987, pp. 212-13. シエナの例については M, Filippone (ed.), *L'assedio di Siena. Dal III libro dei Commentari di Blaise de Monluc*, Siena, 1976, pp. 115-16. カレーでの事例については Luce (ed.), *Chroniques de Jean Froissart*, cit., IV, p. 3. ミラノについては Corio, *Storia di Milano*, cit., pp. 1326, 1315, 1331.

(24) ドゥラッツォでのグイスカルドの活動については Guillaume de Pouille, *La geste de Robert Guiscard*, cit., p. 158; A. Comnène, *Aléxiade*, B. Leib (ed.), III, Paris, 1945, pp. 83, 91 sgg. マヨルカでのピサ人と、コモでのミラノ人の活動については Settia, *Pisa e le tecniche belliche*, cit., note 3, 8, 9. 1147年のリスボン包囲については Osbernus, *De expugnatione Lyxbonensi*, in W. Stubbs (ed.), *Itinerarium peregrinorum et gesta regis Ricardi*, London, 1864, p. CLXV; *Annales S. Disibodi*, in MGH, *Scriptores*, XVII, Hannoverae, 1861, pp. 27-28. マッラ包囲戦については Bréhier (ed.), *Histoire anonyme**, cit., pp. 17-73, 202-204.

(25) ドゥラッツォでのボエモンについてはComnène, *Aléxiade*, cit., III, pp. 94-95. グルネー城でのルイ6世についてはSuger, *Vie de Louis VI le Gros*, H. Waguet (ed.), Paris, 1929, pp. 70-74. バレアレス諸島でのピサ人についてはLoi (ed.), *Il Libro di Maiorca*, cit., pp. 130-31. リスボンでの事例についてはAnnales S. Disibodi, cit., p. 28. モントルイユ・ベレでの事例については*Historia Gaufridi ducis*, cit., p. 217.

(26) クレーマ包囲については以下を参照。Settia, *Comuni in guerra*, cit., pp. 264-66. 城壁の測定についてはAegidius, *De regimine*, p. 609. ペッシュペルーとリバダヴィアの包囲についてはL. Mirot (ed.), *Chroniques de Jean Froissart*, XII, Paris, 1931, p. 193; L. Mirot e A. Mirot (eds.), *Chroniques de Jean Froissart*, XIII, Paris, 1957, p. 154.

(27) ドゥラッツォでのグイスカルドについては以下を見よ。Comnène, *Aléxiade*, cit., I, pp. 133, 152-54; III, pp. 94-95. トゥールーズの「猫」についてはMartin-Chabot (ed.), *La chanson de la croisade albigeoise*, cit., III, p. 157. 1243年のヴィテルボ包囲についてはE. Winklemann, *Acta imperii inedita*, I, Insbruck, 1880, doc. 693, p. 550. 1256年のパドヴァ包囲についてはSettia, *Comuni in guerra*, cit., pp. 293, 315, 299-300. 1374年キプロスでの戦いについてはC. Enlart, *Manuel d'archéologie française depuis les temps mérovingiens jusqu'à la Renaissance*, II, Paris, 1932, p. 493. 1387年のベルジュラックについてはG. Raynaud (ed.), *Chroniques de Jean Froissart*, IX, 1894, pp. 8, 11. クリスティーヌ・ド・ピザンの記述についてはViollet le Duc, *Siège*, in Id., *Dictionnaire raisonné de l'architecture française*, cit., VIII, Paris, 1866, p. 418.「トロイア」と呼ばれる機械については、たとえば以下を参照せよ。Contamine, *La guerra nel Medioevo*, cit., p. 270. だがこれ以外の事例も多数あるはずである。

(28) 597年テッサロニキ包囲については以下を参照。P. Lemerle, *Les plus anciens recueils des miracles de saint Démétrius et la pénétration des Slaves dans les Balkans*, I, Texte, Paris, 1979, p. 143, nota 15, p. 153, nota 151. 871年のサレルノ包囲についてはU. Westerbergh (ed.), *Chronicon Salernitanum*, Stockholm, 1956, pp. 127, 164, 30. パリでの事例についてはAbbon, *Le siège de Paris*, cit., p. 18. ローマでのハインリヒ4世についてはGuillaume de Pouille, *La geste de Robert Guiscard*, cit., p. 233. コルドバでのカール大帝については*La Chanson de Roland**, G. Ruffini, G. Segre (eds.), Milano, 1981, p. 34 (VIII, v. 3).

(29) バレアレス諸島でのピサ人についてはLoi (ed.), *Il Libro di Maiorca*, cit., pp. 22-23, 86, 89, 93-95. 1126年コモでの戦いについてはAnonimo Cumano, *La guerra dei Milanesi*, cit., pp. 97-98. 1147年のリスボン包囲についてはOsbernus, *De expugnatione Lyxbonensi*, cit., p. CLXIX. 1157年トルトーナでの事例についてはOtto et Rahevinus, *Gesta Friderici I*, cit., p. 124. 1159年のクレーマ包囲戦についてはSettia, *Castelli e villaggi*, cit., p. 353.

(30) 1148年タルトゥースの戦いについてはL. T. Belgrano (ed.), *Annali genovesi di Caffaro e de'suoi continuatori*, I, Genova, 1890, p. 85. 1202年コンスタンティノープルの事例についてはRoberto di Clari, *La conquista di Constantinopoli*, A. M. Patrone (ed.), Genova, 1972, p. 206. 以下も参照。J. F. Finò, *Machines de jet médiévales*, in «Gladius», X (1972), pp. 35-36. 1185年のボーヴェの例についてはGuillelmus Armoricus, *Philippides libri XII*, in Delaborde (ed.), *Oeuvres de Rigord*, cit., II, Paris, 1885, p. 54.

(31) アルビジョワ十字軍の逸話についてはMartin-Chabot (ed.), *La chanson de la croisasde albigeoise*, cit., I, pp. 137, 257, 275; II, pp. 11, 157, 169, 149, 1530; III, pp. 207-209. イタリアでの事例についてはSettia, *Castelli e villaggi*, cit., p. 356; Id. *Comuni in guerra*, cit., pp. 296-300.

(32) ファエンツァ、オルヴィエート、モデナの投石機についてはSettia, *Castelli e villaggi*, cit., p. 356. アクリでのフィリップ・オーギュストの機械についてはStubbs (ed.), *Itinerarium peregrinorum*, cit, p. 218. スターリング城の包囲についてはContamine, *La guerra nel Medioevo*, cit., p. 212. アカイアの領主たちの火砲についてはM. R. Conta, *Armi e armature in Piemonte nella prima metà del secolo XV (dagli inventari dei castelli dei principi d'Acaia)*, in «Studi piemontesi», VI (1977), p. 416. ミラノ公の射石砲についてはC. E. Visconti, *Ordine dell'esercito ducale sforzesco*, 1472-1474, in «Archivio storico lombardo», III (1876), pp. 470-71, 475.

(33) オベルト・ドーリアの証言については C. Imperiale di Sant'Angelo (ed.), *Annali genovesi di Caffaro e de' suoi continuatori*, V, Roma, 1929, p. 41. その他の情報については Settia, *Castelli e villaggi*, cit., pp. 357-58, note 70-76, p. 413.

(34) オーデナール包囲戦については G. Raynaud (ed.), *Chroniques de Jean Froissart*, X, Paris, 1897, pp. 247-48. モンテガルダの包囲戦については Conforto da Costozza, *Frammenti di storia vicentina*, C. Steiner (ed.), Città di Castello, 1904 (RIS2, XIII/4), p. 41. カラファの助言については Pieri, *Il «Governo et exercitio de la militia»*, cit., p. 194. 1474年ミラノ軍の装備については Visconti, *Ordine dell'esercito ducale*, cit., p. 472. フランス軍による「決定的な変化」については Contamine, *La guerra nel Medioevo*, cit., p. 272.

(35) トゥールーズでの投石機については Martin-Chabot (ed.), *La chanson de la croisade albigeoise*, cit., III, p. 127. ジェノヴァ人の投石機については Belgrano, Imperiale di Sant'Angelo (eds.), *Annali genovesi di Caffaro*, cit., p. 176; III, pp. 8, 20-23. それ以外の情報については以下を参照。Settia, *Castelli e villaggi*, cit., p. 359, nota 98; Id., *Comuni in guerra*, cit., p. 312. キプロスの事例については Filippo da Novara, *Guerra di Federico II in Oriente*, S. Melani (ed.), Napoli, 1994, p. 129. カルボリ城の例については Cantinelli, *Chronicon*, cit., p. 27.

(36) エジディオ・ロマーノの助言については Aigidius, *De regimine principum*, cit., pp. 611-12, 615. モルテンナーノとコラートの事例については Settia, *Castelli e villaggi*, cit., pp. 358-59, 414, nota 81. モンタニョン城については Id., *Comuni in guerra*, cit., p. 314. テオドロの助言については Knowles (ed.), *Les Enseignements de Théodore Paléologue*, London, 1983, p. 105.

(37) 第1回十字軍の例については Albertus Aquensis, *Historia Hierosolymitana*, in *Recueil des historiens des croisades, Historiens occidentaux*, IV, Paris, 1879, cap. XI, 43. それ以外の事例については Settia, *Castelli e villaggi*, cit., pp. 360, 415-16; Id., *Comuni in guerra*, cit., p. 312. エジディオ・ロマーノの助言は Aegidius, *De regimine principum*, cit., p. 606. テオドロの助言は *Les Enseignements*, p. 105.

(38) 1081年のドゥラッツォ包囲の事例については以下を参照。Comnène, *Aléxiade*, cit., III, pp. 94-95, nota 2. アトゥアトゥカと対戦したカエサルについては Gaio Giulio Cesare, *Bellum Gallicum**, in Id., *Opera omnia*, A. Pennacini (ed.), Torino, 1993, p. 97 (II, 31). 1107年のドゥラッツォ包囲については Comnène, *Aléxiade*, cit., I, pp. 144, 91. リスボン包囲については *Annales S. Disibodi*, cit., p. 28. テオドロの助言については Knowles (ed.), *Les Enseignements de Théodore Paléologue*, cit., p. 105. グイスカルドの行動については Malaterra, *De rebus gestis*, cit., pp. 23, 75, 106.

(39) ジェノヴァの投石機については Belgrano, Imperiale di Sant'Angelo (eds.), *Annali genovesi di Caffaro*, cit., II, pp. 141, 165; V, pp. 99, 103. エステ侯については Settia, *Comuni in guerra*, cit., p. 313. サヌードの助言については Torsellus, *Liber secretorum*, cit., p. 81.

(40) 1229年キプロス島での事例については Filippo da Novara, *Guerra di Federico II*, cit., p. 199. 人間の頭の投射については Bréhier (ed.), *Histoire anonyme**, cit., p. 38. ロバの投射については特に以下を参照。Villani, *Nuova cronica*, cit., I, pp. 284-85 (VII, 10), 604 (VIII, 132); Tolomeus Lucensis, *Annales*, B. Schmeidler (ed.), Berolini, 1955, p. 120; R. Davidsohn, *Storia di Firenze*, II, Firenze, 1972, pp. 287-88; Cantinelli, *Chronicon*, cit., p. 6; *Corpus chronicorum Bononiensium*, A. Sorbelli (ed.), II, Città di Castello, 1913 (RIS2, XVII-1), p. 127. ヴェネツィアとフェッラーラの海戦については G. Bertoni, E. P. Vicini (eds.), *Chronicon Estense*, Città di Castello, 1908 (RIS2, XV/3), p. 74; タッコラの提案については Taccola, *De rebus militaribus*, cit., pp. 77, 261.

(41) ペトラ・ペルトゥーサの降伏については Procopio, *La guerra gotica*, cit., p. 144. パルパネーゼの降伏については Codagnellus, *Annales Placentini*, cit., pp. 46-47, 48, 50, 55. ムトローネ城の攻略については Villani, *Nuova cronica*, cit., I, pp. 445-46 (VIII, 22). コルナッザーノの著書については Cornazzano, *De re militari*, cit., VIII, 4.

(42) コモとミラノの対戦については Anonimo Cumano, *La guerra dei Milanesi*, cit., pp. 36, 41, 55-56. ムッソレンテ城とボヴォレンタについては Rolandinus Patavinus, *Cronica in factiis et circa facta Marchie*

Trivixane, A. Bonardi (ed.), Città di Castello, 1905 (RIS[2], VIII/1), pp. 81, 113. ベルガモの逸話については Liudprandus, *Antapodosis*, in Id., *Opera*, J. Becker (ed.), Hannoverae-Lipsiae, 1915, pp. 20-21 (I, 23-24). プーリアとシチリアの事例については Malaterra, *De rebus gestis*, cit., p. 13.

(43) エジディオ・ロマーノの助言については Aegidius, *De regimine principum*, cit., pp. 602-603. 第2次ドゥラッツォ包囲については Comnène, *Aléxiade*, cit., III, pp. 96-97. マヨルカでのピサ人の行動については Loi (ed.), *Il Libro di Maiorca*, cit., pp. 133-34. リスボンの事例については Osbernus, *De expugnatione Lyxbonensi*, cit., pp. CLXII-CLXIX; *Annales S. Disibodi*, cit., p. 28.

(44) トルトーナ包囲については Otto et Rahevinus, *Gesta Friderici I*, cit., p. 125. アレッサンドリア包囲については Romualdus Salernitanus, *Cronicon*, C. A. Garufi (ed.), Città di Castello, 1935 (RIS[2], VII/1), pp. 262-63. ボーヴェ包囲については Guillelmus Armoricus, *Philippides*, cit., p. 53. ガイヤール城の奪取については Id., *Gesta Philippi Augusti*, cit., pp. 218-19. モルテンナーノ城については Sanzanome iudex, *Gesta Florentinorum*, in O. Hartwig (ed.), *Quellen und Forschungen zur ältesten Geschichte der Stadt Florenz*, I, Marburg, 1875, pp. 21-22; Davidsohn, *Storia di Firenze*, cit., II, pp. 97-98.

(45) ピウマッツォ城でのボローニャ人については Codagnellus, *Annales Placentini*, cit., p. 89. バッツァーノ城については Tolosanus, *Chronicon Faventinum*, cit., pp. 161-62. ファエンツァ包囲については J. L. A. Huillard Brèholles (ed.), *Historia diplomatica Friderici secundi*, V/2, Paris, 1857, pp. 366, 1243. ヴィテルボ攻略については Settia, *Comuni in guerra*, cit., pp. 293-95. エステ城の攻略については Rolandinus, *Cronica*, cit., pp. 91-92.「グエルキ」については Davidsohn, *Storia di Firenze*, cit., II, p. 578. セルヴォーレ城とカッピアーノ砦の戦いについては Sanzanome, *Gesta Florentinorum*, cit., p. 35. モンテムルロ包囲については G. Villani, *Nuova cronica*, II, Parma, 1991, pp. 499-500 (X, 329); R. Davidsohn, *Storia di Firenze*, IV, Firenze, 1973, p. 1036. ポルト・ピサーノの塔については Imperiale di Sant'Angelo (ed.), *Annali genovesi di Caffaro*, cit., V, p. 119.

(46) 坑道技術の存続については A. Salamagne, *L'attaque des places fortes au XVe siècle à travers l'exemple des guerres anglo et franco-bourguignonnes*, in «Revue historique», 117 (1993), pp. 97-98, 101. 火薬を使った地雷は E. Rocchi, *Le fonti storiche dell'architettura militare*, Roma, 1908, pp. 238-48. フィリップ・ド・クレーヴについては Ph. De Clève, *Instruction de toutes manière de guerroyer*, Paris, 1558, p. 58.

(47) バイユー・タペストリーについては以下を参照。S. Bertrand, *La tapisserie de Bayeux et la manière de vivre au onzième siècle*, La-Pierre-qui-vire, 1966, tavv. 46-47. マヨルカでのピサ人については Loi (ed.), *Il Libro di Maiorca*, cit., pp. 181-82. ルイ6世の行動については Suger, *Vie de Louis VI le Gros*, cit., pp. 18, 20, 28. ピオンビーノ城については Belgrano (ed.), *Annali genovesi di Caffaro*, cit., I, p. 23. ピウマッツォ他の事例については Huillard Bréholles (ed.), *Historia diplomatica Friderici secundi*, cit., V.1, p. 366.

(48) プイーゼ城については Suger, *Vie de Louis VI le Gros*, cit., p. 136. ロッビオについては *Gli atti del comune di Milano sino all'anno 1216*, C. Manaresi (ed.), Milano, 1919, doc. 285. パドヴァについては Rolandinus, *Cronica*, cit., p. 122. モロッツォ城については F. Gabotto, *Asti e la politica sabauda in Italia al tempo di Guglielmo Ventura secondo nuovi documenti*, Pinerolo, 1903, pp. 514-15, nota 2. トゥールーズについては Martin-Chabot (ed.), *La chanson de la croisade albigeoise*, cit., III, pp. 155, 219.

(49) マヨルカ征服については Loi (ed.), *Il Libro di Maiorca*, cit., p. 195. コマチーナ島での事例については Anonimo Cumano, *La guerra dei Milanesi*, cit., p. 61. サルッソーラ城での事件については Settia, *Castelli e villaggi*, cit., pp. 448-49. パラッツォーロとヴィテルボの事例については Winkelmann, *Acta imperii inedita*, cit., pp. 542, 550. テッツォーリについては *Annales Placentini Gibellini*, in MGH, *Scriptores*, XVIII, Hannoverae, 1863, p. 523. タッコラの記述については Taccola, *De rebus militaribus*, cit., pp. 371, 141.

(50) カパルビオ城については Belgrano (ed.), *Annali genovesi di Caffaro*, cit., I, p. 227. ピガッツァーノ城については Codagnellus, *Annales Placecntini*, cit., p. 115. カスティリオンチェッロについては Tolomeus Lucensis, *Annales*, cit., p. 150. アバーノについては Albertinus Mussantus, *De gestis Heinrici VII caesaris historia augusta*, in RIS, X, Mediolani, 1727, col. 598. ジョフロワの行動については *Historia*

monasterii Mosomensis, in MGH, *Scriptores*, XIV, Hannoverae, 1883, p. 606. 1243年ヴィテルボでの戦いについては Winkelmann, *Acta imperii inedita*, cit., II, p. 553. フィレンツェの逸話については D. Compagni, *Cronica**, G. Luzzatto (ed.), Torino, 1968, pp. 37, 96, 131, 140-42; Villani, *Nuova cronica*, cit., II, pp. 132-34 (IX, 71).

(51) 特に以下を参照。Imperiale di Sant'Angelo (ed.), *Annali genovesi di Caffaro*, cit., III, pp. 150-51; Rolandinus, *Cronica*, cit., pp. 141-42.

(52) Aegidius, *De regimine principum*, cit., p. 602; Malaterra, *De rebus gestis*, cit., pp. 53, 79. ナポリでの例については Procopio, *La guerra gotica*, cit., p. 61. アンティオキアでの例については Bréhier (ed.), *Histoire anonyme**, cit., p. 107. エルレンバルドについては Settia, *Comuni in guerra*, cit., p. 98. を参照。

(53) スティエッラ城の事例については *Libri dell'entrata e dell'uscita della repubblica di Siena detti del Camerlingo e dei quattro provveditori della Biccherna, Libro terzo*, a. 1230, Siena, 1915, p. 65. パラッツォーロについては Winkelmann, *Acta imperii inedita*, cit., I, p. 542. イングランド傭兵については *Cronica di Matteo e Filippo Villani*, Milano, 1834, p. 390 (XI, 81). ジャン・ド・ビュエイユの記述については Jean de Bueil, *Le Jouvencel*, C. Favre, L. Lecestre (eds.), I, Paris, 1887, pp. 87-92.

(54) 第1回十字軍の事例については Bréhier (ed.), *Histoire anonyme**, cit., pp.175-00, 194. マヨルカでのピサ人については Loi (ed.), *Il Libro di Maiorca*, cit., p. 37. ザラ包囲戦については *Historia ducum Venetorum*, in L. A. Berto (ed.), *Testi storici veneziani (XI-XIII secolo)*, Padova, 1999, p. 18. コンスタンティノープル攻略については Geoffroy de Villehardouin, *La conquête de Constantinople**, E. Faral (ed.), I, Paris, 1938, pp. 173-175.

(55) フロワサールの包囲戦記録については Salamagne, *L'attaque des places fortes*, cit., p. 72. モンテガルダ城の戦いについては Conforto, *Frammenti di storia vicentina*, cit., p. 41. ド・ビュエイユの記述については de Bueil, *Le Jouvencel*, II, pp. 48-49.

(56) カノッサの記述については Donizone, *Vita di Matilde di Canossa*, V. Fumagalli, P. Golinelli (eds), Milano, 1987, p. 37. トルトーナ包囲については Otto et Rahevinus, *Gesta Friderici I*, cit., pp. 126-27; O. Holder Egger (ed.), *Gesta Federici I imperatoris in Lombardia*, Hannoverae, 1892, p. 20. バッツァーノについては Tolosanus, *Chronicon Faventinum*, cit., p. 161. シエナの例については *Liberi dell'entrata, Libri primo e secondo*, Siena, 1914, p. 155. ルッカの例については V. Tirelli (ed.), *Statutum lucani communis, an. MCCCVIII*, Lucca, 1991. コンパニア・ディ・ヴェントゥーラについては M. Mallet, *Signori e mercenari. La guerra nell'Italia del Rinascimento*, Bologna, 1983, p. 96. カラファの助言については Pieri, *Il «Governo et exercitio de la militia»*, cit., p. 198.

(57) ミラノ軍の作戦については Holder Egger (ed.), *Gesta Federici I imperatoris in Lombardia*, cit., pp. 22-23. それ以外の事例については Codagnellus, *Annales Placentini*, cit., pp. 26, 29, 45, 49, 54, 69; Cantinelli, *Chronicon*, cit., p. 87. カヴィッリアヌムについては Salimbene de Adam, *Cronica*, G. Scaglia (ed.), Bari, 1966, pp. 924-25. モンテパッレロとパローラについては *Chronicon Parmense*, pp. 25-26. ベリサリウスのナポリ攻略については Procopio, *La guerra gotica*, cit., p. 59.

(58) リゴマーニョ城については Sanzanome, *Gesta Florentinorum*, cit., p. 20. ベジェについては Martin-Chabot (ed.), *La chanson de la croisade albigeoise*, cit., I, pp. 55-57. サン・ジェルマーノ城については Villani, *Nuova cronica*, cit., I, pp. 413-16 (VIII, 5-6). ティヴォリとローマの例については Procopio, *La guerra gotica*, cit., pp. 226, 252-54. ドゥラッツォ包囲については Malaterra, *De rebus gestis*, cit., p. 74. アンティオキア包囲については Bréhier (ed.), *Histoire anonyme**, cit., pp. 101-103.

(59) セーニョ城の陥落については Imperiale di Sant'Angelo (ed.), *Annali genovesi di Caffaro*, cit., III, p. 121. アルコレ要塞については Parisius de Cereta, *Annales Veronenses*, in MGH, *Scriptores*, XIX, Hannoverae, 1866, p. 12. サン・ゼノーネについては Bertoni, Vicini (eds.), *Chronicon Estense*, cit., p. 40. レッジェーロ城の例については Salimbene, *Cronica*, cit., pp. 934-35, 943-944.

(60) エジディオ・ロマーノの発言については Aegidius, *De regimine principum*, cit., pp. 610-16. カラ

ファの著作については Pieri, *Il «Governo et exercitio de la militia»*, cit., p. 191. ミラノ人によるコモ包囲については Anonimo Cumano, *La guerra dei Milanesi*, cit., p. 95. コーヌ城包囲については *Historia Gaufridi ducis*, cit., p. 200. 反復される表現については Codagnellus, *Annales Placentini*, cit., pp. 46, 51, 95, 100, 105, 214; Rolandinus, *Cronica*, cit., p. 91. 924年のパヴィーア包囲については Liudprandus, *Antapodosis*, cit., p. 110. ノルマン人の行動については Settia, *Comuni in guerra*, cit., p. 256. モンテギュ城包囲については Suger, *Vie de Louis VI le Gros*, cit., p. 30.

(61) ポッジボンシ包囲については Villani, *Nuova cronica*, cit., I, p. 444. ローマ包囲については Procopio, *La guerra gotica*, cit., p. 86. コンスタンティノープル包囲については De Villehardouin, *La conquête de Constantinople**, cit., p. 74.

(62) ノルマン人の行動については Malaterra, *De rebus gestis*, cit., pp. 24, 47. ミラノ人のローディ包囲については Morena, *Historia Friderici I*, cit., pp. 111-17. モントルイユ・ベレの事例については *Historia Gaufridi ducis*, cit., p. 217. ダッロ人の例については Salimbene, *Cronica*, cit., p. 929. ベジエとトゥールーズについては Martin-Chabot (ed.), *La chanson de la croisade albigeoise*, cit., I, pp. 51, 199. サンタ・ラデゴンダ城の包囲については Richer, *Histoire de France*, cit., II, p. 10. マヨルカでのピサ人の包囲については Loi (ed.), *Il Libro di Maiorca*, cit., pp. 159-61.

(63) アレッサンドリアを包囲したフリードリヒ1世については *Le Liber pontificalis*, L. Duchesne (ed.), II, Paris, 1955, p. 428; Vincentius et Gerlacius, *Annales*, in MGH, *Scriptores*, XVII, Hannoverae, 1861, p. 688. バーニャカヴァッロについては Tolosanus, *Chronicon Faventinum*, cit., p. 119. フィレンツェによるシエナ包囲については Davidsohn, *Storia di Firenze*, cit., II, p. 207. カラファの発言については Pieri, *Il «Governo et exercitio de la militia»*, cit., p. 191. 1263年のノッツァーノについては Tolomeus Lucensis, *Annales*, cit., pp. 145, 151.

(64) トラーニ包囲におけるアルギルスについては以下を参照。Settia, *Comuni in guerra*, cit., p. 258. カスティリオーネとクレーマについては Morena, *Historia Frederici I*, cit., pp. 133, 96. アレッサンドリア包囲については Codagnellus, *Annales Placentini*, cit., p. 10. ブレシャ包囲については *Annales Placentini Gibellini*, cit., p. 480. サヴォーナについては Imperiale di Sant'Angelo (ed.), *Annali genovesi di Caffaro*, cit., III, p. 145.

(65) 1108年のドゥラッツォ守備隊については Comnène, *Aléxiade*, cit., III, pp. 96-97. 1155年のトルトーナについては Otto et Rahevinus, *Gesta Friderici I*, cit., p. 125. カスティリオンチェッロについては Tolomeus Lucensis, *Annales*, cit., p. 150.

(66) 以下を参照。Aegidius, *De regimine principum*, cit., p. 617; Cornazzano, *De re militari*, cit., VIII, 6. ライデンの写本挿絵については Settia, *La fortezza e il cavaliere*, cit., p. 568, nota 34. トリノ聖書については M. De Riquer, *L'arnès del cavaller. Armes i armadures catalanes medievals*, Barcelona, 1968, table 18. その他の挿絵については Petrus de Ebulo, *Liber in honorem Augusti sive de rebus Siculis*, Codex 120 II der Burgerbibliothek, Bern, T. Kölye, M. Stähli, G. Becht-Jördens (eds.), Sigmaringen, 1994, pp. 91, 99, 111, 183; Imperiale di Sant'Angelo (ed.), *Annali genovesi di Caffaro*, cit., III, appendice, table II, fig. 14.

(67) 1077年のサレルノ包囲については Guillaume de Pouille, *La geste de Robert Guiscard*, cit., p. 189. 1155年のトルトーナについては Otto et Rahevinus, *Gesta Friderici I*, cit., p. 131. 1158年のミラノ包囲については *Gesta Federici I imperatoris in Lombardia*, cit., p. 32. フィリップ・オーギュストについては Stubbs (ed.), *Itinerarium peregrinorum*, cit., p. 218. 1098年のマッラ包囲については Brèhier (ed.), *Histoire anonyme**, cit., p. 174. イビザ島については Loi (ed.), *Il Libro di Maiorca*, cit., pp. 93-94.

(68) 1148年のタルトゥース包囲については Belgrano (ed.), *Annali genovesi di Caffaro*, cit., I, p. 85. 1159年のクレーマと、1238年のブレシャでの事例については Settia, *Comuni in guerra*, cit., pp. 263, 288. 「掛け合い歌」については K. Bartsch (ed.), *Chréstomathie proveçale (Xᵉ-XVᵉ siècles)*, Marburg, 1904, p. 343.

(69) 1098年のマッラ守備隊については Brèhier (ed.), *Histoire anonyme**, cit., p. 174. 1081年と1107年のドゥラッツォ包囲については Comnène, *Aléxiade*, cit., I, pp. 153-54. 1147年のリスボン戦につ

いては Obermus, *De expugnatione Lyxbonensi*, cit., p. CLXVII; *Annales S. Disibodi*, cit., p. 27. コモ人の事例については Anonimo Cumano, *La guerra dei Milanesi*, cit., p. 97. 1159年のクレーマ戦については Morena, *Historia Frederici I*, cit., pp. 76-77, 87. カルカーノとカスティリオーネについては Id., pp. 124, 132-33.

(70) 1175年のアレッサンドリア包囲については Romualdus Salernitanus, *Cronicon*, C. A. Garufi (ed.), Città di Castello, 1935 (RIS2, VII/1), p. 263; Codagnellus, *Annales Placentini*, cit., p. 10. ブレシャ包囲については *Annales Placentini Gibellini*, cit., p. 480. ヴィテルボ包囲については P. Egidi, *Le croniche di Viterbo scritte da frate Francesco d'Andrea*, in «Archivio della Società romana di storia patria», XXIV (1901), p. 507; Winkelmann, *Acta imperii inedita*, cit., I, p. 553.

(71) コモ人の行動については Anonimo Cumano, *La guerra dei Milanesi*, cit., pp. 23, 30, 35, 36, 39-41, 44, 48, 53-56, 68-69, 89, 93, 97. 1304年のフィレンツェについては Compagni, *Cronica**, cit., p. 141. 1256年のパドヴァについては Rolandinus, *Cronica*, cit., p. 122. 1090年のブリオンヌ城については Chibnall (ed.), *The Ecclesiastical History of Orderic Vitalis*, cit., IV, p. 208. 1161年のローディについては Morena, *Historia Frederici I*, cit., pp. 112-13.

(72) 「鉄の織物」と可燃物を詰めた壺については Aegidius, *De regimine principum*, cit., pp. 618, 621. 1161年のローディについては Morena, *Historia Frederici I*, cit., p. 113. 1230年のシエナについては *Libri dell'entrata*, cit., I, p. 142; III, pp. 171, 198, 208, 226, 340. 1243年のヴィテルボについては Winkelmann, *Acta imperii inedita*, cit., I, p. 551. ピエモンテでの事例については Gabotto, *Asti e la politica sabauda*, cit., p. 206, nota 3; pp. 471-72, nota 9; p. 552.

(73) ウェゲティウスの引用は Vegetius, *Epitoma rei militaris*, cit., pp. 206, 218-19, 256 (IV, 8, 18, 44); F. Fontani (ed.), *Di Vegezio Flavio dell'arte della guerra libri IV, volgarizzamento di Bono Giamboni*, Firenze, 1815, pp. 154, 163, 188. エジディオによる転載については *De regimine principum*, cit., p. 618. マルクス・グラエクス『敵を燃やすための火の書』については Marcus Graecus, *Liber ad comburendum hostes*, in M. Berthélot, *Histoire des sciences. La chimie au moyen âge*, I, *Essai sur la transmission de la science antique au moyen âge. Doctrine et pratique chimique*, Paris, 1983, pp. 94, 100-20.

(74) 1111年ピュイゼ城については Suger, *Vie de Louis VI le Gros*, cit., pp. 137-38. コモ人の行動については Anonimo Cumano, *La guerra dei Milanesi*, cit., pp. 39, 41, 55. クレーマ人については Morena, *Historia Frederici I*, cit., pp.86-87. 1256年のパドヴァについては Rolandinus, *Cronica*, cit., p. 122. 1243年のヴィテルボについては Winkelmann, *Regesta imperii inedita*, cit., I, p. 550. 1241年のジェノヴァ軍については Imperiale di Sant'Angelo (ed.), *Annali genovesi di Caffaro*, cit., III, p. 120. 1208年リゴマーニョ城については Sanzanome, *Gesta Florentinorum*, cit., p. 20. 1304年フィレンツェについては Compagni, *Cronica*, cit., p. 142. 1328年のカッルー攻撃については Gabotto, *Asti e la politica sabauda*, cit., pp. 471-72.

(75) 1151年のモントルイユ・ベレについては *Historia Gaufridi ducis*, cit., p. 218. 1147年のリスボンについては Osbernus, *De expugnatione Lyxbonensi*, cit., p. CLXXV. カスティリオンチェッロについては Tolomeus Lucensis, *Annales*, cit., p. 150A, nota 3. マヨルカでのピサ人については *Gesta triumphalia per Pisanos facta de captione Hierusalem et aliarum civitatum et de triumpho habito contra Ianuenses*, in Maragone, *Annales Pisani*, M. Lupo Gentile (ed.), Bologna, 1930 (RIS2, VI/2), p. 92. シエナ人については *Libri dell'entrata*, cit., I, pp. 178, 192, 208-209. 1235年のキアンチャーノ城については F. Schneider (ed.), *Regestum Senense*, Roma, 1911, doc. 1009 (20 giugno, 1235).

(76) 「ギリシャ火」については Liudprandus, *Opera*, cit., pp. 84, 135, 137-39. ドゥラッツォでの液体については Comnène, *Aléxiade*, cit., III, pp. 96-97. 1081年のヴェネツィア艦隊については Malaterra, *De rebus gestis*, cit., pp. 72-73. トルコ軍の武器については Albertus Aquensis, *Historia Hierosolymitana*, cit., pp. 324, 307, 508.

(77) 1098年のピサ人については Comnène, *Aléxiade*, cit., III, pp. 43-44. パレスチナでのピサ人につ

いては R. Rogers, *Latin Siege Warfare in the Twelfth Century*, Oxford, 1992, pp. 81, 168. マヨルカでのピサ人については *Il Libro di Maiorca*, cit., pp. 181-82. 1151年のモントルイユ・ベレについては *Historia Gaufridi ducis*, cit., p. 217. 1243年のヴィテルボについては Winkelmann, *Acta imperii inedita*, cit., I, pp. 550-51. シエナ方言への翻訳については F. Crazzini (ed.), *Del reggimento de' principi di Egidio Romano*, Firenze, 1858, pp. 309, 311-12. ダミエッタでのトルコ軍については Joinville, *Histoire de saint Louis*, cit., pp. 244-45.

(78) Berthélot, *Histoire des sciences*, cit., pp. 98, 132-33; J. F. Finò, *Le feu et ses usages militaires*, in «Gladius», IX (1970), p. 18; G. Pasch, *Il fuoco greco*, in «Archeologia medievale», XXV (1998), pp. 359-68.「ストンボリ stomboli」については A. Angelucci, *Documenti inediti per la storia delle armi da fuoco italiane*, I, parte 2ª, Torino, 1870, pp. 495-97; Settia, *Comuni in guerra*, cit., pp. 302-303. 1329年のモロッツォ城攻撃については Gabotto, *Asti e la politica sabauda*, cit., p. 514.「無畏公」ジャンについては C. Gaier, *L'industrie et le commerce des armes dans les anciennes principautés belges du XIIIe à la fin du XVe siècle*, Paris, 1973, p. 188. 以下も参照。J. R. Partington, *A History of Greek Fire and Gunpowder*, Baltimore-London, 1999.

(79) J. Mesqui, *Les châteaux forts: De la guerre à la paix*, Paris, 1995, pp. 117-18. 煮立った油については La Regina (ed.), *L'arte dell'assedio*, cit., p. 73, cap. 183; Hegesippus qui dicitur, *Historiae libri V*, V. Ussani(ed.), I, Vindobonae-Lipsiae, 1932, p. 205; Procopio di Caesarea, *Le guerre persiana, vandalica, gotica*, M. Craveri (ed.), Torino, 1977, p. 644. ギリシャの詩歌集については Comnène, *Aléxiade*, cit., III, pp. 99-100.

(80) 1213年のトゥールーズ戦については Martin-Chabot (ed.), *La chanson de la croisade albigeoise*, cit., II, p. 11. 13世紀の武勲詩については Viollet le Duc, *Dictionnaire raisonné de l'architecture française*, cit., VIII, s. v. *Siège*, p. 406. 1351年のピストイアについては *Cronica di Matteo e Filippo Villani*, cit., p. 44 (I, 97). 1387年のモンテガルダ戦については Conforto, *Frammenti di storia vicentina*, cit., p. 41. タッコラの助言については *De rebus militaribus*, cit., pp. 81, 85. ド・クレーヴの助言については De Clève, *Instruction*, cit., pp. 122-23.

(81) 936年のラングレ守備隊については Richer, *Histoire de France*, cit., p. 135. 1098年のアンティオキアについては Bréhier (ed.), *Histoire anonyme**, cit., p. 126. 1103年のモンタギュ城については Suger, *Vie de Louis VI le Gros*, cit., p. 30. コモについては Anonimo Cumano, *La Guerra dei Milanesi*, cit,, p. 99. 1140年のリンカーンについては Chibnall (ed.), *The Ecclesiastical History of Orderic Vitalis*, cit., VI, p. 540. 1231年セルヴォーレについては Sanzanome, *Gesta Florentinorum*, cit., p. 35. フリードリヒ2世の事績については *Annales Placentini Gibellini*, cit., pp. 476, 484, 508.

(82) ペッシュペルー城の例については L. Mirot (ed.), *Chroniques de Jean Froissart*, XII, Paris, 1931, pp. 191-95. 比較として以下も参照。A. A. Settia, *I «rottami del diroccato castello» tra evocazione romantica e credulità «popolare»*, relazione al convegno *Medioevo reale, Medioevo immaginario: confronti e percorsi culturali tra regioni d'Europa* (Torino, 26-27 maggio, 2000), note 47-57.

(83) 歩兵および城砦に対する騎兵の優位に関する問題については Settia, *La fortezza e il cavaliere*, cit., pp. 556, 559, 562.

(84) ローマの城砦に対面した蛮族については P. Courcelle, *Histoire littéraire des grandes invasions germaniques*, Paris, 1964, pp. 32-54. 東ゴート族については C. Courtois, *Les Vandales et l'Afrique*, Paris, 1955, p. 311. また特に Procopio, *La guerra gotica*, cit., pp. 215, 220, 229, 260, 265-68.

(85) ランゴバルド人の行動については Moro, *«Quam horrida pugna»*, cit., pp. 45, 48-49. フランク人については Rouche, *L'Aquitaine*, cit., pp. 123-24, 355; Settia, *La fortezza e il cavaliere*, cit, pp. 570-72. 諸民族の攻城戦術に対する無関心については Ph. Richardot, *Vegèce et la culture militaire au moyen âge (Ve-XVe siècle)*, Paris, 1998, p. 168.

(86) 城砦に対する騎兵の態度は Settia, *La fortezza e il cavaliere*, cit., pp. 573, 576-77. 城砦と対戦する騎兵については J. F. Verbruggen, *L'art militaire dans l'empire carolingien*, in «Revue belge d'histoire militaire», XXIII (1979), pp. 299-302, 398, 408, 410 ; *Vita Landisberti episcopi Traiectensis vetustissima*, in MGH,

Scriptores rerum Merovingicarum, VI, Hannoverae-Lipsiae, 1913, p. 367.「芸術家による承認」を表している写本挿絵については R. L. C. Jones, *Fortifications and Sieges in Western Europe*, in M. Keen (ed.), *Medieval Warfare. A History*, Oxford, 1999, p. 169.

(87) アルヌルフ王とブルカルドについては Liudprandus, *Antapodosis*, cit., p. 22 (I, 27), p. 80 (III, 14); Settia, *La fortezza e il cavaliere*, cit., pp. 577-78. も参照せよ。

(88) ジャン・ド・イベリンの逸話については Filippo da Novara, *Guerra di Federico II*, cit., pp. 201, 197. パヴィーアのフランク人の逸話については G. C. Alessio (ed.), *Cronaca di Novalesa*, Torino, 1982, p. 159. マヨルカでのピサ人については *Il Libro di Maiorca*, cit., pp. 131-32. 186-88. コモでのミラノ人については Anonimo Cumano, *La guerra dei Milanesi*, cit., p. 97. ピュイゼ城とパドヴァの事例については Settia, *Castelli e villaggi*, cit., p. 159.

(89) フロンティヌスの著書については Frontinus, *Strategemata**, cit., pp. 208-10 (III, 2). ジュリア・アルプス山脈の関所については Ammiano Marcellino, *Istorie*, A. Resta Barile (ed.), IV, Bologna, 1976, p. 195 (XXXI, 11, 3). ロベルト・イル・グイスカルドの例については Gillaume de Pouille, *La geste de Robert Guiscard*, cit., p. 151. フィリッポーネ・ディ・ランゴスコとエストゥスの逸話については A. A. Settia, *«Dojon» e «metre tour»: un episodio della «Prise de Pampelune» e la morfologia del castello alto italiano*, in *Essor et fortune de la chanson de geste dans l'Europe et l'Orient latin*, Modena, 1984, pp. 737-38. 1351年のドゥ・ゲクランの逸話については S. Luce, *Histoire de Bertrand du Guesclin et de son époque. La jeunesse de Bertrand*, Paris, 1876, pp. 96-102.

第III章

(1) ウェゲティウスの引用については Flavius Vegetius Renatus, *Epitoma rei militaris*, A. Önnerfors (ed.), Stutgardiae-Lipsiae, 1995, pp. 133-35 (III, 9). リゾワ・ダンボワーズの発言については *Chronica de gestis consulum Andegavorum*, in L. Halphen, R. Poupardin (eds.), *Chroniques des comtes d'Anjou et des seigneurs d'Amboise*, Paris, 1913, pp. 55-56.「特別な儀式」としての会戦については G. Duby, *La domenica di Bouvines, 27 luglio 1214**, Torino, 1977, pp. 136-49. フリードリヒ2世については H. Zug Tucci, *I «victricia castra» di Federico II*, in «Nuova rivista storica», LXXXII (1998), pp. 525-40.

(2) サン・チェザリオに関連した出来事については E. Winkelmann, *Acta imperii inedita saeculi XIII et XIV*, I, Innsbruck, 1880, doc. 617, pp. 495-96. これ以外については A. A. Settia, *Spazi e tempi della guerra nell'Italia del nord(secoli XII-XIV)*, in *Spazi, tempi, misure e percorsi nell'Europa del basso Medioevo*, Atti del XXXII convegno storico internazionale (Todi, 8-11 ottobre, 1995), Spoleto, 1996, pp. 350-51, 355-58.

(3) ヴェルナヴォーラでのツヴェンティボルトについては Liudprandus, *Opera*, J. Becker (ed.), Hannoverae-Lipsiae, 1915, pp. 19-20 (I, 20-21). 1160年のローディについては Otto Morena et continuatores, *Historia Frederici I*, F. Güterbock (ed.), Berolini, 1930, p. 129. カンポーラ川でのレッジョ・エミーリア軍については Salimbene de Adam, *Cronica*, G. Scaglia (ed.), Bari, 1964, p. 924. カッピアーノでのカストルッチョについては G. Villani, *Nuova cronica*, II, G. Porta (ed.), Parma, 1991, p. 319 (X, 15); III, pp. 179-81 (XIII, 87). ビュイロンフォスでの英仏軍については S. Luce (ed.), *Chroniques de Jean Froissart*, I, Paris, 1869, pp. 181-82.

(4) ウェゲティウスの引用は Vegetius, *Epitoma*, cit., p. 161 (III, 18). メルドーラでのファエンツァ人については Magister Tolosanus, *Chronicon Faventinum*, G. Rossini (ed.), Bologna, 1939 (RIS², XXVIII/1), p. 119. 1229年トレヴィーゾでのパドヴァ人と、1256年パドヴァのエッツェリーノについては Rolandinus Patavinus, *Cronica in factiis et circa facta Marchie Trivixane*, A. Bonardi (ed.), Città di Castello, 1905 (RIS², VIII/1), pp. 39-40, 136. 1295年ローディでのミラノ軍については *Chronicon Parmense ab anno 1038 usque ad annum 1338*, G. Bonazzi (ed.), Città di Castello, 1902 (RIS², IX/9), p. 69. ボローニャ対

マギナルドの戦いについては Petrus Cantinelli, *Chronicon*, F. Torraca (ed.), Città di Castello, 1902 (RIS2, XXVII/2), p. 88.

(5) 1237年アルクアータのジェノヴァ軍については C. Imperiale di Sant'Angelo (ed.), *Annali genovesi di Caffaro e de' suoi continuatori*, III, Roma, 1923, p. 80. チェラーノでのミラノ軍については *Annales Mediolanenses minores*, in MGH, *Scriptores*, XVIII, Hannoverae, 1863, p. 393. サン・チェザリオでのボローニャ軍については Winkelmann, *Acta imperii inedita*, cit., I, doc. 617, p. 496. ポントリオでのブレシャ軍については ivi, n. 687, p. 542.

(6) 動物行動学については J. Keegan, *Il volto della battaglia**, Milano, 1978, pp. 174-75. 第1回十字軍のタンクレードについては Radulfus Cadonensis, *Gesta Tancredi in expeditione Hierosolymitana*, in *Recueil des historiens des croisades. Historiens occidentaux*, III, Paris, 1866, p. 631. モンフェラン城におけるルイ6世については Suger, *Vie de Louis VI le Gros*, H. Waquet (ed.), Paris, 1929, p. 236. テオドロの助言については C. Knowles (ed.), *Les Enseignements de Théodore Paléologue*, London, 1983, pp. 71-72. それ以外の例については A. A. Settia, *«Viriliter et competenter»: l'uomo di guerra, in Ceti, modelli, comportamenti nella società medievale (secoli XIII-metà XIV)*, Atti del XVIII convegno internazionale (Pistoia, 16-19 maggio, 1997), Pistoia 2001, pp. 120-21. コムーネ間戦争の評価については E. Voltmer, *Il carroccio*, Torino, 1994, pp. 214-15.

(7) ワラン伯とアデルキス伯の逸話については Liotulfus presbiter, *Vita et translatio S. Severi*, in MGH, *Scriptores*, XV/1, Hannoverae, 1887, p. 292. 戦闘中の戦闘員については A. Joxe, *Voyage aux sources de la guerre*, Paris, 1991, pp. 288-89.

(8) 1037年のミラノ人の振る舞いについては Landulphus Senior, *Mediolanensis historiae libri quatuor*, A. Cutolo (ed.), Bologna, 1942 (RIS2, IV/2), p. 61. 1279年のボローニャの戦いについては *Serventese dei Lambertazzi e dei Geremei*, in G. Contini (ed.), *Poeti del Duecento*, I, Milano-Napoli, 1960, pp. 860-62. 軍の隊列に関しては Settia, *«Viriliter et competenter»*, cit., pp. 110-20; ならびに以下も参照。P. Pieri, *Alcune quistioni sopra la fanteria in Italia nel periodo comunale*, in «Rivista storica italiana», L (1933), pp. 562, 564-65, 571, 575. 他にも A. A. Settia, *Comuni in guerra. Armi ed eserciti nell'Italia delle città*, Bologna, 1993, p. 30; A. I. Pini, R. Greci, *Una fonte per la demografia storica medievale: le venticinquine bolognesi (1274-1404)*, in «Rassegna degli archivi di Stato», XXXVI (1976), p. 348.

(9) 敵と対陣した際の整然とした振る舞いについては Settia, *«Viriliter et competenter»*, cit., pp. 112-16, note 58-73.

(10) テオドロの発言については Knowles (ed.), *Les Enseignements de Théodore Paléologue*, cit., pp. 104, 71-72, 92-93. その他の引用は Ch. Ardant du Picq, *Études sur le combat. Combat antique et combat moderne*, Paris, 1978, pp. 3-4, 69, 11, 66-67, 14, 51. 逃亡への罰則については Settia, *«Viriliter et competenter»*, cit., pp. 112-16, note 58-73. ウグッチョーネとカングランデの禁令については Guillelmus de Cortusiis, *Chronica de novitatibus Padue et Lombardie*, B. Pagnin (ed.), Bologna, 1941-75 (RIS2, XII/5), pp. 150, 163.

(11) 1155年トルトーナでのミラノ人の行動については O. Holder Egger (ed.), *Gesta Federici I imperatoris in Lombardia*, Hannoverae, 1892, pp. 20-21. 殴打による懲罰については Iohannes Viterbiensis, *Liber de regimine civitatum*, G. Salvemini (ed.), in Augustus Gaudentius, *Scripta, anecdota glossatorum vel glossatorum aetate composita*, Bononiae, 1901, pp. 271-73. 棍棒を用いた隊列に関する引用については Pieri, *Alcune quistioni*, cit., p. 570. ビザンツ＝ゴート戦争の逸話については Procopio di Cesarea, *La guerra gotica*, F. M. Pontani (ed.), Roma, 1974, pp. 109, 112.

(12) 騎兵の逃亡については Settia, *Comuni in guerra*, cit., pp. 110-11. 1154年ヴェルナヴォーラにおけるミラノ軍については Morena, *Historia Frederici I*, cit., pp. 198-99, 15-16. レニャーノの戦いでのロンバルディア騎兵については Romualdus Salernitanus, *Cronicon*, C. A. Garufi (ed.), Città di Castello, 1935 (RIS2, VII/1), p. 266. 1191年ルディアーノでのブレシャ騎兵については F. Odorici, *La battaglia di Rudiano detta di Malamorte*, in «Archivio storico italiano», n. s., III (1856), pp. 21-22.

(13) 1156年パロスコの戦いでのベルガモ軍については以下を参照。Settia, *Comuni in guerra*, cit., pp. 105, 111. モンタペルティの戦いについては Pieri, *Alcune quistioni*, cit., p. 600. サン・プロコロでの逸話については Marin Sanudo Torsello, *Istoria del regno di Romania*, in Ch. Hopf (ed.), *Chroniques gréco romanes inédites ou peu communes*, Berlin, 1873, p. 158.

第IV章

(1) コダニェッロの年代記に基づく分析については A. A. Settia, *Spazi e tempi della guerra nell'Italia del nord (secoli XII-XIV)*, in *Spazi, tempi, misure e percorsi nell'Europa del basso Medioevo*, Atti del XXXII convegno storico internazionale (Todi, 8-11 ottobre, 1995), p. 341. とくにシエナとフィレンツェ間の紛争に関しては O. Redon, *L'espace d'une cité: Sienne et le pays siennois*, Rome, 1994, p. 223, nota 8; R. Davidsohn, *Storia di Firenze*, II/1, Firenze, 1972, pp. 236, 245-46, 261-62, 265-66, 270, 277, 287-90. カロリング朝の遠征については T. Reuter, *Carolingian and Ottonian Warfare*, in M. Keen (ed.), *Medieval Warfare. A History*, Oxford, 1999, pp. 23-24.

(2) Richer, *Histoire de France*, R. Latouche (ed.), II, Paris, 1937, p. 178; Otto et Rahevinus, *Gesta Friderici I imperatoris*, G. Waitz, B. de Simson (eds.), Hannoverae-Lipsiae, 1912, p. 64; E. Martin-Chabot (ed.), *La chanson de la croisade albigeoise*, I, Paris, 1931, p. 115; II, Paris, 1957, pp. 4-5.

(3) 「春は戦争の季節」という神話的言説については F. Cardini, *Guerra e civiltà, guerra o civiltà*, in Id. (ed.), *Il gioco della guerra. Eserciti, soldati e società nell'Europa preindustriale*, Prato, 1984, pp. 9-17. ボルンについては G. Guran, *L'amour et la guerre. L'oeuvre de Bertran de Born*, Aix-en-Provence, 1985, canzone n. 37, pp. 732-75. 戦争の愉悦については F. Cardini, *Alle radici della cavalleria medievale*, Firenze, 1982, pp. 89, 107-108.「遊び」としての戦争という言説への注意については J. Harmand, *L'arte della guerra nel mondo antico*, Perugia, 1978, p. 59.

(4) G. E. Sansone (ed.), *Il carriaggio di Nîmes. Canzone di gesta del XII secolo*, Bari, 1969, p. 57 (vv. 14-17); N. Ohler, *I viaggi nel Medioevo**, Milano, 1988, p. 28; M. S. Mazzi, *Oltre l'orizzonte. In viaggio nel Medioevo*, Torino, 1997, p. 85.「旅」と称される軍事遠征については J. F. Niermeyer, *Mediae latinitatis lexicon minus*, Leiden, 1954-76, s. v. *ambulare e iter*.「春の税」については M. Mallet, *Signori e mercenari. La guerra nell'Italia del Rinascimento*, Bologna, 1983, p. 90.

(5) Guillaume de Pouille, *La geste de Robert Guiscard*, M. Mathieu (ed.), Palermo, 1961, p. 102; Anonimo Cumano, *La guerra dei Milanesi contro Como*, E. Besta, A. Roncoroni (eds.), Milano, 1985, pp. 31-32, 39, 51, 64; Otto et Rahevinus, *Gesta Friderici I*, cit., p. 64; A. Chroust (ed.), *Historia de expeditione Friderici imperatoris et quidam alii rerum gestarum fontes eiusdem espeditionis*, Berolini, 1928, p. 17; Martin-Chabot (ed.), *La chanson de la croisade albigeoise*, cit., III, p. 105.

(6) 馬の導入については E. Cassin, *A propos du char de guerre en Mésopotamie*, in J. P. Vernant (ed.), *Problèmes de la guerre en Grèce ancienne*, Paris, 1985; Harmand, *L'arte della guerra*, cit., pp. 113-14. ダヴィデとヨアブの逸話については *La sacra Bibbia*, G. Ricciotti (ed.), Firenze, 1958, p. 378 (2° Re, 11). アルフォンソ3世については A. Palomeque Torres, *Contribución al estudio del ejército en los estados de la Reconquista*, in «Anuario de historia del derecho español», XV (1944), p. 214. 「ソワソンの壺」の逸話については B. S. Bachrach, *Was the Marchfield Part of the Frankish Constitution?*, in «Medieval studies», 36 (1974), p. 185, nota 24. サリンベーネ・ダ・パルマについては Salimbene de Adam, *Cronica*, G. Scaglia (ed.), Bari, 1966, p. 569.

(7) カロリング期の騎兵については Ph. Contamine, *La guerra nel Medioevo*, Bologna, 1986, pp. 252-57; A. A. Settia, *La fortezza e il cavaliere: tecniche militari in Occidente*, in *Morfologie sociali e culturali in Europa fra tarda antichità e alto Medioevo*, Spoleto 1998, p. 573; A. Barbero, *Carlo Magno. Un padre dell'Europa*,

Roma-Bari, 2000, p. 295. アレマン人やランゴバルド人については A. Solmi, *Pavia e le assemblee del regno nell' età feudale*, in «Studi nelle scienze giuridiche e sociali», II (1913), pp. 4-6 (reprint). イタリアでの「マルス広場」については A. A. Settia, *Comuni in guerra. Armi ed eserciti nell'Italia delle città*, Bologna, 1993, p. 49. 飼料としてのカラス麦問題については M. Chibnall (ed.), *The Ecclesiastical History of Orderic Vitalis*, V, Oxford, 1975, pp. 242-44.

(8)　ヴァンダルベルトのいう５月と戦争の関係については H. Stern, *Poésie et représentations carolingiennes et byzantines des mois*, in «Revue archéologique», XLV (1955), pp. 147-48; C. Frugoni, *Chiesa e lavoro agricolo nei testi e nelle immagini dall'età tardo-antica all'età romanica*, in V. Fumagalli, G. Rossetti (eds.), *Medioevo rurale. Sulle tracce della civiltà contadina*, Bologna, 1980, pp. 329-30; G. Comet, *Le paysan et son outil. Essai d'histoire technique des céréales*, Rome, 1992, pp. 554-59; G. Orlandi, *Letteratura e politica nei «Carmina de mensibus»(De controversia mensium) di Bonvesin de la Riva*, in AA. VV., *«Felix olim Lombardia». Studi di storia padana dedicati dagli allievi a Giuseppe Martini*, Milano, 1978, pp. 150, 160. 飼い葉と軍事遠征の関係については F. Kurze (ed.), *Annales regni Francorum*, Hannover, 1985, p. 103; F. L. Ganshof, *L'armée sous les Carolingiens*, in *Ordinamenti militari in Occidente nell'alto Medioevo*, I, Spoleto, 1968, pp. 125-126.

(9)　アラブ世界での季節性の遠征については G. Dagron, H. Mihaescu, *Le traité sur la guérilla de l'empereur Nicéphore Phocas*, Paris, 1986, pp. 177-78; I. Khordadbeh, *Le livre des routes et des provinces*, M. Hapj Sadok (ed.), Alger, 1949, p. 44. モンテクッコリの判断については R. Montecuccoli, *Trattato della guerra*, in R. Luraghi (ed.), *Le opere di Raimondo Montecuccoli*, I, Roma, 1988, pp. 238, 276, 284. 軍馬の肥育については B. S. Bachrach, *«Caballus» et «Caballarius» in Medieval Warfare*, in H. Chickering, T. H. Seiler (eds.), *The Studies of Chivalry. Resources and Approaches*, Kalamazoo, 1988, pp. 178-79. ハンガリー人の騎馬襲撃については A. A. Settia, *Castelli e villagi nell'Italia padana. Popolamento, potere e sicurezza fra IX e XIII secolo*, Napoli, 1984, p. 133; M. Villani, *Cronica con la continuazione di Filippo Villani*, G. Porta (ed.), I, Parma, 1995, p. 774.

(10)　カロリング期の軍事遠征については Reuter, *Carolingian and Ottoman Warfare*, cit., pp. 23-24. 傭《コン》兵隊長《ドッティエリ》については Mallet, *Signori e mercenari*, cit., pp. 194-95. ゲクランについては S. Luce (ed.), *Chroniques de Jean Froissart*, VIII, Paris, 1888, p. 107. コモ人の例については Anonimo Cumano, *La guerra dei Milanesi*, cit., pp. 29-30. 収穫と戦争の関係については E. Voltmer, *Il carroccio*, Torino, 1994, p. 215; Aegidus Columna Romanus, *De regimine principum libri III*, Roma, 1607, pp. 600-601. アンコーナ包囲については Boncompagno da Signa, *L'assedio di Ancona del 1173 (Liber de obsidione Ancone)*, M. Morroni (ed.), Ancona, 1991, p. 55.

(11)　クレーマやその他の逸話については G. Waitz (ed.), *Chronica regia Coloniensis*, Hannoverae, 1880, p. 101; Salimbene, *Cronica*, cit., p. 274. Petrus Cantinelli, *Chronicon*, F. Torraca (ed.), Città di Castello, 1902 (RIS[2], XXVIII/2), p. 48; G. Bonazzi (ed.), *Chronicon Parmense ab anno 1038 usque ad annum 1338*, Città di Castello, 1902 (RIS[2], IX/9), pp. 194, 197, 199.

(12)　カロリング期については Stern, *Poésies*, cit., p. 148. リーパ・ダッダの逸話については C. Capasso, G. Locatelli (ed.), *Chronicon Bergomense Guelpho-Ghibellinum ab anno 1377 usque ad annum 1407* (RIS[2], XV/2), p. 50. フォルリンポーポリとトリノ軍の遠征については D. Waley, *I mercenari nell'età di Braccio da Montone*, in *Braccio da Montone. Le compagnie di ventura nell'Italia del XV secolo*, Atti del convegno internazionale di studi (Montone, 23-25 maggio, 1990), Narni, 1993, p. 126; F. Gabotto, *Asti e la politica sabauda in Italia al tempo di Guglielmo Ventura*, Pinerolo, 1903, pp. 258-59. テオドロについては C. Knowles (ed.), *Les Enseignements de Théodore Paléologue*, London, 1983, p. 80.

(13)　レオ司教、ウバルディーニ、フィアンマについては Settia, *Spazi e tempi*, cit., p. 360. フィレンツェの都市条例については Davidsohn, *Storia di Firenze*, cit., II, p. 573. チヴィターテの戦いについては Guillaume, *La gesta de Robert Guiscard*, cit., p. 138;「軍隊による刈り取り」については Chibnall (ed.), *The Ecclesiastical History of Orderic Vitalis*, cit., V, pp. 242-44; VI, pp. 84, 234. アスティ人の逸話は

Guillelmus Ventura, *Memoriale de gestis civium Astensium et plurium aliorum*, in MHP, *Scriptores*, III, Augustae Taurinorum, 1848, col. 713. モンタナーロでの逸話については D. Bertolotti, *Spedizioni militari in Piemonte sconosciute o poco note di Galeazzo Maria Sforza duca di Milano*, in «Archivio storico lombardo», X (1883), pp. 561, 575, 621. 以下も参照。 M. N. Covini, *L'esercito del duca. Organizzazione militare e istituzioni al tempo degli Sforza*, Roma, 1998, pp. 389-90. アークィラでのブラッチョの言動については C. De Matteis (ed.), *La guerra dell'Aquila. Cantare anonimo del XV secolo*, L'Aquila, 1996, p. 65. パミエでの出来事については *Oeuvres de Froissart*, K. De Lettenhove (ed.), *Chroniques*, XI, Bruxelles, 1870, pp. 37-38.

(14) イタリアでのフランク人については Paolo Diacono, *Storia dei Longobardi**, L. Capo (ed.), Milano, 1992, p. 168 (III, 31); Regino, *Chronicon cum continuatione Treverensi*, F. Kurze (ed.), Hannoverae, 1890, pp. 93-94. コンラート2世については Wipo, *Gesta Chuonradi imperatoris*, in Id., *Opera*, H. Bresslau (ed.), Hannover-Leipzig, 1915, pp. 56-57. ピサ人については P. Loi (ed.), *Il Libro di Maiorca (Liber Maiolichinus)*, Pisa, 1964, pp. 84-85. その他の逸話については Settia, *Spazi e tempi*, cit., pp. 345-46; Parisius de Cereta, *Annales Veronenses*, in MGH, *Scriptores*, XIX, Hannoverae, 1866, p. 14.

(15) ロタール2世については Regino, *Chronicon*, cit., p. 94. ブレシャ包囲やその他の戦いについては Settia, *Spazi e tempi*, cit., pp. 346-47. フランス軍の事例については A. Lecoy de la Marche, *L'expédition de Philippe le Hardi en Catalogne*, in «Revue des questions historiques», XLIX (1891), pp. 65-69, 104-10. カルカッソンヌについては Martin-Chabot (ed.), *La chanson de la croisade albigeoise*, cit., I, p. 77. ブリオンヌ城、イブリー、ロチェスターについては Chibnall (ed.), *The Ecclesiastical History of Orderic Vitalis*, cit., IV, pp. 208-10, 288; V, p. 254; IV, p. 128. ルイ6世については Suger, *Vie de Louis VI le Gros*, H. Waquet (ed.), Paris, 1929, p. 236. フィリップ・オーギュストについては Guillelmus Armoricus, *Gesta Philippi Augusti*, in H. F. Delaborde (ed.), *Oeuvres de Rigord et de Guillaume le Breton historiens de Philippe Auguste*, I, Paris, 1882, pp. 188-89. リエージュについては C. Gaier, *Art et organisation militaires dans la principauté de Liège et dans le comté de Looz au moyen âge*, Bruxelles, 1968, p. 116. ヴォンデ砦包囲については *Oeuvres de Froissart*, XIV, cit., pp. 307-308.

(16) 甲冑の不便さについては V. D. Hanson, *L'arte occidentale della guerra*, Milano, 1990, p. 90. ロベール伯の逸話については Regino, *Chronicon*, cit., pp. 92-93. コナンの逸話については Richer, *Histoire de France*, cit., II, p. 286. サン・プロコロの戦いについては Settia, *Spazi e tempi*, cit., p. 346. ヴェネツィア海軍については Nicephorus Gregora, *Byzantina historia graece et latine*, L. Schopeni (ed.), I, Bonnae, 1829, p. 417. 15世紀の甲冑については Mallet, *Signori e mercenari*, cit., p. 56. アレッサンドリアでの出来事については *Oeuvres de Froissart*, XIV, cit., pp. 307-308.

(17) クレモーナ人については Settia, *Spazi e tempi*, cit., p. 342. リエージュの事例については Gaier, *Art et organisation*, cit., pp. 115-16. アルビジョワ十字軍については Martin-Chabot (ed.), *La chanson de la croisade albigeoise*, cit., I, pp. 247, 281; III, pp. 72, 77-79. シェルブールの包囲については Contamine, *La guerra nel Medioevo*, cit., pp. 310-11. 冬季の戦争への反対論については Ph. De Clève, *Instruction de toutes manières de guerroyer*, Paris, 1558, pp. 69-70; N. Machiavelli, *Dell'arte della guerra**, P. Pieri (ed.), Roma, XV e. f. (=1937), pp. 166-67; Montecuccoli, *Trattato della guerra*, cit., pp. 241-42, 309. 征服王ウィリアムとカエサルの比較については Guillaume de Poitier, *Histoire de Guillaume le Conquérant*, R. Foreville (ed.), Paris, 1952, p. 250.

(18) リエージュについては Gaier, *Art et organisation*, cit., pp. 116-17, nota 5. オルデリークスの冬季戦への言及については Chibnall (ed.), *The Ecclesiastical History of Orderic Vitalis*, cit., II, pp. 230-34; III, pp. 108-10; IV, pp. 48, 86-88, 200; VI, pp. 510, 540-44. クレーマとファエンツァでの事例については Settia, *Spazi e tempi*, cit., p. 343. バルセロナでのルートヴィヒ敬虔王については Anonymus, *Vita Ludovici*, in R. Rau (ed.), *Quellen zur karolingischen Reichsgeschichte*, I, Darmstadt, 1980, p. 274. ドゥラッツォでの逸話については Guillaume, *La geste de Robert Guiscard*, cit., p. 218. クレーマでの逸話については Settia, *Comuni in guerra*, cit., p. 295; Davidsohn, *Storia di Firenze*, cit., II, pp. 246-90. シエナ軍の事例につ

いては Redon, *L'espace d'une cité*, cit., p. 223. モンタイア城での出来事については G. Villani, *Nuova cronica*, G. Porta (ed.), I, Parma, 1990, pp. 341-42.

(19) ヴェローナでのエッツェリーノの行動については Rolandinus Patavinus, *Cronica in factis et circa facta marchie Trivixane*, A. Bonardi (ed.), Città di Castello, 1905 (RIS², VIII/1), p. 33. マントヴァやブレシャの例については Settia, *Spazi e tempi*, cit., p. 342. ポンテデラの逸話については Villani, *Nuova cronica*, cit., I, pp. 622-23. ドロネーロ包囲については Ventura, *Memoriale*, cit., col. 785. パラビアーゴの戦いについては Anonimo Romano, *Cronica. Vita di Cola di Rienzo*, E. Mazzali (ed.), Milano, 1991, pp. 124-25. アメデオ6世については F. Cognasso, *Per un giudizio del Conte Verde sulle compagnie di ventura*, in «Bolletino della società pavese di storia patria», XXVIII (1928), pp. 18-19.

(20) 12世紀のフランス人については G. Duby, *Gugliermo il maresciallo. L'aventura del cavaliere*, Roma-Bari, 1985, p. 116. 1452年のフランス軍、カルマニョーラ、ミケレットの逸話については Mallet, *Signori e mercenari*, cit., pp. 237-38,103-104, 194-95, 191. 15世紀フランスでの事例については Ph. Contamine, *Guerre, État et société à la fin du moyen âge. Études sur les armées des rois de France*, Paris, 1972, p. 321. ド・クレーヴの意見については De Clève, *Instructions*, cit., p. 70. ブラッチョ・ダ・モントーネについては De Matteis (ed.), *La guerra dell'Aquila*, cit., pp. 98-99. トルトーナでのバルトロメオについては B. Belotti, *La vita di Bartolomeo Colleoni*, Bergamo, 1933, p. 183. ロベルト・イル・グイスカルドについては Guillaume, *La geste de Robert Guiscard*, cit., p. 248. パレスチナでの事例については R. C. Smail, *Crusading Warfare*, Cambridge, 1956, p. 71.

(21) オルデリークス・ヴィターリスについては Chibnall (ed.), *The Ecclesiastical History of Orderic Vitalis*, cit., V, p. 216. 882年の包囲戦については G. A. Pertz (ed.), *Annales Fuldenses sive annales regni Francorum orientalis*, Hannoverae, 1891, p. 108. コルベッタ城包囲については Wipo, *Gesta Chuonradi imperatoris*, cit., p. 56. シャニブリ城包囲については Suger, *Vie de LouisVI le Gros*, cit, p. 22. ブレシャ軍の事例については Settia, *Spazi e tempi*, cit., pp. 344-45. アレッツォの事例については Villani, *Nuova cronica*, cit., I, pp. 585-86. ラリッサの事例については Guillaume, *La gesta de Robert Guiscard*, cit., p. 238. ニコシアの戦いについては Filippo de Novara, *Guerra di Federico II in Oriente*, S. Melani (ed.), Napoli, 1994, pp. 117-19.

(22) ウェゲティウスによる天候問題は Flavius Vegetius Renatus, *Epitoma rei militaris*, A. Önnerfors (ed.), Stutgardiae-Lipsiae, 1995, pp. 105-107 (III, 2), 150 (III, 14). リエージュ軍については Gaier, *Art et organisation*, cit., pp. 31, 156. ステップの戦いについては C. Gaier, *Armes et combats dans l'univers médiéval*, Bruxelles, 1995, pp. 15-25. ブーヴィーヌの戦いについては G. Duby, *La domenica di Bouvines**, Torino, 1977, p. 48. ボスワースの戦いについては Ph. Richartdot, *Végèce et la culture militaire au moyen âge*, Paris, 1998, p. 158.

(23) オルシーニの提言については P. Pieri, *Il «Governo et exercitio de la militia» di Orso degli Orsini e i «Memoriali» di Diomede Carafa*, in «Archivio storico per le province napoletane», n. s., XIX (1933), p. 154. ド・クレーヴの意見については De Clève, *Instructions*, cit., p. 80. 896年のトゥーシアの事例については Pertz (ed.), *Annales Fuldenses*, cit., p. 127. カルカーノとトルトーナ、1215年のパドヴァなどについては Settia, *Spazi e tempi*, cit., pp. 399, 343-44. 1218年トゥールーズの事例については Martin-Chabot (ed.), *La chanson de la croisade albigeoise*, cit., III, p. 129. 1291年のカステル・デル・ボスコの事例については Villani, *Nuova cronica*, cit., I, p. 623. 876年アンデルナハの戦いについては G. Waitz (ed.), *Annales Bertiniani*, Hannoverae, 1883, p. 132. リエージュの例は Gaier, *Art et organisation*, cit., p. 116.

(24) 雨天での甲冑問題については Hanson, *L'arte occidentale della guerra*, cit., pp. 91-92; Duby, *Guglielmo il maresciallo*, cit., p. 116. 軍馬問題については Montecuccoli, *Trattato della guerra*, cit., p. 35. 弩と霧の問題については Settia, *Spazi e tempi*, cit., pp. 344-45. フォルノーヴォの戦いについては Mallet, *Signori e mercenari*, cit., pp. 249-51. ジャンニーナでの事例については Guillaume, *La geste de Robert Guiscard*, cit., p. 236. ボスコ・マレンゴの戦いについては A. Cornazzano, *Vita di Bartolomeo Colleoni*,

G. Crevatin (ed.), Pisa, 1990, pp. 62-65.

(25) ラッタリとタジーナの戦いについてはProcopio di Cesarea, *La guerra gotica*, F. M. Pontani (ed.), Roma, 1974, pp. 413, 423. ドゥラッツォの戦いについてはGuillaume, *La geste de Robert Guiscard*, cit., pp. 220, 224. アンティオキアの戦いについてはL. Bréhier (ed.), *Histoire anonyme de la première croisade**, Paris, 1924, p. 94. イビザ島の戦いについてはLoi (ed.), *Il Libro di Maiorca*, cit., pp. 85-96. レッビオとヴェルナヴォーラの戦いについてはSettia, *Spazi e tempi*, cit., pp. 352-53. 野戦に関するテオドロの意見についてはKnowles (ed.), *Les Enseignements de Théodore Paléologue*, cit., p. 96.

(26) 夜間におけるエッツェリーノとブレシャ軍の行動については以下を参照。Settia, *Spazi e tempi*, cit., p. 353. ボーケールでの事例についてはMartin-Chabot (ed.), *La chanson de la croisade albigeoise*, cit., II, p. 135. フリードリヒ2世については*Annales Placentini Gibellini*, in MGH, *Scriptores*, XVIII, Hannoverae, 1863, p. 474. 神聖同盟軍の事例についてはRolandinus, *Cronica*, p. 138. エム城とヴァットゥヴィル包囲についてはChibnall (ed.), *The Ecclesiastical History of Orderic Vitalis*, cit., IV, p. 200; VI, p. 346. バッツァーノ城についてはBonazzi (ed.), *Chronicon Parmense*, cit., p.160. キヴァッソの事例についてはIohannes Codagnellus, *Annales Placentini*, O. Holder Egger (ed.), Hannoverae et Lipsiae, 1901, p. 107.

(27) ドリレウムとアンティオキアの十字軍についてはBréhier (ed.), *Histoire anonyme**, cit., pp. 44, 104. ディヴェスでのイングランド王についてはChibnall (ed.), *The Ecclesiastical History of Orderic Vitalis*, cit., VI, pp. 80-82. ローディでのフリードリヒ1世、カルカーノへの救援、ボルキニャーノでの逸話についてはOtto Morena et continuatores, *Historia Frederici I*, F. Güterbock (ed.), Berolini, 1930, pp. 70, 122-23, 130. ファエンツァ軍の行軍についてはMagister Tolosanus, *Chronicon Faventinum*, G. Rossini (ed.), Bologna, 1936 (RIS2, XXVIII/1), pp. 51, 72, 106-108. パヴィーア軍のランブロへの行軍とキヴァッソ包囲についてはCodagnellus, *Annales Placentini*, cit., pp. 41, 105-106. 1268年のピアチェンツァへの行軍については*Annales Placentini Gibellini*, p. 530.

(28) シモン・ド・モンフォールの事例についてはMartin-Chabot (ed.), *La chanson de la croisade albigeoise*, cit., II, p. 127. エッツェリーノの行動についてはSettia, *Spazi e tempi*, cit., p. 354. テオドロによる騎兵の夜間作戦についてはKnowles (ed.), *Les Enseignements de Théodore Paléologue*, cit., pp.96-97. ナポリ、リーミニ、ヴェローナ、タジーナでのベリサリウスについてはProcopio, *La guerra gotica*, cit., pp. 59-61, 145, 208-209, 405. モンス城攻撃についてはRicher, *Histoire de France*, cit., II, p. 18. ハロルド王についてはGuillaume de Poitiers, *Histoire de Guillaume le Conquérant*, cit., p. 180. アンティオキア攻撃についてはBréhier(ed.), *Histoire anonyme**, cit., p. 106. 1175年のアレッサンドリア包囲についてはCodagnellus, *Annales Placentini*, cit., p. 9. 1199年のヴィチェンツァ軍についてはGerardus Maurisius, *Cronica dominorum Ecelini et Alberici fratrum de Romano*, G. Soranzo (ed.), Città di Castello, 1914 (RIS2, VIII/4), pp. 16-17. 1236年のガルダ攻撃についてはParisius de Cereta, *Annales Veronenses*, cit., p. 10. 1246年のポンテ・ヌォーヴォ城の戦いについては*Annales Placentini Gibellini*, pp. 493, 505. 1250年のフィリネの事例についてはVillani, *Nuova cronica*, cit., I, p. 326.

(29) ピレネーでのフィリップ3世についてはR. Muntaner, B. D'Esclot, *Cronache catalane del secolo XIII e XIV*, F. Moisè, L. Sciascia (eds.), Palermo, 1984, p. 576; de la Marche, *L'expédition*, pp. 91-92. 1114年のイビザ島での事例についてはLoi (ed.), *Il Libro di Maiorca*, cit., pp. 88-96. 1112年トゥリー包囲と1126年クレルモン包囲についてはSuger, *Vie de Louis VI le Gros*, cit., pp. 161, 238.

(30) Ventura, *Memoriale*, cit., coll. 730, 746, 748, 751, 794. ロンバルディアでの事例とテオドロの逸話についてはA. A. Settia, *Gli «Insegnamenti» di Teodoro di Monferrato e la prassi bellica in Italia all'Inizio del Trecento*, in «Archivio storico italiano», CLVII (1999), pp. 682, 680. テオドロの夜間作戦についてはKnowles (ed.), *Les Enseignements de Théodore Paléologue*, cit., pp. 97-98. トリポリでのフィリッポ・ドーリアの事例はVillani, *Nuova cronica*, cit., I, pp. 669-73. アルフォンソ王についてはF. Verrier, *Les armes de Minerve. L'humanisme militaire dans l'Italie du XVIe siècle*, Paris, 1997, p. 189.

(31)　イングランド傭兵と夜戦については Mallet, *Signori e mercenari*, cit., p. 45. バルトロメオの逸話については Cornazzano, *Vita di Bartolomeo Colleoni*, pp. 21, 25, 27, 29, 31. ブラッチョ・ダ・モントーネとアークィラ人については Verrier, *Les armes de Minerve*, cit., pp. 203, 202-23; De Matteis (ed.), *La guerra dell'Aquila*, cit., pp. 68-69. 1251年のローディの戦いについては B. Corio, *Storia di Milano*, A. Morisi Guerra (ed.), Torino, 1978, pp. 407-408. テオドロの提言については Knowles (ed.), *Les Enseignements de Théodore Paléologue*, cit., p. 96.

(32)　ジョヴァンニ・ダ・ヴィテルボの勧告については Iohannes Viterbiensis, *Liber de regimine civitatum*, G. Salvemini (ed.), in Augustus Gaudentius, *Scripta, anecdota glossatorum vel glossatorum aetate composita*, Bononiae, 1901, p. 273. その他の論者については A. Pichler, *«Pulcher tractatus de materia belli», Ein Beitrag zur Kriegs und Geistesgeschichte des Mittelalter*, Graz-Wien-Leipzig, 1927, p. 50. 第1回十字軍の逸話については Bréhier (ed.), *Histoire anonyme**, cit., pp. 72, 94, 82, 212. シツィアーノその他の逸話については Settia, *Spazi e tempi*, cit., pp. 347-48. ルイ6世については Suger, *Vie de Louis VI de Gros*, cit., p.238.

(33)　1218年トゥールーズの戦いについては Martin-Chabot (ed.), *La chanson de la croisade albigeoise*, cit., III, pp. 72, 75, 79. 1213年ヴィチェンツァ、フリードリヒ2世、その他の事例については Settia, *Spazi e tempi*, cit., pp, 348-49. パルマ包囲については Bonazzi (ed.), *Chronicon Parmense*, cit., p.44. フランス騎兵の逸話については J. de Bueil, *Le Jouvencel*, C. Favre, L. Lecestre (eds.), II, Paris, 1889, pp.14- 19.

第Ⅴ章

(1)　ベリサリウスについては Procopio di Cesarea, *La guerra gotica*, F. M. Pontani (ed.), Roma, 1974, pp.85-86. フリードリヒ1世については Otto Morena et continuatores, *Historia Frederici I*, F. Güterbock (ed.), Bertolini, 1930, p. 211. フリードリヒ2世については Rolandinus Patavinus, *Cronica in factis et circa facta Marchie Trivixane*, A. Bovardi (ed.), Città di Castello, 1905 (RIS2, VIII/1), p. 48. フランチェスコ・スフォルツァについては B. Corio, *Storia di Milano*, A. Morisi Guerra (ed.), II, Torino, 1978, p. 1332.

(2)　ラバヌス・マウルスについては E. Dümmler, *De procinctu Romanae miliciae*, in «Zeitschrift für deutscher Altertum», XV (1872), p. 444. ベルガモについては G. Corni, *Il «Liber Pergaminus» di Mosé di Brolo*, in «Studi medievali», XI (1970), pp. 446, 449, 452. ピサ人の事例については P. Loi (ed.), *Il Libro di Maiorca (Liber Maiolichinus)*, Pisa, 1964, p. 129. 人文主義の時代とコルナッザーノについては A. A. Settia, *«De re militari»: cultura bellica nelle corti emiliane prima di Leonardo e Machiavelli*, in AA. VV., *Le sedi della cultura nell'Emilia Romagna. L'epoca dele signorie. Le corti*, Milano, 1985, pp. 65-66, 85. イタリアの傭兵については H. Zug Tucci, *Fattori di coesione dell'esercito tra Medioevo ed età moderna*, in *Braccio da Montone. Le compagnie di ventura nell'Italia del XV secolo*, Atti del convegno internazionale di studi (Montone, 23-25 marzo, 1990), Narni, 1993, p. 168. シャルル豪胆公については Ph. Contamine, *Guerre, État et société à la fin du moyen âge. Etudes sur les armées des rois de France*, Paris, 1972, p. 256.

(3)　カロリング朝時代の兵士と、バイユー・タペストリーについては J. F. Verbruggen, *L' armée et la stratégie de Charlemagne*, in *Karl der Grosse. Lebenswerk und Nachleben*, I, Düsseldorf, 1965, pp. 426, 432; S. Bertrand, *La tapisserie de Bayeux et la manière de vivre au onzième siècle*, La Pierre-qui-vire, 1966, tavv.77-78, 89-95. エルレンバルドについては *Vita s. Arialdi auctore Andrea abbate Strumensi*, in MGH, *Scriptores*, XXX/2, Hannoverae, 1934, p. 1070-1071. 12世紀の例については O. Holder Egger (ed.), *Gesta Federici I imperatoris in Lombardia*, Hannoverae, 1892, p. 23; Morena, *Historia Frederici I*, cit., p. 16. エッツェリーノ討伐の十字軍とボローニャ人の事例については Rolandinus, *Cronica*, pp. 117, 137; Petrus Cantinelli, *Chronicon*, F. Torraca (ed.), Città di Castello, 1902 (RIS2, XXVIII/2), p. 26. フィレンツェ軍については

R. Davidsohn, *Storia di Firenze*, IV/1, Firenze, 1977, pp. 464-465.

(4)　ポンテストゥーラでのアスティ軍については Guilelmus Ventura, *Memoriale de gestis civium Astensium et plurium aliorum*, in MHP, *Scriptores*, III, Augustae Taurinorum, 1848, col. 750. リエージュについては C. Gaier, *Art et organisation militaires dans la principauté de Liège et dans le comté de Looz au moyen âge*, Bruxelles, 1978, p. 88. フリードリヒ1世については Morena, *Historia Frederici I*, cit., pp. 17-18; Holder Egger (ed.), *Gesta Federici I imperatoris in Lombardia*, cit., p. 16.

(5)　北イタリアでのフリードリヒ1世については Otto et Rahevinus, *Gesta Friderici I imperatoris*, G. Waitz, B. de Simson (eds.), Hannoverae et Lipsiae, 1912, p. 341. 具体的な食事の形式については M. Montanari, *La fame e abbondanza. Storia dell'alimentazione in Europa*, Roma-Bari, 1993, p. 29. 第1回十字軍の事例については C. Bréhier (ed.), *Histoire anonume de la première croisade**, Paris, 1924, pp. 5, 124, 9, 21, 23, 69, 77, 81, 99, 181,183, 189, 190, 197, 55, 179.

(6)　ロンバルディア十字軍については Albertus Aquensis, *Historia Hierosolymitana*, in *Recueil des historiens des croisades. Historiens occidentaux*, IV, Paris, 1879, pp. 560, 564-66, 568-573. フリードリヒ1世の十字軍については A. Chroust (ed.), *Historia de expeditione Friderici imperatoris et quidam alii rerum gestarum fontes eiusdem expeditionis*, Berolini, 1928, pp. 26-27, 54, 79, 88. ピサ人の行動については Loi (ed.), *Il Libro di Maiorca*, cit., pp. 67, 69, 97, 139. 第4回十字軍については A. Carile, *La cronachistica veneziana (secoli XIII-XVI) di fronte alla spartizione della Romania nel 1204*, Firenze, 1969, p. 317; Geoffroy de Villehardouin, *La conquête de Constantinople**, E. Faral (ed.), Paris, 1938, capp. 126, 131, 135, 165.

(7)　アルビジョワ十字軍については E. Martin-Chabot(ed.), *La chanson de la croisade albigeoise*, I, Paris, 1931, pp. 69, 125, 267, 137; II, Paris, 1957, pp. 47, 121; III, Paris, 1961, p. 299. ルイ9世の十字軍については Joinville, *Histoire de saint Louis*, in A. Pauphilet, E. Pognon (eds.), *Historiens et chroniqueurs du moyen âge*, Paris, 1952, p. 265. エジディオ・ロマーノの計画については Aegidius Columna Romanus, *De regimine principum libri III*, Roma, 1607, pp. 613-15. カリポリス防衛については R. Muntaner, B. D'Esclot, *Cronache catalane del secolo XIII e XIV*, F. Moisé, L. Sciascia (eds.), Palermo, 1984, pp. 290-91. 負傷者への食事療法は M. Tabanelli, *La chirurgia italiana nell'alto Medioevo*, II, *Guglielmo, Lanfranco*, Firenze, 1965, pp. 873-75.

(8)　アルモガバルスの配給については Muntaner, D'Esclot, *Cronache catalane*, cit., pp. 74, 259, 589. マルティノ・ガラーティの規定については G. Soldi Rondinini, *Il diritto di guerra nel secolo XV*, in «Nuova rivista storica», XLVIII (1964), p. 300, nota 90.(*Corpus iuris civilis*, II, *Codex Iustinianus*, P. Krueger (ed.), Berolini, 1954, p. 472, XX, 37. も参照). フランスでの事例については Contamine, *Guerre, État et société a la fin du moyen âge*, cit., pp. 646-54. モンタペルティでのシエナ人については *Cronaca senese conosciuta sotto il nome di Paolo di Tommaso montauri*, in A. Lisini, F. Jacometti (eds.), *Cronache senesi*, Bologna, 1939 (RIS^2, XV/6), pp. 206-207.「節制」に関する決まりについては C. Gaier, *L'approvisionnement et le régime alimentaire des troupes dans le duché de Luxembourg et les terres d'Outre Meuse vers 1400*, in «Le moyen âge», LXXIV (1968), pp. 551-75. 戦場での酒については J. Keegan, *Il volto della battaglia**, Milano, 1978, p. 118. オルシーニの記述については P. Pieri, *Il «Governo et exercitio de la militia» di Orso degli Orsini e i«Memoriali» di Diomede Carafa*, in «Archivio storico per le province napoletane», n. s., XIX (1933), pp. 131-32.

(9)　タジーナの戦いについては Procopio, *La guerra gotica*, cit., p. 411, 140. サラセン人とハンガリー人については A. A. Settia, *Le incursioni ungare e saracene*, in N. Tranfaglia, M. Firpo (eds.), *La storia. I grandi problemi dal Medioevo all'età contemporanea*, II, *Il Medioevo*, 2, *Popoli e strutture politiche*, Torino, 1986, p. 287. シャルル単純王、ギョーム赤顔王、シモン・ド・モンフォールについては Ph. Lauer (ed.), *Les Annales de Flodoard*, Paris, 1905, p. 13; M. Chibnall (ed.), *The Ecclesiastical History of Orderic Vitalis*, V, Oxford, 1975, p. 244; F. Lot, *L'art militaire et les armées au moyen âge en Europe et dans le proche Orient*, I, Paris, 1945, p. 213.

(10)　タロ渓谷とフォルリでの事件については *Annales Placentini Gibellini*, in MGH, *Scriptores*, XVIII,

Hannoverae, 1863, pp. 545, 574. ジェノヴァ人の事例については Ventura, *Memoriale*, cit., col. 797. ローディの戦いについては Morena, *Historia Frederici I*, cit., p. 112. クルトレーでの出来事については G. Villani, *Nuova cronica*, II, G. Porta (ed.), Parma, 1991, pp. 97-99 (IX, 56).

(11) 「血の流れない戦争」については M. Mallet, *Signori e mercenari. La guerra nell'Italia del Rinascimento*, Bologna, 1983, pp. 200-201. 引用については A. Corvisier, *La mort du saldat depuis le fin du moyen âge*, in «Revue historique», 99 (1975), p. 6. 日常の暴力については Keegan, *Il volto della battaglia**, cit., p. 120. 「ローランの歌」については C. Segre (ed.), *La Chanson de Roland**, Milano, 1971, p. 101 (lassa 93), 109-111 (lassa 105). 戦場の光景については Loi (ed.), *Il Libro di Maiorca*, cit., p. 91; Martin-Chabot (ed.), *La chanson de la croisade albigeoise*, cit., II, p. 167; Bertrand, *La tapisserie de Bayeux*, cit., tavv. 120-132, 137-143.

(12) 騎士の負傷の特徴については P. A. Sigal, *Les coups et blessures reçus par le combattant à cheval en Occident aux XIIe et XIIIe siècles*, in Société des historiens médiévistes de l'enseignement supérieur public, *Le combattant au moyen âge*, Paris, 1995, pp. 171-86. キプロス島での決闘とそれ以降については F. da Novara, *Guerra di Federico II in Oriente*, S. Melani (ed.), Naoli, 1994, pp. 81-82, 127. モンセリチェでの出来事については Villani, *Nuova cronica*, III, Parma, 1991, p. 149 (II, 66). リオ・サラドの戦いについては Anonimo Romano, *Cronica. Vita di Cola di Rienzo*, E. Mazzali (ed.), Milano, 1991, pp. 140-142. ウィズビーとグルンヴァルトについては E. Crobézy, J. C. Hélas, *Le combattant à époque médiévale, Vers un approche archéologique et paléopathologique*, in *Le combattant au moyen âge*, cit., pp. 297-303.

(13) ビザンツ＝ゴート戦争での負傷については Procopio, *La guerra gotica*, cit., pp. 120-22. 以降の記述に関しては Albertus Aquensis, *Historia Hierosolymitana*, cit., pp. 288, 362, 593; Morena, *Historia Frederici I*, cit., pp. 91-92; Ph. Contamine, *La guerra nel Medioevo*, Bologna, 1986, p. 110; A. A. Settia, *Comuni in guerra. Armi ed eserciti nell'Italia della città*, Bologna, 1993, p. 181; Villani, *Nuova cronica*, cit., II, p. 226 (X, 20). カリポリスの戦いとロカマドゥールの奇跡については、Muntaner, D'Esclot, *Cronache catalane*, cit., pp. 290-91; Sigal, *Les coups et blessures*, cit., p. 183.

(14) 戦場での外科治療に関する記述は Tabanelli, *La chirurgia italiana*, cit., I, *Ruggero, Rolando, Teoderico*, pp. 39-41, 130, Tav. 10, 137, 146, 226, 229, 269-72, 303, 313-14; II, pp. 65, 156, 676-77, 680-681. 矢傷の分類については Petrus de Ebulo, *Liber in honorem augusti sive de revus Siculis. Codex 120 II der Burgerbibliothek Bern. Eine Bilderchronik der Stauferzeit*, T. Kölzer, M. Stähli, G. Becht-Jördens (eds.), Sigmaringen, 1994, pp.91, 95, 119. 腸の負傷と手術については Keegan, *Il volto della battaglia**, cit., p. 117.

(15) ビザンツの医者については G. Ravegnani, *Soldati di Bizanzio in età giustinianea*, Roma, 1988, pp.37-38. ボエモンの逸話については Guillaume de Pouille, *La geste de Robert Guiscard*, M. Mathieu (ed.), Palermo, 1961, p. 248. ピサ軍の医者については Loi (ed.), *Il Libro di Maiorca*, cit., p. 142. ルイ６世については Suger, *Vie de Louis VI le Gros*, H. Waquet (ed.), Paris, 1929, p. 226. シモン・ド・モンフォールに関しては Martin-Chabot (ed.), *La chanson de la croisade albigeoise*, cit., III, pp. 27, 223. クレモーナの軍医については L. Astegiano (ed.), *Codice diplomatico cremonese*, I, Torino, 1895, doc. 524 (1239-1244), p. 272; Tabanelli, *La chirurgia italiana*, cit., II, p. 656.

(16) フィレンツェ軍の軍医については C. Paoli (ed.), *Il Libro di Montaperti (an. MCCLX)*, Firenze, 1889, pp. 53, 75, 85; R. Davidsohn, *Storia di Firenze*, II, Firenze, 1972, p. 575. ペルージャ軍については A. I. Galletti, *La società comunale di fronte alla guerra nelle fonti perugine del 1282*, in «Bollettino della Deputazione di storia patria per l'Umbria», LXXXI (1974), p. 70, nota 85. フェッラーラについては W. Montorsi (ed.), *Statuta Ferrariae anno MCCLXXXVII*, Ferrara, 1995, pp. 91-92. ヴェネツィアとシエナについては E. Favaro (ed.), *Cassiere della bolla ducale. Grazie. Novus Liber (1299-1305)*, Venezia, 1962, p. 20, n. 71; W. M. Bowsky, *Un comune italiano nel Medioevo. Siena sotto il regime dei Nove*, Bologna, 1987, p. 205.

(17) スペインの軍隊については J. F. Powers, *A Society Organized for War. The Iberian Municipal Militias in the Central Middle Age*, Berkeley-Los Angeles-London, 1988, p. 150. カリポリスとアジャンクールの事例については Muntaner, D'Esclot, *Cronache catalane*, cit., p. 290; Keegan, *Il volto della battaglia**, cit.,

p. 117; Contamine, *Guerre, État et société à la fin du moyen âge*, cit., pp. 24, 298, 310, 623. モンテベッルーナとサンタ・マリア・ア・モンテの戦いについては G. B. Verci, *Storia degli Ecelini*, III, *Codice diplomatico eceliniano*, Bassano, 1779, doc. 175 (13 marzo, 1245), pp. 300-301; Davidsohn, *Storia di Firenze*, V, Firenze, 1977, p. 467. マヨルカとエジプトの事例については Loi (ed.), *Il Libro di Maiorca*, cit., p. 139; Joinville, *Histoire de saint Louis*, cit., p. 267.

(18) オルソの証言については Pieri, *Il «Governo et exercitio de la militia»*, cit., pp. 133-134. 15世紀イタリアに関する引用は Mallet, *Signori e mercenari*, cit., pp. 201-203. 比較対象とした文学については F. Verrier, *Les armes de Minerve. L'humanisme militaire dans l'Italie du XVI*[e] *siècle*, Paris, 1997, p. 77. ブラッチョ・ダ・モントーネの死については C. De Matteis (ed.), *La guerra dell'Aquila. Cantare anonimo del secolo XV*, L'Aquila, 1996, pp. 197-98; H. Zug Tucci, *La morte del condottiero: Braccio, i Bracceschi e altri*, in «Archivio storico italiano», CLXVIII (2000), pp. 721-49. も参照。古傷については M. Hébert, *L'armée provençale en 1374*, in «Annales du Midi», 91 (1979), pp. 22-23; A. Bellucci, *Riccardo da Pavia e altri conestabili agli stipendi di Rieti nel 1396-1398*, in «Bollettino della regia Deputazione di storia patria per l'Umbria», VII (1901), pp. 593-94; G. Zippel, *Documenti per la storia di Castel S. Angelo*, in «Archivio della società romana di storia patria», XXXV (1912), pp. 196-200.

(19) 引用については C. Knowles (ed.), *Les Enseignements de Théodore Paléologue*, London, 1983, p. 95. マヨルカ島遠征でのピサ人死者については Loi (ed.), *Il Libro di Maiorca*, cit., p. 139; G. Scaglia, *Epigraphica Pisana. Testi latini sulla spedizione contro le Baleari del 1113-15 e su altre imprese antisaracene del secolo XI*, in *Mischellanea di studi ispanici*, Pisa, 1963, pp. 264-72.

(20) コモとミラノの戦死者については Anonimo Cumano, *La guerra dei Milanesi contro Como*, E. Besta, A. Roncoronni (eds.), Milano, 1985, pp. 31, 34, 42, 48, 52, 62, 73, 76, 83, 29, 67; Morena, *Historia Frederici I*, cit., p. 121; *Mandatum patriarchae Aquileinsi missum*, in *Frederici I. Constitutiones et acta publica imperatorum et regum*, I, Hannoverae, 1893, p. 274.

(21) エーレンベルトとフリードリヒ・バルバロッサについては Vincetius et Gerlacius, *Annales*, in MGH, *Scriptores*, XVII, Hannoverae, 1861, p. 671; F. Opll, *Federico Barbarossa*, Genova, 1994, p. 207. ハインリヒ7世については L. Artioli, C. Corradini, C. Santi (eds.), *Chronicon Regiense. La cronaca di Pietro della Gazzata nella tradizione del codice Crispi*, Reggio Emilia, 2000, p. 122. ヘースティングズの戦いについては M. De Boüard, *Guglielmo il Conquistatore*, Roma, 1989, pp. 301-302. コルテヌォーヴァの戦いについては R. Caproni, *La battaglia di Cortenova, 27 novembre 1237*, Cortenova, 1987, pp. 65-67. 以降の引用については Gaier, *Art et organisation*, cit., p. 69. モンタペルティでのフィレンツェ人については H. M. Schaller, *Unbekannte Briefe Kaiser Friedrichs II. aus Vat. Lat. 14204*, in «Deutsche Archiv für Erforschung des Mittelalters», 19 (1963), doc. 11, pp. 430-31. アルトパッショの戦いについては Villani, *Nuova cronica*, cit., II, p. 406 (X, 306).

(22) リエージュ地方の事例については Gaier, *Art et organisation*, cit., p. 70. エジプトでの死者については Joinville, *Histoire de saint Louis*, cit., p. 264. モンタペルティでのモンタルチーノ人については *Cronaca senese dei fatti riguardanti la città e il suo territorio di autore anonimo del secolo XIV*, in A. Lisini, F. Jacometti (eds.), *Cronache senesi*, Bologna, 1939 (RIS[2], XV/6), p. 60. クレシーでの死者については S. Luce (ed.), *Chroniques de Jean Froissart*, III, Paris, 1872, pp. 190-191, 426-28, 431-32.

(23) トゥールーズとサン・プロコロでの事例については Martin-Chabot (ed.), *La chanson de la croisade albigeoise*, cit., III, p. 27; Cantinelli, *Chronicon*, cit., p. 21. アジャンクールでの埋葬については Keegan, *Il volto della battaglia**, cit., p. 118. リーミニの戦いについては Mallet, *Signori e mercenari*, cit., p. 201. モン・サン・ペヴェールの戦いについては Villani, *Nuova cronica*, cit., II, p. 154 (IX, 78). モリネッラの戦いについては Mallet, *Signori e mercenari*, cit., p. 201. ゾンホーヴェンの戦いについては Gaier, *Art et organisation*, cit., p. 69. ボーケールでの事例については Martin-Chabot (ed.), *La chanson de la croisade albigeoise*, cit., II, p. 167. ステップの戦いについては C. Gaier, *Armes et combats dans l'univers*

médiéval, Bruxelles, 1995, p. 22. マヨルカでの事例については Loi (ed.), *Il Libro di Maiorca*, cit., pp. 93, 188.

(24) 第1回十字軍に関する記述は L. Bréhier (ed.), *Histoire anonyme de la première corisade**, Paris, 1924, pp. 39, 71, 87, 97, 179. リオ・サラドの戦いについては Anonimo Romano, *Cronica*, cit., pp. 145-46. ミラノとクレーマの事例については A. Visconti (ed.), *La cronaca milanese di Landolfo Seniore*, Milano, 1928, p. 71 (II, 25); Otto et Rahevinus, *Gesta Friderici I*, cit., pp. 293, 315. ステップの戦いについては Gaier, *Armes et combats*, cit., p. 22.

○上記原註で言及された文献のうち、邦訳のあるもの（タイトル末に＊印を付した）は以下の通り。

ジョフロワ・ド・ヴィルアルドゥワン『コンスタンチノープル征服記』伊藤敏樹訳、筑摩書房、1988年（講談社学術文庫、2003年）

『エル・シードの歌』長南実訳、岩波文庫、1998年

ノルベルト・オーラー『中世の旅』藤代幸一訳、法政大学出版局、1989年（新装版2014年）

カエサル『ガリア戦記』（カエサル戦記集）高橋宏幸訳、岩波書店、2015年（他邦訳多数）

ジョン・キーガン『戦略の歴史―抹殺・征服技術の変遷：石器時代からサダム・フセインまで』遠藤利國訳、心交社、1997年（中公文庫、2015年）

ジョン・キーガン『戦場の素顔―アジャンクール、ワーテルロー、ソンム川の戦い』高橋均訳、中央公論新社、2018年

フランチェスコ・グイッチァルディーニ『イタリア史』（I−IX）、末吉孝州訳、太陽出版、2001−2007年

トゥールのグレゴリウス『歴史十巻（フランク史）』（Ⅰ・Ⅱ）兼岩正夫・臺幸夫訳、東海大学出版会、1975―77年

トゥールのグレゴリウス『フランク史―10巻の歴史』杉本正俊訳、新評論、2007年

ディーノ・コムパーニ『白黒年代記』杉浦明平訳、日本評論社、1948年

ベルトラン・ジル『ルネサンスの工学者たち―レオナルド・ダ・ヴィンチの方法試論』山田慶兒訳、以文社、2005年

ジョルジュ・デュビー『ブーヴィーヌの戦い―中世フランスの事件と伝説』松村剛訳、平凡社、1992年

パウルス・ディアコヌス『ランゴバルドの歴史』日向太郎訳、知泉書館、2016年

『パリの住人の日記』（Ⅰ−Ⅲ）堀越孝一訳、八坂書房、2013−2019年（1434年まで）

『フランク人および他のエルサレムへの巡礼者の事績』（『フランク人の事績―第1回十字軍年代記』所収、丑田弘忍訳、鳥影社、2008年）

フロンティヌス『「新訳」フロンティヌス戦術書―古代西洋の兵学を集成したローマ人の覇道』兵頭二十八訳、PHP研究所、2013年

ニッコロ・マキァヴェッリ「戦争の技術」服部文彦／澤井繁男訳（『マキァヴェッリ全集』第1巻所収、筑摩書房、1998年）

『わがシッドの歌』（スペイン中世・黄金世紀文学選集1）牛島信明／福井千春訳、国書刊行会、1994年

『ロランの歌』有永弘人訳、岩波文庫、1965年

図版出典

＊太字は図版の掲載頁を示す。

R. Bartlett (Hg.), Die Welt des Mittelalters, Stuttgart 2001 **119, 128, 304, 309, 314, 379, 393**

M. Cowper, Cathar Castles, Oxford 2006. **176**

H. Dollinger (Hg.), Hexen, Mönche, Rittertum, Köln, 2009 **010, 041, 098, 117, 134, 159, 185, 240, 270, 328, 397**

M. Feuerle, Blide–Mange–Trebuchet, Diepholz–Stuttgart–Berlin, 2005 **122, 191, 192**

A. Hägermann, Das Mittelalter, München 2001. **135, 218, 337, 369, 389, 405**

P. M. Jones, Heilkunst des Mittelalters, Stuttgart 1999. **395**

M. Keen (Hg.), Medieval Warfare, Oxford 1999 **018, 060, 108, 157, 215, 249, 364**

E. Knobloch (Hg.), L'art de la guerre : machines et stratagèmes de Taccola, ingénieur de la Renaissance, Paris 1992 **148, 170, 181, 198, 204, 233, 264**

Francesco di Giorgio Martini, Trattati di Architettura ingegneria e arte militari, C. Maltese (Hg.), Milano, 1967 **116**

D. Nicolle, Medieval Siege Weapons (1), Oxford 2002 **113, 132, 166, 169, 226, 227, 228, 387, 412**

Petrus de Ebulo, Liber ad honorem Augusti sive de rebus Siculis, T. Kölzer–M. Stähli (Hg.), Sigmaringen 1994 **124, 380, 390, 391, 407**

P. Porter, Medieval Warfare in Manuscripts, London 1993 **003, 005, 009, 173, 197, 213, 263, 281, 301**

G. Tori (Hg.), Le Croniche di Giovanni Sercambi Lucchese, t. I, Lucca 2015 **165, 174, 285**

E. E. Viollet-Le-Duc, Dictionnaire raisonné de l'architecture française du XIe au XVIe siècle, Paris 1858-1875 **120, 121, 176, 183**

T. Voronova – A.Sterligov, Western European Illuminated Manuscripts, London 2003. **296**

D. M. Wilson, Der Teppich von Bayeux, Lahnstein 2010 **082-083, 201, 253, 361, 382-383**

A. Wieczorek – M. Fansa – H. Meller (Hg.), Saladin und die Kreuzfahrer, Mainz 2005 **209, 273**

A. Wieczorek – B. Schneidmüller – S. Weinfurter (Hg.), Die Staufer und Italien, Mannheim 2010 **115**

Wikimedia Commons **028, 033, 150, 237, 288-289, 307**

訳者撮影 **049**